Operative Exzellenz in Retailbanken

Klaus Röhr

Operative Exzellenz in Retailbanken

Innovative und industrieorientierte
Konzepte für das Bankgeschäft

Springer Gabler

Klaus Röhr
Bad Vilbel, Deutschland

ISBN 978-3-658-17164-3   ISBN 978-3-658-17165-0   (eBook)
DOI 10.1007/978-3-658-17165-0

Die Deutsche Nationalbibliothek verzeichnet diese Publikation in der Deutschen Nationalbibliografie; detaillierte bibliografische Daten sind im Internet über http://dnb.d-nb.de abrufbar.

Springer Gabler
© Springer Fachmedien Wiesbaden GmbH 2017

Gedruckt auf säurefreiem und chlorfrei gebleichtem Papier

Springer Gabler ist Teil von Springer Nature
Die eingetragene Gesellschaft ist Springer Fachmedien Wiesbaden GmbH
Die Anschrift der Gesellschaft ist: Abraham-Lincoln-Str. 46, 65189 Wiesbaden, Germany

*Dieses Buch widme ich
meiner Frau Barbara und
meinen Söhnen Lukas und Florian.*

Geleitwort von Thomas David

Bemüht man eine beliebte Suchmaschine mit dem Auftrag, nach *Operational Excellence* zu suchen, so findet diese im April 2017 in exakt 0,244 s etwa 8,4 Mio. Einträge im weltweiten Netz. Die gleiche Suche bei einem Online-Buchhändler liefert 2679 Buchtitel zu dem Thema. Warum ist dann dieses Buch notwendig und wichtig?

Die Antwort auf diese Frage wird deutlich, wenn ich beschreibe, wie ich den Autor Klaus Röhr kennengelernt habe: Wir haben zur gleichen Zeit in unterschiedlichen Bereichen eines Beratungs- und Software-Unternehmens gearbeitet. Meine berufliche Laufbahn hatte ich bis zu diesem Zeitpunkt ausschließlich auf den Bereich von Industrie und Handel ausgerichtet und habe mich inhaltlich mit Methoden und Werkzeugen der Prozessoptimierung und des Business Process Managements beschäftigt.

In dieser Situation bekam ich die Gelegenheit, einen Beratungsbereich für die Finanzbranche zu leiten. Dies mag aufgrund der bis dahin fehlenden Branchenkompetenz seltsam erscheinen, aber aufgrund meiner Methodenkompetenz und meiner festen Überzeugung, dass diese branchenneutral ist, machte ich mich mit Freude an die neue Herausforderung. Die notwendige Branchenkompetenz brachte ohnehin das Team mit, in dem ich den Autor kennenlernte. In dieser Konstellation begannen intensive Diskussionen über Anwendbarkeit und Übertragung von Methoden und Verfahren über Industrie- und Branchengrenzen hinweg.

Meine Überzeugung ist, dass man beim Blick über Branchengrenzen hinweg die größten Optimierungspotenziale entdeckt, da man *out of the box* denken muss. Ein Beleg dafür findet sich in der Benchmark-Theorie, die ausdrücklich Vergleiche außerhalb der eigenen Peer Group empfiehlt, um nicht nur inkrementelle Fortschritte zu erzielen. Eines der bekanntesten Beispiele hierfür ist eine amerikanische Fluglinie, die Bodenzeiten ihrer Flugzeuge optimierte, indem sie sich mit den Abläufen eines Boxenstopps in der Formel 1 beschäftigte.

Aus diesem Grund ist es für interessierte Mitarbeiter und Manager einer Retailbank sehr sinnvoll, sich mit den über Jahrzehnte optimierten Verfahren im Automobilbau auseinanderzusetzen, um daraus Rückschlüsse auf und Maßnahmen für das eigene Handeln abzuleiten. Das gilt umso mehr, als diese Verfahren neben den organisatorischen Wirkungszusammenhängen insbesondere den *Faktor Mensch* in den Mittelpunkt stellen.

Dieser hat im Dienstleistungssektor eine noch viel größere Bedeutung als im industriellen Umfeld, sodass es wundert, dass dieser Ansatz nicht schon früher verfolgt wurde.

Die kontinuierliche Verbesserung nach der Kaizen-Methode zum Beispiel setzt auf die Kompetenz und Erfahrung eines jeden Mitarbeiters in seinem direkten Arbeitsumfeld. Es geht explizit nicht um Automatisierung zur Optimierung von Prozessen. Eine Voraussetzung dafür sind hoch motivierte Mitarbeiter. Das Management wiederum muss Rahmenbedingungen schaffen, die eine entsprechende Unternehmenskultur unterstützen. Hier gilt es, aus beiden Perspektiven heraus auf ein gemeinsames Ziel hinzuarbeiten.

Die bisher angeführten Argumente stehen nicht im Widerspruch zu einer genauen Erfolgskontrolle im Rahmen solcher Optimierungsaktivitäten. Kennzahlen und ein Prozesscontrolling sind unabdingbare Bestandteile. Wichtig ist dabei, dass dies kontinuierlich erfolgt und nicht nur im Rahmen der Abschlusspräsentation eines solchen Programms den Schlusspunkt bildet. Es ist eine Binsenweisheit, aber bleibt wahr: Nur, was gemessen wird, kann auch verbessert werden. Und dies muss im Sinne einer stetigen Optimierung dauerhaft in der Organisation verankert sein.

Ich wünsche dem Leser bei der Lektüre, dass er Anregungen für die eigenen Vorhaben findet!

Illingen, Deutschland   Thomas David

Geleitwort von Jörn-Eckart Wolff

Operative Exzellenz ist heute in der betriebswirtschaftlichen Forschung und der Praxis der Unternehmensführung sicher kein Schlagwort, mit dem man interessierte Manager einer Retailbank von den Schreibtischen in einen Innovations-Workshop locken kann. Genauso gehört das Nachdenken über Geschäftsprozesse nicht zur Lieblingsbeschäftigung der Unternehmensführung. Und schon gar nicht können in vielen Unternehmen mit Business-Process-Management-Projekten Lorbeeren und besondere Auszeichnungen für ein Projektteam erworben werden. Gibt es doch das Vorurteil, dass diese Projekte in der Regel in einem Aktenschrank mit endlosen Prozessaufnahmebildern verschwinden und zu nichts Nutze sind. Ähnlich hilflos sind die Mitarbeiter in den Informationstechnologieabteilungen von Unternehmen: Sie verwalten den heterogenen Daten- und Applikations-Wildwuchs, der sich über die Jahre in den jeweiligen Organisationen angesammelt hat. Ein Agieren hin zu innovativen Welten, als Taktgeber für das eigentliche Geschäft, ist nicht möglich und oftmals auch gar nicht gewünscht.

Zugegeben, das ist eine negative Sichtweise, die vielen Banken und deren Mitarbeitern nicht immer gerecht wird. Und doch bildet sie das Big Picture besonders bei denjenigen Finanzinstituten ab, die durch hohe interne Verwaltungskosten, aggressive Wettbewerber oder auch innovative Start-ups der FinTech-Szene bedroht sind.

Geld ist das Schmiermittel der Wirtschaft – ich möchte diese Aussage für unseren Zusammenhang verändern und ergänzen, um damit die Wichtigkeit des Zusammenspiels zwischen Strategie, Prozessen und IT zu betonen: Geld ist die Blutbahn des Unternehmens, Prozesse sind die Nervenbahnen des Unternehmens und der Kopf ist für das strategische (und operative) Zusammenspiel des Körpers zuständig. Alle drei Elemente sind als gleichrangig anzusehen. *Die Prozesse folgen der Strategie und die IT folgt den Prozessen:* Diesen Satz schreibt Klaus Röhr in dem Kapitel des vorliegenden Buchs, in dem es um die Rolle der Informationstechnologie im Zusammenspiel der Veränderungszyklen hin zur operativen Exzellenz in Retailbanken geht. Der Satz kann nicht oft genug wiederholt werden, denn seine Aussage ist einer der Schlüssel für den angestrebten Veränderungsprozess. In der Praxis nimmt diese Sichtweise in der Ausgangsposition von Projekten, die eine grundlegende Veränderung in den Unternehmen anstoßen sollen, eine eher untergeordnete Rolle ein. Der Grund dafür ist das recht verkapselte Dasein der

IT-Abteilungen und ihre mangelnde Verzahnung mit den operativen Fachbereichen. In der Regel fehlt der Brückenbauer, der ein tiefes Verständnis der Fachprozesse mit IT-technischen Umsetzungsvisionen verknüpfen kann und diese Klammer als strategischer Taktgeber innerhalb der Unternehmensführung ausgestaltet. Der Autor geht auf diesen wichtigen Baustein ausführlich ein. Seit vielen Jahren wird die Diskussion darüber geführt, was die Rolle des CIO sei. Was ist seine Positionierung innerhalb des Unternehmens? Welche Strömungen muss er managen, welche Schwerpunkte besetzen? Die Standpunkte sind in der Praxis sehr verschieden; der Denkanstoß des Autors, den CIO in einen CTO (Chief Transformation Officer) zu transformieren, ist nicht nur unter dem Blickwinkel der operativen Exzellenz mehr als interessant und praxistauglich.

Zu dem beschriebenen Bild (das Geld als Blutbahn, die Prozesse als Nervenbahnen und der Kopf, wie im richtigen Leben operativ und strategisch, zuständig für die Orchestrierung des Körpers) möchte ich noch ergänzen: Arme und Beine sollen die verschiedenen Applikationen in einem Unternehmen sein. Vielleicht kann dieses Bild die Schwierigkeiten des Managements und der Koordination des Technologieeinsatzes verdeutlichen. Klaus Röhr beschreibt die unterschiedlichen Problemfaktoren bei dem Versuch, den Körper zum Laufen zu bringen: von heterogenen Datenbasen über mangelnde Kommunikation bis hin zu nicht klar definierten Prozesszielen. Ein weiterer Schlüsselsatz von ihm ist nur zu unterstreichen: ohne strikte Prozessorientierung keine agile Informationstechnologie, kein wirksamer Managementprozess für den Technologieeinsatz und auch keine operative Exzellenz.

Die Merkmale für einen weiteren Erfolgsfaktor, nämlich den Einsatz und die Kombination qualitativ wertvoller IT-Systeme als Treiber der Realisierung der Prozessziele, werden vom Autor in vier Kategorien geordnet: Die erste Kategorie betrifft die IT, die signifikant zur Optimierung der Steuerung der Prozesse beiträgt. Dabei werden die Notwendigkeit von Kennzahlen und das einheitliche Prozesscontrolling hervorgehoben. Die zweite Kategorie beschreibt die IT, die signifikant zur Flexibilisierung von Geschäftsprozessen beiträgt. Aus meiner Sicht einer der spannendsten Bereiche, denn die Konzeption, die heterogene Prozesslogik von den Anwendungen zu entkoppeln, etwa durch Enterprise-Service-Bus-Technologie (ESB) oder Service-orientierte Architektur (SOA), ist die sinnvollste Möglichkeit, Flexibilität zu erreichen. Die dritte Kategorie umfasst die IT, die die Zusammenarbeit mit Geschäftspartnern und Kunden verbessert. Auch in diesem Bereich gibt der Autor zahlreiche Denkanstöße. Hier wurde in vielen Unternehmen hinsichtlich der Prozesse und der technischen Machbarkeit vieles noch lange nicht zu Ende gedacht, etwa der konsequente Einsatz von Social Media. Die letzte Kategorie ist die, die aus meiner Sicht besonders in die Zukunft der Retailbanken strahlen kann: nämlich die Informationstechnologie, die die digitale Strategie eines Kreditinstituts nachhaltig unterstützt. Hier beschreibt der Autor ein spannendes Zukunftsbild, das über den Einsatz von mobilen Geräten hinausgeht und sich mit den digitalen Innovationen aus der Richtung der FinTechs auseinandersetzt.

Die Rolle, die die Informationstechnologie in dem Veränderungsprozess hin zur operativen Exzellenz einnehmen kann, ist noch nie so entscheidend gewesen. Die IT muss

diese Rolle annehmen und sich nicht im Unternehmen zurückziehen, sondern als Taktgeber für Innovationen, Wettbewerbsfähigkeit und Services der Banken stehen.

Ich wünsche mir, dass Klaus Röhr mit seinem Buch vielen Lesern aus der Praxis
Denkanstöße und Ideen gibt, dass Leser aus dem Bereich der betriebswirtschaftlichen
Forschung diese Bausteine vertiefen und so zu Brückenbauern werden. Weiter wünsche
ich mir, dass Veränderungsprozesse zur operativen Exzellenz ganzheitlich angenommen,
dass Silo-Denken und Angst vor Anpassung abgebaut werden – und dass dieses Buch
dazu beiträgt, operative Exzellenz in den Retailbanken zu verwirklichen.

Hamburg, Deutschland   Jörn-Eckart Wolff

Danksagungen des Autors und Buchempfehlungen

Ganz besonderen Dank möchte ich an dieser Stelle an meine ehemaligen Kollegen Thomas David und Jörn-Eckart Wolff richten, die sich die Zeit genommen haben, Vorworte zu meinem Buch zu schreiben. Ich bin Thomas und Jörn insbesondere für ihre Anregungen, Ideen und ihr Feedback sehr dankbar.

Wenn Sie mehr über das Toyota-System erfahren möchten, empfehle ich Ihnen die Publikationen von Jeffrey K. Liker und David P. Meier. In ihren Werken *Praxisbuch – Der Toyota Weg* und *Toyota Talent* haben sich die beiden Autoren unglaubliche Mühe gegeben, das komplexe Zusammenspiel der industriellen Methoden des Autobauers strukturiert zu erklären. Beide Ingenieure sind ehemalige Mitarbeiter des Toyota-Werks in Georgetown, Kentucky, und haben das legendäre Toyota-Produktionssystem von der Pike auf gelernt.

Sind diese beiden Autoren besonders geeignet, um das industrielle Konzept von Toyota besser zu verstehen, so stehen die drei japanischen Wissenschaftler Hirotaka Takeuchi, Emi Osono und Norihiko Shimizu für einen anderen, aber ebenso wichtigen Schwerpunkt. Sie haben über Jahre hinweg analysiert, was Toyota in seinem Innersten antreibt und welche Rolle die einzigartige Unternehmenskultur mit ihrem komplexen sozialen Miteinander dabei spielt. In ihrem Buch *Extreme Toyota: Radical Contradictions That Drive Success at the World´s Best Manufacturer* entdecken die Autoren erstaunliche Merkmale, von denen zum Beispiel auch Retailbanken lernen können. Nein, es sind nicht nur Methoden und Verfahren, die Toyota zum produktivsten Autobauer gemacht haben. Es ist die Kultur des Unternehmens und ihre ganz besondere Ausprägung, die Toyota-Mitarbeiter zu Höchstleistungen antreibt. Ich empfehle Ihnen, sich mit diesem Buch zu beschäftigen und zu lernen, wie sich eine durchdachte und lebendige Unternehmenskultur als wichtiger Erfolgsfaktor auf dem Weg zu operativer Exzellenz entwickeln kann.

Einfach und genial, so kann man das Buch *Sehen lernen* von Mike Rother und John Shook wohl am besten beschreiben. Die Autoren stellen eine Methode dar, die Toyota erfunden hat und schon seit Jahrzehnten in seinen Automobilwerken anwendet. *Sehen lernen* hilft dabei, Verschwendung genau dort zu erkennen, wo sie verursacht wird. Die beiden Lean-Management-Experten Rother und Shook haben dafür die

Wertstrommethode in den Toyota-Werken studiert und in ihrem Buch sehr anschaulich beschrieben. *Sehen lernen* bedeutet in diesem Zusammenhang auch, nie nur Teile des Prozesses im Blick zu haben, sondern immer die ganze Prozesskette. Die Wertstrommethode spielt in meinem Buch eine Schlüsselrolle. Denn nicht nur Fertigungsprozesse können damit analysiert werden, sondern ebenso Geschäftsprozesse. Die Wertstrommethode bedarf keiner komplizierten Technik, ganz im Gegenteil, es sind nur wenige einfache Hilfsmittel nötig, um einen umfassenden Eindruck von der Leistungsfähigkeit und Charakteristik des betreffenden Prozesses gewinnen zu können. Sofern die Optimierung von Geschäftsprozessen zu Ihren Aufgaben gehört, empfehle ich Ihnen, das Buch von Mike Rother und John Shook zu lesen.

Einen unternehmensweiten Transformationsprozess zu beginnen, ohne sich ernste Gedanken darüber gemacht zu machen, wie man seine Pläne und Ideen richtig an Führungskräfte, Mitarbeiter und andere Stakeholder verkauft, wird mit hoher Wahrscheinlichkeit schon in einer frühen Phase scheitern. Oder wie es John P. Kotter und Lorne A. Whitehead ausdrücken:

> Die vorgestellten Ideen und Pläne zerschellen an einer Mauer aus Gegnern und Bedenkenträgern, auch wenn die Ideen noch so gut sein mögen (Kotter und Whitehead 2010, S. 9).

Entscheider müssen sich zu professionellen Ideenverkäufern entwickeln und Widerständen im Unternehmen entschlossen und mit einer durchdachten Kommunikationsstrategie begegnen. In ihrem Buch *Buy-in: Saving your good idea from being shot down* (Kotter und Whitehead 2010) zeigen Kotter und Whitehead viele nützliche und praxisnahe Handlungsempfehlungen auf, wie Entscheider in kritischen Situationen reagieren sollten. Ich möchte Ihnen das Buch der beiden Autoren sehr empfehlen, denn es wäre schade, wenn gute Ideen mangels Akzeptanz nicht umgesetzt werden könnten.

Literatur

KOTTER, John P., WHITEHEAD, Lorne A.: Buy-in: Saving your idea from getting shot down. Boston, Massachusetts: Harvard Business School Publishing 2010, S. 9

Inhaltsverzeichnis

Über den Autor

Klaus Röhr (Jahrgang 1964) ist seit 1990 in der IT- und Beratungsbranche tätig. Seine erste Berufserfahrung sammelte der Wirtschaftsinformatiker als Entwickler von Warenwirtschaftssystemen für Handel und Industrie. Mehr oder weniger durch Zufall erhielt er die Chance, bei einem bekannten IT-Dienstleister in Frankfurt die Funktion eines Vertriebsbeauftragten zu übernehmen. Dort kam der Autor das erste Mal mit dem Bankengeschäft in Berührung. Zu dieser Zeit – Anfang der Neunzigerjahre – war die Bankenwelt ebenfalls stark im Umbruch. Großrechnersysteme wurden reihenweise durch dezentrale IT-Systeme abgelöst. Bankmitarbeiter wurden an ihren Arbeitsplätzen vernetzt und mit moderner Kommunikationstechnik ausgestattet. Dieser Transformationsprozess war ein spannendes und herausforderndes Umfeld. Der Autor begleitete Kunden dabei, ihre Informationstechnologie und ihre Kernanwendungen zu modernisieren. Danach folgte eine Phase – das war Ende der Neunzigerjahre –, in der Klaus Röhr sich in seiner Rolle als Vertriebsmanager zunehmend mit der Verbesserung des Beziehungsmanagements zwischen Banken und deren Kunden beschäftigte. Zu dieser Zeit war es das erklärte Ziel vieler Institute, sich zu Multikanal-Banken zu entwickeln. Auch entdeckten Banken zum ersten Mal den hohen Wert von Kundendaten und investierten große Mittel, um diese Informationen gezielter für geschäftliche Zwecke zu nutzen.

In den Jahren nach 2000 widmete sich der Autor dem immer stärker werdenden Kosten- und Regulierungsdruck in der Bankbranche. Banken waren mehr oder weniger gezwungen, ihr Standardmengengeschäft effizienter zu bewältigen und unter Risikogesichtspunkten transparenter zu gestalten. Als Vertriebsmann eines Beratungsunternehmens speziell für das Geschäftsprozessmanagement hatte Klaus Röhr daher die Gelegenheit, viele Banken in ihren Transformationsprojekten zu begleiten.

Die Erkenntnisse aus seiner über 25-jährigen Berufserfahrung in vielen erfolgskritischen Transformationsprojekten der Bankbranche, aus unzähligen Gesprächen mit Entscheidern und aus der Beobachtung der jeweiligen Erfolgs- und Misserfolgsfaktoren hat Klaus Röhr in diesem Buch aufgenommen und verarbeitet.

Sehr gerne steht Ihnen der Autor für Fragen unter klaus.roehr99@gmx.de oder unter XING.com zur Verfügung.

Einführung

1

1.1 Warum dieses Buch?

Seit 25 Jahren gehört das Steuern und Optimieren von Geschäftsprozessen nach industriellem Vorbild zum Geschäft einer Retailbank. Man könnte nun meinen, operative Exzellenz sei dem Bankgewerbe in Fleisch und Blut übergegangen und die Branche habe sich zwischenzeitlich auf ein hohes industrielles Niveau entwickelt. Sicher haben Retailbanken in den letzten beiden Dekaden gelernt, industrielle Prinzipien für die Bewältigung ihres Standardmengengeschäfts zu nutzen. Aber befinden sich Retailbanken hierzulande tatsächlich auf einem hohen industriellen Entwicklungsstand, der den gegenwärtigen großen Herausforderungen Rechnung trägt? Diese Frage ist mehr denn je berechtigt. In Zeiten, in denen selbst Sparkassen ins Wanken geraten, jahrzehntelang erfolgreiche Geschäftsmodelle nicht mehr richtig funktionieren und Erträge in beträchtlichem Maße wegbrechen, müssen sich Kreditinstitute fragen, ob sie genug unternehmen, um ihre Kostenstrukturen in den Griff zu bekommen. In einem Marktumfeld, das durch eine hohe Wettbewerbsintensität, durch komplexe Regularien, durch hohe Marktreife und durch erfahrene und preisbewusste Kunden geprägt ist, ist die Fähigkeit, die Kostenseite fest im Griff zu haben, existenziell notwendig. Aber so wichtig wettbewerbsfähige Kostenstrukturen auch sein mögen, über kurz oder lang laufen Strategien, die sich mehr oder weniger auf die Reduzierung von Kosten beschränken, ins Leere. Irgendwann gibt es keine Leistungen mehr, auf die verzichtet werden kann.

> Es kann natürlich keine Strategie sein, dauerhaft von der Substanz zu leben oder gar der Versuchung zu erliegen, höhere Risiken einzugehen (Andreas Dombret, Deutsche Bundesbank; Jost und Kunz 2015).

Nun wieder zurück zum Ausgangspunkt und zu der Frage, über welchen Entwicklungsstand deutsche Retailbanken in Hinblick auf operative Exzellenz verfügen. Um mich besser auf die Beantwortung dieser Frage zuzubewegen, habe ich mich in den letzten Jahren sehr intensiv mit industriellen Fertigungsmethoden und deren Erfolgsfaktoren beschäftigt.

© Springer Fachmedien Wiesbaden GmbH 2017

K. Röhr, *Operative Exzellenz in Retailbanken,* DOI 10.1007/978-3-658-17165-0_1

Der direkte Vergleich zwischen der Banken- und der Fertigungsindustrie – oder konkreter formuliert: der Vergleich zwischen Geschäfts- und Fertigungsprozessen – ist sicher schon unzählige Male gezogen worden. Trotzdem wage ich einen weiteren Versuch, Erfolgsfaktoren, aber auch Misserfolgsfaktoren herauszuarbeiten, die bislang für Retailbanken noch nicht ausführlich betrachtet worden sind. Ich beziehe mich in meinem Buch auf das industrielle Konzept von Toyota.

Toyota? Was gibt es da noch zu erzählen?, werden Sie vielleicht denken. Kein anderes industrielles System ist schließlich so gut und ausführlich dokumentiert worden. Womöglich können nicht einmal 1000 Bücher das fassen, was über Toyota schon publiziert worden ist. Genau an dieser Stelle drängt sich aber die Frage auf, warum es trotzdem keinem anderen Massenhersteller im Automobilmarkt gelungen ist, zur Produktivität von Toyota aufzuschließen.

Was Unternehmen von Toyota übernommen haben, sind in erster Linie analytische Methoden. Die analytischen Methoden von Toyota sind zwar außerordentlich wichtig und müssen beherrscht werden, aber das Entscheidende wurde sträflich vernachlässigt. Toyota sagt von sich selbst, dass sein industrielles Konzept längst nicht so erfolgreich wäre, wenn es nicht gelungen wäre, herausragende Mitarbeiter heranzubilden. Diese zentrale Erkenntnis findet anderswo keine oder kaum Beachtung. Und es kommt noch eine dritte Komponente hinzu: Operative Exzellenz muss durch strategische Zielvorgaben gesteuert werden können.

> Operative Exzellenz ist die dynamische Fähigkeit zur Realisierung von effizienten und effektiven Kernprozessen der Wertschöpfungskette durch die integrative Nutzung und Gestaltung von technologischen und organisatorischen Faktoren auf Basis der Strategie (Tilmes et al. 2014, S. 12).

Kein Unternehmen auf der Welt betreibt operative Exzellenz so wirkungsvoll wie Toyota. Mein Buch basiert auf den Erfahrungen des Autobauers und ganz besonders darauf, die wirklichen Erfolgsfaktoren des Systems zu identifizieren, von denen Retailbanken lernen können, operative Exzellenz in einer ganz neuen Qualität zu betreiben.

Der alleinige Fokus auf analytische Methoden hat natürlich den Charme, dass sie schnell erlernt und angewandt werden können. Schneller Erfolg zieht eben an! Beispielsweise hat der Einsatz der Six-Sigma-Methode und anderer Lean-Management-Konzepte in Banken gezeigt, dass sich beeindruckende Leistungssteigerungen erzielen lassen. Ein häufig zu beobachtendes Phänomen ist allerdings, dass erzielte Produktivitätsfortschritte durch nachfolgende Prozessschritte wieder zunichtegemacht werden. Dazu ein treffendes Zitat von Mike Rother und John Shook (Rother und Shook 2015, S. 7):

> Letzten Endes ist das Ergebnis immer das gleiche: isolierte, manchmal sogar sehr bedeutende Siege über Verschwendung, die jedoch nicht zu einer Verbesserung des Ganzen beitragen.

Dieses Phänomen ist ein untrügliches Zeichen dafür, dass in vielen Banken noch kein wirklich ausgeprägtes Prozessdenken und kein umfassendes Prozessmanagement entwickelt wurde, obwohl diese Begriffe seit vielen Jahren in der Branche in aller Munde sind.

Oft reicht es schon, einen Blick in die Organigramme und Verantwortungsbereiche von führenden Retailbanken zu werfen, um zu erkennen, dass Organisationen nicht konsequent prozessorientiert aufgestellt sind.

Führungskräfte und Mitarbeiter müssen durch ein professionelles Entwicklungsprogramm befähigt werden, sich gegen den Zerfall von Strukturen zu stellen. Mehr noch, Mitarbeiter in der Bank müssen lernen, Verschwendung in den Prozessen und in der Organisation regelrecht zu sehen. Es ist auch zwingend notwendig, unternehmensweit ein gleiches Verständnis für Wertschöpfung und Verschwendung, Qualität und Kostenbewusstsein zu vermitteln. Ich vertrete die Auffassung, dass Retailbanken nur sehr eingeschränkt in der Lage sind, sich ein realistisches Bild der Leistungsfähigkeit ihrer wichtigsten wertschöpfenden Prozesse in allen zentralen Dimensionen zu verschaffen. Dies gilt ebenso für die Entwicklungspotenziale der betreffenden Prozesse. Viele Kreditinstitute sind nicht in der Lage, alle Prozesse im Wertstrom so miteinander zu verknüpfen, dass ein störungsfreier und kontinuierlicher Fluss entsteht, und dabei exakt diejenigen personellen Ressourcen einzubinden, die für die Bewältigung der Arbeitslast notwendig sind.

> Die nachhaltige Umsetzung operativer Exzellenz kann nur erreicht werden, wenn sich die gesamte Organisation mit einer Kultur der Verbesserung identifiziert und die Menschen innerhalb der Organisation hinsichtlich Führung, Fähigkeiten und Verhalten eng eingebunden werden (Camelot Management Consultant 2014, S. 12).

Das Bankmanagement muss sich bewusst sein, dass jeden Tag Sand in das Getriebe der operativen Exzellenz gelangt. Das passiert zum Beispiel in Form neuer Produkte oder Produktmerkmale, durch veränderte Marktbedingungen, neue Regularien, nachlassende Aufmerksamkeit, neue Mitarbeiter im Prozess, Missverständnisse und Fehler, ungeregelte Details und Abstimmungsprobleme. Dieser schleichende Zerfall der wertschöpfenden Prozesse muss ebenfalls sichtbar gemacht werden. Von Toyota lernen Sie, wie Verschwendung systematisch identifiziert und eine Produktion auch mit einfachen Mitteln wirkungsvoll gesteuert werden kann.

Gern wird das Argument ins Feld geführt, operative Exzellenz in der Fertigungsindustrie sei viel komplexer beschaffen als in der Bankenindustrie. Lange Zeit habe ich das auch geglaubt. Aber je länger ich mich mit diesen beiden Industrien beschäftigt habe, desto mehr Zweifel kamen mir. Banken können zum Beispiel immer nur zum Zeitpunkt der Nachfrage produzieren. Für ein Unternehmen in der Fertigungsindustrie ist es dagegen möglich, seine Produkte vorzuproduzieren, um zum Zeitpunkt der Nachfrage immer lieferfähig zu sein. Einen Kredit kann man nicht auf Lager legen, auch keine Teile davon. Das macht es schon sehr anspruchsvoll, jederzeit ambitionierte Servicelevels für Kunden zu gewährleisten. Zudem ist es in der Fertigungsindustrie einfacher, Verschwendung direkt und unmittelbar zu erkennen. Wenn in der Produktion ungeplante Zwischenlager und Stauungen im Prozessfluss entstehen, fallen diese sofort ins Auge. In der Bankenindustrie bleibt Verschwendung eher im Verborgenen. Daher ist die Gegenüberstellung der beiden Industrien an manchen Stellen wie der Vergleich zwischen Äpfeln und Birnen. Zweifelsohne unternimmt das Management in der Fertigungsindustrie aber auch mehr

Anstrengungen, um Verschwendung systematisch zu identifizieren, Mitarbeiter zu qualifizieren und zielgerichtet effektive und effiziente Strukturen zu etablieren.

> Operative Exzellenz ist in der Welt der Wirtschaft daher vor allem überall dort unverzicht-
> bar, wo gesättigte Märkte die Unternehmen dazu zwingen, sich mit ihren Marktanteilen
> zufriedenzugeben oder ihren Wettbewerbern Marktanteile wegzunehmen (Springer 2014,
> S. 12).

Es geht aber noch weiter. Der Begriff operative Exzellenz wird in erster Linie mit effizien-
tem Handeln in Verbindung gebracht. Das ist im Grunde genommen richtig. Aber ein über
die ganze Bankorganisation vernetztes effizientes Handeln funktioniert nur dann, wenn es
auch strikt nach strategischen Vorgaben gesteuert wird. Passiert das nicht, können erzielte
Effizienzgewinne nicht dauerhaft gehalten werden. Ein typisches Bild in Retailbanken ist,
dass Manager redlich und gewissenhaft versuchen, effiziente Strukturen in ihren jeweiligen
Verantwortungsbereichen zu implementieren. Aber werden denn ohne detaillierte und klare
strategische Vorgaben auch tatsächlich immer die richtigen Maßnahmen ergriffen? Ich zeige
Ihnen, wie operative Exzellenz durch strategische Ziele gesteuert und Kapital genau dort
investiert wird, wo es zur Ausführung der Strategie am notwendigsten ist.

Ein massiver Veränderungsdruck droht Retailbanken durch die Digitalisierung.
Geschäftsmodelle, Produkte und die Beziehung zu Kunden werden sich durch die Digitalisierung grundlegend verändern. Traditionelle Merkmale wie zum Beispiel die persönliche Beziehung zwischen Kunden und Bank verlieren in rasanter Geschwindigkeit
an Bedeutung. Junge Menschen und allgemein die Generation *Always Online* meiden
Bankfilialen. Auch wenn es viele Bankmanager nicht gerne hören: Ein gutes und breit
gefächertes Online- und Mobil-Angebot der Bank bindet Kunden mehr ans Institut als
etwa die persönliche Beziehung zum Kundenberater. Gerade Retailbanken bietet das
Mittel der Digitalisierung aber die große Chance, sich wirksam von Mitbewerbern zu
differenzieren und dadurch eine erfolgreiche Geschäftsentwicklung zu forcieren. Neben
unternehmerischem Mut und kreativen Ideen spielt dabei auch operative Exzellenz eine
wichtige Rolle. Strukturen, Produkte und Prozesse müssen stellenweise komplett auf den
Kopf gestellt werden, um sich dem veränderten Geschäftsmodell anzupassen.

An dieser Stelle sei mir ein Gedankenexperiment erlaubt. Was würde es für Kunden
bedeuten, wenn die Automobilhersteller ihre Fahrzeuge auf dem Produktivitätsniveau
von Retailbanken herstellen würden? Diese Frage kann man zwar nicht genau auf den
Punkt beantworten, aber sicher ist, dass Kunden auf ihr individuell konfiguriertes Auto
viel länger warten müssten. Der Grund dafür ist, dass das Denken in Wertschöpfungs-
ketten nicht genügend ausgebildet wäre. Jeder Verantwortliche für einen Teilprozess
würde mehr oder weniger nach seinen Vorstellungen die Prozesse steuern, ohne sich mit
dem jeweils nachfolgenden Teilprozess ausreichend abzustimmen. Dadurch entstünden
zum Beispiel lange, unproduktive Liegezeiten, die zuverlässige Lieferzusagen an Kunden wohl unmöglich machen würden. Die Autofabriken wären kaum in der Lage, einen
fließenden Wertstrom herzustellen. Neben längeren Wartezeiten müssten sie ihre Kunden
auch mit schlechterer Qualität konfrontieren. Denn wie erwähnt bleibt Verschwendung
im Gegensatz zur Fertigungsindustrie in Dienstleistungsindustrien eher im Verborgenen,

sodass Kunden mit mehr Qualitätsmängeln rechnen müssten. Was ebenfalls gegen die Qualität arbeitet, ist das Problem, dass dem schleichenden Zerfall von Prozessen nicht wirksam entgegengewirkt wird. Zu guter Letzt müssten Kunden noch einen deutlich höheren Preis für ihre Automobile bezahlen. Schließlich verschlingen Produktion und Verwaltung von Verschwendung enorme Summen. Würde ein Automobilhersteller auf dem Produktivitätsniveau einer Retailbank produzieren, würde er wohl bald im Markt nicht mehr bestehen können. Können sich Retailbanken heute wirklich leisten, nicht auf dem Produktivitätsniveau von Autoherstellern zu produzieren?

Eine Frage, die immer wieder intensiv diskutiert wird, ist, wie die Rolle der Informationstechnologie im Kontext operativer Exzellenz richtig eingeordnet werden kann. Gerade in Verbindung mit der Digitalisierung kommt einem modernen, agilen Informationsmanagement eine Schlüsselrolle zu. Trotzdem wäre es ein Trugschluss zu glauben, dass die Etablierung operativer Exzellenz in erster Linie eine technische Herausforderung sei. Natürlich können konkrete Aussagen immer nur im Einzelfall getroffen werden. Grundsätzlich lässt sich aber sagen, dass die Informationstechnologie nur ein Faktor, wenn auch ein wichtiger, in einem komplexen Zusammenspiel vieler Faktoren ist. Es gibt definitiv keinen Anschaltknopf, keine ultimative Methode für operative Exzellenz in Form eines IT-Systems. Retailbanken ist in diesem Zusammenhang zu empfehlen, ihr Management hinsichtlich ihres IT-Einsatzes zu professionalisieren. Darin steckt ein großes Potenzial. Diese Themenstellung werde ich in Kap. 8 näher betrachten.

Zusammenfassend vertrete ich die Einschätzung, dass Retailbanken noch nicht über die notwendigen Prozesse, Strukturen und Fähigkeiten verfügen, um operative Exzellenz in ihren Organisationen wirkungsvoll umzusetzen. Lernen Sie aus den Erfahrungen von Toyota, wie man ein industrielles Konzept für eine Retailbank aufbaut. Tolerieren Sie keine ineffizienten Strukturen in ihrer Bank. Denn es passt einfach nicht zusammen, einerseits einer chronischen Ertragsschwäche zu unterliegen und nur mit Mühe ausreichende Mittel für Zukunftsinvestitionen wie die Digitalisierung zur Verfügung zu stellen und andererseits Verschwendung in Prozessen und Strukturen zu tolerieren. Ein Aufschließen zu dem Produktivitätsniveau von Automobilherstellern ist realistisch. Sicherlich kein einfacher oder bequemer Weg, aber er lohnt sich.

Ich werde Sie in meinem Buch nicht mit der ganzen Fülle der komplexen Welt von Toyota konfrontieren. Das ist sicherlich nicht sinnvoll. Ich habe diejenigen Erfolgsfaktoren aus dem Toyota-System herausgefiltert, die tatsächlich von Retailbanken genutzt werden können, um operative Exzellenz besser und nachhaltiger zu implementieren. Darüber hinaus habe ich eine Reihe von Faktoren zusammengetragen, die oft (hinsichtlich einer operativen Exzellenz in Banken) nicht optimal laufen (s. Infoblöcke *Misserfolgsfaktoren*).

1.2 Aufbau des Buchs

In Kap. 2 befasse ich mich mit der Toyota Motor Company aus einem historischen Blickwinkel. Es ist wichtig zu verstehen, warum und wie die industriellen Methoden bei Toyota entstanden sind. Wenn Sie die Geschichte von Toyota kennen, ist es für Sie einfacher, über alternative Wege in Ihrer eigenen Organisation nachzudenken und operative Exzellenz in einer Form einzuführen, die einzigartig ist. Auch wenn auf den ersten Blick nicht alles bei Toyota auf das Geschäft einer Retailbank und auf eine typische, westlich geprägte Arbeitskultur übertragen werden kann. Auch bei Toyota selbst gibt es zahlreiche Widersprüche, die sich dann aber doch zu einem funktionierenden System zusammenfügen und Toyota zu Höchstleistungen antreiben. Von diesen Erfahrungen können auch Retailbanken profitieren.

In Kap. 3 schildere ich die wichtigsten Methoden des Toyota-Systems. Das erste Unterkapitel beschäftigt sich mit den analytischen Instrumenten des Toyota-Produktionssystems. Gegenstand des zweiten Unterkapitels ist der TWI-Prozess, der den Kern des Mitarbeiterentwicklungsprogramms bei Toyota bildet.

Lange habe ich darüber nachgedacht, in welcher Art und Weise ich die Erkenntnisse von Toyota auf das Retail Banking übertrage. Ergebnis meiner Überlegungen ist die *Retail Bank AG* – eine fiktive Bank, die einen grundlegenden Transformationsprozess hin zu operativer Exzellenz bewältigen wird und dabei im Wesentlichen auf die Methoden von Toyota vertraut. In Kap. 4 stelle ich die Retail Bank AG, deren Ausgangssituation sowie die Auslöser für ihren Veränderungsprozess vor.

Dem Kap. 5 habe ich den Titel *Zukunft hat, der Zukunft macht* gegeben. Hier werden grundlegende Weichen gestellt, wie zum Beispiel die Bildung einer Wertegemeinschaft in der Retail Bank AG. Erst eine Wertegemeinschaft schafft das Fundament für operative Exzellenz. Führungskräfte und Mitarbeiter müssen genau wissen, was man von ihnen erwartet, wie man miteinander umgeht und wie man gemeinsam große Veränderungen bewältigt. Abschließender Teil des Kapitels ist die Definition der neuen Unternehmensstrategie der Retail Bank AG.

Die ersten operativen Schritte der Retail Bank AG werden in Kap. 6 erläutert. Darin führt das Kreditinstitut eine Bestandsaufnahme der Leistungsfähigkeit eines ausgewählten, erfolgskritischen Kernprozesses mit den Methoden von Toyota durch. Außerdem beschäftigt sich in diesem Kapitel das Management mit der Verbesserung der Unternehmenskommunikation und erklärt seinen Führungskräften und Mitarbeitern die neue Organisation.

Nachdem alle notwendigen Voraussetzungen erfüllt sind, beginnt in Kap. 7 die Implementierung des ersten vollständigen, strategisch gesteuerten Verbesserungszyklus. Bevor dann in Kap. 9 die Implementierung des zweiten Verbesserungszyklus beschrieben wird, beschäftige ich mich in Kap. 8 zunächst mit der Rolle der Informationstechnologie.

Das Buch endet mit Kap. 10. Darin fasse ich die wesentlichen Erfolgsfaktoren für operative Exzellenz in der Retail Bank AG zusammen.

1.3   An wen richtet sich mein Buch?

Mein Buch richtet sich in erster Linie an das Management und den Personenkreis in Retailbanken, die vor der Aufgabe stehen, einen unternehmensweiten Transformationsprozess hin zu effektiven und effizienten Strukturen zu planen und umzusetzen.

Operative Exzellenz

ist das Gegenteil von **Chaos, Frust und Verschwendung**

sichert **Gewinn**

bedeutet **Qualität**

gewährleistet
Zuverlässigkeit

schafft
Ordnung

liefert
Wettbewerbsfähigkeit

befähigt zu mehr **Beweglichkeit
& Flexibilität**

ist eine Voraussetzung für
Planungssicherheit

macht eine verbesserte
Wertschöpfung erst möglich

ist die **Vision verschwendungsfreier Prozesse**

hat als Ergebnis **Transparenz & Objektivität**

festigt die
Kundenbeziehung

erzielt einen
Vorsprung
zu anderen Marktteilnehmern

ist die Basis für die **Zukunftsfähigkeit** Ihrer Bank

ist das Ergebnis

herausragender Mitarbeiter

Abb. 1.1 Assoziationen zur Operativen Exzellenz

Zielpersonen sind beispielsweise Vorstände und Geschäftsführer, die Leiter der Marktfolgeorganisationen, des Controllings, des IT-Bereichs, des Personalwesens sowie Projektleiter, Business- und Prozessanalysten. Ebenso richtet sich das Buch an Dienstleister, die im Auftrag von Banken Teile von deren Wertschöpfungskette betreiben, wie auch an Beratungs- und IT-Unternehmen, die sich auf den Bankenmarkt spezialisiert haben (Abb. 1.1).

Literatur

CAMELOT MANAGEMENT CONSULTANT (2014), zit. n. KÖLBACH, R., 8. ProcessLab-Konferenz vom 12.06.2014, Präsentation: Operational Excellence in einer Genossenschaftsbank.

Jost, S. und Kunz A. (2015): Die Luft wird dünner für die Banken, http://www.welt.de/wirtschaft/article146627180/Die-Luft-wird-duenner-fuer-die-Banken.html. Letzter Zugriff: 02.03.2016.

ROTHER, M.; SHOOK, J. (2015): *Sehen lernen*. Mit Wertstromdesign die Wertschöpfung erhöhen und Verschwendung beseitigen. Mühlheim an der Ruhr: Lean Management Institut, Okt. 2015.

SPRINGER, R. (2014): Survival of the Fittest, zit. n. KÖLBACH, R., 8. ProcessLab-Konferenz vom 12.06.2014, Präsentation: Operational Excellence in einer Genossenschaftsbank, S. 12

TILMES, R., GLEICH, R., JAKOB, R. (2014): zit. n. KÖLBACH, R.: 8. ProcessLab-Konferenz vom 12.06.2014, Frankfurt am Main: Präsentation: Operational Excellence in einer Genossenschaftsbank.

Die Toyota Motor Company

2.1 Hintergrundinformationen zum Unternehmen

Die Wirtschaftspresse feierte im Jahr 2008 die Toyota Motor Company. Erstmals gelang es Toyota, mit knapp neun Millionen verkauften Fahrzeugen seinen Rivalen General Motors zu überflügeln. Nach über 70 Jahren stürzten die Japaner den US-Traditionskonzern im Ranking der weltgrößten Automobilproduzenten vom Spitzenplatz in eine tiefe Rezession. Beste Qualität, günstiger Verbrauch, höchste Kundenzufriedenheit und erschwingliche Preise machten Toyota zum Liebling der automobilen Kundschaft. Sicherlich versprühte dieser Erfolg auch Stolz und Anerkennung bei Management und Mitarbeitern. Toyota betonte aber immer wieder, auch in dem Kopf-an-Kopf-Rennen mit Volkswagen in den Jahren danach, dass die absolute Größe des Konzerns nicht das primäre Ziel wäre. Was Toyota in seinem Innersten tatsächlich erschüttern würde, wäre ein Wettbewerber, der bessere Qualität, besseren Service und größere Zuverlässigkeit liefern könnte. Bis dato hat das aber noch niemand geschafft.

Toyota setzt bis heute unangefochten den Maßstab in der Branche. Das gilt für Qualität und Kundenzufriedenheit ebenso wie für Profitabilität und Produktivität. Auch in den Disziplinen Vertrieb und Marketing ist Toyota Spitze. Eine exzellente Marketingleistung war es beispielsweise, Lexus als neue Luxusmarke in den Märkten zu etablieren. Lexus wurde in diesem Segment Marktführer in den wichtigen Automobilmärkten USA und Asien. Es scheint, als könne Toyota jede Aktivität erfolgreich und nachhaltig umsetzen.

Doch die Zeiten waren für Toyota nicht immer so erfolgreich. Mit bescheidenen Mitteln und Kapazitäten baute die Toyota Motor Company 1947 ihren ersten Kleinwagen. Bereits 1948 sah sich die Company mit einer existenziellen Krise konfrontiert. Die japanische Wirtschaft lag am Boden, Toyota hatte einen gigantischen Schuldenberg aufgebaut. Um das Unternehmen vor dem Bankrott zu retten, entschied sich der damalige Präsident der Company, über 1000 Arbeiter zu entlassen. Die japanischen Gewerkschaften setzten nach einem harten Arbeitskampf durch, dass den verbliebenen Mitarbeitern

K. Röhr, *Operative Exzellenz in Retailbanken*, DOI 10.1007/978-3-658-17165-0_2

eine lebenslange Beschäftigung garantiert wurde. Zudem akzeptierte Toyota auf Druck der Gewerkschaften ein neues Entgeltsystem. Nicht mehr die geleistete Tätigkeit war Basis für die Entlohnung, sondern die Dauer der Betriebszugehörigkeit. Ein Bestandteil des Lohns war fortan eine gewinnabhängige Bonuszahlung. Dieses einschneidende Ereignis löste einige grundlegende Entwicklungen aus.

Toyota verstand den Kompromiss nicht als Last, sondern begann systematisch und Schritt für Schritt, die Fähigkeiten seiner Arbeiter kontinuierlich zu verbessern und ihr Wissen, ihre Erfahrung, ihre Arbeitsleistung bestmöglich einzusetzen. Die Ingenieure und Arbeiter fingen an, die knappen Ressourcen an Material und Maschinen optimal zu nutzen. Denn einzig Prozessverbesserungen versprachen eine Steigerung der Produktivität. An Investitionen in Maschinen war in der wirtschaftlich schwierigen Nachkriegszeit nicht zu denken. Mit dieser Strategie gelang es Toyota beispielsweise, auf einer Fertigungsstraße mehrere Pkw-Modelle zu bauen, Maschinen sehr flexibel einzusetzen und Material effizienter zu nutzen. Im Grunde genommen hat hier das einzigartige Toyota-Produktionssystem seinen Ursprung. In dieser Anfangszeit waren es vor allen die Ingenieure Taiichi Ohno (vgl. Toyota 2015) und Shigeo Shingo (vgl. Vardemann 2015), die dieses Produktionssystem flächendeckend einführten und immer weiter verbesserten. Die beiden Ingenieure bedienten sich der Qualitätsstrategien des amerikanischen Qualitätsmanagement-Pioniers Walter A. Shewhart (vgl. Deming 1967) und seines Schülers William Edwards Deming (vgl. Encyclopaedia Britannica o. J.). Hervorzuheben ist der von Shewhart in den 1930er-Jahren entwickelte iterative PDCA-Verbesserungszyklus (Plan-Do-Check-Act). Deming verbreitete ab den 1950er-Jahren sehr erfolgreich die Qualitätsmanagementkonzepte von Shewhart. Noch heute wird jedes Jahr die Dr.-Deming-Medaille an Industrieunternehmen verliehen, die die besten Ergebnisse auf den Gebieten der Qualität und Produktivität erzielt haben (vgl. Kaminske 2010, S. 48). Ohno und Shingo setzten die Qualitätsstrategien der amerikanischen Wissenschaftler nicht nur mit großem Erfolg um, sondern verbesserten sie kontinuierlich weiter. Der PDCA-Verbesserungszyklus ist in Form zahlreicher Derivate in der Wirtschaft weltweit verbreitet und findet insbesondere in Six-Sigma-Projekten Anwendung.

Aus dem PDCA-Zyklus hat sich bei Toyota inzwischen der TBP-Prozess (Toyota Business Practices; vgl. Czarnecki 2009) entwickelt. Dieser Prozess besteht aus acht Phasen: das Problem verdeutlichen, das Problem unterteilen, ein Ziel setzen, die Ursachen analysieren, Gegenmaßnahmen entwickeln, Gegenmaßnahmen durchführen, Ergebnisse und Prozesse überwachen, erfolgreiche Prozesse standardisieren.

Die einschneidenden Ereignisse der frühen Krise brachten es mit sich, dass sich Toyota zu einem Unternehmen mit einer sehr konservativen Betriebsführung entwickelte. So ist Toyota immer bemüht, eine schuldenfreie Betriebsführung zu realisieren.

Bislang ist Toyota kaum mit herausragenden Produktinnovationen aufgefallen. Im Vordergrund steht stets die Minimierung der Produktionskosten, zum Beispiel durch die Perfektion der Produktionsprozesse und die Optimierung der Qualität. Die Entwicklung innovativer Funktionen und Ausstattungsmerkmale der Produkte hat wenig Priorität. Ausgenommen sind davon allerdings die Antriebstechnologien, etwa die Hybrid- und die Brennstoffzellentechnologie.

Die Scheu vor Risiken hat Toyota keineswegs geschadet. Ganz im Gegenteil, Toyota hat sich eine Menge Lehrgeld erspart. Während zum Beispiel deutsche Hersteller zur Kompensation hoher Innovationskosten für Ausstattungsfeatures immer wieder Premiumpreise setzen müssen, um auskömmliche Gewinne zu erzielen, meidet Toyota risikoreiche Produktinnovationen, solange es seine Wachstumsziele mit einer sicheren Imitationspolitik erreichen kann.

Toyota wendet in der Produktion grundsätzlich nur Technologien an, die am Markt ihre Belastbarkeit und Zuverlässigkeit bereits bewiesen haben. Somit sind es mit Sicherheit nicht die technischen Innovationen, die Toyota zum Qualitätsführer und zum produktivsten Automobilhersteller der Welt gemacht haben.

2.2   Kultur der Widersprüche

2.2.1   Einleitung

Für viele Manager ist klar, dass das überlegene Toyota-Produktionssystem für den Erfolg des Unternehmens verantwortlich ist. Dieses einzigartige Verfahren ermöglicht es, die qualitativ besten Autos der Welt zu den niedrigsten Kosten herzustellen und neue Modelle in kürzester Zeit serienreif zu entwickeln. Was will man mehr? Seitdem pilgern Ingenieure von Toyota-Konkurrenten, aber auch von Unternehmen anderer Branchen nach Japan und lassen sich von Experten der schlanken Produktion ausbilden. Aber der erhoffte Erfolg will sich nicht überall einstellen. Das Toyota-Produktionssystem ist vor allem innerhalb der Toyota-Strategie ein Erfolgsfaktor. Und es ist nur ein Faktor in der komplexen Erfolgsformel des Unternehmens.

Die japanischen Wissenschaftler Professor Hirotaka Takeuchi, Professor Emi Osono und Professor Norihiko Shimizu konnten über viele Jahre hinweg hinter die Kulissen von Toyota blicken. In ihrem Buch *Extreme Toyota: Radical Contradictions That Drive Success at the World's Best Manufacturer* (vgl. Osono et al. 2008) bringen die Wissenschaftler Licht ins Dunkel und schildern alle Erfolgsfaktoren der Toyota Motor Company. Sie beobachteten und interviewten Mitarbeiter aller Hierarchieebenen, besuchten Produktionsstätten, durchliefen Schulungsprogramme und nahmen als Beobachter an Besprechungen und Veranstaltungen teil. Ihre langjährigen Recherchen zeigten, dass das Toyota-Produktionssystem zwar ein wichtiges Erfolgselement ist, das volle Potenzial an Leistungsfähigkeit und Nachhaltigkeit aber erst durch die Kreativität und das Engagement der Mitarbeiter geschaffen wird. Herausragende Mitarbeiter sind das Ergebnis einer Unternehmenskultur, die systematisch die Fähigkeiten der Mitarbeiter fördert und perfektioniert (vgl. Osono et al. 2008, S. 3 f.). Das Toyota-Produktionssystem mit seinen Methoden und Verfahren geht Hand in Hand mit der Unternehmenskultur von Toyota. Diese einzigartige Kombination ist das wahre Erfolgsrezept der Toyota Motor Company.

Konkurrenten und auch Experten haben diese Tatsache bisher meist übersehen. Vermutlich, weil man sich lieber mit harten Fakten, das heißt mit Methoden, Vorgehensweisen und Produktionstechniken beschäftigt, als mit anspruchsvollen Veränderungen in der Unternehmenskultur.

Ich will natürlich offen gestehen, dass die komplexe Unternehmenskultur des Konzerns nicht der Maßstab für Veränderungen in Ihrer Bank sein kann. Ein Abbild der Toyota Motor Company in Ihrer Bank zu schaffen, soll keineswegs das Ziel sein. Wichtig ist aber, das Grundmuster der Erfolgsfaktoren der Toyota-Unternehmenskultur zu verstehen und daraus ein Veränderungskonzept abzuleiten, das in der Bank tatsächlich umgesetzt werden kann. Sich nur auf die Methoden des Toyota-Produktionssystems zu konzentrieren, wäre ein Fehler. Selbst das Management von Toyota räumt ein, dass Toyota nicht das wäre, was es heute ist, wenn das Toyota-Produktionssystem sich isoliert von der Unternehmenskultur entwickelt hätte. Und die Entwicklung von herausragenden Mitarbeitern ist auch in einer Retailbank möglich.

Nun aber wieder zurück zu den drei japanischen Professoren und ihren Ergebnissen. Nach Einschätzung der Autoren ist der Konzern deswegen so erfolgreich, weil er in vielen Aspekten des Unternehmensalltags Widersprüche erzeugt. Die Mitarbeiter sind in einer Kultur tätig, in der sie ständig mit Herausforderungen und Problemen konfrontiert werden und passende Lösungen finden müssen. Das ist der Grund, warum Toyota ständig besser wird.

2.2.2 Widersprüche

Sehr gute Marktposition und heraufbeschworene Krisen
Ein offensichtlicher Widerspruch geht regelmäßig vom Top-Management aus. Trotz der außerordentlichen Stabilität und Position des Unternehmens, exzellenter Unternehmenszahlen und bester Reputation im Markt beschwört das Management regelmäßig künstliche Krisen herauf. Die Konzernleitung will dadurch verhindern, dass sich ein Zustand der Zufriedenheit mit dem bislang Erreichten einstellt. Das ganze Unternehmen muss auch in guten Phasen kontinuierlich an der Verbesserung seiner Abläufe und Produkte arbeiten. In den letzten 60 Jahren hat es bei Toyota keine Phase gegeben, in der man sich auf seinen Lorbeeren ausruhte. *Reformiere das Geschäft, wenn es gut läuft,* ist eine Handlungsmaxime der Toyota-Führungsriege.

Effizienz und Verschwendung von Ressourcen
Kein Automobilkonzern hat in der Produktion eine so niedrige Verschwendungsquote wie Toyota. Effizienten Prozessen und unternehmensübergreifenden Logistikketten, die auf das Maximum optimiert sind, steht aber auf der anderen Seite eine offensichtliche Verschwendung von Mitarbeiterressourcen gegenüber. Externe Beobachter sind häufig erstaunt, wie viele Mitarbeiter an Meetings teilnehmen. Die meisten dieser Teilnehmer sind mehr oder weniger stille Zuhörer. Auch die Zahl der Meetings ist außergewöhnlich

hoch. Reine Verschwendung? Eine nicht durchdachte, unkoordinierte Meetingkultur bei Toyota? Erstaunlich ist auch, wie viel Arbeitszeit das Führungspersonal aufwendet, um Händler zu besuchen. Mit eingeschlossen ist dabei das Führungspersonal, das überhaupt nichts mit dem Händlernetzwerk oder dem Vertrieb zu tun hat. Wäre es nicht besser, sich um die Probleme des eigenen Bereichs zu kümmern, statt Händler zu besuchen? Und ist es wirklich notwendig, mehr Geld in die Personalentwicklung zu investieren als die Mitbewerber GM, Ford, Volkswagen und Daimler zusammen?

Geiz und Verschwendung
Bevor der frühere CEO Katsuaki Watanabe in das höchste Toyota-Amt aufstieg, war er Einkaufschef des Konzerns. Watanabe war unermüdlich mit größter Leidenschaft dabei, selbst in jeder Schraube Verbesserungspotenzial zu suchen. Auf der Suche nach Einsparmöglichkeiten kümmerte er sich persönlich um die kleinsten Details.

Auch außerhalb der Fabrikhallen wird bis heute überall gespart. Weil Büroflächen in Japan teuer sind, verzichtet Toyota auf Trennwände zwischen den Schreibtischen. In der Mittagspause werden überall in den Büros das Licht und elektrische Geräte ausgeschaltet. Viele dieser Maßnahmen sind hart an der Grenze zum Geiz. Demgegenüber stehen gigantische Summen, die Toyota in den Motorsport und in Kundendiensteinrichtungen investiert.

Einfache Kommunikation und komplexe persönliche Netzwerke
Mitarbeiter aller Hierarchieebenen werden angehalten, möglichst einfach zu kommunizieren und die wesentlichen Informationen hervorzuheben. Zu einer gewissen Berühmtheit haben es die A3-Berichte von Toyota gebracht. Selbst komplexe Sachverhalte wie Analysen ganzer Prozessketten werden auf einem DIN-A3-Blatt zusammengefasst. Andererseits fördert das Unternehmen ein komplexes Geflecht sozialer Netzwerke, sei es, um außerbetriebliche Aktivitäten zu fördern oder lockere Verbindungen von Spezialisten mit gleichartigen Aufgabengebieten zu schaffen. Toyota motiviert seine Mitarbeiter, speziellen Gruppen beizutreten, in denen sich Mitarbeiter des gleichen Alters, der gleichen Abteilung oder mit ähnlichen persönlichen Interessen zusammenfinden. Toyota ist bestrebt zu erreichen, dass jeder möglichst alles weiß.

Strenge Hierarchie und Pflicht zu Kritik
Mit der japanischen Kultur verbindet man üblicherweise ein ausgeprägtes hierarchisches Denken. Das trifft durchaus auch auf Toyota zu. Die Autoren stellten bei ihren Interviews aber überraschenderweise fest, dass Mitarbeiter immer wieder laut Kritik an ihrem Management übten. Widerspruch zu formulieren, auf Probleme hinzuweisen und sogar, die Anordnungen von Vorgesetzten in Zweifel zu ziehen, ist bei Toyota alltäglich. Das ist keineswegs ein unerwünschtes Verhalten von Mitarbeitern, sondern ausdrücklich gewollt. Während die japanische Mentalität eher um Interessenausgleich und Harmonie bemüht ist, stellt sich Toyota bewusst gegen diese Tradition. Und konfliktfähig zu sein, ist eine wichtige Voraussetzung für eine funktionierende, effiziente Organisation.

Häufig gibt es etwa Meinungsverschiedenheiten zwischen dem Management der lokalen Märkte und der Toyota-Zentrale. Vielfach werden Richtlinien, Standards und Verfahren der Toyota-Zentrale nicht umgesetzt, wenn das lokale Management der Meinung ist, auf die Kundenanforderungen anders reagieren zu müssen. Es wird aber großer Wert darauf gelegt, dass Kritik qualifiziert und präzise geäußert wird. Ein Tabu ist es, anderen nicht zuzuhören. Diese geordnete Streitkultur von Toyota, die ermöglicht, Konflikte auszutragen, ohne dabei die Autorität des anderen zu beschädigen, ist mit Sicherheit ein wichtiger Erfolgsfaktor der Unternehmenskultur des Konzerns.

2.2.3 Expansive und integrative Kräfte

Nachdem die genannten Autoren festgestellt hatten, dass Widersprüche für den Erfolg von Toyota entscheidend sind, versuchten sie, die Kräfte zu identifizieren, die diese Widersprüche verursachen. Erst nach langem Forschen zeichnete sich ein eindeutiges Muster ab (vgl. Osono et al. 2008, S. 19). Sie konnten sechs Kräfte identifizieren, die für die Widersprüche verantwortlich sind. Drei Expansionskräfte treiben das Unternehmen zu Veränderungen und Verbesserungen an. Die Konsequenz daraus sind zwangsläufig komplexe Strukturen und komplizierte Entscheidungsfindungen. Auch leidet die Qualität der Unternehmenskommunikation unter den Expansionskräften. Um zu verhindern, dass die Veränderungen das Unternehmen zu stark belasten, nutzt Toyota drei integrative Kräfte. Diese stabilisieren den Konzern, unterstützen die Mitarbeiter dabei, ihr Arbeitsumfeld besser zu verstehen, und verbreiten Werte und Kultur von Toyota.

Etablierte Verfahren führen zu Standardisierung und sorgen für mehr Effizienz. Im Laufe der Zeit können solche Strukturen aber der Einführung neuer Ideen im Wege stehen. Toyota zwingt seine Mitarbeiter, darüber nachzudenken, wie sie neue Kunden, neue Zielgruppen und neue Absatzregionen gewinnen, neue Ideen und Vorgehensweisen realisieren können. So soll verhindert werden, dass sich im Unternehmen Starre ausbreitet.

Die wissenschaftliche Erforschung der menschlichen Wahrnehmung konnte belegen, dass Personen, die mit gegensätzlichen Erkenntnissen konfrontiert werden, die unterschiedlichen Aspekte eines Problems besser begreifen und effektivere Lösungen entwickeln. Daher fördert das Toyota-Management innerhalb des Unternehmens ganz gezielt eine Kultur, die es erlaubt, gegensätzliche Ansichten zu vertreten, und fordert die Mitarbeiter auf, bei der Suche nach Lösungen Schwierigkeiten zu überwinden, statt sich zu früh auf Kompromisse einzulassen. Durch diese Kultur der Spannungen entstehen Innovationen, sowohl schrittweise als auch disruptiv, die Manager und Mitarbeiter anschließend umsetzen, um sich weiter von Mitbewerbern abzusetzen.

Erste expansive Kraft: unerreichbare Ziele (vgl. Osono et al. 2008, S. 26 f.)
Das Toyota-Management konfrontiert seine Mitarbeiter mit Zielen, die de facto nicht erreichbar sind. So lautet beispielsweise die globale Strategie von Toyota, jeden Kundenwunsch zu erfüllen und in jedem Markt die komplette Produktpalette anzubieten. Das

Managementdenken bei Toyota widerspricht der herkömmlichen Strategielehre, die fordert, Kompromisse zu erzielen und den Fokus auf Kernkompetenzen zu richten.

Man vermisst in den Zielformulierungen von Toyota jedoch konkrete Aussagen. Die Ziele sind sehr vage gehalten, sie lassen viel Spielraum für Interpretation. Der ehemalige Konzernlenker Watanabe formulierte beispielsweise ein Ziel in Zusammenhang mit dem Bau eines Autos speziell für Entwicklungs- und Schwellenländer. Er sagte, dieses Auto müsse extrem sparsam sein, sich an den hohen Qualitäts- und Sicherheitsstandards von Toyota orientieren und in allen Varianten hergestellt werden können, die von den lokalen Märkten jeweils nachgefragt würden. Und zu guter Letzt dürfe dieses Auto nicht mehr als 4000 US$ kosten. Er forderte die Entwickler auf, völlig neue Wege zu gehen, neue Werkstoffe zu entwickeln, neue Lieferanten zu suchen, alle etablierten Betriebsabläufe zu verwerfen und ein innovatives Produktions- und Lieferantenkonzept zu entwickeln, damit diese Vision Realität werden könne. Noch visionärer war ein weiteres Ziel Watanabes: Er verkündete, Toyota werde ein Auto entwickeln, das die Luft säubere, Unfälle verhindere, Menschen gesünder und zufriedener mache und nicht mehr als eine Tankfüllung benötige, um in den USA von Küste zu Küste zu fahren.

> Wir wollen stets besser werden, um unsere Kunden zufriedener zu machen und die Zukunft für die Menschen, die Gesellschaft und unseren Planeten besser zu gestalten. Das ist unsere Pflicht. Das ist Toyota (Toyota-Leitbild (Toyota Value); vgl. Toyota 1997).

Die Zielstellungen des Toyota-Managements basieren auf der folgenden Erfahrung: Wenn Ziele zu konkret formuliert sind, kann sich das kreative Potenzial der Mitarbeiter nicht voll entfalten. Durch die Ungenauigkeit der Zielstellung erhalten die Entwickler die Freiheit, neue Wege zu erkunden. Dadurch wird erreicht, dass sich die Belegschaft von etablierten Denk- und Verhaltensmustern trennt. Die Kreativität und der Einfallsreichtum der Mitarbeiter sind gefordert. Die Kunst des Managements ist es dann, aus den vielfältigen Lösungsansätzen diejenigen herauszufiltern, die zur Realisierung des Ziels am besten geeignet sind.

Zweite expansive Kraft: Anpassung an die lokalen Märkte (vgl. Osono et al. 2008, S. 28 f.)
Bei den meisten Automobilherstellern ist es üblich, nur die Produkte an die lokalen Märkte anzupassen. Toyota stimmt nicht nur die Produkte, sondern auch alle damit zusammenhängenden Prozesse auf die Bedürfnisse der jeweiligen Märkte ab. Durch diese Vorgehensweise erhöht sich die Prozessvielfalt enorm und damit die Komplexität. Die Kreativität der Mitarbeiter ist enorm gefordert, denn es müssen neue Vertriebs- und Marketingmethoden, neue Lieferketten und neue Techniken erlernt und umgesetzt werden. Zugleich müssen immer die Kosten im Auge behalten werden. Hohe Prozess- und Produktvielfalt bei maximaler Flexibilität kann sich zu einer ganzen Palette ernstzunehmender Kostentreiber entwickeln. Toyota hat für diese Herausforderungen den Lösungsansatz gefunden, Fahrzeugplattformen mit höchster Flexibilität zu entwickeln. Bei der

Entwicklung einer dieser Plattformen für verschiedene Fahrzeugkategorien, der IMV-Plattform (vgl. Toyota 2012), waren die Toyota-Ingenieure mit besonders komplexen Herausforderungen konfrontiert: Sie mussten die Plattform auf die Bedürfnisse von über 120 internationalen Märkten abstimmen. Mit dieser Plattformstrategie ist Toyota in der Lage, die Entwicklungs- und Produktionskosten auf ein Minimum zu reduzieren. Der kreativen Höchstleistung der Ingenieure ist es nicht nur zu verdanken, dass Toyota seinem Ziel, alle Produkte in allen Märkten anzubieten, immer näherkommt. Auch seinen Kunden im Heimatmarkt Japan konnte Toyota mit dieser Strategie 2009 mehr als doppelt so viele Fahrzeugmodelle anbieten wie die Mitbewerber Nissan und Honda.

Dritte expansive Kraft: Experimentierfreude (vgl. Osono et al. 2008, S. 27 f.)
Das beste Beispiel für die Experimentierfreude von Toyota ist sicherlich die Entwicklung des Hybridantriebs. 1993 gab das Management die Entwicklung eines Automobils mit niedrigstem Verbrauch und höchster Umweltverträglichkeit in Auftrag. Hintergrund dieses Entwicklungsauftrags war die Auffassung des Managements, dass Toyota auf zukünftige Anforderungen der Märkte eine bessere Antwort geben sollte als die anderen Automobilhersteller. Das Entwicklungsteam baute daraufhin einen Prototyp, der 50 % weniger Kraftstoff verbrauchte als vergleichbare Modelle – eine bemerkenswerte Leistung. Das Management jedoch lehnte den Prototyp ab und forderte eine Verbesserung der Verbrauchswerte um 100 %: eine typische Reaktion des Managements, um den Entwicklern eine noch bessere Lösung abzuverlangen. Da mit konventionellen Technologien keine weitere Verbrauchsreduzierung mehr möglich war, begann man verschiedene verfügbare Technologien miteinander zu kombinieren: Chefingenieur Uchiyamada und sein Team hatten keine andere Option, als sich für eine Hybridtechnologie zu entscheiden.

Experimentierfreude im Sinne von Toyota bedeutet allerdings nicht, dass die Entwickler völlig frei und unkoordiniert herumexperimentieren. Toyota organisiert Experimente nach sehr strengen Vorgaben. Wenn die Ingenieure auf eine Lösung hinarbeiten, erwartet Toyota, dass alle möglichen Alternativen in Betracht gezogen und genau abgewogen werden, um sich dann bewusst für die beste Lösung zu entscheiden. Die Toyota-Chefingenieure schauen sich zunächst die Lösungen ihrer jungen Ingenieure gar nicht an, sondern fragen nach, ob die jeweilige Lösung die einzige ist, die in Betracht gezogen wurde. Denn das frühe Festlegen auf einen bestimmten Lösungsweg ist nach Toyota-Erfahrung fast immer ein Irrweg. Die jungen Ingenieure lernen so eine Denk- und Handlungsweise, die sicherstellt, dass am Ende eines Entwicklungsprozesses immer die beste Lösung steht. Im konkreten Fall des Hybridantriebs evaluierten die Entwickler insgesamt 80 mögliche Varianten, von denen nach einem sehr sorgfältigen Selektionsprozess nur zehn in die engere Auswahl kamen. Vier davon wurden in weiteren Testverfahren genau analysiert und akribisch überprüft, bis man sich für die finale Lösung entschied.

Innerbetriebliche Wettbewerbe sind ein exzellentes Instrument, um die Motivation, die Leistungsbereitschaft und die Experimentierfreude der Mitarbeiter zu forcieren, so die Erfahrung von Toyota. Am Ende dieses Entwicklungsprozesses kann das Toyota-Management immer davon ausgehen, dass alles getan wurde, um tatsächlich die beste Lösung einer komplexen Aufgabenstellung zu finden.

Die automobile Welt darf gespannt sein, ob es der Experimentierfreude von Toyota gelingen wird, auch die nächste Ära alternativer Antriebe zu dominieren. Der mit Wasserstoff angetriebene Toyota Mirai ist bereits auf deutschen Straßen unterwegs. Es wird spannend zu beobachten sein, ob das ambitionierte Projekt von Chefingenieur Satochi Ogiso und seinem Team auf die gleiche Erfolgsspur auffahren wird wie der Toyota Prius.

Erste integrative Kraft: die Werte der Toyota-Gründerfamilie (vgl. Osono et al. 2008, S. 30 f.)
Im Zuge der starken Expansionskräfte des Unternehmens steigen zwangsläufig die Anforderungen an die Mitarbeiter. Die Belegschaft muss in der Lage sein, mit einer enormen Vielfalt verschiedener Sichtweisen zurechtzukommen, komplexe Prozessstrukturen zu synchronisieren und möglichst immer zielgenau die richtigen Entscheidungen zu treffen. Dass Toyota dadurch nicht regelrecht auseinanderdriftet, ist den Werten der Gründerfamilie zu verdanken, die den Expansionskräften entgegenstehen. Die Führungskräfte vermitteln jedem Mitarbeiter die Werte der Gründerfamilie in Form von kleinen Geschichten. Bei jeder passenden Gelegenheit, ob bei der täglichen Arbeit oder in Schulungen, überliefern die Führungskräfte ihren Mitarbeitern elementare Erfahrungswerte der Gründerfamilie und von verdienten Mitarbeitern. Die überlieferten Geschichten stehen immer in konkretem Bezug zu einer betrieblichen Aufgabenstellung und unterstützen die neuen Mitarbeiter dabei, den richtigen Weg zu gehen und die richtigen Entscheidungen zu treffen. Es sind vor allem sechs Werte, die durch das Storytelling weitergegeben werden:

Morgen wird besser als heute (Osono et al. 2008, S. 129)
Was vielleicht etwas naiv klingt, ist eine tief verwurzelte Grundüberzeugung der Gründerfamilie. Durch die Leistungen von Toyota wird das Leben der Menschen stets einfacher, bequemer und sicherer. Es wird die Grundeinstellung gelehrt, sich nie mit dem aktuellen Zustand zufriedenzugeben und ständig durch Experimentieren besser zu werden.

Jeder soll gewinnen (Osono et al. 2008, S. 129–131)
Unter Teamgeist versteht Toyota, dass jedes Teammitglied für auftretende Probleme verantwortlich ist und die Befugnis und Pflicht hat, eine passende Lösung zu finden. Bei Toyota sucht man vergebens nach Mitarbeitern, die Probleme von sich weisen oder sich aus der Verantwortung ziehen. Teamgeist ist im Unternehmen allgegenwärtig.

Genchi Genbutsu (Osono et al. 2008, S. 139 f.)
Genchi Genbutsu ist ein bemerkenswertes Element der Toyota-Werteordnung. Sinngemäß bedeutet es, dass man sich selbst ein Bild von einer Problemstellung machen muss, um sie tatsächlich zu verstehen und richtig bewerten zu können. Toyota lehrt seine Mitarbeiter, dass man Probleme nicht lösen kann, wenn man die Situation nicht selbst begutachtet hat. Eine Problemanalyse aus der Ferne oder auf Basis der Aktenlage oder gar

durch Schilderungen von Kollegen ist demnach eine Garantie dafür, eine Problemstellung nicht optimal zu lösen. Führungskräfte fragen ihre neuen Mitarbeiter regelmäßig, ob sie bei der Lösung von Aufgaben die betreffende Situation mit ihren eigenen Augen und am Ort des Geschehens gesehen haben. Selbst das Top-Management investiert viel Zeit, um sich an der Basis selbst ein Bild zu machen. Erst danach wird nach gründlicher Analyse eine Entscheidung getroffen und umgesetzt. Jeder andere Weg ist inakzeptabel.

Wertschätzung gegenüber Kunden und Händlern (vgl. Osono et al. 2008, S. 131–134)

Es ist die Grundüberzeugung von Toyota, dass der eigene Erfolg wesentlich davon abhängt, das Vertrauen von Kunden und Händlern zu gewinnen und zu festigen. Das ist für viele andere Hersteller nicht selbstverständlich. Oft werden die Händler unter Druck gesetzt oder es werden ihnen hohe Risiken aufgebürdet. Toyota hat verstanden, dass Händler eine ganz entscheidende Rolle einnehmen. Sie sind die Schnittstelle zum Kunden und Repräsentanten der Marke. Von ihren Fähigkeiten und ihrer Motivation hängt es ab, ob sich der Kunde für ein Automobil der Marke Toyota oder für das eines anderen Herstellers entscheidet. Fehlende Wertschätzung und mangelnde Unterstützung gegenüber Händlern sind aus Sicht von Toyota strategische Misserfolgsfaktoren. Mit enormen Investitionen in Kundendiensteinrichtungen und Ausbildungsprogramme für Händler unterstützt Toyota aktiv seine Geschäftspartner.

▶   In den Toyota-Fabriken sind die Produktionsmitarbeiter der wichtigste Faktor.
     Man hat verstanden, dass die Investition in die Qualifizierung der Mitarbeiter
     im Kampf um Qualität und Kosten der entscheidende Wettbewerbsvorteil ist.
     Kontinuierliche Prozessverbesserung heißt kontinuierliche Qualifizierung.

Respekt vor dem Menschen (vgl. Osono et al. 2008, S. 165 f., S. 178)

In der Toyota-Werteordnung, den sogenannten *Guiding Principles* (vgl. Toyota o. J.), wird besonders der Respekt vor dem Menschen, speziell gegenüber Mitarbeitern und Geschäftspartnern, hervorgehoben. Toyota betont, dass die Arbeitskraft und die Kreativität der Mitarbeiter mit Abstand die wertvollsten Produktionsfaktoren sind. Daher investiert Toyota wie kein anderes Unternehmen in die Personalentwicklung. Nur qualifizierte Mitarbeiter sind in der Lage, Probleme und deren Ursachen zu erkennen, zu analysieren und schließlich zu lösen. Jeder Mitarbeiter wird durch ein spezielles Ausbildungs- und Förderprogramm in die Lage versetzt, den kontinuierlichen Toyota-Verbesserungsprozess, der einen anderen der Toyota-Werte darstellt, konsequent und nachhaltig anzuwenden. Diese Schulungsmethode basiert auf dem TWI-Methodenkonzept (vgl. Latijnhouwers und Berendsen o. J.). Mitarbeiter werden mittels dieser konsistenten Lernmethodik auf den Einsatz an ihren Arbeitsplätzen vorbereitet. Es kann mehrere Jahre dauern, bis ein Mitarbeiter vollwertig in der Produktion eingesetzt werden kann; das macht den Umfang und die Intensität der Trainingsprogramme besonders deutlich.

Respekt im Sinne der Guiding Principles bedeutet nicht, den Mitarbeitern großzügige Freiheiten zu gewähren oder gar eine stressfreie Arbeitsatmosphäre zu schaffen. Respekt bedeutet bei Toyota, Mitarbeiter zu Leistungen zu befähigen, die Toyota helfen, sich auf ein neues Entwicklungsniveau zu begeben und so einen Vorsprung gegenüber Mitbewerbern zu gewinnen. Die Methoden des Toyota-Produktionssystems fördern Problemstellungen zutage, die nachhaltig gelöst werden müssen. Das ist nicht immer mit Freude verbunden, sondern erfordert oft die Bewältigung von Konflikten und Veränderungen.

▶ Eine unumstößliche Erfahrung von Toyota besteht darin, dass sich ohne eine robuste Werteordnung und Unternehmensphilosophie nie eine zielorientierte Leistungskultur entfalten kann.

Kaizen

Der mittlerweile weltberühmte kontinuierliche Verbesserungsprozess Kaizen (Business Wissen Information Service o. J.) ist keineswegs eine Erfindung von Toyota, sondern eine uralte japanische Philosophie. Frei aus dem Japanischen übersetzt bedeutet Kaizen *das Gute verbessern* oder *Veränderung zum Besseren*. Kaizen ist eine kontinuierliche, unendliche Verbesserung in kleinen Schritten. Es beschränkt sich nicht auf die Erhaltung und Verbesserung von Produktions- und Geschäftsprozessen, sondern umfasst alle Bereiche des täglichen Lebens. Bei Toyota besteht die Botschaft von Kaizen darin, dass kein Tag ohne irgendeine Verbesserung im Unternehmen vergehen soll. Kaizen, die Philosophie der ewigen Veränderung, ist somit Voraussetzung der Flexibilität, die nötig ist, um auf Veränderungen des Umfelds und der Märkte zu reagieren. Kaizen geht von der Erkenntnis aus, dass es keinen Betrieb und keinen Prozess ohne Probleme gibt.

▶ Kaizen ist ein kontinuierlicher Verbesserungsprozess, in dessen Mittelpunkt der Mensch mit seinem Potenzial steht – nicht die Maschine und nicht die Automatisierung. Der Mitarbeiter wird als Experte an seinem Arbeitsplatz betrachtet. Seine Kenntnisse und seine Kreativität müssen in einem ständigen Verbesserungsprozess genutzt werden.

Nicht nur Arbeiter und Ingenieure in der Produktion sind mit Kaizen konfrontiert. Das kontinuierliche Verbessern gilt auch für die Managementprozesse bei Toyota *(Management-Kaizen)*. Eine zwingende Voraussetzung, damit Kaizen funktioniert, ist eine Kultur, in der Mitarbeiter Fehler (auch eigene), Probleme und Missstände offen ansprechen können, ohne Sanktionen befürchten zu müssen. Dies ist ein Merkmal der Unternehmenskultur von Toyota, das bestens funktioniert.

Zweite integrative Kraft: Sicherheit für die Beschäftigten (vgl. Osono et al. 2008, S. 32 f.)
Toyota setzt sich wie kaum ein anderes Unternehmen für eine langfristige Beschäftigung seiner Mitarbeiter ein. Anders als zum Beispiel General Electric, ein Unternehmen, das

regelmäßig leistungsschwächere Mitarbeiter rigoros aussortiert (vgl. Osono et al. 2008, S. 6), bemüht sich Toyota, auch die Fähigkeiten leistungsschwächerer Mitarbeiter kontinuierlich zu verbessern. Die betreffenden Mitarbeiter werden zwar verwarnt, aber das Management ist grundsätzlich bemüht, allen Mitarbeitern Arbeitsplatzsicherheit zu garantieren. Selbst in wirtschaftlich angespannten Zeiten, wie zum Beispiel in der asiatischen Finanzkrise in den 1990er-Jahren, wurde kein Mitarbeiter von Toyota betriebsbedingt entlassen.

Nicht nur in Bezug auf die Beschäftigungsgarantie unterscheidet sich Toyota von klassischen Unternehmenskulturen. Bei der Beurteilung von Managern stehen beispielsweise nicht die erzielten Ergebnisse im Mittelpunkt, sondern die erfolgreiche Umsetzung von Prozessen. Entscheidend ist, wie der Manager seine Ziele erreicht hat, wie er die Unternehmenswerte vorlebt und an seine Mitarbeiter weitergibt. Aufmerksam werden die Manager dabei beobachtet, wie sie mit Problemen umgehen, mit welcher Beharrlichkeit sie an der Lösung von Problemen arbeiten und ob sie ihre Mitarbeiter befähigen, Toyota nachhaltig zu verbessern.

▶ Wird das Verfahren, nach dem Manager beurteilt werden, nicht in Unternehmenswerten verankert, sondern beruht nur auf quantitativen Zielmarken, fehlt dem Unternehmen ein wesentlicher Hebel zur Realisierung einer echten, gelebten Unternehmenskultur.

Zudem müssen sich Manager bei Toyota an einer Reihe von Kriterien messen lassen, die auf den ersten Blick sehr schwammig formuliert sind. Einen hohen Stellenwert hat beispielsweise die persönliche Ausstrahlung. Das Unternehmen registriert genau, welches Maß an Wertschätzung, Respekt und Vertrauen andere Führungskräfte dem betreffenden Manager entgegenbringen. Hartnäckigkeit und Durchhaltevermögen sind weitere wichtige Fähigkeiten, die ein Toyota-Manager nachweisen muss.

Jeder Toyota-Manager muss auch Lehrer und Ausbilder sein und für seinen Bereich eine Atmosphäre des Lernens und Lehrens schaffen. Die Entwicklung herausragender Mitarbeiter hat bei Toyota höchste Priorität. In anderen Unternehmen wird über die Entwicklung leistungsstarker Mitarbeiter zwar häufig gesprochen, aber sie wird nur selten wirklich praktiziert. Vielleicht liegt es daran, dass in vielen Unternehmen geeignete Methoden für die Mitarbeiterentwicklung fehlen? Der *TWI-Prozess* bei Toyota, der in den nachfolgenden Abschnitten detailliert beschrieben wird, ist ein umfassendes Schulungskonzept und ausgezeichnetes Fundament für die Entwicklung hervorragender Mitarbeiter. Ohne solche Anstrengungen kann ein Unternehmen sich nicht zu einer echten *lernenden Organisation* entwickeln.

Andere Unternehmen scheitern oft bei dem Versuch, lernende Organisationen zu werden. Wissenschaftler sehen einen wichtigen Grund für solche Misserfolge darin, dass Investitionen in Schulungsmaßnahmen als zu wenig erfolgskritisch betrachtet werden. Programme für Mitarbeiterschulung und -entwicklung genießen daher oft nur wenig Aufmerksamkeit seitens der Unternehmensführung.

Dritte integrative Kraft: offene Kommunikation (vgl. Osono et al. 2008, S. 31 f.)

Toyota bezeichnet seine Kommunikationskultur als sein Nervensystem. Informationen werden über Hierarchien, Standorte und Partnernetzwerke hinweg ungehindert ausgetauscht. Und diese Vernetzung ist nicht etwa nur virtueller Natur, sondern baut (ganz der fernöstlichen Tradition entsprechend) auf persönlichen Beziehungen auf. Das Beziehungsgeflecht verbindet ca. 350.000 Mitarbeiter, die weltweit auf über 70 Standorte verteilt sind, und viele Hunderttausend Mitarbeiter von Partnern und Händlern – ein unbezahlbarer Wissensschatz. Der Transfer von Informationen findet täglich an den Fließbändern, in Schulungs- und Trainingseinrichtungen, in Konferenzen und in den Pausen statt. Zudem wird bei Toyota die japanische Tradition des *Nomikai* gepflegt: Manager und Arbeiter treffen sich abends zum Essen, und das teilweise viermal die Woche. Häufig stehen dabei Eindrücke und Erkenntnisse im Mittelpunkt, die man bei Händlern gesammelt hat. Aber auch Themen wie Qualität und Produktivität werden rege diskutiert.

Sehr populär ist bei Toyota *Yokoni Tenkaisuru*. Sinngemäß bedeutet dieser Begriff *sich entfalten* oder *sich einer neuen Seite öffnen*. Bei jeder passenden Gelegenheit wird die Möglichkeit genutzt, sich mit Kollegen und Partnern auszutauschen, um Anregungen für Verbesserungen zu bekommen. Dabei werden überraschend wenig moderne Medien verwendet; persönliche Kommunikation steht absolut im Vordergrund.

Ein nahezu perfektes Instrument für die Kommunikation in alle Richtungen in das Prinzip der Visualisierung (Mieruka; vgl. Osono et al. 2008, S. 147 f.). In speziellen Räumen präsentieren Projektteams ihre Ergebnisse und schildern in visueller Form die Aufgaben- und Problemstellung, den Lösungsansatz, die Umsetzung und die konkreten Ergebnisse – und das für jedermann. Die Visualisierung ist ein ganz zentrales Instrument, um Wissen effektiv und nachhaltig zu vermitteln. Auch hierfür hat Toyota Regeln geschaffen. Standardisierte Charts informieren den Interessierten in kürzester Zeit über das Projekt. Es ist unglaublich, wie schnell sich gute Ideen und neue Lösungsansätze bei Toyota durch das Mieruka-Prinzip verbreiten.

Sehr treffend bezeichnen Osono, Shimizu und Takeuchi die expansiven Kräfte als harte Seite von Toyota und die integrativen Kräfte als weiche Seite (vgl. Osono et al. 2008, S. 20 f.).

2.2.4 Lösungsansätze auch für Banken?

Viele dieser Erkenntnisse wirken zunächst fremd und sind ganz offensichtlich auf die Unternehmenskultur japanischer Unternehmen ausgerichtet. Aber so verschiedenartig Unternehmen, Organisationen und Kulturen auch sein mögen: Banken können aus den Toyota-Erfahrungen trotzdem wertvolle Hinweise für ihren Transformationsprozess ableiten. Unabhängig davon, welche Unternehmenskultur ein Unternehmen hat und auf welchen Märkten es tätig ist – für jedes Unternehmen gilt, dass hoch entwickelte und komplexe industrialisierte Methoden wie starke Fliehkräfte wirken und kräftig an der

Belastbarkeit von Mitarbeitern zerren. Die Vorgaben, besser und gezielter zu kommunizieren und kontinuierlich komplexe Probleme zu lösen, fordern Mitarbeiter sehr stark.
Und zwar so stark, dass dies auf Dauer zu Überlastung führen kann. Hinzu kommt, dass
sich Mitarbeiter in transparenten Organisationen häufig beobachtet und kontrolliert fühlen. Es ist sicher lohnenswert zu analysieren, ob es auch in Ihrer Organisation expansive
und integrative Kräfte gibt, und zu überprüfen, ob diese in einem ausgewogenen Verhältnis zueinander stehen. Am wichtigsten ist es wohl, Mitarbeitern nach einer anstren-
genden Konzeptions- und Implementierungsphase das Gefühl zu vermitteln, dass sie sich
fachlich und persönlich weiterentwickelt und einen wichtigen Beitrag für die Entwicklung der Firma geleistet haben.

Interessant ist auch das Ergebnis der Wissenschaftler, dass Mitarbeiter, werden sie mit
gegensätzlichen Erkenntnissen konfrontiert, die unterschiedlichen Aspekte eines Problems besser begreifen und effektivere Lösungen entwickeln (vgl. Osono et al. 2008).
Dieser Ansatz hat auf jeden Fall Potenzial und sollte bei der Projektarbeit im Transformationsprozess gezielt genutzt werden. Und es ist bestimmt auch sinnvoll, die guten
Erfahrungen, die Toyota mit internen Wettbewerben machen konnte, auf die Bankenorganisation zu übertragen.

Nicht nur bei Toyota hat das Thema soziale Sicherheit einen hohen Stellenwert. Das
Management in der Bank sollte darüber nachdenken, ob im Gegenzug für realisierte Produktivitätsgewinne beispielsweise eine Arbeitsplatzgarantie oder ein Kündigungsschutz-
programm angeboten werden kann.

Sie sehen, die japanischen Autoren liefern eine Fülle von Punkten, über die man sich
Gedanken machen sollte. In diesem Zusammenhang ist es aber wichtig zu verstehen,
welche Maßnahmen tatsächlich das Potenzial haben, herausragende Mitarbeiter in Ihrer
Bank zu entwickeln.

Hervorheben möchte ich am Schluss dieses Kapitels die Aussage der Autoren, dass
herausragende Mitarbeiter das Ergebnis einer Unternehmenskultur sind, die systematisch
die Fähigkeiten der Mitarbeiter fördert und perfektioniert (vgl. Osono et al. 2008). Das
Management in der Bank sollte diese zentrale Erkenntnis nicht aus den Augen verlieren.

Literatur

Business Wissen Information Service (o. J.). Kaizen als Prinzip und was es bedeutet; http://www.
    business-wissen.de/hb/kaizen-als-prinzip-und-was-es-bedeutet/, letzter Zugriff: 08.08.2014.
CZARNECKI, H. (2009), Toyota Business Practice – 8 Step Problem Solving little insight; http://
    virtual.auburnworks.org/profiles/blogs/toyota-business-practice-8, posted November 1, 2009,
    letzter Zugriff: 02.05.2014.
DEMING, W. E. (1967), Walter E. Shewhart 1891–1967; http://www.amstat.org/about/statistici-
    ansinhistory/bios/shewhartwalter.pdf. Letzter Zugriff: 09.10.2014
ENCYCLOPAEDIA BRITANNICA (o. J.), W. Edwards Deming; http://www.britannica.com/
    biography/W-Edwards-Deming
KAMINSKE, G. F. (2010): Als TQM nach Deutschland kam – aus Sicht eines Zeitzeugen. Köln
    2010.

LATIJNHOUWERS, C., BERENDSEN, G. (o. J.): Training Within Industry – Job Instruction; http://www.twi-institut.com/uploads/pdfs/job-instruction-d.pdf, letzter Zugriff: 03.08.2014.

OSONO, E., SHIMIZU, N., TAKEUCHI, H. (2008): Extreme Toyota – Radical Contradictions That Drive Success at the World's Best Manufacturer. Hoboken, New Jersey 2008.

TOYOTA (1997): Guiding Principles at Toyota, Established in 1992, revised 1997; http://www.toyota-global.com/company/vision_philosophy/guiding_principles.html,   letzter   Zugriff. 30.01.2015

TOYOTA (2012): Fünf Millionen Toyota-Fahrzeuge auf der IMV-Plattform, 13.04.2012; http://www.toyota-media.de/Article/view/2012/04/13/Fuenf-Millionen-Toyota-Fahrzeuge-auf-der-IMV-Plattform/3216, letzter Zugriff: 04.06.2015.

TOYOTA (2015): Das Toyota-Produktionssystem und seine Bedeutung für das Geschäft; http://www.pdf.toyota-forklifts-info.de/Broschuere_TPS.pdf. Letzter Zugriff: 23.11.2015

TOYOTA (o.J.): 75 Years of Toyota - ever-better Cars; http://www.toyota-global.com/company/history_of_toyota/75years/data/conditions/philosophy/guiding_principles.html. Letzter Zugriff: 31.03.2011

VARDEMANN, S. (2015), The Impact of Dr. Shigeo Shingo on Modern Manufacturing Practices; http://www.public.iastate.edu/~vardeman/IE361/f02mini/bumblauskas.pdf. Letzter Zugriff: 23.11.2015

Die Methoden von Toyota

3

3.1 Einleitung

Bereits im Einführungskapitel habe ich geschrieben, dass die Toyota-Welt außerordentlich gut dokumentiert ist. Auf der anderen Seite bringt dieses große Angebot an Literatur auch mit sich, das der interessierte Leser leicht den Überblick verlieren kann. Nicht selten werden die beiden elementaren Säulen des Toyota-Methodensystems, das heißt das Toyota-Produktionssystem und die TWI-Methodenlehre, miteinander vermischt. Generell gilt, dass im Fokus des Toyota-Produktionssystems primär die systematische Identifikation von Problemstellungen und die Entwicklung von zielorientierten Lösungsansätzen im Vordergrund stehen. Die Aufgabe der TWI-Methodenlehre hingegen ist es, Mitarbeiter gezielt zu entwickeln, sodass diese Lösungsansätze umgesetzt und in einen standardisierten Produktionsbetrieb überführt werden können. Selbstverständlich dürfen beide Methoden nicht gänzlich isoliert voneinander betrachtet werden. Insbesondere die Phasen 6 bis 8 des Toyota-Business-Practices-Prozesses (TBP) – *Gegenmaßnahmen durchführen, Ergebnisse und Prozesse überwachen* und *Prozesse standardisieren* – stehen in einer Wechselbeziehung zur TWI-Methodenlehre (vgl. Abb. 3.1). Das Toyota-Produktionssystem liefert dann wiederum Kennzahlen, die den Führungskräften und Trainern zeigen, ob sich die Ziele der Mitarbeiterentwicklung eingestellt haben.

In den nachfolgenden Abschnitten werden die Grundzüge des Toyota-Produktionssystems und des TWI-Konzepts erläutert. Ich beschränke mich dabei auf die Methoden, die später im Bankenkapitel übernommen werden.

© Springer Fachmedien Wiesbaden GmbH 2017
K. Röhr, *Operative Exzellenz in Retailbanken*, DOI 10.1007/978-3-658-17165-0_3

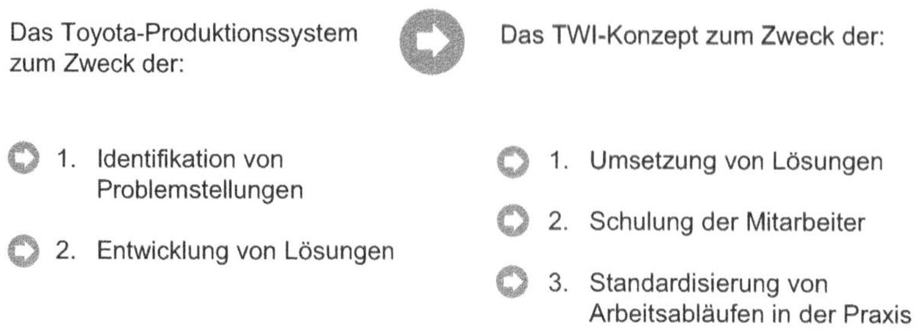

Das Toyota-Produktionssystem   ➡   Das TWI-Konzept zum Zweck der:
zum Zweck der:

➡ 1. Identifikation von   ➡ 1. Umsetzung von Lösungen
        Problemstellungen
                                   ➡ 2. Schulung der Mitarbeiter
➡ 2. Entwicklung von Lösungen
                                   ➡ 3. Standardisierung von
                                           Arbeitsabläufen in der Praxis

Abb. 3.1 Abgrenzung von Toyota-Produktionssystem und TWI-Konzept

3.2   Toyota-Produktionssystem: Kampf gegen Verschwendung

3.2.1   Einleitung

Der Kampf gegen Verschwendung (japanisch *Muda*) ist für Toyota Passion geworden. Nur solche Tätigkeiten werden als wertschöpfend angesehen, für die der Kunde auch zu bezahlen bereit ist. Per definitionem sind alle anderen Tätigkeiten Verschwendung. Bei der Klassifizierung von Muda unterteilt Toyota den Produktionsprozess in Tätigkeiten, die

1. nicht zur Wertschöpfung beitragen,
2. zur Wertschöpfung des Produkts beitragen,
3. zwar nicht zur Wertschöpfung beitragen, aber dennoch für den Produktionsprozess unverzichtbar sind.

Beim Pressen eines Bleches etwa, zum Beispiel zu einem Kotflügel, ist nur der eigentliche Pressvorgang ein wertschöpfender Prozessschritt. Die Lagerung, der Transport, das Heranführen der Bleche an die Maschine, Wartezeiten, Rüstzeiten und Maschineninspektionen sind keine wertschöpfenden Tätigkeiten. Bereits das Herausnehmen des geformten Kotflügels und sein Verfrachten auf einen Transportwagen zählt nicht mehr als Wertschöpfung.

Entscheidend ist, unverzüglich allem zu Leibe zu rücken, das nicht zur Wertschöpfung beiträgt. Alle Prozessschritte, die nicht zur Wertschöpfung beitragen, für den Produktionsprozess aber unverzichtbar sind, gilt es mittels des kontinuierlichen Verbesserungsprozesses sukzessive zu minimieren. Toyota bezeichnet sie als *heute noch unvermeidbare Verschwendung*.

Genau genommen ist Muda nur ein Oberbegriff für Störungen des Produktionsprozesses. Darunter verbergen sich noch weitere, spezielle Formen von Verschwendung. Zu nennen ist zum Beispiel *Muri:* Störungen, die auf die Überlastung von Mitarbeitern und Systemen zurückzuführen sind. *Mura* ist eine spezielle Form der Verschwendung, mit der Ungleichmäßigkeiten bzw. Abweichungen in der Produktion bezeichnet werden. In der Praxis hat sich aber der Begriff Muda als Oberbegriff für Verschwendung durchgesetzt.

Die sieben wesentlichen Quellen der Verschwendung sind laut Toyota (o. V. 2013):

- Überproduktion
- Bestände
- Transport
- Wartezeiten
- Verschwendung im Prozess
- unkorrekte Bewegungen
- Nacharbeit und Fehler

▶ Muda ist der japanische Begriff für Verschwendung. Muda – definiert als alles, was keinen Wert hinzufügt – schließt auch Dinge ein, die normalerweise vielleicht nicht als Verschwendung angesehen werden, zum Beispiel Überproduktion, zu große Bestände, Nacharbeiten sowie überflüssige Bewegungen, Verarbeitung und Wartezeiten (vgl. o. V. 2013).

Überproduktion ist die gravierendste Quelle von Verschwendung, weil sie fast alle anderen Verschwendungsarten nach sich zieht. Von Überproduktion spricht man, wenn mehr Teile produziert werden, als aktuell tatsächlich benötigt werden. Überproduktion wird in vielen Fällen vom Management toleriert, häufig sogar ausdrücklich gewollt, um damit Unzulänglichkeiten zu kompensieren. Diese durch Überproduktion teuer erkauften Sicherheitsreserven sollen gewährleisten, dass der Kunde keine Leistungsstörungen wahrnimmt. Typische Unzulänglichkeiten (vgl. Arashi-Team o. J.) in diesem Zusammenhang sind zum Beispiel:

- **Schlechte Logistik:** Weil die logistischen Standards nicht immer ermöglichen, Produktionsteile zur richtigen Zeit an den richtigen Ort zu liefern, werden entlang des Fertigungsprozesses Zwischenlager als Puffer eingerichtet.
- **Schlechtes Fertigungslayout:** Fertigungsinseln, die nicht in eine durchgängige und synchronisierte Prozesskette integriert sind, produzieren fast immer über oder unter dem tatsächlichen Bedarf. Auch hier dienen Sicherheitsreserven als Puffer.
- **Funktionsorientierte Arbeitsweise:** Die Fertigungsschritte sind strikt nach Funktionen ausgerichtet und orientieren sich nicht an dem Wertschöpfungsprozess. Dadurch entsteht eine Fülle von Schnittstellenproblemen, die Wartezeiten und in der Folge längere Durchlaufzeiten sowie die Aufstockung von Zwischenlagern zur Folge haben.
- **Lange Rüstzeiten:** Lange Rüstzeiten ziehen große Losgrößen nach sich. Dies bewirkt, dass Folgeprozesse über Bedarf produzieren.
- **Ungenügendes Training:** Die Mitarbeiter in der Produktion sind nicht ausreichend auf ihre Aufgabe vorbereitet worden. Dadurch entstehen Prozessvarianten, eine erhöhte Fehlerquote, ungleichmäßige Qualität und Mengenschwankungen.

Lange Zeit galt in der Automobilproduktion das Paradigma, teure Maschinen durch möglichst lange Laufzeiten optimal ausnutzen zu müssen. Dadurch entstanden hohe Losgrößen, die zur Konsequenz hatten, dass sie im nachfolgenden Prozessschritt nicht nahtlos weiterverarbeitet werden konnten. Maschinen und Mitarbeiter wurden dadurch unnötigerweise in Bewegung gehalten. Viele Jahrzehnte lang hatte das Management nur eine sehr eingeschränkte Sicht auf die tatsächlichen Kostenfaktoren in den Fabriken; die zusätzlichen Kosten, die durch Überproduktion entstehen, wurden nicht erfasst. Die Kosten für zusätzliche Arbeitsleistungen und zusätzliches Material zur Herstellung und Verwaltung der Überproduktion verschlingen enorme Summen und Kapazitäten.

Noch heute unterschätzt die Automobilindustrie die tatsächlichen Lagerhaltungskosten. Durchschnittlich betragen die Lagerkosten jährlich 15 bis 20 % des Lagerwerts. Bei Automobilherstellern, die geringere Lagerumschläge haben als der Branchendurchschnitt, können die totalen Kosten der Lagerhaltung schnell auf 50 % des Lagerwerts ansteigen. Überproduktion führt letzten Endes zu einer Mangelsituation, da die Prozesse damit beschäftigt sind, Teile herzustellen, die aktuell nicht benötigt werden. In Summe wirken sich Überproduktion und alle damit zusammenhängenden Kosten signifikant auf den Gewinn des Automobilherstellers aus.

> Verschwendung erhöht nicht den Kundenwert, sondern die Kosten (Liker und Meier 2008a).

Toyota schätzt nach eigenen Angaben den Anteil von Muda in der eigenen Produktion auf ca. 30 %. Das heißt, 70 % der ausgeführten Tätigkeiten bei Toyota sind wertschöpfend. Wenn Sie sich an das Beispiel mit den Blechen erinnern, die zu Kotflügeln gepresst werden, wird deutlich, welche Leistung es von Toyota ist, eine Wertschöpfungsquote von 70 % zu erreichen. Branchenexperten schätzen, dass der Anteil von Muda bei anderen Automobilherstellern im Massengeschäft bei ca. 60 % liegt, das heißt, es wird höchstens eine Wertschöpfungsquote von ca. 40 % erzielt. Die hohe Effizienz von Toyota lässt sich auch durch weitere Zahlen eindrucksvoll belegen. Die beiden Konzerne Toyota und Volkswagen kann man als zwei Mitbewerber bezeichnen, die sich in den weltweiten Märkten auf Augenhöhe begegnen. Beide Konzerne verkaufen jährlich jeweils etwa zehn Millionen Fahrzeuge. Allerdings benötigt Volkswagen hierfür die Leistung von 594.000 Beschäftigten, Toyota kann diese Menge an Fahrzeugen mit einer Belegschaft von nur 345.000 Mitarbeitern produzieren. Im langjährigen Mittel verdient Toyota doppelt so viel pro Fahrzeug wie Volkswagen. Diese Relation legt nahe, dass Volkswagen ein Effizienzproblem hat, so Ferdinand Dudenhöffer (vgl. Schaal 2015) von der Universität Duisburg-Essen.

Angesichts dieser Zahlen drängt sich natürlich die folgende Frage auf: Wenn selbst weit entwickelte Automobilhersteller wie Volkswagen immer noch mit hohen Verschwendungsquoten kämpfen, wie hoch ist dann die Verschwendungsquote in deutschen Retailbanken? 60 %, 70 % oder 80 %? Natürlich kann diese Frage nicht pauschal beantwortet werden. Sicher ist aber, dass ein enorm hoher Anteil der Tätigkeiten in Retailbanken nicht der direkten Wertschöpfung dient. Nüchtern betrachtet ist das verbranntes

Kapital, sind das verschleuderte Ressourcen. Im Grunde genommen bedeutet die Tolerierung von Verschwendung eine Geringschätzung der Arbeitsleistung von Mitarbeitern: Hoch qualifizierte Mitarbeiter setzen einen Großteil ihrer Arbeitskraft und ihres Engagements für die Produktion, Steuerung, Verwaltung und Finanzierung von Verschwendung ein. Ein Grund mehr, sich noch intensiver mit der Eliminierung von Verschwendung in der Bank zu beschäftigen.

Toyota ist ein offenes Unternehmen, das für interessierte Besucher Werksführungen organisiert. Besucher mit Ingenieurhintergrund diskutieren dabei schon mal mit den Toyota-Ingenieuren darüber, dass manche der eingesetzten Maschinen und Anlagen offenbar nicht dem modernsten Standard der Technik entsprechen. Mit Sicherheit hat Toyota geprüft, ob neuere Maschinen tatsächlich Vorteile gegenüber älteren Standards bieten. Was in den allermeisten Fällen von den Besuchern übersehen wird, ist, dass die Prozesse in den Toyota-Werken in einem hohen Maße verschwendungs- und störungsfrei ablaufen.

3.2.2 Produktion im Kundentakt

Toyota begegnet dem Problem der kostspieligen Lagerhaltung, indem nur das produziert wird, was gerade verbraucht wurde. Hierfür hat Toyota bereits in den 1950er-Jahren die *Kanban-Methode* entwickelt. Diese Methode ist allerdings kein Selbstläufer, der, einmal implementiert, immer stabil funktioniert. Vielmehr deckt Kanban Schwachstellen in der Prozesskette auf, für die dann passende Lösungen gefunden werden müssen.

Das Prinzip der Methode ist einfach. Im Gegensatz zu traditionellen Produktionsmethoden, bei denen Material an nachfolgende Produktionsschritte weitergeschoben wird (*Push-Prinzip* oder *schiebendes System*), wird mit der Kanban-Methode (vgl. Abb. 3.2) der Transfer in umgekehrter Richtung durchgeführt (*Pull-Prinzip* oder *ziehendes System*). Der nachgelagerte Arbeitsgang entnimmt einem vorgelagerten Prozessschritt nur

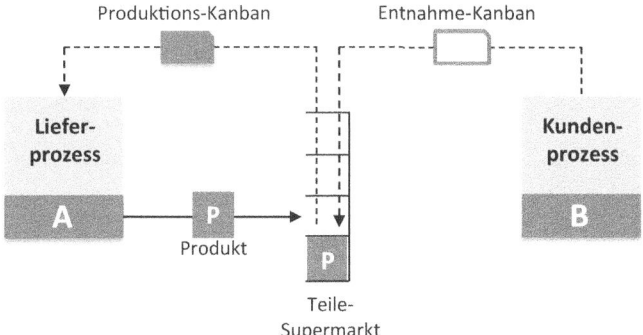

Abb. 3.2 Schematische Darstellung der Kanban-Methode. (Quelle: Rother und Shook 2015, S. 42)

das gerade benötigte Teil in der benötigten Menge und zum benötigten Zeitpunkt (Just-in-time-Prinzip). Die Voraussetzung dafür war eine Vereinfachung der Kommunikation durch eindeutige Bezeichnungen, was in welcher Menge wann benötigt wird. Wenn Material erforderlich wird, weil zum Beispiel ein Mindestbestand unterschritten wurde (und nur dann), wird ein Zulieferer aufgefordert, neues Material anzuliefern. Diese Aufforderung wird durch einen Kanban (japanisch *Zettelchen, Kärtchen*) erteilt, der grundsätzlich zusammen mit dem Material transportiert wird. Am sinnvollsten kann Kanban in diesem Zusammenhang mit dem Begriff *Materialbegleitkarte* übersetzt werden.

Prinzipiell wird zwischen dem Kreislauf des Produktions-Kanban und dem Kreislauf des Entnahme-Kanban unterschieden. Der Produktions-Kanban-Prozess produziert nur die Teile, die zuvor verbraucht worden sind und befüllt den sogenannten *Teile-Supermarkt,* aus dem sich wiederum der Entnahme-Kanban-Prozess mit den Teilen bedient, die er gerade benötigt, um den Kundenauftrag zu fertigen.

Der Teile-Supermarkt (vgl. Toyota Material Handling o. J.) ist eine Idee des legendären Erfinders des Toyota-Produktionssystems, Taiichi Ohno. 1953 besuchte er die USA, um die Produktionsmethoden von Ford zu studieren. Was ihn dort allerdings noch mehr beeindruckte, waren die amerikanischen Supermärkte. Ihm fiel auf, dass die Kunden immer nur das aus den Regalen nahmen, was sie gerade brauchten, und wie schnell und präzise die Bestände wieder aufgefüllt wurden. Ohno erkannte, dass ein Supermarkt im Prinzip nichts anderes als ein gut gefülltes Warenlager ist, dessen Wareneingänge möglichst exakt den Warenausgängen entsprechen und in dem kein Platz für Langzeitlagerung ist. Bei seiner Rückkehr nach Japan entwickelte Ohno aus dieser Idee das Kanban-Konzept.

Es gelten stringente Regeln für die Fertigung, besonders der Grundsatz, dass nur gefertigt werden darf, wenn ein Kanban vorliegt, und dass nur einwandfreie Teile angeliefert werden dürfen. Da nur ein leerer Behälter mit einem Kanban den Nachschub eines vollen Behälters mit einem Kanban auslöst, sind nie mehr Materialbehälter im Umlauf als Kanban. Das ist der große Vorteil gegenüber zentral gesteuerten Push-Systemen, in denen es de facto keine fest definierten Obergrenzen gibt und der Materialbestand permanent schwankt. Damit wird die terminorientierte Steuerung zentraler Produktionssteuerungssysteme durch eine bedarfsorientierte Steuerung ersetzt. Entscheidend dafür, dass die Kanban-Methode funktioniert, ist, dass alle Prozessschritte in der Produktion in der Lage sind, im gleichen Takt zu produzieren (Abb. 3.3).

Abb. 3.3 5-R-Definition. (Quelle: Haberkorn 2007)

5-R-Definition für just-in-time

Das	richtige Teil		
in der	richtigen Qualität	➡	null Fehler
zum	richtigen Zeitpunkt	➡	jetzt
in der	richtigen Menge	➡	ein Teil
am	richtigen Ort	➡	hier

Toyota ermittelt hierfür die sogenannte *Taktzeit* (vgl. Toyota Material Handling o. J.), anhand derer die Geschwindigkeit des Fertigungsprozesses mit der Nachfragegeschwindigkeit des Kunden synchronisiert wird. Ist nur ein Glied in der Prozesskette nicht in der Lage, im Takt des nachfolgenden Systems zu produzieren, kann dies im schlimmsten Fall einen Lieferabriss zur Folge haben, da keine Zwischenlager und Pufferbestände aufgebaut wurden. Jeder Prozessschritt muss daher zwingend in der Lage sein, die Taktzeit zu erfüllen.

Die Basisformel zur Ermittlung der Taktzeit lautet wie folgt:

$$x = \frac{\text{Verfügbare Betriebszeit [min]}}{\text{Vom Kunden benötigte Produktionsmenge [E]}} = \frac{1440\,\text{min}}{370\,\text{Einheiten}} = 3{,}89\,\text{min/Einheit}$$

In diesem Beispiel bestimmt die Nachfragerate des Kunden die Montagerate der Produktion. In einem funktionierenden ziehenden Produktionssystem produziert der Produktionsprozess alle 3,89 min eine Einheit. Entscheidend ist, dass das Material, das im Produktionszyklus im Umlauf ist, gerade ausreicht, um eben alle 3,89 min eine Einheit herzustellen, nicht mehr und auch nicht weniger. Ein fragiles System, werden Sie womöglich denken? Die Notwendigkeit standardisierter Prozesse wird hier ganz besonders deutlich. Stellen Sie sich beispielsweise vor, dass die Produktionsmitarbeiter in den jeweiligen Prozessschritten individuelle Freiheiten hätten, sei es in der Produktionsmethode, in der Produktionsgeschwindigkeit oder in der Produktqualität. Eine Produktion im Kundentakt wäre de facto unmöglich.

Ich möchte nicht den Eindruck vermitteln, dass das Toyota-Produktionssystem gänzlich frei von Überproduktion ist. Komplett ohne Überproduktion zu fertigen, und das in perfektem Einklang im Takt der Kundennachfrage, wäre fast schon die Realisierung verschwendungsfreier Prozesse. Allerdings schafft es Toyota mittels der Kanban-Methode, die Überproduktion auf ein sehr niedriges Niveau zu drücken.

Die Kanban-Methode erfordert bei Management und Mitarbeitern eine enorme Disziplin, denn alle Unzulänglichkeiten, die im Vorkapitel beschrieben wurden, müssen eliminiert werden, damit der Prozess tatsächlich ohne Stockungen fließen kann und mit minimalen Teilelagern auskommt.

3.2.3 Das Wertstromdesign und die Wertstromanalyse

Ein vordringliches Ziel besteht darin, Verschwendung durch Wertschöpfung zu ersetzen. Um dieses Ziel zu erreichen, muss Verschwendung zunächst einmal sichtbar gemacht werden. Vieles wäre einfacher, wenn Verschwendung immer offensichtlich, immer leicht zu erkennen wäre. Da es leider nicht so ist, müssen Methoden vermittelt werden, die Verschwendung sichtbar werden lassen. Toyota fand heraus, wie wichtig es bei der Identifikation von Verschwendung ist, sich zunächst auf die Durchlaufzeit der Prozesse zu konzentrieren. Zur Identifikation und Visualisierung von Muda nutzt Toyota das *Wertstromdesign* und die *Wertstromanalyse*.

> Alles, was wir tun, ist, auf die Durchlaufzeit zu achten, und zwar von dem Moment an, in dem wir einen Kundenauftrag erhalten, bis zu dem Moment, da wir das Geld in Empfang nehmen. Wir verkürzen die Durchlaufzeit, indem wir alle Bestandteile eliminieren, die keinen Mehrwert generieren (Taiichi Ohno et al. o. J.).

Unter einem Wertstrom versteht man alle wertschöpfenden und nicht wertschöpfenden Aktivitäten, die notwendig sind, um ein Produkt durch den Fertigungsstrom zu leiten. Ziel eines optimal ausgerichteten Produktionssystems ist es, alle Prozesse im Wertstrom so miteinander zu verknüpfen, dass ein Fluss entsteht. Durch die enge Verkettung der Prozesse im Wertstrom werden die Durchlaufzeiten verkürzt und gleichzeitig Fehler und Ausschuss verringert. Eine Wertstromperspektive einzunehmen bedeutet, am Gesamtbild zu arbeiten, nicht nur an einzelnen Fertigungsprozessen. Es bedeutet, das Ganze zu verbessern, nicht nur einzelne Teile (vgl. Rother und Shook 2015, S. 3). Übermotivation und (gut gemeinter) Aktionismus sind oftmals die größte Bremse bei Verbesserungsanstrengungen. Lokale Prozessverbesserungen werden sofort in Angriff genommen, in der Regel sogar messbare Verbesserungen erzielt. Allerdings entstehen durch nicht miteinander abgestimmte Optimierungsmaßnahmen Verschlechterungen in nachfolgenden Fertigungsschritten. Was nützt es, wenn durch Prozessverbesserungen eine Fertigungsinsel in der Lage ist, schneller zu produzieren, die produzierten Teile allerdings zwischengelagert werden müssen, weil der nachfolgende Fertigungsschritt die zugeschobene Menge nicht schnell genug weiterverarbeiten kann? Die Anstrengungen, einen Fluss ohne Stockungen zu erzeugen, werden durch lokale Prozessverbesserungen meist zunichtegemacht.

> Bei neuen Produktionssystemen geht es unter anderem darum, dass ein Prozess nur das herstellt, was der nächste Prozess benötigt, und erst dann, wenn er es benötigt. Wir versuchen, alle Prozesse im Verbund zu sehen – vom Endkunden zurück zum Rohmaterial, in einem gleichmäßigen Fluss ohne Umwege, der die kürzesten Durchlaufzeiten, höchste Qualität und die niedrigsten Kosten erzeugt (Rother und Shook 2015, S. 39).

Toyota warnt ausdrücklich davor, eine Prozessanalyse zu exzessiv zu betreiben. Viele Unternehmen verschwenden viele Monate Zeit und investieren enorme Ressourcen, um die Analyse eines Ist-Prozesses scheinbar perfekt durchzuführen. Das Resultat ist oft eine gigantische Datenmenge, bestehend aus Kennzahlen, Statistiken und grafischen Ablaufdiagrammen, bei der nicht selten der *rote Faden* verloren geht. Sinn und Zweck des Wertstromdesigns und der Wertstromanalyse ist es, die Struktur, die Besonderheiten und den Charakter des betreffenden Prozesses wirklich zu verstehen und immer den gesamten Prozess im Auge zu behalten.

Mike Rother und John Shook haben die seit Jahrzehnten bewährte Toyota-Methode des Wertstromdesigns und der Wertstromanalyse mit ihrem Werk *Learning to See* populär gemacht. Der Titel bringt das Grundprinzip des Wertstromdesigns genau auf den Punkt: sehen lernen, warum ein Prozess nicht fließt. Die Methode ist darauf ausgerichtet, sich auf das Wesentliche zu konzentrieren, schnelle Ergebnisse herbeizuführen und vor allen Dingen die betriebliche Realität in einer einfachen und ganzheitlichen Sicht zu visualisieren. Sie erinnern sich an das Mieruka-Prinzip? Das Wertstromdesign nutzt wie kaum eine andere Methode das Prinzip der Visualisierung und macht komplexe Sachverhalte transparent.

In Zeiten komplexer Analyse-Software und ausgefeilter Business-Intelligence-Dashboards wirkt es auf den ersten Blick ausgesprochen unmodern, wie Toyota Wertstromanalysen bestehender Prozesse durchführt. Die zunächst notwendigen Hilfsmittel sind A3-Blätter, Bleistift, Radiergummi, Stoppuhr und im Nachgang ein Taschenrechner. Toyota vertritt vehement die Meinung, dass ein gut geschulter Mitarbeiter, der mit gesundem Menschenverstand und offenen Augen den Gesamtprozess kritisch beäugt und die richtigen Fragen an die Mitarbeiter des betreffenden Prozesses stellt, die Analyse besser durchführen kann als jede technische Anwendung. Wie Sie sehen werden, ist keine mächtige Datenbasis nötig, um festzustellen, wo es im Prozess tatsächlich klemmt.

Einfachheit besticht – ein Beispiel
Am fiktiven Beispiel eines Zulieferers für die Automobilindustrie, der Gehäuseteile aus Kunststoff herstellt, möchte ich deutlich machen, wie wirkungsvoll das Instrument des Wertstromdesigns und der Wertstromanalyse ist (vgl. Abb. 3.4).

Das Management des Zulieferers ist mit dem Problem konfrontiert, dass das wichtigste Produkt, ein Kunststoffgehäuse für Scheinwerfer, nicht den notwendigen Deckungsbeitrag abwirft. Als die Kunden des Zulieferers noch niedrigere Preise fordern, sieht das Management dringenden Handlungsbedarf, die Kostenstruktur des Herstellungsprozesses dieses Kernprodukts substanziell zu verbessern.

Eine erste Befragung der Meister, Teamleiter und Mitarbeiter bleibt ohne konkrete Anhaltspunkte, wie der Produktionsprozess optimiert werden könnte, weil offenbar jeder Fertigungsschritt professionell ausgeführt wird. Auf Anfrage des Zulieferers entsendet der wichtigste Kunde einen Wertstromexperten zu einer Lagebeurteilung. Der Knowhow-Transfer von Automobilherstellern zu ihren Zulieferern ist in der Branche üblich, denn die Automobilhersteller wollen über leistungsfähige Partner verfügen, die eine unternehmensübergreifende Wertschöpfungskette gewährleisten.

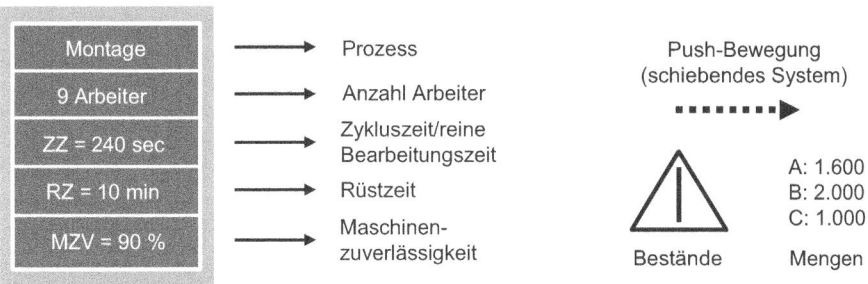

Abb. 3.4 Basisbezeichnungen des Wertstromdesigns. (Quelle: Rother und Shook 2015, S. 58)

Nach einem Schnelldurchgang, bei dem sich der Wertstromexperte eine erste Vorstellung von Fluss und Abfolge der Prozesse macht, beginnt er mit der Aufnahme des
Wertstroms nicht etwa am Anfang des Prozesses (üblicherweise im Wareneingangslager
des Werks), sondern in der Versandabteilung. Der Durchgang erfolgt flussaufwärts, also
in umgekehrter Richtung, bis hin zum ersten Prozessschritt im Wareneingangslager. Am
Ende des Prozessflusses zu beginnen, erlaubt es dem Experten, den Materialfluss aus
Kundenperspektive zu betrachten und den Wertstrom bis zu seinen Ursprüngen zurück-
zuverfolgen. Der Analyst will nicht wissen, wohin das Material als nächstes gebracht
wird, sondern woher es kommt. Aufmerksam registriert er während seines Durchgangs
die Bestände zwischen den jeweiligen Fertigungsschritten und deren genaue Mengen.
Denn Bestände sind ein untrügliches Indiz dafür, dass der Prozess nicht fließt (Verschwendung). Auf einem A3-Blatt zeichnet er mit einem Bleistift ein Rechteck. In diesem Rechteck steht unter der Bezeichnung des Prozessschrittes (zum Beispiel Montage)
auch die Anzahl der im Fertigungsschritt gebundenen Arbeiter.

In einem Datenkasten stehen Informationen wie die Zykluszeit zur Herstellung eines
Stücks, die Rüstzeit und die technische Verfügbarkeit der Maschine. Die reine Bearbeitungszeit je Stück (Zykluszeit) wird mit der Stoppuhr erhoben, ebenso die Rüstzeit.
Die technische Verfügbarkeit der Maschine wird aus dem Maschinenbuch entnommen,
in dem die geplanten Ausfallzeiten (zum Beispiel Inspektionen) und die ungeplanten
Ausfallzeiten (zum Beispiel technische Störungen) registriert werden. Ein dicker gestri-
chelter Pfeil symbolisiert eine Push-Bewegung, das heißt, gefertigte Teile werden an den
nächsten Fertigungsschritt weitergeschoben. Das Dreieck weist auf Bestände inklusive
der genauen Mengen hin. Der Wertstromspezialist registriert nun je Fertigungsstation
die relevanten Prozessdaten und hat dabei immer die sieben Quellen der Verschwendung
im Auge, die aufmerksam dokumentiert werden. Von besonderem Interesse sind für den
Fachmann Materialbestände und Sicherheitsreserven.

Die Aufnahme des Wertstromdesigns erfolgt nicht an einem Computer, sondern mit
einem Bleistift. Das Zeichnen von Hand ist direkt am Ort des Geschehens ohne Verzögerung möglich und kann problemlos vom Prüfenden selbst ausgeführt werden. Es
bedeutet außerdem, dass der Experte sich auf das Verstehen des Flusses konzentrieren
kann, statt sich mit der Bedienung des Computers zu beschäftigen. Dieser Vorgang ist
entscheidend für das Verständnis von Material- und Informationsfluss – das Hauptziel in
der ersten Phase des Wertstromdesigns. Beim Wertstromdesign ist nicht die Skizze wichtig, sondern das Verstehen von Informations- und Materialfluss (vgl. Rother und Shook
2015, S. 13).

Das Wertstromdesign ist eine Momentaufnahme. Das Prinzip der Momentaufnahme
löst bei den Betroffenen fast immer Diskussionen darüber aus, ob die Erhebungsdaten
denn wirklich repräsentativ sind. Vorausgesetzt, die Erhebung des Wertstromdesigns
findet während des Regelbetriebs statt und nicht etwa in betrieblichen Ausnahmesitua-
tionen, können Sie recht sicher davon ausgehen, dass das Resultat der Wertstromanalyse
auch die tatsächliche betriebliche Realität abbildet. Abb. 3.5 zeigt ein Zwischenergebnis
des Wertstromdesigns, die wesentlichen Kennzahlen aller Fertigungsstationen.

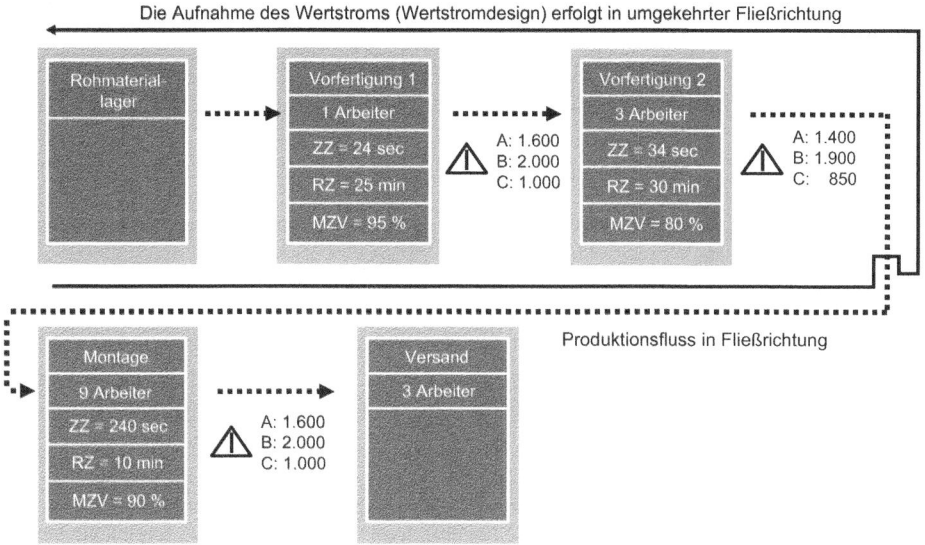

Abb. 3.5   Grundschema der Aufnahme eines Wertstroms inklusive erster Kennzahlen

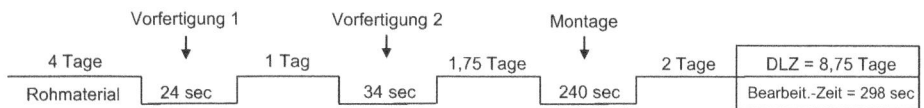

Abb. 3.6   Wertstrom mit Angaben zu Durchlaufzeit und Bearbeitungszeit

Kernelemente des Wertstromdesigns sind die Ermittlung der Durchlaufzeit und die reine Bearbeitungszeit des Fertigungsprozesses. Diese Kennzahlen werden in einer zweireihigen Zeitlinie unterhalb der Fertigungsstationen dargestellt. Die Zeiten auf der oberen Linie zeigen die Durchlaufzeiten zwischen den jeweiligen Fertigungsinstanzen an. Auf der unteren Linie werden die reinen Bearbeitungszeiten je Stück ausgewiesen. In einem Datenkasten ganz rechts sind die Gesamtdurchlaufzeit und die gesamte Bearbeitungszeit des Prozesses dargestellt.

In diesem konkreten Beispiel betrug die gesamte Durchlaufzeit des Prozesses 8,75 Tage, die reine Bearbeitungszeit betrug allerdings nur 298 s (vgl. Abb. 3.6).

Weitere wertvolle Indikatoren sind die Angaben zur verwendeten Fläche für Lagerhaltung und Produktion sowie die Länge der zurückgelegten Transportwege.

Auch hier liefert das Wertstromdesign ernüchternde Zahlen. Lediglich rund 3 % der Gesamtfläche werden für die Produktion genutzt. Ganze 97 % der Gesamtfläche entfallen auf Lagerflächen, Transportwege und sonstige Flächen. Für die Produktion eines Gehäuseteils für Scheinwerfer muss ein Transportweg von insgesamt 970 m zurückgelegt werden (vgl. Abb. 3.7).

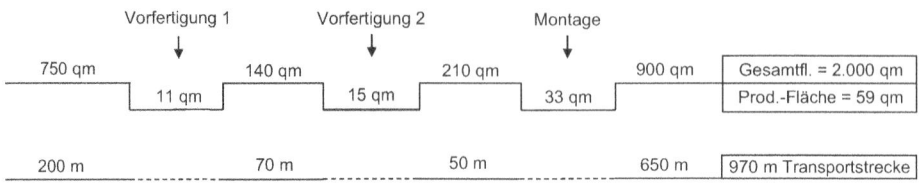

Abb. 3.7 Wertstrom mit Angaben zu Flächen und Transportstrecken

Das Wertstromdesign liefert ein erstaunliches Ergebnis. Innerhalb kürzester Zeit entsteht ein Bild der betrieblichen Realität des Prozesses mit den wichtigsten Angaben zur Prozessperformance – und das alles zusammengefasst auf einem A3-Blatt. Dem Betrachter wird nun deutlich, wo und warum der Prozess nicht fließt. Offensichtliche Ineffizienzen stechen regelrecht ins Auge.

> Das Lieblingsfeld deutscher Ingenieurskunst ist die detaillierte Optimierung der einzelnen Produktionsprozesse […]. Doch so können in einzelnen Produktionsprozessen erreichte Verbesserungen komplett verpuffen, wenn sie nicht mit Bezug auf den gesamten Produktionsablauf geplant und umgesetzt werden.
> Jedes Detail in der Fabrik wurde schon optimiert, 5-S an jedem Arbeitsplatz eingeführt, die Zeit an jeder einzelnen Station bereits super ausgelegt, doch das Große und Ganze ist kompliziert und voller Stau (Ungern-Sternberg 2015).

5-S ist ein Instrument, das in der Produktionsindustrie, aber immer häufiger auch in der Dienstleistungsindustrie angewandt wird. Die Methodik dient dazu, Arbeitsplätze sicher und übersichtlich zu gestalten. Dies sind unter anderem Grundvoraussetzungen zur Verbesserung von Arbeitsprozessen.

Wertstromdesign und -analyse (vgl. item Industrietechnik GmbH o. J.)
Mit einer Wertstromanalyse sollen Prozesse einer Produktion untersucht werden, um die Prozessführung dauerhaft effizienter zu gestalten. Im Mittelpunkt einer Wertstromanalyse stehen die Verweilzeiten von Produkten in der Fertigung. Zu große Verweilzeiten sowie nicht-wertschöpfende Tätigkeiten von Menschen und Maschinen gelten als Verschwendung. Sie sollen vermieden werden.

Beim Wertstrommanagement wird zunächst ein Modell aller Material- und Informationsflüsse (der Wertströme) aufgestellt, das ermöglicht, nicht-wertschöpfende Prozesse zu erkennen. Analysiert werden die Wertströme zwischen Lieferanten, Produktion und Endkunden. Dabei wird meist rückwärts (also vom Endkunden ausgehend) gearbeitet.

Das Wertstromdesign modelliert daraufhin einen verbesserten Wertstrom, der auf nicht-wertschöpfende Abläufe und unnötige Verweildauern verzichtet.

Eines der wichtigsten Ziele des Wertstromdesigns besteht darin, alle Prozesse im Wertstrom so miteinander zu verknüpfen, dass ein Fluss entsteht. Dieser Wertstrom wird maßgeblich durch die Kundennachfrage (= Kundenpull) gesteuert. Durch eine enge Verkettung der Prozesse innerhalb des Wertstroms erreicht man eine Verkürzung der Durchlaufzeit sowie eine gleichzeitige Reduzierung von Beständen, Fehlern und Ausschuss. Hierbei wird auch die Steuerung einzelner Prozesse auf die Steuerung eines gesamten effizienten und kundenorientierten Wertstromflusses verlagert.

▶ Tipps zu Wertstromdesign und -analyse (vgl. Rother und Shook 2015, S. 12)
  1. Sammeln Sie stets Informationen zum Istzustand, während Sie selbst die Wege von Material- und Informationsfluss zu Fuß verfolgen.
  2. Beginnen Sie mit einem Schnelldurchgang durch den vollständigen Wertstrom von Rampe zu Rampe.
  3. Beginnen Sie beim Versand und gehen Sie flussaufwärts vor.
  4. Nehmen Sie eine Stoppuhr und verlassen Sie sich nicht auf Standardzeiten oder Informationen, die Sie nicht selbst beschafft haben.
  5. Skizzieren Sie den ganzen Wertstrom selbst.
  6. Zeichnen Sie immer von Hand mit Bleistift.

3.2.4 Der Toyota-Business-Practices-Prozess (TBP)

Das Wertstromdesign und die Wertstromanalyse sind nicht als isolierte Methode zu betrachten, sondern sie sind in den achtphasigen, iterativen Toyota-Business-Practices-Prozess (TBP-Prozess) eingebettet. Wie bereits im Einleitungskapitel kurz erläutert, hat Toyota den vierphasigen PDCA-Verbesserungszyklus (Plan-Do-Check-Act) von Shewhart und Deming zu einem achtphasigen Verbesserungszyklus weiterentwickelt (vgl. Abb. 3.8). Toyota legt großen Wert darauf, dass dabei die Phasen *Problem verdeutlichen, Problem unterteilen, Ursachen analysieren* und *Prozesse standardisieren* besonders deutlich hervorgehoben werden.

Phase 1 des TBP: das Problem verdeutlichen
Nun wieder zurück zu dem Beispiel des Automobilzulieferers. Das zentrale Problem ist, dass es dem Unternehmen nicht gelingt, mit seinem wichtigsten Produkt den notwendigen Deckungsbeitrag zu erwirtschaften. Diese kritische Situation wird dadurch verschärft, dass Kunden noch bessere Preise für dieses Produkt einfordern. Die zentrale Problemstellung ist daher der unbefriedigende Deckungsbeitrag des betreffenden Produkts. Der Plan-Deckungsbeitrag für das Produkt wurde ursprünglich auf 5,12 EUR kalkuliert. Der tatsächlich erzielte Deckungsbeitrag betrug in der letzten Erhebungsperiode lediglich 2,45 EUR. Mit diesem Deckungsbeitrag war es unmöglich, die geplanten Ergebnisziele des Unternehmens zu halten. Dem Management ist bewusst, dass dieses Problem früher oder später auch auf alle anderen Produkte übergreifen kann, weil die Produktionsmethode für alle Produkte im Wesentlichen gleich ist. Zudem besteht für das Unternehmen die Gefahr, an Wettbewerbsfähigkeit im heiß umkämpften Zuliefermarkt zu verlieren.

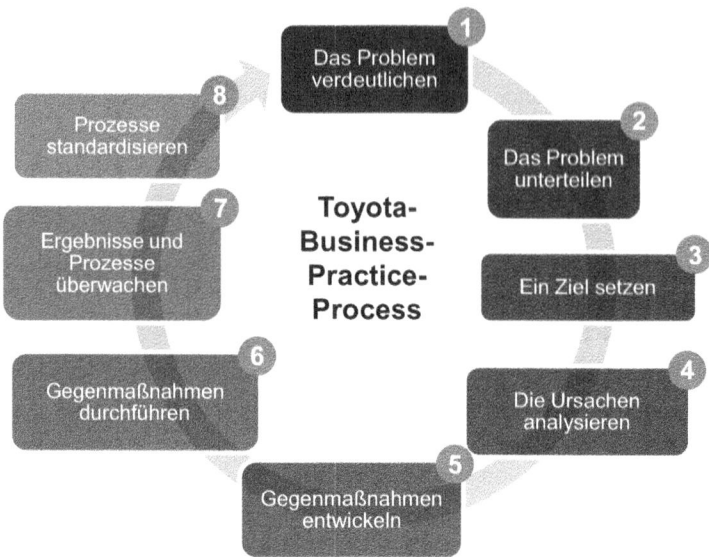

Abb. 3.8 Achtphasiger kontinuierlicher Verbesserungszyklus Toyota-Business-Practices-Process (TBP)

Problem verdeutlichen:

- Der Plan-DB von 5,12 EUR konnte nicht erreicht werden (Ist-DB: 2,45 EUR).
- Kunden verlangen geringere Preise.
- Das Unternehmen läuft Gefahr, seine Wettbewerbsfähigkeit zu verlieren.

Phase 2 des TBP: das Problem unterteilen

Bei der Fragestellung, welche Probleme für den unbefriedigenden Deckungsbeitrag verantwortlich sind, spielt die Wertstromanalyse ihre ganze Stärke aus. Auf den ersten Blick wird deutlich, dass sich der Prozess nicht in einem kontinuierlichen Fluss befindet. Der Gesamtdurchlaufzeit von 8,75 Produktionstagen (12 h/Tag) steht eine reine Bearbeitungszeit von lediglich 298 s gegenüber. In Prozenten ausgedrückt, befindet sich der Prozess in sage und schreibe 99,92 % der Zeit im Stillstand. Für ein *schiebendes* Produktionssystem ist das übrigens nicht ungewöhnlich. Befindet sich ein Prozess nicht im Fluss, sammeln sich automatisch Bestände zwischen den Produktionsschritten an. Im konkreten Beispiel weisen die Lager einen so hohen Bestand auf, dass der Prozess fast zum Erliegen kommt. Die hohen Bestände haben zur Folge, dass große Teile des Werks durch Lagerflächen belegt sind. Der Wertstromexperte ermittelt ein extremes Missverhältnis zwischen Werksfläche und reiner Produktionsfläche von rund 97 % zu drei Prozent. Die langen Transportwege im Werk sind ein weiteres wichtiges Problemfeld. Das Produkt, das nur einen Wert von 18,70 EUR hat, wird über eine Strecke von insgesamt

970 m bewegt. Auch hier ist offensichtlich, dass unnötig lange Transportstrecken zurückgelegt und demzufolge vermeidbare Kosten produziert werden.

Das Problem unterteilen:
- Der Prozess befindet sich nicht im Fluss (99,92 % Stillstand).
- Es besteht ein extremes Missverhältnis der Werksfläche (97 %) zur Produktionsfläche (3 %).
- Das Produkt muss eine viel zu lange Transportstrecke von 970 m zurücklegen.

Phase 3 des TBP: ein Ziel setzen

Das Ziel ist in dem konkreten Beispiel eindeutig. Dem Management muss es gelingen, trotz eines zusätzlichen Preisnachlasses, den man Kunden gewährt, den Ziel-Deckungsbeitrag von 5,12 EUR je Produkt zu erreichen. Das Unternehmen muss daher erreichen, die Stückkosten des Produkts um mindestens 4,17 EUR zu reduzieren. Ohne einen radikalen Abbau der Lagerbestände kann dieses Ziel nicht erreicht werden. Gemeinsam mit dem Wertstromexperten errechnet das Unternehmen, dass die Stückkosten durch die Halbierung des Lagerbestands um 2,80 EUR reduziert werden könnten. Weitere Kalkulationen ergeben, dass zusätzlich 1,65 EUR an Stückkosten durch die Konsolidierung der Lagerflächen und die damit einhergehende Verringerung von Logistikmaterial und -kapazitäten eingespart werden können. Frei werdende Lagerflächen können nun für andere Zwecke genutzt werden. Ein weiteres Ziel besteht darin, den enormen Transportweg von fast einem Kilometer Länge (Wareneingangslager bis Auslieferlager) zu halbieren. Griffen diese Maßnahmen, könnte die Durchlaufzeit des Artikels von insgesamt 8,75 Produktionstagen auf knapp fünf Tage reduziert werden. Voraussetzung dafür ist allerdings, dass erste Schritte zur Etablierung eines *ziehenden Produktionssystems* eingeleitet werden.

Ein Ziel setzen:
- Die Erreichung eines Deckungsbeitrags von 5,12 EUR (trotz weiterer Rabatte):
- Halbierung des Lagerbestands
- Konsolidierung der Lagerflächen (Zusammenlegung, Nutzung der Lagerfläche für andere Zwecke, Einsparung von Logistikkapazitäten und -material)
- Halbierung der Transportstrecken
- Reduzierung der Durchlaufzeiten

Phase 4 des TBP: die Ursachen analysieren

Probleme begegnen uns in unterschiedlichsten Formen. In manchen Fällen liegen Ursache und Lösung auf der Hand, eine zügige Abhilfe ist möglich. Manche Probleme sind aber komplexer und erfordern eine genauere Analyse, um die Ursachen zielgerichtet zu entdecken. Daher nimmt die Ursachenanalyse in diesem Kapitel einen breiteren Raum ein als die anderen Phasen des TBP-Prozesses.

Der Unternehmensslogan von Toyota lautet yoi shina, yoi kangai, was so viel bedeutet wie gute Denkprozesse, gute Produkte. Das trifft insbesondere auf die Analysephase innerhalb des Problemlösungsprozesses zu. Toyota legt sehr großen Wert auf logisches und kreatives Denkvermögen, weil ein gründlicher Denkprozess zu den besten Ergebnissen führt. Alle Toyota-Manager kennen und verstehen vor allem den Wert menschlicher Kreativität. Das ist der eine Faktor, der Toyota von seinen Wettbewerbern abhebt (Liker und Meier 2008a, S. 435).

 So wie die Diagnose die entscheidende Leistung des Arztes ist, ist die Identifikation von Problemursachen die entscheidende Leistung des TBP-Prozesses. Die Suche nach den Problemursachen ist alles andere als trivial. Toyota hat gelernt, sich nicht auf komplizierte Verfahren zu verlassen, sondern auch hier auf den gesunden Menschenverstand und die Leistungen gut ausgebildeter Mitarbeiter zu vertrauen. Drei Elemente sind für eine systematische und gründliche Problemanalyse zwingend notwendig: das Befolgen von Grundregeln, der Fokus auf Durchlaufzeiten und die 5-W-Methode.

Grundregeln befolgen

Die folgenden sieben Grundregeln (vgl. Liker und Meier 2008b, S. 436 f.) sind nach Toyota-Überzeugung Grundlage für einen erfolgreichen Problemlösungsprozess; ihre Einhaltung ist für jeden Mitarbeiter verpflichtend:

▷   **Die sieben Grundregeln für einen erfolgreichen Lösungsprozess bei Toyota**

1. Die Analyse darf nicht von vorgefassten Meinungen über die Problemursachen beeinflusst sein. Wenn man mit einer vorgefassten Idee an die Analyse herangeht, werden nützliche Aspekte außer Acht gelassen und das führt höchstwahrscheinlich zu sehr mageren Ergebnissen.

2. Befolgen Sie immer das Prinzip des *Genchi Genbutsu* (Sie erinnern sich? *Genchi Genbutsu* bedeutet, sich ein genaues Bild am Ort des Geschehens zu machen), um der Ursache auf den Grund zu gehen. Verlassen Sie sich nicht auf Dritte oder auf irgendwelche Daten. Verschaffen Sie sich an dem Ort, an dem die Problemursache auftritt, mit eigenen Augen selbst ein Bild.

3. Die Analyse wird fortgesetzt, bis sichergestellt ist, dass es sich um die wahren Ursachen bzw. Wurzeln des festgestellten Problems handelt.

4. Da es zahlreiche potenzielle Ursachen gibt, ist es notwendig, das gesamte Spektrum auf die wichtigsten Ursachen einzugrenzen. So lässt sich die Energie auf die Erzielung der bestmöglichen Ergebnisse fokussieren.

5. Während der Analyse besteht das Ziel darin, Problemursachen zu identifizieren, die von den mit der Problemlösung beauftragten Mitarbeitern beseitigt werden können. So lässt sich die Tendenz vermeiden, das Problem an andere weiterzuschieben; stattdessen wird die Beantwortung der Frage forciert: Was können wir tun?

6. Eine gründliche und vollständige Analyse wird zu Problemursachen führen, aus denen sich die konkret zu ergreifenden Korrekturmaßnahmen klar ergeben. Es gibt einen beobachtbaren und offensichtlichen Pfad, der von dem Problem zur Ursache und zur Lösung führt.

7. Eine gründliche und vollständige Analyse liefert auf Fakten basierende Daten, die eine präzise Vorhersage der potenziellen Ergebnisse nach Abschluss der Problemlösung erlauben. Die Bestimmung der exakten Ergebnisse ist ein wichtiger Teil des Prozesses, da sie die Bewertung der vorhandenen Fähigkeiten und der Effektivität forciert.

Fokus auf Durchlaufzeiten

Die generelle Denkweise bei Toyota richtet sich darauf, als Erstes die Verluste bei den Durchlaufzeiten zu betrachten. Das sind Zeitverluste, die während jedes Arbeitsdurchlaufs entstehen. Sie zeigen daher die ausgeprägte Tendenz, sich zu wiederholen. Jede Form der Verschwendung hinterlässt Spuren. In fast allen Fällen zeigen sich diese Spuren in Form von zu langen oder unsteten Durchlaufzeiten.

5-W-Methode

Mit der 5-W-Methode (vgl. TQM Services GmbH o. J.) hat sich bei Toyota ein außerordentlich erfolgreicher Denkansatz bis in alle Winkel des Unternehmens durchgesetzt. Die 5-W-Methode hat sich inzwischen zu einem wesentlichen Wirkprinzip des Toyota-Produktionssystems entwickelt. Aber was verbirgt sich hinter den 5-W?

Die 5-W-Methode dient zur Bestimmung von Ursache und Wirkung. Gemäß dieser Methode muss ein Problem so lange mit „Warum?" hinterfragt werden, bis die tatsächliche Problemursache gefunden wird. Die Praxis zeigt, dass ein Problem mindestens fünfmal hinterfragt werden muss, um die Problemwurzel(n) zu identifizieren.

Das geschilderte Beispiel des Automobillieferanten ist für eine nähere Erläuterung der 5-W-Methode nicht optimal, weil bereits aus dem Wertstromdesign offensichtlich wird, dass die Ursache fast aller Probleme in den hohen Materialbeständen liegt.

Um die 5-W-Methode besser erklären zu können, stellen Sie sich bitte vor, dass das Unternehmen die wesentlichen Kernprobleme lösen konnte, das heißt, die Lagerbestände konnten massiv abgebaut und ein ziehendes Produktionssystem eingeführt werden. Trotz aller Fortschritte stellt sich bei einem hohen Produktionsaufkommen in der Vorfertigung 2 aber das Problem ein, dass die Taktzeit nicht eingehalten werden kann und somit der Fertigungsfluss ins Stocken gerät, weil nicht genügend Einheiten hergestellt werden können.

Der erste Schritt der 5-W-Methode ist die Definition des Problems. Um ein Problem als Problem zu definieren, sind Toyota zufolge vier Informationen erforderlich:

1. die tatsächliche aktuelle Performance mit eigenen Angaben zum bisherigen Trend,
2. die angestrebte Performance (definierter Standard oder Ziel),

3. die Tragweite des Problems, wie es sich aus der Differenz zwischen der aktuellen und
   der angestrebten Performance ergibt,
4. das Ausmaß und die Charakteristiken des Problems beziehungsweise der Situation.

Das Mieruka-Prinzip (Visualisierung) hilft auch hier, die Definition des Problems zielgerichtet zu bestimmen. Zuerst gilt es, die tatsächliche Performance des Prozesses mithilfe
einer grafischen Trendreihe zu bestimmen (vgl. Abb. 3.9).

Bei der Standardtaktzeit von 32 s (s. Periode P_1) haben alle Prozessinstanzen noch
keine Probleme, die vorgegebene Menge zu produzieren. In der Periode P_2, bei der die
Prozessinstanzen alle 25 s ein Teil produzieren müssen, ist die Vorfertigung 2 nicht mehr
in der Lage, dem Produktionstakt zu folgen. Die wesentliche Konsequenz aus dieser
Situation ist, dass Vorfertigung 2 nun weniger Teile als geplant an die nachgelagerten
Prozessinstanzen (Montage und Versand) weiterleiten kann und somit Liefertermine
nicht eingehalten werden können. Zwischen der Vorfertigung 1 und 2 entstehen zwangsläufig Bestände (Verschwendung).

Zusammenfassend lässt sich sagen, dass die Vorfertigung 2 nicht in der Lage ist, ab
einer Taktzeit von 25 s die erforderliche Anzahl von Einheiten pro Stunde herzustellen.
Nun folgt die 5-W-Anlayse mit dem Ziel, die Problemwurzel zu identifizieren:

Vorfertigung 2 ist nicht in der Lage, ab einer Taktzeit von 25 s die erforderliche
Anzahl an Einheiten pro Stunde zu produzieren.

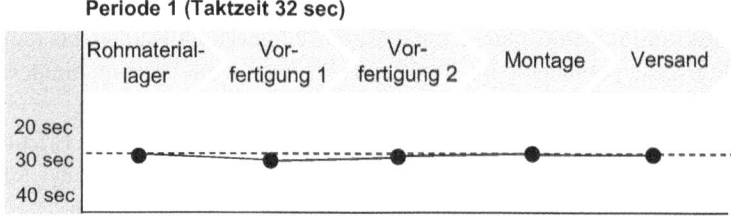

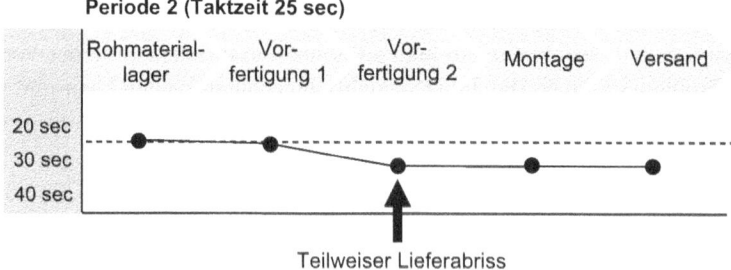

Abb. 3.9 Bestimmung der aktuellen Performance (bei Taktzeit 32 s und Taktzeit 25 s)

> *Warum?*
>> ▸ Vorfertigung 2 vergibt Produktionschancen.
>> *Warum?*
>>> ▸ Vorfertigung 2 produziert Ausschuss.

An dieser Stelle stellt sich die Frage, ob die produzierte Ausschussquote bereits auf die eigentliche Problemwurzel deutet. Schnell kann dies aber ausgeschlossen werden. Selbst bei einer Null-Fehler-Produktion könnte die Vorproduktion 2 die geforderte Taktrate nicht einhalten. Daher kann die Weiterverfolgung dieses Ansatzes eingestellt werden.

Angenommen, die Spur der Ausschussquote würde sich als vielversprechend erweisen, müsste hier noch mindestens dreimal die jeweilige Problemstellung mit *Warum* hinterfragt werden, um die Problemwurzel tatsächlich zu identifizieren. Konkret müsste man zunächst hinterfragen, *warum* der Ausschuss produziert wird. Möglicherweise beschädigt die Maschine Teile. *Warum* beschädigt die Maschine die Teile? Die Maschine ist möglicherweise nicht optimal eingestellt. *Warum* ist die Maschine nicht optimal eingestellt? Nun, Sie erkennen jetzt sicherlich besser die Vorgehensweise dieser Methodik. Nachdem die Ausschussquote als Problem ausgeschlossen werden kann, muss weiter recherchiert werden.

> ▸ Vorfertigung 2 vergibt Produktionschancen.
> *Warum?*
>> ▸ Vorproduktion 2 verschwendet Zeit.
>> *Warum?*
>>> ▸ Die Durchlaufzeiten sind zu lang.
>>> *Warum?*
>>>> ▸ Die Zeiten für die Arbeitsplatz- und Maschinenreinigung dauern zu lange.

Als erster signifikanter Zeitfresser werden die Zeiten für die Reinigung der Arbeitsplätze und der Maschinen in der Vorfertigung 2 ausgemacht. Eine Analyse ergibt allerdings, dass für die Arbeitssicherheit und den fehlerfreien Betrieb der Maschinen die Zeiten für die Reinigung der Arbeitsplätze und der Maschinen zwingend notwendig sind. So kann auch dieses potenzielle Problem als Ursache ausgeschlossen werden und die Suche nach der Problemwurzel geht weiter.

> ▸ Die Durchlaufzeiten sind zu lang.
> *Warum?*
>> ▸ Die außerplanmäßigen Maschinenausfallzeiten sind zu hoch.
>> *Warum?*

Das Wertstromdesign weist für die Vorfertigung 2 eine Maschinenzuverlässigkeit von 98,5 % aus. Der außerplanmäßige Maschinenausfall von 1,5 % ist ein weiterer Störfaktor. Nach intensiven Analysen stellten die hauseigenen Ingenieure fest, dass es ohne erhebliche Investitionen in die Umrüstung der Maschinen nicht möglich sein würde, die Ausfallquote von 1,5 % zu reduzieren. Daher sprechen wirtschaftliche Gründe gegen eine weitere Verfolgung dieses Ansatzes.

> ▸ Die Durchlaufzeiten sind zu lang.
>
> *Warum?*
>
> > ▸ Die Wegstrecke zum Ablegen der Fertigteile in den Container
> > ist zu lang.

Die drei Mitarbeiter in der Vorfertigung 2 müssen jeweils eine Wegstrecke von vier Metern zurücklegen, um die produzierten Fertigteile in den Ablagecontainer zu legen. Bei einer normalen Produktionsauslastung macht sich diese lange Wegstrecke nicht bemerkbar. Wenn allerdings die Taktzeit sehr eng bemessen ist, das heißt sehr viele Teile je Stunde hergestellt werden müssen, ist es den Mitarbeitern nicht mehr möglich, die benötigte Menge an Einheiten zu produzieren. Bei einer starken Auslastung muss jeder Mitarbeiter alle zwei Minuten Fertigteile in den Container legen. Je Stunde sind das 30×8 m (4 m hin und 4 m zurück) = 240 m x 3 Mitarbeiter = 720 m x 8 h = 5760 m je Schicht. Ist diese Erkenntnis bereits die eigentliche Problemwurzel? Nein, es ist noch ein weiterer Analyseschritt notwendig. Zwar ist die zu lange Wegstrecke zum Ablagecontainer ein sehr konkreter Anhaltspunkt, aber noch nicht die Problemwurzel.

> ▸ Die Wegstrecke zum Ablegen der Fertigteile in den Container
> ist zu lang.
>
> *Warum?*
>
> > ▸ Das Fertigungslayout ist nicht optimal.

Das ist die tatsächliche Problemwurzel. Die Positionen der Maschinen und die Lage der Stellflächen für die Ablagecontainer in der Vorfertigung 2 sind im Hinblick auf eine möglichst kurze Wegstrecke nicht optimal ausgerichtet. Es ist klar, dass diese Analyse nicht im stillen Kämmerlein erfolgen kann. Von entscheidender Bedeutung ist es, sich selbst vor Ort ein Bild von der Situation zu machen, und zwar genau dann, wenn das Problem auftritt (Genchi Genbutsu).

In enger Verbindung mit dem Genchi-Genbutsu-Prinzip hat sich der Einsatz der *VW-Tabelle* als sehr nützlich erwiesen (vgl. Abb. 3.10). Mit diesem Hilfsmittel kann gezielt und systematisch nach Ineffizienzen und Zeitfressern gesucht werden. *V* steht für Verschwendung und *W* für Wertschöpfung. Dieses Instrument hilft dem Analysten, jeden Tätigkeitsschritt im Untersuchungsbereich den Kategorien *Verschwendung* oder *Wertschöpfung* zuzuordnen. Hier ein Beispiel:

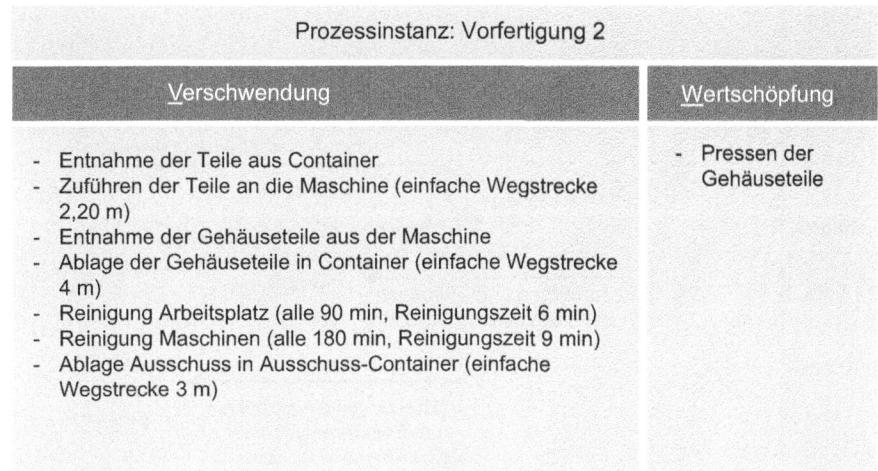

Abb. 3.10 VW-Tabelle (Differenzierung zwischen wertschöpfenden Tätigkeiten und Verschwendung)

Genau betrachtet handelt es sich auf der linken Seite im Sinne von Toyota zwar um Verschwendung, hier im konkreten Fall aber um solche, die für den Herstellungsprozess noch zwingend notwendig ist. Es gilt, diese Positionen genau im Blick zu behalten und Schritt für Schritt zu reduzieren.

Die VW-Tabelle ist ein überraschend einfaches, aber wirkungsvolles Hilfsmittel beim Aufspüren von Ineffizienzen, mit dessen Unterstützung es möglich ist, systematisch alle nicht wertschöpfenden Tätigkeiten einer Prozessinstanz festzuhalten. Somit unterstützt die VW-Tabelle wirkungsvoll die 5-W-Methode.

Von Toyota lernt man, alle Informationen mit Fakten zu hinterlegen. Daher werden den verschiedenen Tätigkeitsschritten in der Vorfertigung 2, differenziert nach Verschwendung und Wertschöpfung, entsprechende Zeiten zugeordnet. Abb. 3.11 weist die Zeiten für die jeweiligen Tätigkeitsschritte bei einer Taktzeit von 26 s aus. Bei dieser Taktzeit kann gerade noch im Einklang mit den anderen Prozessschritten produziert werden. Ab einer Taktzeit von 25 s entsteht ein teilweiser Lieferabriss.

Das geschulte Auge des 5-W-Experten beobachtet aufmerksam alle nicht wertschöpfenden Abläufe zum Zeitpunkt der kritischen Taktzeit (ab 25 s) und isoliert dann den Tätigkeitsschritt, der unmittelbar auf die Problemwurzel deutet. In diesem Beispiel ist es die zu lange Wegstrecke zum Ablagecontainer und zurück zur Maschine, die die Mitarbeiter in der Vorfertigung 2 konkret daran hindert, die Taktzeit einzuhalten. Nun ist es nur noch ein kleiner Schritt bis zur Problemwurzel.

Diese Informationen sind auch wichtig, um die Zeiten mit zukünftigen Perioden vergleichen zu können und somit unverfälscht Produktivitätsfortschritte messen zu können.

Die 5-W-Methode funktioniert allerdings nur dann, wenn eine durchgängige Kausalkette von der Problemdefinition bis zur Problemwurzel aufgebaut werden kann. Man

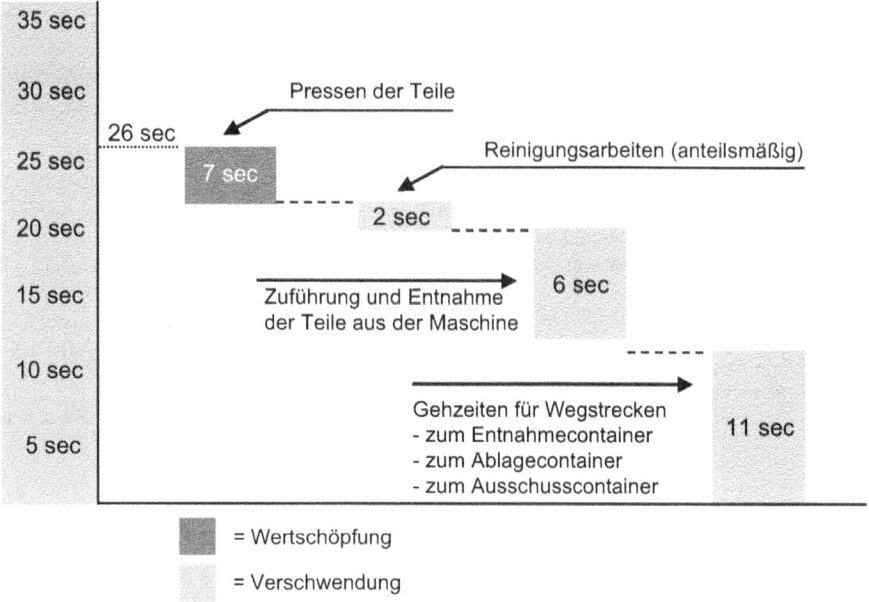

Abb. 3.11 Erhebung von Zeiten der verschiedenen Tätigkeitsschritte in der Prozessinstanz

kann die aufgebaute Kausalkette auf Richtigkeit und Plausibilität prüfen, indem man den Weg zurück von der Problemwurzel bis zur Problemdefinition verfolgt:

Das Fertigungslayout ist nicht optimal (Problemwurzel),

> ‣ demzufolge ist die Wegstrecke zum Ablegen der Fertigteile in die Container zu lang,
>> ‣ demzufolge sind die Durchlaufzeiten zu lang,
>>> ‣ demzufolge verschwendet die Vorproduktion 2 Zeit,
>>>> ‣ demzufolge vergibt die Vorproduktion 2 Produktionschancen,
>>>>> ‣ demzufolge ist die Vorproduktion 2 nicht in der Lage, die erforderliche Zahl von Einheiten je Stunde herzustellen (= Problemdefinition).

Man ist auf dem Holzweg, wenn man glaubt, die 5-W-Methode immer starr und gleichartig anwenden zu können. Jeder Fall ist anders. Die Kausalkette kann sich auf jeder Stufe beliebig oft verzweigen, sodass womöglich eine Fülle unterschiedlicher Problemursachen ans Licht kommt. Es ist zwingend, dass alle geschilderten sieben Grundregeln für einen erfolgreichen Lösungsprozess berücksichtigt werden.

Toyota verwendet außerordentlich viel Zeit darauf, Mitarbeiter zur Anwendung der 5-W-Methode zu befähigen. Es ist primär die Aufgabe von Mentoren, ihre Schützlinge in Trainings, aber vor allem gezielt am Arbeitsplatz zu coachen. Ziel ist es, dass die

5-W-Methode den Mitarbeitern in Fleisch und Blut übergeht, sodass sie sie ganz selbstverständlich zur Problemanalyse heranziehen.

Um Ihnen das grundsätzliche Wirkprinzip der 5-W-Methode an einem konkreten Beispiel besser erklären zu können, habe ich die Ausgangssituation des Zulieferbetriebs zunächst ausgeblendet. Bevor sich der Zulieferbetrieb mit dem beschriebenen Problemdetail der Vorfertigung 2 beschäftigen kann, muss zunächst das zentrale Problem der Überproduktion gelöst werden.

Diese komplexe Problemstellung kann als Ganze betrachtet natürlich nicht mit der 5-W-Methode gelöst werden. Die 5-W-Methode ist nur bei einer isolierten Problemstellung anwendbar, nicht bei einem komplexen Problembündel. Das Unternehmen muss sich nun konsequent darauf konzentrieren, Schritt für Schritt die Überproduktion abzubauen, ein ziehendes Produktionssystem einzuführen und einen fließenden Wertstrom ohne Stockungen zu realisieren. Das Wertstromdesign, die Wertstromanalyse, die Grundregeln für einen erfolgreichen Problemlösungsprozess und das Wissen, wie Verschwendung sichtbar gemacht werden kann, helfen dabei, dieses Ziel zu erreichen (vgl. Abb. 3.12, 3.13).

▶   Der Produzent mit der höchsten Qualität produziert die niedrigsten Kosten.

Phase 4 (Ursachen analysieren) wird in Form eines A3-Berichts zusammengefasst, in dem die Problemstellung, die Problemanalyse und die identifizierte Problemwurzel in Form von drei Schaubildern dargestellt werden.

Ursachen analysieren:
- Die sieben Grundregeln für einen erfolgreichen Problemlösungsprozess verinnerlichen
- Immer die Durchlaufzeiten im Auge behalten
- Problem definieren und visualisieren
- 5-W-Methode und VW-Tabelle anwenden und dadurch Problemwurzel(n) identifizieren

Phase 5 des TBP: Gegenmaßnahmen entwickeln
Eine gut durchgeführte, auf Fakten basierte Analyse liefert gezielte Hinweise für die Entwicklung von Gegenmaßnahmen. Die Problemwurzeln sollten quantifizierbar und die Effekte einer Problemlösung vor ihrer Umsetzung prognostizierbar sein.

Die Mitarbeiter des Zulieferbetriebs stehen nun vor der Herausforderung, die Stellflächen der betreffenden Prozessinstanz (Vorfertigung 2) neu zu ordnen und dadurch die Gehstrecken so zu optimieren, dass eine Taktzeit von 20 s erreicht werden kann.

Um neue Abläufe zu simulieren, greift Toyota meist auf ganz simple Hilfsmittel zurück. Auf einer Freifläche, analog den Gegebenheiten der echten Produktion, werden zum Beispiel Maschinenattrappen aus Pappe und Holz aufgebaut. Nun simulieren

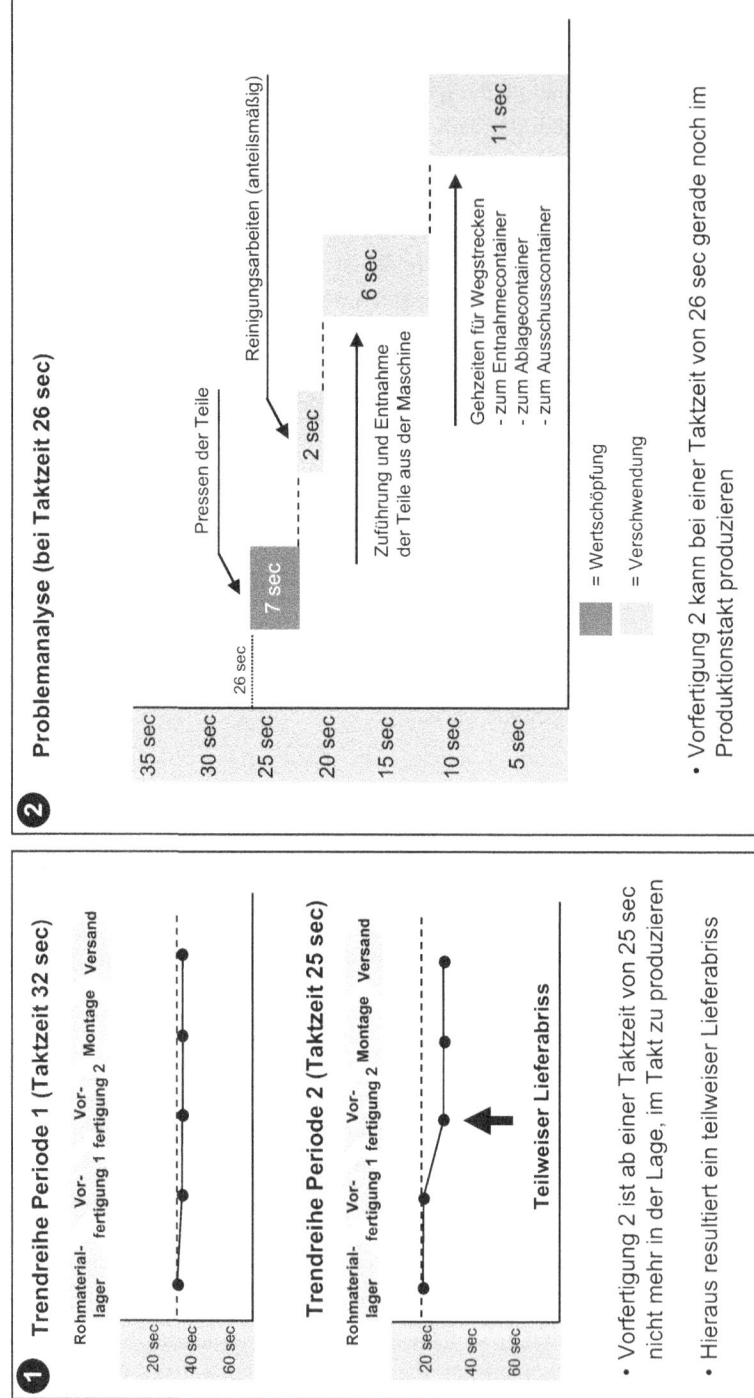

Abb. 3.12   Schematische Darstellung Trendreihe (links) und Problemanalyse (rechts); Klärung, welche Elemente der Verschwendung für den Lieferabriss bei einer Taktzeit ab 25 s verantwortlich sind

Abb. 3.13 Schematische
Darstellung Problemanalyse in
grafischer Form

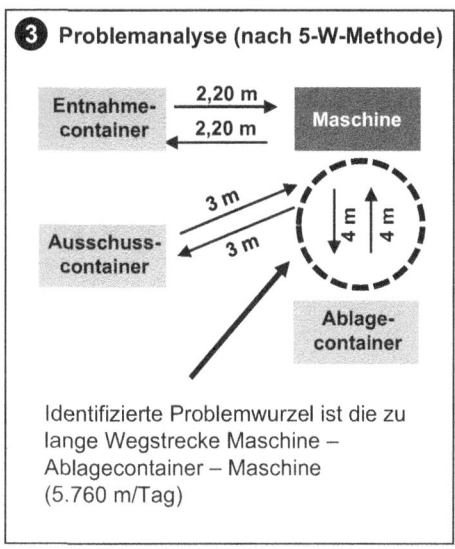

Mitarbeiter, wie durch das Umstellen der Attrappen zum Beispiel die Gehzeiten gemäß Zielstellung optimiert werden können. Verlaufen die Tests erfolgreich, können die entsprechenden Veränderungen in der Produktion durchgeführt werden. Die Methode mit den Maschinenattrappen ist nur ein Beispiel aus der Toyota-Praxis, wie Gegenmaßnahmen entwickelt werden können. Entscheidend ist es in Phase 5 des TBP-Prozesses, Gegenmaßnahmen unter möglichst realitätsnahen Bedingungen zu planen und zu testen, sodass Veränderungen in der echten Produktionsumgebung tatsächlich mit den prognostizierten Resultaten umgesetzt werden können.

In der Praxis genügt nur selten eine einzelne Maßnahme; in der Regel muss eine ganze Reihe von Gegenmaßnahmen entwickelt werden, um die Problemwurzel(n) zu beseitigen. In diesem Fall müssen potenzielle Gegenmaßnahmen in Abhängigkeit von ihrer Umsetzungsfähigkeit, ihrer Wirtschaftlichkeit und ihrem Beitrag zur Zielstellung priorisiert werden. Das Ergebnis ist ein inhaltlich abgestimmter und priorisierter Maßnahmenplan (vgl. Abb. 3.14).

Gegenmaßnahmen entwickeln:
- Die Problemwurzel(n) sollte(n) quantifizierbar und die Effekte einer Problemlösung vor ihrer Umsetzung prognostizierbar sein.
- Gegenmaßnahmen sollten möglichst immer unter realitätsnahen Bedingungen geplant und getestet werden.

Phase 6 des TBP: Gegenmaßnahmen durchführen

Phase 6 bedarf kaum einer ausführlichen Erläuterung. Sind die Problemursachen identifiziert und die Gegenmaßnahmen priorisiert und auf ihre Umsetzungsfähigkeit geprüft, bedarf es nur noch einer konsequenten Umsetzung der Gegenmaßnahmen. Je nach

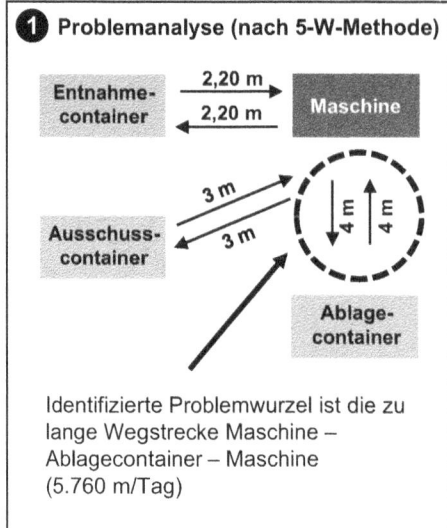

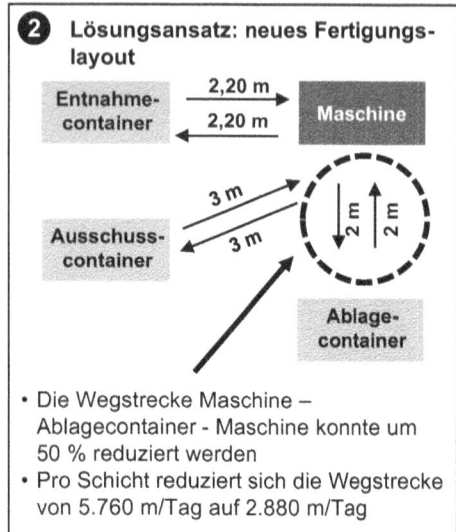

Abb. 3.14 Problemanalyse und Lösungsansatz

Umfang und Komplexität der Umsetzungsmaßnahmen ist selbstverständlich die Erstel-lung eines Umsetzungsplans zwingend erforderlich. Ob sich die prognostizierten Effekte einstellen und die Problemwurzeln tatsächlich beseitigt werden konnten, ist bereits Bestandteil von Phase 7.

Phase 7 des TBP: Ergebnisse und Prozesse überwachen
In Phase 7 folgt die Probe aufs Exempel. Stellen sich die gewünschten Ergebnisse in der Vorfertigung 2 ein, das heißt, kann unter kontinuierlicher Last mit einer Taktzeit von 25 s produziert werden? Nun müssen die Fakten belegen, ob die prognostizierten Werte ein-gehalten werden. Fakten liefert wieder die Wertstromanalyse. Der Analyst muss insbe-sondere den Abschnitt der Prozesskette beobachten, an dem die Problemwurzel beseitigt worden ist. Wichtig ist aber auch zu beobachten, wie sich die veränderten Prozessabläufe auf die gesamte Prozesskette auswirken. Stellen sich etwa neue, nicht vorhergesehene Störfaktoren ein? Ist es durch die ergriffenen Maßnahmen gelungen, dass der Wertstrom kontinuierlich fließt? Wie reagieren die Mitarbeiter auf die veränderten Abläufe? Ist der neue Arbeitsfluss so ausbalanciert, dass Mitarbeiter nicht unter- oder überfordert wer-den?

Wie bereits erwähnt, werden Toyota-Mitarbeiter angehalten, nur das Wesentliche zu kommunizieren. Das spiegelt sich insbesondere im Berichtswesen zur Überwachung von Ergebnissen und Prozessen wider. Alle relevanten Daten eines Prozesses werden auf einem standardisierten A3-Papierbogen zusammengefasst (vgl. Abb. 3.15). Jede Per-son, die Einblick in den A3-Bericht nimmt, muss sich innerhalb kürzester Zeit ein klares und objektives Bild über die Performance, die Stabilität und die bisherige Entwicklung

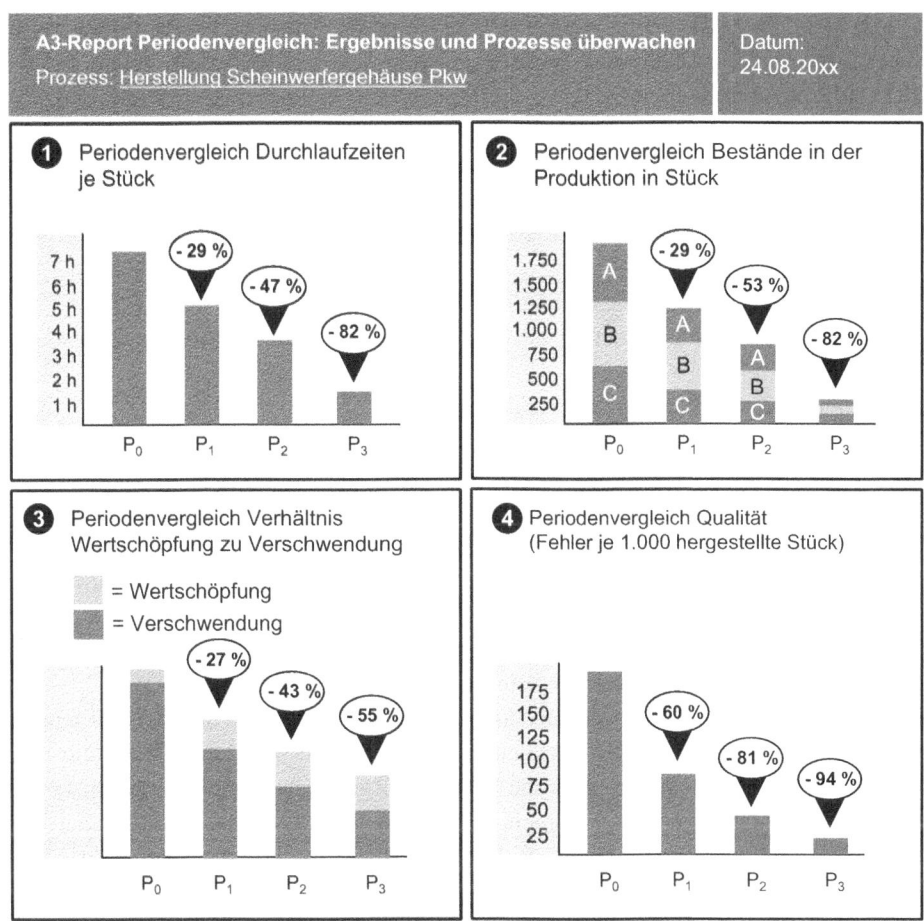

Abb. 3.15 A3-Report Periodenvergleich – Ergebnisse und Prozesse überwachen (schematische Darstellung)

des Prozesses machen können. Komplexe, sich ständig wandelnde Excel-Sheets oder überdimensionierte Berichtsformate sucht man bei Toyota vergebens. In der Regel sind die erfolgskritischen Indikatoren bei Toyota auf die Größen Durchlaufzeit, Verschwendung, Taktzeit und Qualität begrenzt. Grundsätzlich gilt es, bei der Ausgestaltung des A3-Berichts möglichst wenig Text zu verwenden und möglichst viele Schaubilder zu nutzen. Letztendlich ist es das Ziel der Phase 7, per Kennzahlen belegen zu können, ob die gesetzten Ziele erreicht werden. Werden sie nicht erreicht, muss wieder mit Phase 4 (Ursachen analysieren) begonnen werden, um die eigentlichen Problemursachen zu identifizieren.

Die A3-Berichte verschwinden bei Toyota nach Erstellung nicht in irgendeiner Schublade, sondern werden grundsätzlich jedermann zugänglich gemacht. Die Berichte werden zum Beispiel in einem Projektraum ausgestellt und dokumentieren so die Entwicklung

des jeweiligen Prozesses. Bei Toyota sind es nicht nur die Manager, die die Charts begut-
achten, sondern auch Mitarbeiter anderer Bereiche, die neugierig analysieren, wie die
Kollegen Probleme identifiziert und gelöst haben und wie eine Stabilisierung des Prozesses herbeigeführt werden konnte. Jeder Interessierte kann sich in kürzester Zeit über
den Fortschritt der Produktivität informieren. Die Charts sind eine exzellente Möglichkeit, Wissen zu teilen und an Erfahrungen zu partizipieren. Daher sind die ausgestellten
Berichte ein wichtiges Element einer lernenden Organisation.

Ergebnisse und Prozesse überwachen:
- Fakten, das heißt Kennzahlen, müssen belegen, ob sich die definierten Ziele einge-
  stellt haben.
- Kennzahlen liefert die Wertstromanalyse.
- Werden die gesetzten Ziele nicht erreicht, muss wieder in Phase 4 begonnen wer-
  den, die wahren Ursachen zu analysieren.
- Aufmerksam werden alle Veränderungen in der Prozesskette beobachtet.
- Ein A3-Report über die Entwicklung der Ergebnisse und Prozesse wird erstellt
  bzw. die bestehenden Reports werden fortgeschrieben und jedermann zugänglich
  gemacht.

Phase 8 des TBP: Prozesse standardisieren
An dieser Stelle könnte man denken, die Arbeit wäre getan. Die Störfaktoren wurden
identifiziert, die geeigneten Gegenmaßnahmen geplant und umgesetzt. Wenn die Indikatoren in Phase 7 bestätigen, dass die gesetzten Ziele sich eingestellt haben, könnte
doch eigentlich damit begonnen werden, den Zyklus des TBP-Prozesses mit einer weiteren Problemstellung neu zu beginnen. Weit gefehlt! Die größte Anstrengung des kontinuierlichen Verbesserungsprozesses ist es, die veränderten Prozesse stabil und frei von
Varianten in der Produktion zu etablieren. Das übergeordnete Ziel des Toyota-Produktionssystems, einen auf Dauer ausgeglichenen und kontinuierlich fließenden Wertstrom
herzustellen, ist ohne eine Standardisierung der Prozesse unmöglich.

▶   Man muss sich immer wieder bewusst machen, dass das schwächste Glied in
        der Prozesskette den Erfolg und die Leistung des Gesamtprozesses bestimmt.

Zugegeben, die beschriebene Situation in der Vorfertigung 2 ist ein simples Beispiel. In
der Praxis stellen sich weitaus komplexere Veränderungen ein. Beispielsweise bedeutet
die Umstellung von einem schiebenden auf ein ziehendes Produktionssystem enorme
Anstrengungen für alle Beteiligten. Oder ein Unternehmen ist durch Markteinflüsse
gezwungen, kontinuierlich in ganz kurzen Zyklen signifikante Produktivitätssteigerungen zu realisieren. Im Zuge derart radikaler Veränderungen müssen Mitarbeiter befähigt
werden, die neuen Prozesse sicher umzusetzen und in einen stabilen und hoch standardisierten Regelbetrieb zu überführen. Eine zwingende Voraussetzung für die Realisierung
standardisierter Prozesse ist eine belastbare und zielgerichtete Methode der Mitarbeiterschulung.

Toyota investiert sehr viel Zeit, um Mitarbeiter auf ihre Tätigkeiten in der Produktion vorzubereiten. Nichts wird dem Zufall überlassen. Jeder Handgriff muss sitzen und jegliche Variantenbildung ausgeschlossen sein. Toyota vertraut dabei einer Methode, die nach dem Krieg von den Amerikanern übernommen wurde (s. TWI-Programm im Folgekapitel).

Neben der Phase 4 (Ursachen analysieren) ist die Phase 8, *Prozesse standardisieren,* der zweite erfolgskritische Abschnitt des TBP-Prozesses. Sind in Phase 4 primär analytische Fähigkeiten und methodische Kompetenzen der Analysten und der Mitarbeiter in den betroffenen Bereichen ausschlaggebend, ist in Phase 8 ganz klar das Management gefordert. Denn es gilt, mit viel Ausdauer und Geduld die Rahmenbedingungen für wirklich funktionierende Prozessstandards zu schaffen.

Fazit

Ziel der Phase 8 ist es, eine Stabilität des gesamten zusammenhängenden Wertstroms unter Berücksichtigung der definierten Ziele zu erreichen.

Vielleicht ist hier eine passende Stelle, um das größte Missverständnis im Zusammenhang mit der Industrialisierung und insbesondere mit der Standardisierung von Prozessen aus dem Weg zu räumen. Viele Menschen glauben, dass die Prinzipien der Standardisierung jegliche Kreativität und jeden individuellen Freiraum rauben und Menschen austauschbar machen. Der Begriff der Standardisierung ist im Allgemeinen negativ belegt und erinnert an die Methoden von Frederick Taylor.

Teilt man solche Annahmen, drängt sich natürlich die Frage auf, warum Toyota für standardisierte Prozesse herausragende Mitarbeiter benötigt. Henry Ford hat in seinen Werkshallen, zumindest auf Arbeiterebene, bekanntermaßen keine herausragenden Mitarbeiter gebraucht.

> Der Versuch, den kontinuierlichen Verbesserungsprozess vor der Standardisierung der Abläufe durchzuführen, gleicht dem Vorhaben, ein Haus auf Treibsand zu bauen. Vielleicht gelingt es, das Haus fertigzustellen, aber es wird schnell versinken (Liker und Meier 2008a, S. 84).

Man muss sich in diesem Zusammenhang zunächst bewusst machen, dass die Schaffung von Standards und deren konsequente Einhaltung eine zwingende Voraussetzung für die kontinuierliche Verbesserung von Prozessen ist. Mitarbeiter, die – meist aus emotionalen Gründen – individuelle Freiräume bei Entscheidungen oder bei der Prozessgestaltung einfordern, berücksichtigen nicht, dass dies insbesondere in der Massenfertigung gravierende Störungen bei Nachfolgeprozessen nach sich ziehen kann. Im Grunde genommen muss es einfach selbstverständlich sein, einen Prozess konsequent nach definiertem Standard auszuführen, denn es gibt für jede Aufgabe nur eine korrekte Art der Ausführung. Und das ist die Ausführung, die zu den angestrebten Resultaten führt.

Auch sind für eine vorausschauende und möglichst zielgenaue Produktions- und Personalkapazitätsplanung standardisierte Prozesse unerlässlich. Nur wenn Prozesse und

deren Teilschritte exakt bemessen wurden und eine Variantenbildung weitgehend ausgeschlossen ist, sind zuverlässige Planungen möglich.

Sich mit Standards auseinanderzusetzen, bedeutet bei Toyota nicht nur, Standards auszuführen, sondern gleichermaßen, sich mit der Verbesserung von Standards zu beschäftigen. Unabdingbare Pflicht ist es aber, die Standards konsequent einzuhalten.

Nur wer die Standards im Detail kennt und beherrscht, ist auch in der Lage, sie substanziell zu verbessern. Beobachtet man bei Toyota die Mitarbeiter in der Produktion,
stellt man schnell fest, dass sie nicht nur darauf fokussiert sind, den Prozess gemäß definiertem Standard sorgfältig auszuführen, sondern auch aufmerksam jegliche Unstimmigkeiten im Arbeitsablauf registrieren. Erkennt der Arbeiter Fehler oder Qualitätsprobleme,
die nicht innerhalb der Taktzeit beseitigt werden können, ist er angehalten, mittels der
Andon-Leine (vgl. Wichert o. J.) das Fließband zu stoppen. Alle Aufmerksamkeit im
Prozess richtet sich nun auf das identifizierte Problem und dessen Lösung. Auch wenn
das abrupte Stoppen des Fließbands eine große Störung des Arbeitsflusses bedeutet: Für
Toyota ist es wichtiger, das Problem an der Stelle zu lösen, wo es aufgetreten ist. Denn
das Fließband weiterlaufen zu lassen und die Problemlösung zu verschieben, kann zur
Folge haben, dass das Problem weitere Fehler nach sich zieht. Um selbst kleinste Fehler und kleinste Qualitätsprobleme im Produktionsbetrieb erkennen zu können, müssen
Mitarbeiter sehr gut ausgebildet sein. Darüber hinaus sind Toyota-Arbeiter in ihrer Ausbildung darauf vorbereitet worden, an den Bändern Ideen und Anregungen für spätere
Prozessverbesserungen zu sammeln – anders als bei Henry Ford, wo nur wenige Privile-
gierte neue Standards festlegen durften und die Arbeiter de facto bei Prozessverbesserungen ausgeschlossen waren.

> Das Toyota-Produktionssystem ist darauf ausgerichtet, Probleme zu identifizieren und deut-
> lich hervorzuheben, während Toyotas Modell zur Mitarbeiterentwicklung darauf angelegt
> ist, engagierte Mitarbeiter hervorzubringen, die bereit und in der Lage sind, diese Probleme
> zu lösen (Liker und Meier 2008c, S. 51).

Mitarbeiter profitieren in besonderem Maße von Standards, denn wenn sie in der Lage
sind, Standards zu verbessern, sind sie im Unternehmen begehrte Experten und genießen
eine hohe Wertschätzung. Zudem produzieren unstetige Prozesse und ungeregelte Details
meist einen erheblichen Mehraufwand, der von der Belegschaft zusätzlich abgeleis-
tet werden muss. Das kostet nicht nur Geld, sondern ist auch nervenaufreibend, insbesondere bei unternehmenskritischen Prozessen. Funktionieren standardisierte Prozesse,
haben Mitarbeiter auch die Zeit, sich um wirklich wichtige Themen zu kümmern, statt
von Feuerwehreinsatz zu Feuerwehreinsatz zu eilen. Noch einmal: Vermeidbare Verschwendung ist mit einer Geringschätzung von Mitarbeitern gleichzusetzen, weil sich
Mitarbeiter mit der Verwaltung und Steuerung von Verschwendung beschäftigen müssen.
Das kann und darf nie Ziel des Managements und der Mitarbeiter sein.

Kreativ wirken bedeutet bei Toyota daher, kreativ an der Verbesserung von Standards
zu arbeiten und nicht etwa individuelle Freiheiten zu gewähren.

Unternehmen mit einem hohen Standardmengengeschäft, die nur über niedrige Prozessstandards verfügen, sind viel häufiger mit harten Cost-Cutting-Maßnahmen konfrontiert, weil sie nicht gelernt haben, durch kontinuierliche Prozessoptimierungen und hohe Standards ihre Produktivität zu steigern. Um Kosten zu senken, hat man dann meist nur den Hebel, pauschal an den Sachkosten anzusetzen und Zugeständnisse von Mitarbeitern einzufordern.

Unternehmenslenker betonen häufig, dass Mitarbeiter mit Abstand der wichtigste Faktor in ihren Unternehmen seien. Es ist bedauerlich, dass zielgerichtete Entwicklungsprogramme für Mitarbeiter trotzdem nur selten auf der Agenda des Managements stehen. Bei solchen Unternehmen toleriert das Management offenbar einfach die vorhandene Praxis. Ohne zielgerichtete und intensive Schulungsprogramme können jedoch keine Schlüsselkompetenzen vermittelt werden. Und ohne erfolgreich vermittelte Schlüsselkompetenzen ist die Entwicklung herausragender Mitarbeiter nicht möglich. Es ist ein Widerspruch in sich, von Mitarbeitern einerseits zuverlässige und stets gleichbleibende Ergebnisse zu erwarten und ihnen andererseits über weite Strecken nur undefinierte Methoden zu bieten.

In den vorherigen Kapiteln habe ich die wesentlichen Methoden des Toyota-Produktionssystems beschrieben. Methoden nützen aber nichts, wenn Mitarbeiter in ihrem Lernprozess in der Praxis nicht ausreichend unterstützt werden. Sie müssen lernen, Verschwendung regelrecht zu *sehen* und Maßnahmen zu deren Eliminierung zu beherrschen.

Viele Manager außerhalb von Toyota gehen davon aus, dass es genügt, mit den Methoden des Toyota-Produktionssystems umgehen zu können. Das ist ein gewaltiger Irrtum. Eine viel größere, aber nicht weniger wichtige Anstrengung ist es, ein zielgerichtetes Mitarbeiterentwicklungsprogramm zu implementieren, auf dessen Grundlage Prozessverbesserungen auch tatsächlich umgesetzt werden können. Daran scheitern die meisten Versuche, Prozesse in Unternehmen erfolgreich zu standardisieren.

Ich schenke dem Thema Standardisierung und Mitarbeiterentwicklung deshalb besonders viel Aufmerksamkeit und schildere im nachfolgenden Abschnitt (s. Abb. 3.3) ausführlich die Vorgehensweise und die Erfahrungen von Toyota im Rahmen des TWI-Konzepts.

3.2.5   Hat denn Toyota überhaupt keine Schwächen?

Nach so viel Anerkennung für seine außergewöhnlichen Leistungen muss sich Toyota der kritischen Frage stellen, ob sich das Unternehmen auch Schwächen leistet. In der Tat, in keinem Unternehmen der Welt wird die operative Exzellenz so perfekt betrieben wie bei Toyota. Und das ist auch zugleich die größte Schwäche des Unternehmens. Sie erinnern sich vielleicht daran, als ich beschrieben habe, wie sich der ehemalige CEO von Toyota, Katsuaki Watanabe, persönlich mit größter Leidenschaft darum kümmerte, selbst in jeder Schraube Verbesserungspotenzial zu suchen? Hat bei dem Weltkonzern Toyota etwa die operative Exzellenz einen höheren Stellenwert als die Unternehmensstrategie?

Und erinnern Sie sich an den Toyota-Grundsatz, jeden Kundenwunsch zu erfüllen und bestrebt zu sein, alle Modelle in allen Märkten anzubieten? Auch diese Unternehmensvision ist ein Indiz für eine strategische Schwäche, denn Strategieexperten propagieren, Kompromisse einzugehen und sich auf Kernkompetenzen zu konzentrieren, statt sich zu verzetteln.

Michael Porter hat dieses Phänomen untersucht und festgestellt, dass Toyota und auch viele andere japanische Unternehmen womöglich in eine Strategiefalle (vgl. Porter et al. 1996) laufen. Denn die Unternehmen zeigen die ausgeprägte Tendenz, möglichst viele Produkt- und Servicevarianten anzubieten sowie dieselben Vertriebskanäle wie die Konkurrenz zu bedienen. Auch sind die Produktions- und Marketingmethoden bei den meisten konkurrierenden japanischen Unternehmen einander sehr ähnlich. Es fehlt ganz offensichtlich die strategische Fähigkeit, sich wirksam von Mitbewerbern zu differenzieren. Stattdessen geraten viele Unternehmen mangels Differenzierung in einen ruinösen Wettbewerb. Michael Porter und seine japanischen Co-Autoren vermuten, dass die Gründe hierfür tief in der japanischen Kultur verwurzelt sind. In Japan herrscht eine Tradition des Dienens, die viele japanische Unternehmen dazu verleitet, Kunden möglichst jeden Wunsch zu erfüllen. Das verhindert eine klare Positionierung und führt dazu, dass diese Firmen letztlich allen Kunden alles bieten. Eine weitere kulturelle Hürde besteht darin, dass in Japan Entscheidungen konsensorientiert getroffen werden. Japaner neigen stark dazu, individuelle Unterschiede einzuebnen, statt sie zu betonen. Strategie bedeutet aber auch, harte Entscheidungen zu treffen. Toyota stemmt sich zwar gegen diese kulturelle Neigung (Sie erinnern sich? Mitarbeitern ist es erlaubt, Vorgesetzten zu widersprechen, sofern sie sich an gewisse Spielregeln halten), allerdings stellt sich die Frage, ob wirklich alle Toyota-Mitarbeiter hier über ihren Schatten springen können.

Ein untrügliches Indiz für eine strategische Schwäche von Toyota ist beispielsweise die 2010 erzielte Gewinnmarge von lediglich drei Prozent. Der Hauptwettbewerber im heimatlichen Markt, Honda, erzielte eine Gewinnmarge von sieben Prozent. Die Gewinnmarge geriet nicht etwa durch ineffiziente Abläufe oder durch Rückrufaktionen unter Druck, sondern im Wesentlichen durch die Standortpolitik des Konzerns. Toyota produzierte im Vergleich zu anderen Herstellern noch zu viele Fahrzeuge in Japan, die dann in die jeweiligen Zielmärkte exportiert wurden. Der anhaltend hohe Kurs der Heimatwährung Yen setzte so die Profitabilität mächtig unter Druck und vernichtete die Vorteile wieder, die durch exzellente und hocheffiziente Betriebsabläufe geschaffen wurden. Der Weltkonzern hatte es schlicht versäumt, sich rechtzeitig gegen Wechselkursrisiken abzusichern. Das war ein gravierender strategischer Fehler. Als Konsequenz aus dieser Entwicklung vollzog Toyota im März 2011, 18 Monate nach dem großen Rückrufdebäkel in den USA, eine wichtige Zäsur mit der Verkündung der neuen langfristigen Strategie, der Toyota Global Vision.

Im Mittelpunkt dieser neuen Strategie steht das Ziel, zehn Millionen Fahrzeuge abzusetzen. Diese Zahl war allerdings auch schon Gegenstand der alten Strategie. Wirklich neu ist, dass Toyota seine Zielmärkte neu priorisiert hat. Die Absatzmärkte in Schwellenländern sollen dieses ambitionierte Ziel realisieren. 50 % der Produktion sollen in diesen Regionen abgesetzt und auch dort produziert werden. Um auf die Bedürfnisse der Schwellenländer besser reagieren zu können, hat Toyota entschieden, Managern in ihren jeweiligen Märkten mehr Entscheidungsspielraum zuzugestehen. Toyota erwartet von dieser Entscheidung, lokale Kundenbedürfnisse besser erfüllen zu können. Konsequenzen hat dies für das etablierte japanische Top-Management in der Konzernzentrale, das deutlich ausgedünnt wurde. Durch umfangreiche Maßnahmen in den Regionen will Toyota sicherstellen, dass jedes Toyota-Automobil, egal, wo es hergestellt wird, den gleichen hohen Toyota-Qualitätsstandards entspricht.

Ich denke, Toyota hat die Notwendigkeit erkannt, sich intensiver mit seiner Strategie auseinanderzusetzen und sie permanent kritisch zu hinterfragen. Gelingt dies dem Unternehmen so gut, wie es operative Exzellenz beherrscht, steht Toyota eine glänzende Zukunft bevor.

Spricht man über Toyota, kommt man natürlich nicht an dem Thema der rutschenden Fußmatten und der defekten Gaspedale vorbei. Die US-Regierung beschuldigte Toyota 2010, technische Probleme an seinen Fahrzeugen nicht öffentlich gemacht zu haben und damit Verbraucher getäuscht und deren Leben gefährdet zu haben. Sogar tödliche Unfälle sollen in diesem Zusammenhang passiert sein, so der Vorwurf der Regierung.

Irgendwie klingt es wie ein Witz: Das System Toyota, das ein Synonym für Sicherheit, Qualität und Perfektion ist, scheitert an Fußmatten. Toyota musste in den USA regelrecht durch ein mediales Fegefeuer laufen. Das Unternehmen war mit dieser Situation völlig überfordert. Der tiefe Sturz in der Verbraucherstimmung, die Konfrontation mit der US-Verkehrsbehörde und der drohende Verlust der über Jahrzehnte mühsam erkämpften Marktstellung in den USA brachten Toyota in die schlimmste Krise seit dem Zweiten Weltkrieg. Später stellte sich heraus, dass fast alle Todesfälle, die in diesem Zusammenhang auftraten, auf Fehler der Fahrer zurückzuführen waren. Auch wurde deutlich, dass politisch motivierte Missgunst der US-Regierung und der amerikanischen Mitbewerber eine wesentliche Rolle gespielt hatte. Es ist nicht einfach, einerseits den Niedergang der eigenen Automobilindustrie und andererseits den beispiellosen Erfolg von Toyota im eigenen Land anschauen zu müssen. Diese Spannung entlud sich im genannten medialen Fegefeuer. Doch egal, wie man diese Situation betrachtet, Fakt ist, dass die Reputation von Toyota massiv beschädigt wurde.

Der Fall deckte aber auch auf, dass Toyota, unabhängig vom beschriebenen Fall der defekten Gaspedale und rutschenden Fußmatten, sehr verschwiegen im Umgang mit technischen Problemen war. So offen und offensiv Toyota intern mit Fehlern umging, so diskret verhielt man sich im Umgang mit Kunden bei technischen Problemen. Man befürchtete offenbar eine Beschädigung des makellosen Qualitätsimages. Toyota hat inzwischen gelernt, früher und offener auf technische Schwierigkeiten zu reagieren. Das zeigen die Rückrufaktionen in allen Märkten der Welt. In dieser Hinsicht hat sich bei Toyota also einiges verbessert.

Tendenziell neigen japanische Firmen dazu, Fehler eher zu verschweigen und unter den Teppich zu kehren, als frühzeitig über technische Schwierigkeiten zu informieren. Das ist der ostasiatischen Kultur geschuldet, in der man sich immer bemüht, das Gesicht zu wahren. Dieses Verhalten war zum Beispiel auch bei der Lkw-Sparte von Mitsubishi, Fuso, zu beobachten. Über Jahrzehnte hat Fuso Fehler an seinen Produkten systematisch vertuscht, selbst tödliche Verkehrsunfälle wurden verschwiegen. Im Grunde genommen machte Toyota hier keine Ausnahme.

3.3   Training within Industry (TWI) – das Toyota-Mitarbeiterentwicklungsprogramm

3.3.1   Einleitung

Seit über 60 Jahren ist das TWI-Konzept bei Toyota das wichtigste Instrument zur Wissensvermittlung. Es hat sich als außerordentlich wirksam bei der Vermittlung von Schlüsselkompetenzen erwiesen. In wesentlichen Teilen entspricht das Toyota-Mitarbeiterentwicklungsprogramm dem TWI-Konzept (TWI = Training within Industry; vgl. TWI Institut Deutschland o. J.), das während des Zweiten Weltkriegs in den USA im Auftrag der amerikanischen Regierung entwickelt wurde. Ziel dieses Konzepts war es, ungelernte Arbeiter möglichst schnell und sicher in Unternehmen der Rüstungsindustrie einzuarbeiten. Viele Fachkräfte hatten sich zum Militärdienst gemeldet, sodass in den Rüstungsbetrieben ein starker Mangel an fachlich gut ausgebildeten Mitarbeitern herrschte. Nach dem Krieg geriet diese geniale Idee leider in Vergessenheit. Kaum ein Unternehmen in den USA, auch nicht die Rüstungsindustrie, wandte das Konzept noch konsequent an. In Japan dagegen, insbesondere bei Toyota, sind die grundlegenden TWI-Elemente seit über 60 Jahren etabliert und bilden das Fundament des legendären Toyota-Schulungsprozesses. Auch die deutsche REFA-Methodenlehre (vgl. REFA o. J.), die beim Wiederaufbau der deutschen Industrie nach dem Zweiten Weltkrieg eine bedeutende Rolle spielte, lehnt sich in großen Teilen an das amerikanische Konzept an.

Obwohl sich das TWI-Trainingskonzept eigentlich auf eine ganz andere Zielgruppe richtete, nämlich auf ungelernte Arbeiter, stellte Toyota fest, dass dieses Konzept ideal dafür geeignet war, den eigenen Mitarbeitern komplexe Schlüsselkompetenzen zu vermitteln.

Sie werden erkennen, dass das TWI-Konzept, wie Toyota es betreibt, nichts mit tayloristischen Prinzipien zu tun hat. Das TWI-Konzept ist ein kontinuierlich andauernder Trainingsprozess, der Mitarbeiter wie Führungskräfte jeden Tag, jede Woche, jeden Monat und jedes Jahr begleitet. Das Training ist keine isolierte Aktivität, sondern eng mit den Arbeitsabläufen und -methoden verknüpft (vgl. Liker und Meier 2008c, S. 105). Das TWI-Konzept ist sozusagen für alle betroffenen Mitarbeiter ein stets gegenwärtiger Begleiter.

Sie erinnern sich an Toyotas wichtigste Anforderung an seine Führungskräfte? Führungskräfte müssen ihre Mitarbeiter befähigen können, Prozesse erfolgreich umzusetzen. Somit stehen insbesondere die Gruppenleiter als Verantwortliche für Teilprozesse im

Mittelpunkt des TWI-Konzepts, denn sie sind es, die die Mitarbeiter an der Basis steuern. Die Rolle des Gruppenleiters verändert sich mit dem Konzept grundlegend. Er muss sich als Arbeitsplatztrainer weiterqualifizieren und fortan erhebliche Zeit in die Planung, Durchführung, Begleitung und Nachbearbeitung der Trainings seiner Mitarbeiter investieren.

> ▶ Operative Exzellenz kann man nicht als Ganzes einkaufen. Sie muss sich im Rahmen eines dauerhaft angelegten Mitarbeiterentwicklungsprogramms kontinuierlich im Unternehmen entwickeln und reifen.

Sicher, für viele westliche Manager würde es eine enorme Umstellung bedeuten, die Rolle des Lehrers und Coachs einzunehmen. Aber es geht nicht primär darum, Produkte und Dienstleistungen zu entwickeln, sondern darum, hervorragende Mitarbeiter zu entwickeln. Gelingt es einem Unternehmen, systematisch und nachhaltig hervorragende Mitarbeiter hervorzubringen, so verfügt es über einen Hebel, dessen Wirksamkeit durch keine andere Maßnahme erreicht werden kann. Aber wie bereits geschildert müssen Führungskräfte dafür grundlegend umdenken und sich als Lehrer und Coach positionieren.

Sie sehen, das ist ein beschwerlicher Weg, der viel Überzeugungsarbeit und eine Abkehr von etablierten Abläufen verlangt. Aber einer Sache können Sie sich dabei sicher sein: Eine bessere langfristige Rendite als die, Mitarbeiter durch ein kontinuierliches, qualifiziertes Programm zu entwickeln, gibt es nicht. Der Erfolg stellt sich zwar erst mit Verzug ein, dann aber umso wirkungsvoller. Toyota wird dieser Erkenntnis unter anderem dadurch gerecht, dass der Leiter der Mitarbeiterentwicklung Mitglied des engsten Führungskreises des Konzerns ist und somit erheblichen Einfluss ausübt.

Im Hinblick auf sein Mitarbeiterentwicklungssystem stützt sich Toyota im Wesentlichen auf folgende Annahmen (vgl. Liker und Meier 2008d, S. 77):

- Mitarbeiter lernen über längere Zeitabschnitte und in kleinen Schritten, indem sie gecoacht werden und pro Lerneinheit stets einen überschaubaren Lernabschnitt bewältigen.
- Das Zusammenfügen der einzelnen Teilschritte zu einem Ganzen erfordert zusätzliche Zeit und erfolgt wiederum mit professioneller Begleitung des Mitarbeiters.
- Menschen lernen durch aktives Tun.
- Teilschritte zur effektiven Wissensvermittlung werden definiert und zu einem standardisierten Prozess zusammengefügt.
- Schulung und Training sind ein permanenter Begleitprozess, der auf Dauer nur funktionieren kann, wenn zwischen Mitarbeitern und Vorgesetzten eine vertrauensvolle Atmosphäre herrscht.
- Die wesentliche Aufgabe des direkten Vorgesetzten ist die systematische Weiterentwicklung seiner Mitarbeiter in seiner Rolle als Lehrer und Coach.
- Eine unumstößliche Annahme von Toyota ist es, dass Qualität und Produktivität Ergebnis dieses langfristigen Mitarbeiterentwicklungsprozesses sind.

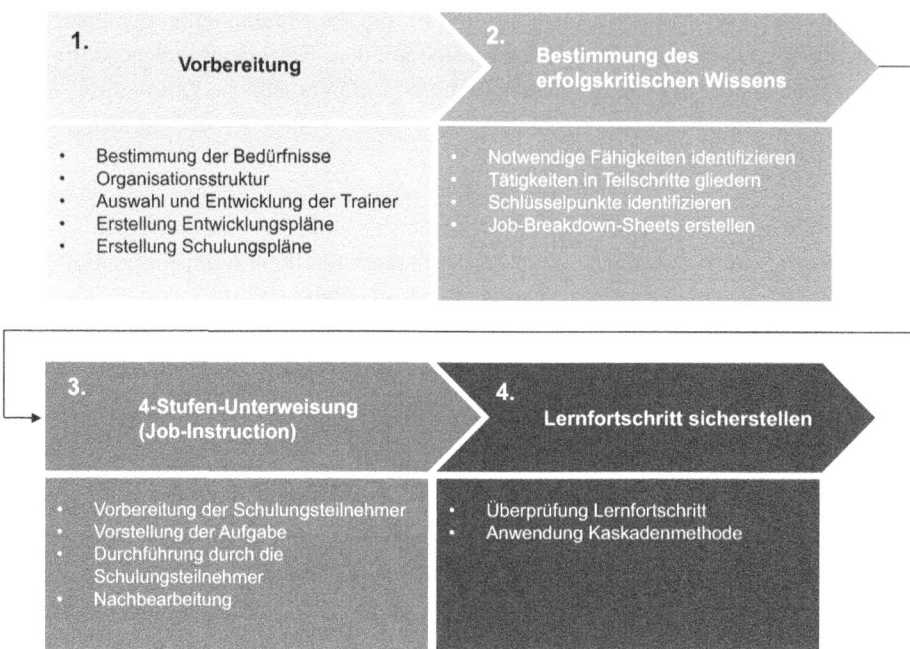

Abb. 3.16 Vier-Phasen-Modell des Toyota-Mitarbeiterentwicklungsprozesses in einer schemati-schen Darstellung. (vgl. Liker und Meier 2008d, S. 80)

Der Toyota-Mitarbeiterentwicklungsprozess ist in vier immer wiederkehrenden Unter-weisungsphasen unterteilt (vgl. Abb. 3.16).

Toyota kann nachweisen, dass Mitarbeiter, die nur einen verkürzten Schulungsprozess durchlaufen, in der Produktion früher oder später mit undefinierten Details konfrontiert werden und dadurch häufig in einen Kreislauf von Problemen, Feuerwehreinsätzen und langwierigen Nachbesserungen geraten. Das Management ist daher gut beraten, den Schulungsprozess mit ausreichenden Mitteln auszustatten.

Im Folgenden stelle ich Ihnen die vier Phasen im Einzelnen vor.

3.3.2 Vorbereitung

3.3.2.1 Bestimmung der Bedürfnisse der Organisation

Bevor der eigentliche Trainingsbetrieb aufgenommen werden kann, muss eine ganze Reihe von Maßnahmen durchgeführt werden. Es gilt zunächst, die individuellen Ziele, Erfordernisse und Rahmenbedingungen des betreffenden Prozesses und (ganz wich-tig) die der involvierten Mitarbeiter zu klären, um die Ziele des Schulungsprogramms bestimmen zu können. Im Zuge dieser Vorbereitung muss klar werden, welche Heraus-forderungen und Schwierigkeiten zu bewältigen sind.

Auch muss man sich vor Augen führen, dass die Methoden von Toyota wegen ihrer Intensität für die Mitarbeiter eine radikale Umstellung bedeuten. Ergo müssen Mitarbeiter über eine längere Zeit sehr eng gecoacht werden. Ein fataler Fehler wäre es, die betreffenden Mitarbeiter nach einer kurzen Schulungsphase sich selbst zu überlassen. Nach wie vor ist es aber gang und gäbe, Budgets für Training und Schulung knapp zu bemessen, sodass sich Mitarbeiter mehr oder weniger selbst in ihrem Arbeitsgebiet organisieren müssen. Auf einer solchen Basis ist eine standardisierte Produktion kaum möglich. Aus diesen Gründen ist es zwingend notwendig, die Mitarbeiterentwicklung in ein langfristiges und organisatorisch stabiles Umfeld zu betten.

3.3.2.2 Festlegung der Organisationsstruktur

Im nächsten Schritt muss sich das Management mit dem Aufbau einer passenden Organisationsstruktur für den Schulungsbetrieb beschäftigen. Größe und Struktur richten sich im Wesentlichen danach, wie viele Mitarbeiter betreut werden müssen. Es muss aber in jedem Einzelfall genau bestimmt werden, wie viele Trainerkapazitäten tatsächlich nötig sind. Steht das Unternehmen am Beginn radikaler Veränderungen, ist es ratsam, die Spanne zwischen Mitarbeitern und Arbeitsplatztrainern eher enger festzulegen. Es ist tunlichst zu vermeiden, alle Kernprozesse gleichzeitig in Angriff zu nehmen; man sollte behutsam vorgehen, Prozess für Prozess. So können Ressourcen geschont und Lerneffekte aus früheren Maßnahmen genutzt werden. Das ganze Unternehmen auf einen Schlag zu reorganisieren, wäre schon aus Kapazitätsgründen kaum machbar.

Bei der Konzeption der Organisationsstruktur und der Definition von Rollen und Verantwortlichkeiten ist darauf zu achten, dass die Aktivitäten zwischen der Schulungsabteilung und den Geschäftsbereichen eng verflochten sind. Grundsätzlich gilt selbstverständlich auch bei Toyota, dass die Ergebnisverantwortung stets beim Werksleiter, den Abteilungsleitern und den Gruppenleitern liegt. Die Schulungsabteilung unterstützt die Verantwortlichen der Geschäftsbereiche mit ihrem methodischen Know-how, trägt aber keine Ergebnisverantwortung. Insbesondere die Verantwortlichen für die Geschäftsbereiche profitieren von dieser engen Zusammenarbeit. Ohne zielgerichtete Unterstützung wären sie nur schwer in der Lage, die notwendigen Anstrengungen für die Entwicklung ihrer Mitarbeiter zu leisten und somit ihre operativen Ziele zu erfüllen.

Das Grundschema der Toyota-Schulungsorganisation ist wie folgt aufgebaut: An der Spitze der Organisation steht eine anerkannte und respektierte Persönlichkeit des Unternehmens. Als oberster Repräsentant der Mitarbeiterentwicklung ist er in erster Linie für die Konsistenz der Entwicklungsanstrengungen des gesamten Unternehmens verantwortlich. Er muss eine sichtbare und glaubwürdige Präsenz mit Vorbildfunktion haben. Lediglich einigen repräsentativen Pflichten nachzukommen, wäre absolut nicht ausreichend. Nur er kann den Führungskräften und Mitarbeitern glaubhaft vermitteln, wie wichtig standardisierte Prozesse für die Weiterentwicklung des Unternehmens sind. Beharrlich muss er sich bei jeder passenden Gelegenheit an die Mitarbeiter wenden, um die Notwendigkeit dieser Form der Mitarbeiterentwicklung und das Wirken jedes Einzelnen darin immer wieder bewusst zu machen. Darüber hinaus ist der Repräsentant dafür verantwortlich, erzielte Erfolge zu kommunizieren und dafür zu sorgen, dass ihnen die gebührende Wertschätzung zukommt.

Direkt an den Repräsentanten berichtet der Master-Trainer. Er leitet den Schulungsbereich eines Werks, einer Marke oder einer Region und verantwortet die Entwicklung der ihm zugeordneten Job-Instruction-Trainer sowie die Konsistenz der Entwicklungsanstrengungen seines Bereichs. Eine ganz besondere Rolle hat der Master-Trainer bei der Umsetzung strategischer Maßnahmen. Er trägt die Direktiven der Unternehmensspitze zur operativen Exzellenz in die Werke und Regionen und treibt die operative Umsetzung dieser Direktiven voran.

> Menschen brauchen Anregung und Herausforderung. Wenn sie durch fehlende Lernchancen nicht angemessen gefordert und stimuliert werden, fangen sie an, sich zu langweilen, und nehmen eine Haltung der Arbeitsvermeidung an (Liker und Meier 2008c, S. 85).

Eine Ebene tiefer in der Schulungshierarchie steht der Job-Instruction-Trainer. Er ist Ausbilder im Schulungsbereich und für die Betreuung von acht bis zehn Arbeitsplatztrainern zuständig. An erfolgreich weitergebildete Arbeitsplatztrainer vergibt er Job-Instruction-Zertifikate. Der Job-Instruction-Trainer hat immer einen vollständigen Kernprozess im Blick und unterstützt die dort eingesetzten Arbeitsplatztrainer mit praxisorientierten Beratungsleistungen und Methoden-Know-how. Somit trägt der Job-Instruction-Trainer durch seine Unterstützungsleistungen wesentlich zur Konsistenz der Entwicklungsanstrengungen eines Gesamtprozesses bei. Im Zuge des Trainings vermittelt er spezielles Know-how (Methodik, Verfahren, Didaktik), das die Arbeitsplatztrainer befähigt, einen Job-Breakdown durchzuführen. Unter Job-Breakdown versteht Toyota die Gliederung von Tätigkeiten für Schulungszwecke und die Identifikation von Schlüsselpunkten. Schlüsselpunkte sind die Tätigkeitsschritte, die wesentlich zur Erreichung der Prozessziele (Qualität, Kosten, Zeit, Sicherheit) beitragen. Neben der direkten Betreuung der Arbeitsplatztrainer berät der Job-Instruction-Trainer den Prozessverantwortlichen zu allen Fragestellungen der Mitarbeiterentwicklung seines Kernprozesses. Für den Prozessverantwortlichen erstellt der Job-Instruction-Trainer auch ein ganzheitliches Reporting über die Entwicklung des Gesamtprozesses sowie dessen aktuelle Leistungsfähigkeit und lotet Entwicklungspotenziale für Arbeitsplatztrainer und Prozessanwender aus. In dieses Reporting fließen auch Ergebnisse regelmäßig stattfindender Prozessaudits ein, für deren Planung und Durchführung er ebenfalls verantwortlich ist. Nicht nur professionelle analytische Fähigkeiten zeichnen den Job-Instruction-Trainer aus, sondern auch Kompetenzen in den Bereichen Wissenstransfer und Kommunikation.

Anders als der Job-Instruction-Trainer und der Master-Trainer sind die Arbeitsplatztrainer keine Mitarbeiter des Schulungsbereichs. Sie sind Gruppen- bzw. Teamleiter mit Linienverantwortung und haben sich durch ein erfolgreiches Job-Instruction-Training qualifiziert, ihre acht bis zehn Mitarbeiter (Prozessanwender) im Rahmen des Toyota-Mitarbeiterentwicklungsprozesses zu unterweisen (vgl. Abb. 3.17).

Schulungs-verantwortung	Prozess-verantwortung	Rolle und Aufgaben
Oberster Repräsentant		• Vertreter des Top-Managements, z. B. der Personaldirektor • Gesamtverantwortlich für die Mitarbeiterentwicklung im Unternehmen • Verantwortlich für die Kommunikation im Bereich der Mitarbeiter-entwicklung
	Werksleiter	• Verantwortlich für ein Werk, eine Marke oder eine Region • Disziplinarische Führung der Prozessverantwortlichen
Master-Trainer		• Leiter des Schulungsbereichs • Stellt die Konsistenz der Entwicklungsanstrengungen des Unternehmens, einer Marke, eines Werks oder einer Region sicher • Verantwortlich für Ausbildung und Entwicklung der Job-Instruction-Trainer • Berät und unterstützt den Leiter eines Werks, einer Marke oder einer Region
	Prozess-verantwortlicher	• Verantwortlich für einen Kernprozess oder ein Produkt • Berichtet an den Werksleiter • Verantwortlich für die Ausbildung und Entwicklung seiner Teilprozessverantwortlichen
Job-Instruction-Trainer		• Berichtet an den Master-Trainer • Unterstützt die Entwicklung von ca. 8 bis 10 Arbeitsplatztrainern • Stellt die Konsistenz der Entwicklungsanstrengungen eines End-to-End-Prozesses sicher (in unterstützender Funktion) • Vergibt Job-Instruction-Zertifikate • Berät und unterstützt den Prozessverantwortlichen
	Teilprozessver-antwortlicher Arbeitsplatz-trainer	• Berichtet an den Prozessverantwortlichen • Verantwortlich für einen Teilprozess • Hat erfolgreich ein Job-Instruction-Zertifikat erworben • Verantwortlich für die Entwicklung seiner ca. 8 bis 10 Mitarbeiter (Prozessanwender)
	Prozess-anwender Mitarbeiter	• Berichtet an Teilprozessverantwortlichen • Mitarbeiter in Arbeitsgruppe • Erfolgreich absolviertes Job-Instruction-Training ist Voraussetzung für den Einsatz in der Produktion

Abb. 3.17 Wesentliche Aufgaben der Trainer und der Ergebnis-/Prozessverantwortlichen in engem Zusammenspiel im Rahmen der Mitarbeiterentwicklung (vereinfachte Hierarchiedarstellung)

Der Arbeitsplatztrainer ist ein in hohem Maße erfolgskritischer Teil des Systems, weil er die Mitarbeiter an den Arbeitsplätzen steuert, also dort, wo die eigentlichen Produktionstätigkeiten geleistet werden. Steuerung bedeutet in diesem Fall, genau zu überwachen, ob sich die Mitarbeiter an die exakte Ausführung der definierten Prozessstandards halten. Aber nicht die Überwachung an sich gehört zum Kern seiner Aufgaben, sondern das Coaching und die Sensibilisierung seiner Mitarbeiter, Tätigkeiten sorgfältig gemäß den Standards auszuführen. Seine Ausbildung qualifiziert ihn zur Durchführung von Job-Breakdowns, der Erstellung von Schulungsunterlagen und der Durchführung von Schulungen. Der Arbeitsplatztrainer registriert ganz genau, wo es Defizite und Probleme im Hinblick auf die Ziele in seinem Verantwortungsbereich gibt, und leitet Maßnahmen ab, um mit geeigneten Mitteln gegenzusteuern. Ferner ist er für die Organisation und Steuerung des Qualitätszirkels seines Teilprozesses verantwortlich. Funktioniert diese Führungsaufgabe an der Basis nicht oder teilweise nicht, ist es kaum möglich, funktionierende Prozessstandards einzuführen oder gar aufrechtzuerhalten. Aus diesem Grund macht es kaum Sinn, diese Aufgabe Trainern aus den Schulungsabteilungen zu überlassen, weil sie nicht über die zwingend notwendige Praxisnähe und Fachlichkeit verfügen. Im Prinzip spricht nichts dagegen, auch verdiente und sehr erfahrene Mitarbeiter, die keine Leitungsfunktion ausüben, als Arbeitsplatztrainer in das Trainingskonzept einzubinden. Das gilt insbesondere dann, wenn ein hoher Bedarf an Trainern notwendig ist. Der Verantwortungsbereich des Arbeitsplatztrainers erstreckt sich in der Regel auf einen Teilprozess, zum Beispiel die Montage oder die Qualitätssicherung eines Produkts.

3.3.2.3 Auswahl und Entwicklung der Trainer

Was sich bei Toyota über viele Jahrzehnte fast perfekt eingespielt hat, stellt Unternehmen, die eine vergleichbare Mitarbeiterentwicklung implementieren wollen, vor große Herausforderungen. Welche Mitarbeiter sind zum Beispiel fachlich und persönlich für die Trainerrolle geeignet? Einerseits sind dazu natürliche Fähigkeiten nötig, zum Beispiel, wie lernfähig, anpassungsfähig und flexibel, aber auch wie geduldig ein Kandidat ist. Auch Beharrlichkeit und ein ausgeprägtes Verantwortungsgefühl spielen eine große Rolle. Andererseits gibt eine ganze Reihe von Fähigkeiten, die erlernt werden können. Dazu zählen das Wissen über die zu vermittelnde Aufgabe, Respekt und selbstverständlich die Fähigkeit zur Beobachtung und Analyse.

Nicht jeder Leistungsträger ist auch ein guter Trainer. Im Umkehrschluss kann es gut möglich sein, dass bislang weniger leistungsfähige Mitarbeiter über ausgezeichnete didaktische Fähigkeiten verfügen und die besten Voraussetzungen als Coach mitbringen. Es obliegt dem Fingerspitzengefühl und der Sensibilität des Managements, im Eignungsprüfungsprozess Mitarbeitern die richtige Trainerrolle anzubieten. Zeigen sich Defizite, müssen entsprechende Ausbildungsmaßnahmen ergriffen werden.

3.3.2.4 Erstellung von Entwicklungs- und Schulungsplänen

Eine weitere wichtige Aufgabe in der Initialisierungsphase ist es, für alle betroffenen Mitarbeiter Entwicklungspläne zu erstellen. Die TWI-Methodik und die Methoden des

Toyota-Produktionssystems bieten eine Fülle neuer Perspektiven für Mitarbeiter. Es gibt Menschen, die über außerordentliche analytische Fähigkeiten verfügen. Sie untersuchen mit großer Leidenschaft komplexe Problemstellungen und entwickeln kreative und zielgerichtete Lösungsansätze. Zugleich sind diese Menschen aber nicht unbedingt in der Lage, die entwickelten Lösungsansätze in einen belastbaren und standardisierten Produktionsbetrieb zu überführen. Selbstverständlich gilt das auch in umgekehrter Richtung: Menschen mit ausgeprägten praxisbezogenen Talenten sind nicht automatisch gute Analysten. Die Entwicklungsgespräche und -pläne haben das Ziel, Talente von Mitarbeitern zu erkennen und systematisch zu fördern. Jeder Mitarbeiter soll gezielt nach seinen Talenten und seinem Entwicklungspotenzial im Unternehmen eingesetzt werden können. Man darf aber nie aus den Augen verlieren, dass sich die Entwicklung der Mitarbeiter strikt an den Zielstellungen des Unternehmens orientieren muss.

Bei Toyota ist zu beobachten, dass Mitarbeiter im Vergleich zu Mitarbeitern anderer Automobilhersteller häufiger ihre Position innerhalb des Unternehmens wechseln. Das ist unter anderem ein Ergebnis des Mitarbeiterentwicklungsprozesses. In jeder neuen Position erlernen Mitarbeiter neue Fertigkeiten und bringen diese in ihre neuen Aufgaben ein. Sicher stellt diese erhöhte Fluktuation Führungskräfte schon mal vor Probleme, gerade dann, wenn Leistungsträger wechseln. Für das Unternehmen als Ganzes bedeutet der häufige interne Wechsel aber einen außerordentlichen Entwicklungsfortschritt. Wissen wird dadurch schneller im Unternehmen verteilt und durch die Kombination verschiedener erlernter Fertigkeiten können Probleme schneller identifiziert und Lösungen schneller umgesetzt werden. Neben dem reinen Leistungs- und Entwicklungsnutzen für das Unternehmen hat eine erhöhte Fluktuation auch den Vorteil, dass sich keine Seilschaften bilden. Es ist organisationspsychologisch bewiesen, dass Teams, die lange und erfolgreich zusammenarbeiten, sich im Laufe der Zeit von anderen Teams abschotten. Dieses Phänomen beobachten Organisationspsychologen in allen Kulturkreisen und Organisationen. Ein solches Abschotten kann erhebliche Probleme in der Produktion nach sich ziehen.

Nachdem die Entwicklungspläne erstellt worden sind, konzipiert die Schulungsabteilung gemeinsam mit den Führungskräften darauf abgestimmte Schulungspläne. Die Führungskräfte müssen dafür Sorge tragen, dass die Schulungen ihrer Mitarbeiter gemäß Planung zügig absolviert werden. Auch obliegt es den Führungskräften in ihrer Funktion als Arbeitsplatztrainer, die erlernten Fertigkeiten nahtlos in den täglichen Arbeitsablauf zu integrieren. Im Zuge von Erfolgskontrollen prüfen die Arbeitsplatztrainer gemeinsam mit dem Job-Instruction-Trainer, ob die durchgeführten Trainingsmaßnahmen ihren Zweck erfüllt haben, das heißt, ob sich die gewünschten Schlüsselkompetenzen nach Plan entwickeln und der Wertstrom kontinuierlich an Gleichmäßigkeit gewinnt. Auch müssen Arbeitsplatz- und Job-Instruction-Trainer aufmerksam beobachten, ob sich das Arbeitsumfeld der Mitarbeiter zunehmend stabilisiert und ob sich letztendlich die Prozessstandardisierung planmäßig entwickelt.

Vorgesetzte beweisen ihr Engagement, indem sie Schulungspläne erstellen, regelmäßig die Fortschritte messen und Orientierung über spezifische Entwicklungsziele geben. Die Haltung eines Vorgesetzten sollte sein: Was kann ich tun, damit meine Mitarbeiter ihre Ziele erreichen? Die Weiterentwicklung eines Mitarbeiters sollte im Einklang mit den Bedürfnissen des Unternehmens stehen und der Vorgesetzte muss die Richtung vorgeben (Liker und Meier 2008c, S. 251).

3.3.3   Bestimmung des erfolgskritischen Wissens

3.3.3.1 Notwendige Fertigkeiten kennen

Ein entscheidendes Ergebnis der TWI-Methodenlehre besteht darin, die richtigen Schulungs- und Entwicklungsmaßnahmen zu ermitteln. Bevor dies in Angriff genommen werden kann, muss man das erfolgskritische Wissen des betreffenden Prozesses kennen. Es ist allerdings wenig sinnvoll, dieses Wissen gleich in einem ersten Schritt direkt zu ermitteln, weil man in Anbetracht einer schier unüberschaubaren Anzahl von einzelnen Tätigkeitsschritten leicht den Blick für das Wesentliche verlieren kann. Es ist daher zunächst einmal wichtig, den gesamten Prozess aus Helikoptersicht zu betrachten und zu verstehen, welche Tätigkeitsprofile in dem betreffenden Prozess zusammenwirken, denn unterschiedliche Tätigkeitsarten erfordern unterschiedliche Ansätze zur Mitarbeiterentwicklung. Erst danach kann damit begonnen werden, sich über die konkreten Schulungs- und Entwicklungsinhalte Gedanken zu machen. Daher steht am Beginn dieser Phase die Aufgabe, die verschiedenen Tätigkeiten zu kategorisieren, um die charakteristische Tätigkeitsstruktur des betreffenden Prozesses zu ermitteln. Hierfür eignet sich das einfache Perrow-Modell prinzipiell recht gut (vgl. Abb. 3.18). Durch das Perrow-Modell wird auch klar ersichtlich, ob der Prozess grundsätzlich die Voraussetzungen für eine hoch standardisierte, industrialisierte Fertigung erfüllt, das heißt einen hohen Anteil repetitiver Tätigkeiten aufweist. Das Perrow-Modell differenziert zwischen vier verschiedenen Tätigkeitsarten:

Repetitive Arbeit
Hierunter fallen zum Beispiel die klassischen Aufgaben an den Fließbändern, das heißt die Verrichtung gleicher, immer wiederkehrender Tätigkeiten. Das Merkmal repetitiver Tätigkeiten ist die Kombination niedriger Aufgabenvielfalt mit hoher Analysierbarkeit. Generell kann man sagen, dass die Wissensintensität der Prozesse gering, in technischen Einrichtungen verankert und von einem hohen Wiederholungsgrad geprägt ist. Im Normalfall passt die Prozessdokumentation einer repetitiven Tätigkeit auf ein DIN-A4-Blatt. Trotz der hochgradig mechanischen Struktur dieser Tätigkeitsart sind Toyota-Mitarbeiter aus diesem Tätigkeitsbereich in hohem Maße gefordert, denn sie müssen bei niedrigen Taktzeiten die anspruchsvollen Toyota-Qualitätsstandards erfüllen. Es ist ein Irrglaube, dass repetitive Arbeit stumpfsinnig ist, denn sie muss unter Zeitdruck hoch konzentriert und gewissenhaft verrichtet werden. Darüber hinaus sind die Mitarbeiter aufgefordert, sorgfältig alle Ineffizienzen im Prozess zu registrieren, und leisten somit einen wichtigen Beitrag zu Prozessverbesserungen.

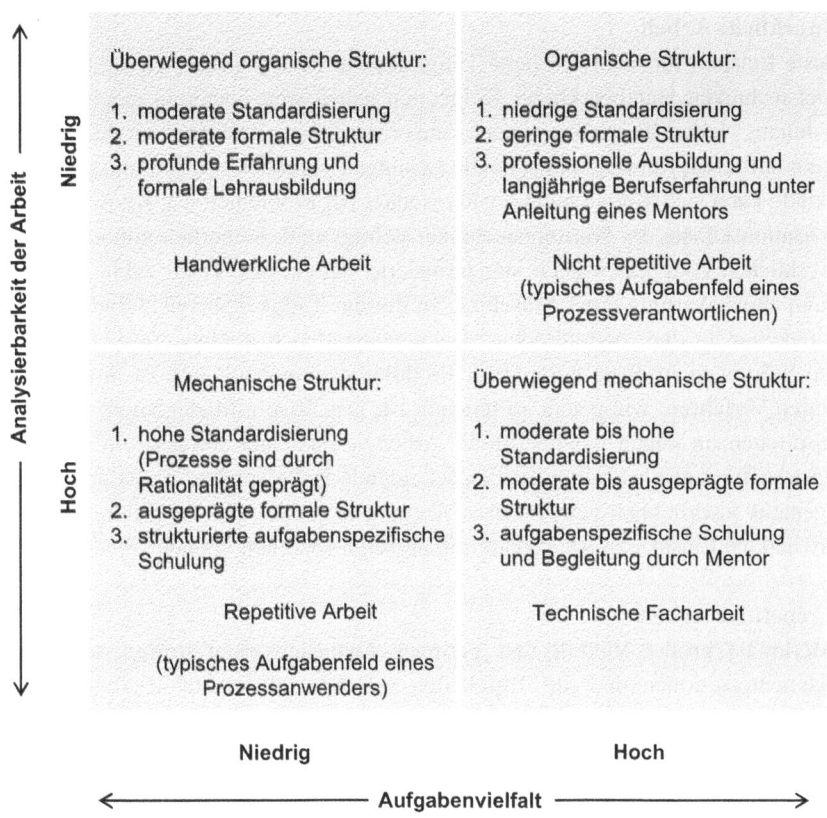

Abb. 3.18 Klassifizierung unterschiedlicher Tätigkeiten in einem Prozess. (Quelle: Perrow 1967, S. 194–208)

Technische Facharbeit

Bei repetitiven Tätigkeiten können Mitarbeiter relativ schnell ausgebildet und produktiv eingesetzt werden. Im Tätigkeitsfeld der technischen Facharbeit dagegen sind manchmal viele Jahre Training notwendig, bis Mitarbeiter alle geforderten Aufgaben tatsächlich beherrschen. Beispielsweise ist die Analysierbarkeit der Aufgaben von Experten in der Qualitätssicherung zwar sehr hoch, allerdings ist das Spektrum der Aufgabenvielfalt sehr breit.

Trotz umfassender Hilfestellungen wie Checklisten und Prozessdokumentationen verlangt es Spürsinn, Talent und viel Erfahrung, versteckte Qualitätsmängel und deren Ursachen aufzuspüren. Die Inhalte der jeweiligen Tätigkeitsabschnitte sind zwar hoch standardisiert, aber anders als bei rein repetitiven Tätigkeiten kann sich die Reihenfolge der Tätigkeitsabschnitte von Fall zu Fall ändern. Der Einwand, technische Facharbeit ließe sich nicht standardisieren, gilt daher nur für die Abfolge der Tätigkeitsabschnitte, keinesfalls aber für die Tätigkeiten an sich.

Handwerkliche Arbeit

Das beste Beispiel für handwerkliche Tätigkeiten in den Autofabriken sind die Jobs der Wartungstechniker. Handwerkliche Tätigkeiten gehen weit über rein mechanische Aufgaben hinaus. Jeden Tag können neue, unvorhersehbare Probleme an Maschinen und Robotern auftreten, für die dann schnelle Lösungen gefunden werden müssen. Produktionsausfälle kann sich Toyota nicht leisten, sodass bei Problemen das Know-how und die Improvisationskünste der Wartungstechniker gefragt sind. Sicherlich gibt es im Feld der handwerklichen Aktivitäten auch standardisierte Tätigkeiten. Dazu zählt zum Beispiel die planmäßige Wartung einer Maschine. In diesem Tätigkeitsbereich sind alle relevanten Tätigkeiten in dem betreffenden Maschinenhandbuch dokumentiert. Für unvorhersehbare Störungen in einer komplexen Produktionsumgebung gibt es allerdings keine definierten Verfahren, wie genau zu handeln ist. Das Toyota-Management weiß, dass in Organisationen, in denen handwerkliche Arbeiten verrichtet werden, ein reibungsloser Wissenstransfer und Flexibilität eine entscheidende Rolle spielen. Es ist außerdem vom Management ausdrücklich gewollt, dass Wartungstechniker experimentieren und sich so auf ihre heiklen Einsätze in der Produktion besser vorbereiten können.

Nicht repetitive Arbeit

Die Merkmale großer Vielfalt und geringer Analysierbarkeit treffen vor allem auf Managementpositionen und die Tätigkeiten von Spezialisten zu. Ziele können nicht durch die strikte Befolgung von Prozessdokumentationen und allgemeinen Regeln erreicht werden. Komplexe Problemlösungsprozesse, gepaart mit hoher Wissensintensität, sind eben nicht standardisierbar. Dieser Kreis von Mitarbeitern muss ständig neue, komplexe Sachverhalte analysieren und kreative Lösungen finden und darf dabei nie die Ziele aus den Augen verlieren, auf die man hinarbeitet. Zusätzlich müssen insbesondere Führungskräfte über eine ausgeprägte soziale Kompetenz und über Motivationsfähigkeit verfügen, weil komplexe Lösungen nicht nur kommuniziert, sondern auch umgesetzt werden müssen. Wie bei handwerklichen Tätigkeiten ist es geboten, Führungskräften und Spezialisten große Freiheitsgrade zu gewähren, weil viele Situationen unvorhersehbar sind und häufig auch unkonventionelle Wege eingeschlagen werden müssen. Freiheit ist selbstverständlich nicht mit bedingungsloser Freiheit gleichzusetzen. Für alle Mitarbeiter, die nicht repetitive Arbeit ausführen, gilt gleichermaßen, dass das zu erreichende Ziel exakt beschrieben ist. Beispielsweise genießt ein Entwicklungsingenieur außergewöhnliche Freiheiten bei der Entwicklung eines neuen Antriebsaggregats. Allerdings sind die Zielstellungen wie Zeitpunkt der Serienreife, Vorgaben für den Verbrauch, Kosten und spezielle Eigenschaften des zu entwickelnden Produkts ganz genau spezifiziert. Erst nach vielen Jahren Praxiserfahrung und unzähligen Trainings bei kontinuierlicher Begleitung durch einen Mentor überträgt Toyota anspruchsvolle Aufgaben an seine Führungskräfte und Spezialisten. Ein Hochschulstudium ist in der Regel Voraussetzung für die Bearbeitung solcher Aufgaben. Es wird immer wieder die Frage aufgeworfen, ob komplexe Problemlösungsprozesse, mit denen Manager und Spezialisten jeden Tag konfrontiert sind, messbar sind. Die Messbarkeit von Prozessen wird in aller Regel mit

Tätigkeiten in Verbindung gebracht, die standardisierbar sind. Problemlösungsprozesse und komplexe Interaktionsprozesse entziehen sich aber jeglicher Standardisierung. Wie stellt Toyota dann sicher, dass sich seine nicht standardisierbaren Prozesse kontinuierlich weiterentwickeln? Das ist sicher keine einfache Aufgabe. Transparenz und Messbarkeit mittels eines dichten Kennzahlengeflechts herzustellen, ist in diesem Fall nicht möglich. Der Lösungsansatz von Toyota besteht darin, Inhalte und Vorgehensweise des Coachings und Mentorings für alle Manager und Spezialisten sowie die Art und Weise, wie diese Inhalte vermittelt werden, möglichst gleichartig zu gestalten. Anhand festgelegter Kriterien wird kontinuierlich geprüft, wie sich diese Problemlösungsprozesse in der Praxis bewähren. Ein wichtiges Kriterium ist, festzustellen, ob sich die gesetzten strategischen Ziele mittels der einstudierten Managementprozesse erfüllt haben. Zeigen sich in der Praxis Schwächen, so wird gezielt nach Verbesserungen gesucht und die Methoden des Coachings werden entsprechend korrigiert. Diese einstudierten Problemlösungs- und Interaktionsprozesse können allerdings nur die Basis für das Handeln von Managern und Spezialisten darstellen. Steht ein Toyota-Manager vor einer schwierigen Entscheidung, wendet er die erlernten Problemlösungsprozesse an, aber – und das ist viel wichtiger – er wägt ab, ob seine Entscheidung mit der Werteordnung von Toyota konform ist. Durch diese Vorgehensweise kann Toyota relativ sicher sein, dass wichtige Entscheidungen immer sorgfältig abgewogen und im Sinne von Toyota getroffen werden.

3.3.3.2 Schlüsselpunkte identifizieren

Ich komme jetzt auf den entscheidenden Punkt des TWI-Konzepts zu sprechen. Dieser besteht in der Identifikation der erfolgskritischen Schritte des Arbeitsprozesses bzw. der Bestimmung einer Serie von Aktivitäten, die in einer bestimmten Reihenfolge und auf eine bestimmte Art und Weise ausgeführt werden müssen (vgl. Liker und Meier 2008c, S. 186). Ziel ist es, zu beschreiben, was getan wird, und zwar weder zu weit gefasst noch zu spezifisch (vgl. Abb. 3.19).

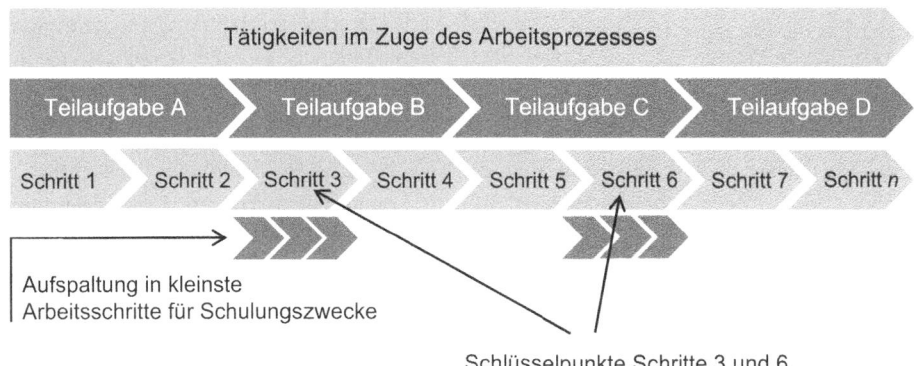

Abb. 3.19 Schematische Darstellung der Gliederung einer Tätigkeit für Schulungszwecke (Job-Breakdown)

Dabei geht es noch nicht darum, wie die Arbeit gemacht werden soll, sondern darum, die Schlüsselpunkte im Arbeitsprozess zu identifizieren. Schlüsselpunkte sind Aspekte, die die Sicherheit der Arbeiter, die Produktqualität, die Produktivität und die Kostenkontrolle betreffen. Bei den Schlüsselpunkten handelt sich um spezielle Techniken zur Erfüllung dieser Kriterien, die eine zwingende Voraussetzung für die erfolgreiche Ausführung der Arbeit sind. Die besondere Herausforderung für die Trainer und für alle Beteiligten liegt darin, auf Basis der Analyseergebnisse des Toyota-Produktionssystems die Arbeitsabläufe neu zu organisieren und in Form eines effektiven Schulungsprogramms so zu gestalten, dass die ambitionierten und klar definierten Prozessziele (wie Produktivität, Verschwendungsreduktion, Kosten, Durchlaufzeiten und -strecken) zielgenau erreicht werden können.

Es wäre falsch, eine klassische Prozessdokumentation als Grundlage für das Mitarbeitertraining zu verwenden. Denn aus ihr geht zum einen nicht unbedingt hervor, welche Prozessschritte in den Arbeitsabläufen tatsächlich erfolgskritisch sind. Zum anderen müssen die Tätigkeitsschritte für Schulungszwecke im Sinne einer effektiven Wissensvermittlung viel detaillierter beschrieben werden als für die Tätigkeiten in der Produktion. Ungeklärte Details im Training hinterlassen später in der Produktion einen enormen Spielraum für Variationen. Damit dies ausgeschlossen werden kann, verwenden Toyota-Trainer sehr viel Zeit, um jeden dieser erfolgskritischen Schritte im Detail zu demonstrieren und somit die Schulungsteilnehmer zu befähigen, diese Schritte optimal und einheitlich auszuführen. Dabei ist es absolut entscheidend, die Schulungsteilnehmer nicht mit einer Flut von Informationen zu überfordern. Mitarbeiter lernen am besten über längere Zeitabschnitte und in kleinen Schritten, indem sie kontinuierlich gecoacht werden und pro Lerneinheit jeweils einen überschaubaren Lernabschnitt bewältigen. Neben der richtigen Ausführung der jeweiligen Arbeitsschritte hat das Training auch das Ziel, dass die Arbeitsschritte flüssig und gleichmäßig ausgeführt werden können.

Toyota bezeichnet die Gliederung von Tätigkeiten für Schulungszwecke, wie bereits erwähnt, als Job-Breakdown. Das Job-Breakdown-Sheet bildet die zentrale Trainingsdokumentation. Dieses Sheet in der Produktion anzuwenden, wäre wenig sinnvoll, weil im Betrieb bereits jeder Handgriff perfekt sitzen muss und sich daher die Beschreibung der Arbeitsabläufe auf das Wesentliche beschränken sollte. Für diesen Zweck ist das schlanke und einfach aufgebaute Standardization-Worksheet viel geeigneter. Das Standardization-Worksheet kann man als ein verkürztes Job-Breakdown-Sheet verstehen.

Im Job-Breakdown-Sheet beschreiben die Trainer nicht nur, welche Arbeitsschritte in welcher Reihenfolge verrichtet werden müssen, sondern liefern auch die Begründung, warum diese Arbeitsschritte genauso umgesetzt werden müssen (vgl. Abb. 3.20).

Die Trainer haben im Zuge des Job-Breakdowns immer im Auge, Barrieren zu vermeiden, um einen flüssigen Arbeitsverlauf herstellen zu können. Bei Toyota sind im Trainingsprozess 80 % der investierten Zeit auf die erfolgskritischen Prozessschritte (Schlüsselpunkte) konzentriert. Etwa 20 % der Prozessschritte sind erfolgskritisch; bei ihnen sind keinerlei Abweichungen vom definierten Standard erlaubt.

Job-Breakdown-Sheet | Datum: 24.08.20xx | Arbeitsplatztrainer: U. Reichold | Job-Instruction-Trainer: F. Müller

Prozess: Spritzgussgießen Scheinwerfergehäuse | Ausgefüllt von: U. Reichold

Tätigkeit: Herauslösen des Produkts aus Form

Prozessschritte:	Schlüsselpunkte:	Begründung:
	Schlüsselpunkte: - Sicherheit: Vermeidung von Gefahren - Qualität: Mangelvermeidung, Standards - Ausführung: effiziente, flüssige Bewegung - Kosten: optimale Materialverwertung	
1 Rechte Seite des Gehäuses an markierter Stelle aus der Form lösen	1. Gehäuseteil 3 cm nach oben biegen und aus Form herauslösen 2. Nach Herausziehen das Gehäuse herunterziehen	1. Einfach und sicher greifen 2. Größere Biegung verursacht Knickstelle 3. Löst Gehäuse aus der Gussform
2 Innenteil entformen	1. Mit der linken Hand mittig herunterdrücken 2. Den rechten Arm dabei ausgestreckt halten	1. Löst den mittleren Teil des Gehäuses 2. Das Ziehen zur Mitte verursacht einen Knick
3 Linke Seite des Gehäuses an markierter Stelle aus der Form lösen	1. Mit linkem Daumen entlang der Gehäusekante drücken 2. Zur linken Seite von der Gussform wegdrücken 3. Obere Kante greifen, wenn sich Gehäuseteil löst	1. Daumenbewegung sorgt für das Herauslösen des Gehäuseteils 2. Löst linke Seite des Gehäuses 3. Korrekte Haltung vermeidet Schäden am Werkstück
4 Gehäuseteil in der Entgratapparatur	1. Arme ca. 50 cm ausgebreitet halten 2. Prüfen, dass Eingußstelle nicht umgeklappt ist 3. Entgratapparatur muss in ordnungsgemäßen Zustand sein	1. Vermeidung von Gussnasen und Überständen 2. Kein übermäßiger Druck auf das Gehäuseteil

Abb. 3.20 Schematisches Beispiel eines Job-Breakdown-Sheets für eine repetitive Tätigkeit

Weitere 60 % der Prozessschritte fallen in der Regel unter die Kategorie *wichtig*. Hier können sehr geringe Abweichungen vom Standard toleriert werden. Die verbleibenden 20 % der Tätigkeiten sind nicht erfolgskritisch. Hier können auch größere Abweichungen akzeptiert werden, weil sie keinerlei Einfluss auf die Sicherheit, die Produktivität, die Kosten und die Qualität haben. Eigentlich würde man von Toyota eine Null-Fehler-Toleranz in allen Arbeitsschritten erwarten. Toyota hat aber gelernt, dass es sinnvoller ist, sich auf die Schlüsselpunkte zu konzentrieren und Mitarbeiter nicht bei der Verrichtung von nachrangigen Tätigkeiten, die das Ergebnis nicht beeinflussen, zu gängeln. Im Grunde genommen wäre es Verschwendung, viel Energie, Steuerung und Kontrolle in weniger kritische Arbeitsschritte zu investieren. Darüber hinaus würde es den Mitarbeitern kaum gelingen, sich auf die Schlüsselpunkte zu konzentrieren, wenn alle Elemente des Arbeitsprozesses gleich priorisiert wären. Ergo wäre in einem solchen Fall mit Einschnitten in der Qualität und der Produktivität zu rechnen.

Selbstverständlich ist nichts praxisnäher als das Training direkt am Arbeitsplatz. Trotzdem bildet Toyota seine Mitarbeiter zunächst nicht am Arbeitsplatz, sondern in speziell dafür eingerichteten Trainingscentern aus. Neue Mitarbeiter wären sonst in Anbetracht der niedrigen Taktzeiten und der hohen Qualitätsstandards völlig überfordert. Die Mitarbeiter können unter fachkundiger Aufsicht in einem effektiven Lernumfeld ihre Grundfertigkeiten trainieren und sich so für den Produktionseinsatz vorbereiten.

3.3.4 Wissenstransfer an die Mitarbeiter

3.3.4.1 Vorbereitung der Schulungen

Nachdem die Phasen *Vorbereitung der Organisation* und *Bestimmung des erfolgskritischen Wissens* abgeschlossen sind, kann im Prinzip der Wissenstransfer an die Mitarbeiter beginnen. Zunächst jedoch muss noch der letzte Vorbereitungsschritt erfolgen: Eine Übersicht zur Leistungsbewertung und zur frühzeitigen Ermittlung von Schulungsbedarf wird erstellt. Dieser Trainings-Timetable gibt Aufschluss über den notwendigen Kompetenzlevel, den ein Mitarbeiter erreichen muss, um einen wertvollen Beitrag in seinem Arbeitsbereich leisten zu können. Bei den Inhalten des Trainings-Timetables folgt Toyota selbstverständlich seiner Philosophie, sich auf die wesentlichen Informationen zu beschränken und diese zu visualisieren. Das Management kann so auf einen Blick den aktuellen Status der Kompetenzentwicklung je Mitarbeiter, je Prozessschritt und je Prozess erkennen.

Der Trainings-Timetable dient Toyota auch als Steuerungsinstrument, um Mitarbeiter möglichst flexibel auszubilden (vgl. Abb. 3.21). Den Schulungserfolg jedes einzelnen Mitarbeiters zu sichern, ist nicht das alleinige Ziel dieses Instruments; es geht auch darum zu gewährleisten, dass Mitarbeiter flexibel eingesetzt werden können. Daher bezeichnet Toyota den Trainings-Timetable auch als *Schulungsplan für vielseitig einsetzbare Mitarbeiter*. Qualitätsprobleme entstehen häufig dann, wenn Mitarbeiter, meist aufgrund kurzfristiger Notsituationen, auf anderen Arbeitsplätzen eingesetzt und nur per

Datum: 30.06.20xx	Schritt 1 2 MAK Pressen Scheinwerfergehäuse	Schritt 2 1 MAK Qualitätsprüfung Gehäuse	Schritt 3 1 MAK Spritzgussgießen	Schritt 4 1 MAK Inspektion	Schritt 5 1 MAK Gussform wechseln	Schritt 6 1 MAK Gussform reinigen	Mitarbeiter in welchen Teilprozessen einsetzbar
Job-Instruction-Trainer: F. Müller							
Arbeitsplatztrainer: G. Himmel							
Ersteller Dokument: F. Müller							
1. H. König	75 % 01.09.	75 % 01.11.	25 % 01.07.		0 % 01.12.	100 % —	3
2. A. Lautenschläger			50 % 01.07.		75 % 01.11.	0 % 01.10.	1
3. U. Zeisenberger		50 % 01.07.		100 % —			1
4. P. Gundelfinger	100 %* —		75 % 01.10.		100 % —	100 % —	4
5. L. Schmidt			25 % 01.10.		50 % 01.07.	100 % —	1
6. K. Fritsch		75 % 01.07.		50 % 01.08.			1
7. P. Girschikowsky	75 % 01.09.	0 % 01.11.		75 % 01.10.			2
8. T. Lessing	75 % 01.12.	100 % —	100 % —	75 % 01.11.		75 % 01.10.	4
9. M. Seidel			100 % —		25% 01.11.	75 % 01.10.	2
Voll in der Produktion einsetzbare Mitarbeiter (je Teilprozess)	4	3	3	3	2	3	

Abb. 3.21 Vereinfachtes Modell eines Trainings-Timetables. (Quelle: Ung 2015)

Blitzeinweisung in die neuen Prozesse eingearbeitet wurden. Eine Voraussetzung dafür, dass Mitarbeiter an mehreren Arbeitsplätzen eingesetzt werden können, ist, dass es sich überwiegend um repetitive Tätigkeiten handeln muss.

Die Anzahl an Mitarbeitern, die je Prozessschritt notwendig sind, ist oben in den jeweiligen Prozessschritten 1 bis 6 hinterlegt, zum Beispiel sind für den Prozessschritt 1 (Pressen Scheinwerfergehäuse) mindestens zwei Mitarbeiterkapazitäten (2 MAK) notwendig. Anhand der Angaben ist sofort ersichtlich, welchen Kompetenzlevel die Mitarbeiter bisher erreicht haben (0 % bis 100 %). Die Datumsangabe zeigt an, wann der Mitarbeiter planmäßig den nächsten Kompetenzlevel erreichen wird. Mit 75 % Leistung ist ein Kompetenzlevel erreicht, ab dem Mitarbeiter vollwertig in der Produktion eingesetzt werden können. Mitarbeiter mit einem Kompetenzlevel von 25 % und 50 % befinden sich noch im Trainingsprozess und werden bei Toyota noch nicht in der Produktion eingesetzt. Auf dem Schaubild können Sie im Prozessschritt 1 bei dem Mitarbeiter P. Gundelfinger erkennen, dass sein Kompetenzlevel (100 %) durch ein Sternchen markiert ist. Dieses Sternchen zeigt an, dass der Mitarbeiter über außergewöhnlich viel Erfahrung und Kompetenz bei der Verrichtung dieses Arbeitsschrittes verfügt. Damit qualifiziert sich dieser Mitarbeiter grundsätzlich dazu, bei der Unterweisung zu unterstützen, sofern er sich hierfür von seiner Persönlichkeit her eignet und entsprechend weitergebildet wurde. In welcher Art und Weise dieser Mitarbeiter seine Erfahrungen weitergibt, zum Beispiel als Mentor für Nachwuchsmitarbeiter, ist von der jeweiligen Situation abhängig. Der Schulungsplan muss durch das Trainerteam so ausbalanciert sein, dass die Entwicklung aller zusammenhängenden Teilprozesse möglichst gleichmäßig voranschreitet.

Bei Toyota ist es obligatorisch, dass das Trainerteam sich vor Schulungsbeginn sehr genau über jeden Schulungsteilnehmer informiert. Wie lange ist der Mitarbeiter bereits im Unternehmen? Welche Trainings hat er bereits durchlaufen? In welchen Bereichen war er bereits tätig? Welche Erfahrungen bringt er mit? Über welchen Kompetenzlevel bei welchen Teilprozessen verfügt der Mitarbeiter? Passt der Schulungsplan des Schulungsteilnehmers zu den Schwerpunkten seines persönlichen Entwicklungsplans? Diese Fragen müssen geklärt sein, damit sich der Trainer ein vollständiges Bild über die Teilnehmer machen kann. Ungereimtheiten müssen möglichst vor Schulungsbeginn mit den Teilnehmern geklärt werden.

3.3.4.2 Die Vier-Stufen-Unterweisung (Job-Instruction)

Der Wissenstransfer an die Mitarbeiter wird im Rahmen der Vier-Stufen-Unterweisung durchgeführt. Die Vier-Stufen-Unterweisung, auch Job-Instruction genannt, ist das Herzstück der TWI-Methodenlehre und damit der wichtigste Teil des Toyota-Schulungsprogramms, weil hier der eigentliche Wissenstransfer stattfindet. Ziel der Unterweisung ist es, die Schulungsteilnehmer zu befähigen, die erfolgskritischen Tätigkeiten absolut sicher und frei von Varianten umsetzen zu können. Den roten Faden durch die Vier-Stufen-Unterweisung gibt das Job-Breakdown-Sheet vor.

Stufe 1 der Unterweisung: Vorbereitung der Schulungsteilnehmer

Ein guter Trainer muss über die Fähigkeit verfügen, die volle Aufmerksamkeit und das Interesse seiner Schulungsteilnehmer zu gewinnen. Damit der Trainer dies erreichen kann, ist es notwendig, den Gesamtzusammenhang in Bezug auf die zu vermittelnde Aufgabe verständlich zu erklären. Ist dem Schulungsteilnehmer klar, welche Auswirkung die ordnungsgemäße Ausführung seiner Aufgabe auf das fertige Produkt hat, steigen die Motivation und die Bereitschaft, dauerhaft gute Leistungen zu erbringen. In dieser Startphase schildert der Trainer detailliert, welche Anstrengungen unternommen wurden, um die Schulung vorzubereiten, welche Prozessziele es zu erreichen gilt und warum die identifizierten Schlüsselpunkte so erfolgskritisch sind.

Selbstverständlich muss der Trainer dafür Sorge tragen, dass die Trainingszeit ausreichend bemessen ist. Manchmal ist es notwendig, das Tempo der Schulung an die Fähigkeiten der Schulungsteilnehmer anzupassen. Daher ist es ratsam, Zeitreserven einzuplanen, um zum Beispiel ausreichend Kapazitäten für die Vermittlung der Schlüsselpunkte zu berücksichtigen.

Stufe 2 der Unterweisung: Vorstellung der Aufgabe

Ab hier sind die Schulungsteilnehmer voll gefordert. Schritt für Schritt demonstriert der Trainer, immer in überschaubaren Abschnitten, den Arbeitsprozess. Wie bereits erwähnt, konzentriert sich der Trainer zu 80 % der Zeit auf die erfolgskritischen Schlüsselpunkte. Eine wichtige Aufgabe des Trainers besteht auch darin, die Aufnahmekapazitäten seiner Schützlinge kontinuierlich zu beobachten, um sie nicht zu überstrapazieren. Ein schlechtes Timing hätte zur Konsequenz, dass die Schulungsteilnehmer in den wirklich wichtigen Schritten nicht mehr die volle Konzentration aufbringen könnten und die Wirkung der Schulung zum großen Teil verpuffen würde.

Die Stufe 2 der Vier-Stufen-Unterweisung ist wiederum durch drei Phasen geprägt. In der ersten Demonstrationsphase erklärt der Trainer die entsprechenden Tätigkeitsschritte, benennt die Schlüsselpunkte, erklärt aber noch nicht, wie die einzelnen Tätigkeitsschritte genau verrichtet werden müssen. Dies erfolgt in der zweiten Demonstrationsphase. Dreh- und Angelpunkt hier ist die Erklärung der Schlüsselpunkte, und zwar bis ins letzte Detail. Je nach Schwierigkeitsgrad wird diese Phase so lange wiederholt, bis sich die Schulungsteilnehmer die Schlüsselpunkte eingeprägt haben. In der letzten Demonstrationsphase wird noch einmal jeder Schritt wiederholt. Zusätzlich liefert der Trainer nun auch die Begründungen, warum die Schlüsselpunkte genauso wie demonstriert umgesetzt werden müssen. Ein tiefes Verständnis für den Prozess kann Mitarbeitern nur vermittelt werden, wenn man hieb- und stichfest die erfolgskritischen Schlüsselpunkte begründen kann. Kann der Trainer die Schlüsselpunkte nicht schlüssig begründen, ist das ein untrügliches Indiz dafür, dass man sich über den Prozess und dessen kritische Punkte zu wenig Gedanken gemacht hat. In diesem Fall ist es zweifelhaft, ob man tatsächlich die richtigen Schlüsselpunkte identifiziert hat. Sollte dies der Fall sein, wird die Schulung scheitern und die Mitarbeiter werden in der Produktion nicht die bestmögliche Qualität und Effizienz liefern können. Daher müssen Trainer und Führungskräfte in den

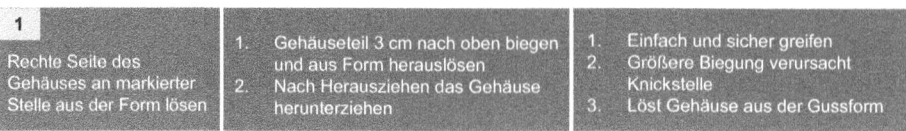

1		
Rechte Seite des Gehäuses an markierter Stelle aus der Form lösen	1. Gehäuseteil 3 cm nach oben biegen und aus Form herauslösen 2. Nach Herausziehen das Gehäuse herunterziehen	1. Einfach und sicher greifen 2. Größere Biegung verursacht Knickstelle 3. Löst Gehäuse aus der Gussform

Abb. 3.22 Ausschnitt aus Job-Breakdown-Sheet (schematisches Beispiel)

Vorbereitungs- und Analysephasen des TWI-Trainings höchste Priorität auf die Identifikation der richtigen Schlüsselpunkte und deren ausführliche Begründung legen. Diese Begründungen sind im Job-Breakdown-Sheet dokumentiert. In Abb. 3.22 ist neben der Benennung der wichtigen Arbeitsschritte (Spalte 1) und der Nennung der Schlüsselpunkte (Spalte 2) in der Spalte 3 die Begründung für die jeweiligen Schlüsselpunkte aufgeführt.

Hinsichtlich des Zeitmanagements der Stufe 2 der Unterweisung gilt generell, dass die erste Demonstrationsphase ca. 20 % und die zweite Demonstrationsphase ca. 30 % der Trainingszeit beansprucht. Mindestens 50 % der Zeit muss die dritte Demonstrationsphase einnehmen.

Stufe 3 der Unterweisung: Ausführung durch die Schulungsteilnehmer

Nach der dreiphasigen Stufe-2-Unterweisung folgt der praktische Teil der Unterweisung. Nun steigt nicht nur die Nervosität der Schulungsteilnehmer, sondern auch die der Trainer. Kann der Schulungsteilnehmer im praktischen Teil die vorher demonstrierten Tätigkeitsschritte, insbesondere die Schlüsselpunkte, richtig erklären und umsetzen? Zeigen sich vielleicht in der praktischen Ausführung Probleme, mit denen man zuvor nicht gerechnet hat? Hat man eventuell falsche Schwerpunkte gesetzt oder sich nicht intensiv genug mit dem Prozess auseinandergesetzt? Die Schulung war dann effektiv, wenn der Schulungsteilnehmer in der Lage ist, die Aufgaben richtig auszuführen. Ist das nicht der Fall, muss der Trainer über den Ablauf der Schulung nachdenken, Anpassungen vornehmen und auftretende Probleme lösen (vgl. Liker und Meier 2008c, S. 275). Solche Probleme sind zunächst einmal kein Beinbruch. Man kann sie auch als Chance betrachten: weil man sich tiefer in den Prozess einarbeiten muss, um die tatsächlich erfolgskritischen Schlüsselpunkte und deren Begründungen zu verstehen, und/oder weil man die Art und Weise verändern muss, wie man den Schulungsteilnehmern die Schlüsselpunkte vermittelt. Entscheidend ist, dass der Trainer die Defizite schnell erkennt und entsprechende Korrekturen zügig umsetzt.

Stufe 3 der Unterweisung verläuft im Großen und Ganzen analog zu Stufe 2. In der ersten Phase führt der Schulungsteilnehmer die vorher demonstrierten Tätigkeiten aus. Dabei muss er seine Ausführungen noch nicht verbal erklären, sondern konzentriert sich ausschließlich auf die Ausführung. Nach dieser ersten Ausführungsphase hat der Trainer ein gutes Gefühl dafür, ob er und sein Team sich richtig vorbereitet haben. Bereitet die Schulung den Teilnehmern in dieser ersten praktischen Phase große Probleme, müssen die oben beschriebenen Wege beschritten werden. Haben die Schulungsteilnehmer die wesentlichen Elemente des Prozesses richtig verstanden, das heißt, können sie die Schlüsselpunkte bereits in dieser frühen Lernphase zu weiten Teilen sicher umsetzen, kann der Trainer davon ausgehen, dass die Schulung ein Erfolg wird. In der zweiten Ausführungsphase ist der Schulungsteilnehmer gefordert, die Ausführung auch detailliert und strukturiert verbal zu beschreiben. Selbstverständlich achtet der Trainer penibel darauf, dass die Schlüsselpunkte von den Schulungsteilnehmern exakt und gut strukturiert erklärt werden. Analog zu Stufe 2 stehen in der dritten Ausführungsphase die Begründungen der Schlüsselpunkte im Mittelpunkt. Die Teilnehmer erläutern die zu verrichtenden Tätigkeitsschritte und erklären, warum dieser Schlüsselpunkt exakt so ausgeführt werden muss. In der dritten Ausführungsphase folgen, je nach Ermessen des Trainers, Wiederholungen, damit sich das Erlernte festigt. Der Trainer hat dabei nicht nur die Schlüsselpunkte und deren Begründungen im Blick, sondern auch das Arbeitstempo. Er fordert die Schulungsteilnehmer auf, Schritt für Schritt das Tempo zu erhöhen, damit sie sich systematisch an die Taktzeiten in der Produktion herantasten können. Kompromisse sind allerdings nicht erlaubt, das heißt, das erhöhte Tempo darf nicht zulasten einer ordnungsgemäßen Ausführung gehen.

Sehr eng mit der Ausführung und der Arbeitsgeschwindigkeit verknüpft ist eine gleichmäßige und flüssige Arbeitsweise. Nur wer einen gleichmäßigen und flüssigen Arbeitsstil beherrscht, ist in der Lage, in der Produktion eine 100-prozentige Leistung zu erbringen. Ist der Arbeitsfluss in Teilen von geringfügigen Stockungen oder Unterbrechungen geprägt, ist eine 100-Prozent-Leistung nicht möglich. Daher achten die Trainer darauf, mögliche Barrieren und Störfaktoren zu identifizieren, die einen gleichmäßigen Arbeitsfluss verhindern.

Bei Toyota ist es grundsätzlich ausgeschlossen, dass es einen Bruch zwischen den Methoden und Vorgehensweisen des Trainings-Centers und der Produktion gibt. Der Mitarbeiter kann seine erlernten Tätigkeiten daher mehr oder weniger nahtlos in der Praxis fortführen. Allerdings gibt es in der Produktion immer Gegebenheiten, die in einem Training nicht nachgebildet werden können. Dazu zählt zum Beispiel der spezielle Umgang mit den Maschinen oder das sichere und effiziente Arbeiten bei niedrigen Taktzeiten. Erst nachdem die Mitarbeiter diese Tätigkeiten in der Produktion sicher beherrschen, wird ein Kompetenzniveau von 100 % erreicht.

Zum Abschluss der Stufe 3 appelliert der Trainer einmal mehr an die Schulungsteilnehmer, die erlernten Tätigkeiten korrekt am Arbeitsplatz umzusetzen (vgl. Abb. 3.23).

Stufe 4 der Unterweisung: Nachbereitung

Im Mittelpunkt der Nachbearbeitung steht das persönliche Gespräch zwischen Trainer und Schulungsteilnehmern. In diesem Gespräch erläutert der Trainer dem einzelnen Teilnehmer seine Bewertung sowie die beobachteten Stärken und Schwächen und gibt ihm individuelle Handlungsempfehlungen. Es ist durchaus möglich, dass sich nicht alle Schulungsteilnehmer nach dem Training auf dem gleichen Leistungsniveau befinden. Ein Grund dafür kann zum Beispiel sein, dass Schulungsteilnehmer geringere Vorerfahrung mitbringen und deshalb beispielsweise nur einen Kompetenzlevel von 25 % statt

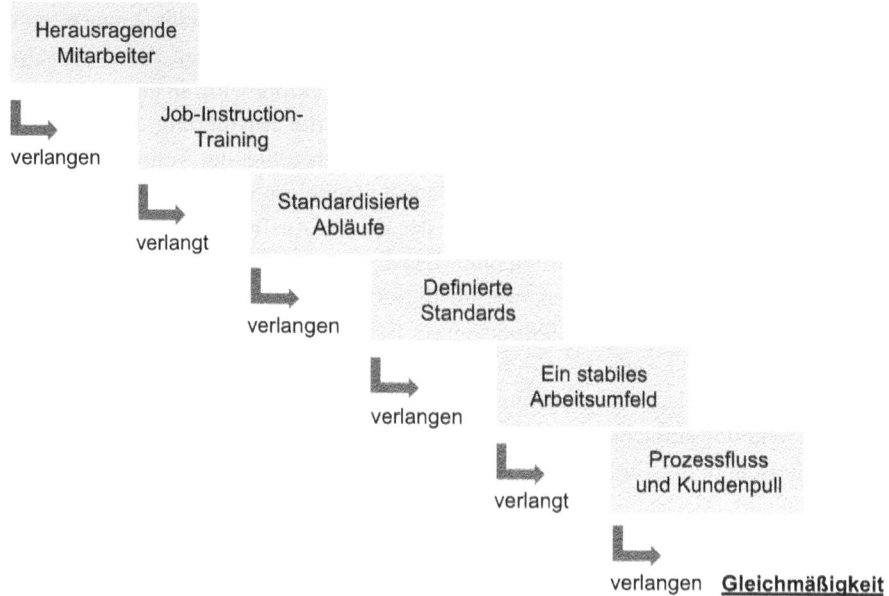

Abb. 3.23 Bedingungen für eine systematische Mitarbeiterentwicklung auf Basis der TWI-Methodenlehre. (Quelle: Liker und Meier 2008d, S. 354)

50 % erzielen. Für solche Fälle hat das Trainerteam Nachfolgeschulungen eingeplant, sodass alle Mitarbeiter zügig das gewünschte Kompetenzniveau erreichen können. Damit die geschulten Mitarbeiter ihr neues Wissen gezielt in der Produktion vertiefen können, werden sie von ihrem Arbeitsplatztrainer am Arbeitsplatz betreut. Abschließend hält der Trainer die erzielten Lernfortschritte im Trainings-Timetable fest.

Eines sei noch gesagt: Die Verantwortung für eine gelungene Schulung trägt immer der Arbeitsplatztrainer!

3.3.4.3 Lernfortschritt und Schulungserfolg sicherstellen

Nachdem die Mitarbeiter das Schulungsprogramm erfolgreich absolviert haben, sind sie in der Lage, ihre neu erworbenen Fähigkeiten in die Praxis umzusetzen. Ein entscheidendes Ergebnis des gesamten Mitarbeiterentwicklungsprozesses ist, ob es mit den neuen Arbeitsabläufen und den intensiv geschulten Mitarbeitern gelingt, die definierten Prozessziele zu erfüllen. Sie erinnern sich? Mit den Analysenmethoden des Toyota-Produktionssystems werden die Problemursachen identifiziert, die einer verbesserten Produktivität und Qualität im Wege stehen. Trainer und Spezialisten arbeiten im Rahmen des TWI-Trainingsprogramms daran, die Prozesse so zu gestalten und die Mitarbeiter durch das Training so zielgerichtet zu unterweisen, dass die neuen Prozessziele auch tatsächlich erfüllt werden können. Zielgerichtete Informationen zu den Problemursachen, eine gute Vorbereitung sowie ein akribisch geplantes und erfolgreich durchgeführtes Schulungsprogramm sind wichtige Voraussetzungen dafür. Aber nur die Ergebnisse in der Praxis zeigen, ob sich die bisherigen Anstrengungen tatsächlich gelohnt haben. Für den Fall, dass in der Praxis die Prozessziele nicht erreicht werden, muss wieder mit den Phasen *Bestimmung des erfolgskritischen Wissens* und *Wissenstransfer an die Mitarbeiter* begonnen werden, um die wahren Erfolgsfaktoren und Schlüsselpunkte zu identifizieren und die Mitarbeiter entsprechend zu schulen. Bei Toyota kommt es aber nur sehr selten vor, dass die gesetzten Prozessziele sich nach einer intensiven Vorbereitung und einer gut geplanten, gewissenhaft durchgeführten Schulung nicht einstellen. Doch in einer besonders komplexen und vernetzten Umgebung ist dieser Fall selbst bei Toyota nicht immer auszuschließen – beispielsweise bei Produktionsanlauf eines neuen Pkw-Modells.

3.4 Auditierungsverfahren bei Toyota

Der nachhaltige Erfolg, das heißt die kontinuierliche Erfüllung der Ziele, ist eng daran geknüpft, dass die Mitarbeiter die Fähigkeiten, die sie im Schulungsprogramm erlernt haben, konsequent anwenden und in der Praxis vertiefen. Man muss sich immer wieder bewusst machen, dass es nur einen Weg zur richtigen Ausführung der Arbeit gibt. Es ist im Laufe der Zeit aber ganz normal und menschlich, dass sich Abweichungen vom Standard einstellen. Häufig werden diese schleichenden Abweichungen von den Mitarbeitern gar nicht bewusst registriert. Oder es wird ein Tätigkeitsschritt anders als gelernt ausgeführt, weil man sich davon Verbesserungen oder Erleichterungen verspricht. Ohne Überprüfung kann sich somit in kürzester Zeit ein standardisiertes Verfahren regelrecht auflösen. Daher ist es erfolgskritisch, über eine Methode zu verfügen, die den mühsam im Schulungsprogramm erarbeiteten Standard nachhaltig sichert. Toyota nutzt dafür ein Auditierungsverfahren, das sich ebenfalls an die TWI-Methodenlehre anlehnt. Stufenförmig werden in der Hierarchiepyramide von unten nach oben die Fähigkeiten der jeweiligen Hierarchiestufe nach genau festgelegten Kriterien überprüft (vgl. Abb. 3.24).

Um beispielsweise die Fähigkeiten eines Arbeitsplatztrainers zu überprüfen, müssen sich seine Mitarbeiter einem Audit unterziehen. Man bewertet sozusagen das Ergebnis seiner Arbeit. In diesem Fall bietet sich an, das Audit direkt an den Arbeitsplätzen durchzuführen. Die Mitarbeiter werden zum Beispiel nach den Schlüsselpunkten ihrer Arbeitsschritte und deren richtiger Ausführung befragt und bei der Ausführung dieser Schlüsselpunkte genau beobachtet. Ein wesentlicher Bestandteil des Audits sind die Produktionskennzahlen des betreffenden Bereichs, deren Zielerreichung überprüft wird. Diese sind nach den Dimensionen Menge, Taktzeit, Qualität, Zeiten, Verschwendungsquote und Sicherheit aufgegliedert. Daten hierfür liefert beispielsweise die Wertstromanalyse. Deuten die Kennzahlen zum Beispiel auf Defizite im Bereich der Taktzeiten, wird das Audit-Team den Schwerpunkt der Überprüfung auf diese Thematik ausrichten.

Die Fähigkeiten eines Job-Instruction-Trainers werden überprüft, indem man die Leistung der Arbeitsplatztrainer begutachtet. Das Audit findet allerdings nicht in der Produktion, sondern in einem Schulungscenter statt. Zentrale Bestandteile des Audits sind

Wessen Fertigkeiten werden überprüft?	Wer muss sich hierzu einem Audit unterziehen?	Wer sind die Auditoren?	Schwerpunkte des Audits
Arbeitsplatztrainer, Teilprozessverantwortlicher	Mitarbeiter des Arbeitsplatztrainers, Teilprozessverantwortlicher	Abteilungsleiter, andere Arbeitsplatztrainer, Job-Instruction-Trainer	• Schlüsselpunkte und deren richtige Ausführung • Analyse der Produktionskennzahlen • Gleichmäßigkeit des Arbeitsflusses
Job-Instruction-Trainer	Arbeitsplatztrainer, Teilprozessverantwortlicher	Abteilungsleiter, Abteilungsleiter anderer Bereiche, ggf. andere Job-Instruction-Trainer	• Durchführung eines Job-Breakdowns • Organisation und Durchführung einer Schulung • Analyse und Bewertung des Trainings-Timetables • Analyse und Bewertung der Trainingsunterlagen • Wie flexibel sind Prozessanwender ausgebildet? • Überprüfung der methodischen Kompetenzen
Master-Trainer	Job-Instruction-Trainer	Werksleiter, Abteilungsleiter, ggf. Master-Trainer anderer Werke oder Marken	• Überprüfung des allgemeinen Entwicklungsstandes • Überprüfung des Reportings nach den Kriterien Struktur, Transparenz, Aussagefähigkeit • Überprüfung der Gleichmäßigkeit aller Kernprozesse • Überprüfung der Führungsqualität • Überprüfung der methodischen Kompetenzen • Überprüfung, ob strategische Entscheidungen umgesetzt wurden

Abb. 3.24 Zusammenfassung der Verantwortlichkeiten, Inhalte und Schwerpunkte des Audits

immer ein Job-Breakdown sowie die Organisation und Durchführung einer Schulung. Dabei interessiert es die Auditoren ganz besonders, in welcher Qualität der zu Prüfende den Mitarbeitern die erfolgskritischen Schlüsselpunkte vermittelt hat. Auch wird ein Auge auf den Trainings-Timetable geworfen. Hier interessiert es die Auditoren, wie weit die Qualifizierung der Mitarbeiter fortgeschritten ist und ob es dem Arbeitsplatztrainer gelungen ist, seine Mitarbeiter möglichst flexibel in der Produktion einzusetzen.

In logischer Fortsetzung dieses Vorgehens wird die Fähigkeit des Master-Trainers überprüft, indem man die Leistungsfähigkeit der Job-Instruction-Trainer testet. Insbesondere aus Sicht des Werksleiters ist es wichtig, dass der Ausbildungsstand und die Fähigkeiten der Job-Instruction-Trainer ausgewogen sind und die Mitarbeiterentwicklung sich gleichmäßig über die gesamten relevanten Kernprozesse erstreckt. Dies müssen die Job-Instruction-Trainer in einem Audit nachweisen. Außerdem ist entscheidend, dass das Reporting der Job-Instruction-Trainer im Detail über die tatsächliche Entwicklung der einzelnen Mitarbeiter und ihre Zukunftsperspektive Auskunft gibt. Ein wichtiges Kriterium im Zuge der Überprüfung ist, ob die operativen Direktiven der Unternehmensführung über den Master-Trainer korrekt als operative Teilaufgaben an die Job-Instruction-Trainer weitergegeben wurden. Daneben wird geprüft, ob die Job-Instruction-Trainer in der Lage sind, exakt auf die Bedürfnisse der Arbeitsplatztrainer abgestimmte Entwicklungsprogramme zu konzipieren. Abteilungs- und Werksleiter sind als Ergebnisverantwortliche eng in die Auditierungsprozesse eingebunden. Es gehört zum Grundverständnis von Toyota, dass Führungskräfte sich persönlich mit den Problemstellungen an der Basis vertraut machen müssen. Nur wer selbst die Probleme an der Basis beobachtet, kann gezielte Maßnahmen verabschieden, um den Entwicklungsstand der Mitarbeiter erfolgreich und nachhaltig zu verbessern.

> Der Schulungsprozess ist keine isolierte, unabhängige Aktivität. Vielmehr ist er eng mit den standardisierten Arbeitsabläufen und der Entwicklung der grundlegenden Arbeitsmethode verknüpft (Liker und Meier 2008c, S. 105).

Fazit

Diese Stelle ist eine gute Gelegenheit, einen Bogen zurück zum Eingangskapitel zu schlagen und die Frage zu beantworten, über welche Fähigkeiten man verfügen muss, um erfolgreiche industrielle Strukturen in der Bankenorganisation zu schaffen. Die Beantwortung dieser Frage gleicht auch einer Zusammenfassung der beiden letzten Kapitel. Toyota zeigt deutlich auf, dass nicht Investitionen in Hightech im Vordergrund stehen müssen, um operative Exzellenz zu realisieren.

Man muss sich immer wieder bewusst machen, dass es Toyota vor allem durch zwei relativ einfache Methoden gelungen ist, andere Automobilhersteller in Sachen Produktivität weit hinter sich zu lassen. Die Wirtschaftsprofessoren, die vor 70 Jahren im Auftrag des Pentagon das TWI-Konzept entwickelten, und auch Walter A. Shewhart, Vater des kontinuierlichen Verbesserungsprozesses, und sein Schüler William Edwards Deming hätten ihre helle Freude an den Erfolgen von Toyota gehabt. Das

Unternehmen hat es verstanden, den Hebel an der richtigen Stelle anzusetzen und die Mitarbeiterentwicklung in den Mittelpunkt seiner Anstrengungen zu stellen. Wilhelm Clay Ford jr., ehemaliger CEO von Ford, meinte, auf die Erfolge von Toyota angesprochen, dass dessen Managementkonzepte so in den USA nicht umgesetzt werden könnten, weil japanische Arbeiter viel fleißiger und gehorsamer seien als ihre amerikanischen Kollegen. Als ich diesen Artikel las, musste ich herzlich lachen. Eine ziemlich faule Ausrede. Er wusste mit Sicherheit, dass die Toyota-Konzepte in den USA ähnlich gut funktionieren wie in Japan (beispielsweise im Toyota-Werk in Georgetown/Kentucky). Zwar konnte Ford durch Investitionen in Six-Sigma- und Lean-Management-Programme enorme Verschwendungspotenziale identifizieren, aber deren nachhaltige Eliminierung gelang nur unzureichend – Zeichen eines typischen Managementfehlers im Umgang mit Prozessoptimierungsprojekten! Nach dem Motto *Problem erkannt = Problem gebannt,* werden Maßnahmen zur Umsetzung von Prozessverbesserungen und Maßnahmen zur Schaffung eines stabilen Betriebs sträflich vernachlässigt. Ganz offensichtlich hat Wilhelm Clay Ford jr. nicht genug Anstrengungen unternommen, seine Mitarbeiter zu entwickeln, um die identifizierten Verbesserungspotenziale dauerhaft umzusetzen.

Inzwischen eifern viele Unternehmen Toyota nach. Porsche ist hier ein Paradebeispiel. Bevor das Unternehmen den Turnaround schaffte, stand es 1992 am Rande des Abgrunds. Die Verkaufszahlen fielen ins Bodenlose, Kunden bemängelten die Qualität der Produkte und die Sportwagenschmiede verfügte über keine erkennbare Strategie. 1992 titelte die Welt: *In Zuffenhausen gehen die Lichter aus* (vgl. Haberkorn 2007, S. 2). Dass es dann doch nicht so weit kam, verdankte Porsche den Managern Wendelin Wiedeking und Michael Macht. In Rekordzeit gelang es ihnen, von einer sehr teuren und ineffizienten Arbeitsorganisation auf das Produktivitäts- und Qualitätsniveau von Toyota aufzuschließen. Porsche hat dabei mehr oder weniger die Methoden von Toyota übernommen und wendet sie konsequent an. Aus strategischer Sicht hat Wendelin Wiedeking das Unternehmen klar aufgestellt und auf Wachstum ausgerichtet. Porsche ist also ein gutes Beispiel, wie Strategie in Einklang mit operativer Exzellenz ein Unternehmen an die Spitze seiner Branche katapultieren kann. Das Thema operative Exzellenz hat Porsche sogar zu einem Teil seines Geschäftsmodells gemacht und vermarktet entsprechende Beratungsdienstleistungen durch seine Tochter Porsche Consulting. Selbst branchenfremde Unternehmen lehnen sich mittlerweile an die Toyota-Methoden an und steigern damit nachhaltig die Leistungsfähigkeit ihrer Prozesse.

Zusammenfassend lassen sich sechs Fähigkeiten identifizieren, die Banken sich aneignen und beherrschen müssen, damit professionelle, industrialisierte Prozesse dauerhaft etabliert werden können.

1. Mitarbeiter auf die bevorstehenden Veränderungen vorbereiten

In dieser ersten Phase gilt es, überhaupt erst die Grundvoraussetzungen für industrialisierte Prozesse zu schaffen. Das Management muss Führungskräften und Mitarbeitern überzeugend und nachvollziehbar erklären, warum die bestehende Situation nicht mehr zukunftsfähig ist. Es gilt, ehrlich und schonungslos offenzulegen, was passiert, wenn so weitergemacht wird wie bisher. Übertreibungen und Drohungen sollten dabei tunlichst vermieden werden. Auch ohne sie wird selbst das, was sich in der Sache vernünftig anhört, in aller Regel einen Sturm der Entrüstung auslösen – auch wenn die Gründe für die Veränderungen absolut logisch und nachvollziehbar sind. Veränderungsprozesse lösen immer Verunsicherung und Ängste bei den Betroffenen aus. Darauf muss das Management gut vorbereitet sein. Wird kein Konsens von Management, Führungskräften und Mitarbeitern zu diesem einschneidenden Schritt hergestellt (der Einführung professioneller industrieller Methoden und Verfahren), werden alle anderen Maßnahmen zu Makulatur. Sie erinnern sich? Diese Art der Überzeugungsarbeit wird bei Toyota schon seit vielen Jahrzehnten geleistet. Die Umstände, die damals bei Toyota zu den massiven Veränderungen führten, können natürlich heute nicht mehr als Gründe für andere Unternehmen herangezogen werden. Im Folgekapitel zeige ich Ihnen Wege auf, wie das Management den Veränderungsprozess so steuern kann, dass Mitarbeiter den Wandel mittragen.

2. Prozessziele definieren

Selbstverständlich hat jedes Unternehmen seine strategischen Ziele definiert. Aber nicht ganz selbstverständlich ist es, dass diese strategischen Ziele kaskadenartig in Form von Prozesszielen bis in jeden Winkel der Organisation ausformuliert werden. Im Umkehrschluss muss sich jedes Prozessziel wieder bis zu einem strategischen Ziel zurückverfolgen lassen. Nur sauber abgestimmte Prozessziele erlauben es, Führungskräfte und Mitarbeiter operativ zu steuern. Prozessziele, die nicht sauber mit der Strategie abgestimmt sind, führen zu Unstimmigkeiten, zu Mehrarbeit, zu einem erhöhten Stresspegel, zu Verschwendung und zu erhöhten Kosten. Es ist häufig zu beobachten, dass Mitarbeiter große Anstrengungen in die Optimierung von Prozessen investieren, ohne diese mit verbundenen Prozessen abzustimmen. Leider verpuffen solche Anstrengungen wegen mangelnder Kommunikation. Es ist auch nicht selten, dass mit großem Eifer Optimierungen unternommen werden, die unnötig sind, weil der betreffende Prozess seine Aufgaben eigentlich gut erfüllt und es sinnvoller wäre, die Aufmerksamkeit auf andere Prozesse zu richten. Hier fehlt es den Betroffenen an Informationen, wo Investitionen zielführend sind. Ohne gut strukturierte Prozessziele lassen sich Investitionen in die Prozessoptimierung nur schlecht steuern.

3. Analytische Fähigkeiten entwickeln

Im Grunde genommen müssen Unternehmen die wesentlichen Methoden des Toyota-Produktionssystems übernehmen, um die wahren Problemursachen zu identifizieren und zielorientierte Lösungen zu entwickeln. Mitarbeiter müssen dabei auf eine Palette bewährter und einheitlicher Methoden und Verfahren zurückgreifen können, die im ganzen Unternehmen zur Verfügung stehen. Das Management muss sehr darauf achten, dass alle Mitarbeiter über das gleiche Verständnis verfügen, wie Methoden und Verfahren angewandt, kommuniziert und Informationen dokumentiert werden sollen. Nur so kann (von einem definierten strategischen Ziel geleitet) prozessübergreifend ein Prozessfluss ohne Stockungen und ohne Verschwendung erreicht und ein beherrschbares Produktionssystem entwickelt werden, das genau im Kundentakt produziert. Das Management muss in einem definierten Auswahlprozess sorgfältig diejenigen Mitarbeiter identifizieren, die zu diesen analytischen Aufgaben besonders befähigt sind.

4. Organisatorische Voraussetzungen schaffen
Die kontinuierlichen, hohen Investitionen in die Mitarbeiterentwicklung mögen auf den ersten Blick für das Management der Bank als unüberwindbare Hürde erscheinen. Ich kann das gut nachvollziehen. Zwar lassen sich die Kosten für eine Mitarbeiterentwicklung, die sich an die Methoden von Toyota anlehnt, und auch die zunächst notwendigen Restrukturierungskosten einigermaßen gut berechnen. Auf der anderen Seite gestaltet es sich aber weitaus schwieriger, das Verschwendungspotenzial in einer Bankorganisation zu quantifizieren. Das Controlling verfügt in aller Regel nicht über aussagefähiges Zahlenmaterial zu diesem Thema. Ich weiß nicht, ob sich ein skeptischer Controller durch die Aussage von Toyota, dass herausragend entwickelte Mitarbeiter langfristig die beste Rendite für das Unternehmen liefern, restlos überzeugen lässt. Aber warum verfügt das Controlling in Banken nicht über die geeigneten Instrumente, um Verschwendung in den Kernprozessen zu identifizieren? Mike Rother und John Shook geben darauf eine plausible Antwort:

> Da Unternehmen meist nach Abteilungen und Funktionen aufgebaut sind, anstatt nach dem Fluss der wertschöpfenden Schritte, werden Sie oft feststellen, dass niemand für den gesamten Wertstrom verantwortlich ist. Erstaunlich selten finden wir eine Fabrik, bei der eine einzelne Person über den vollständigen Material- und Informationsfluss einer Produktfamilie (sämtliche Prozesse einschließlich der Produktionsplanung) Bescheid weiß. Ohne dieses Wissen bleiben Teile des Flusses dem Zufall überlassen. Das heißt, einzelne Fertigungsbereiche funktionieren zwar aus ihrer Sicht rationell und effizient, nicht aber aus Sicht des gesamten Wertstroms (Rother und Shook 2015, S. 7).

Da Retailbanken zu einem ganz überwiegenden Anteil funktionsorientiert und nicht prozessorientiert organisiert sind, wird das Controlling kaum die Möglichkeit haben, Verschwendung in Form von etablierten Unternehmenskennzahlen sichtbar zu machen. Was nicht gemessen werden kann, gibt es nicht – so kann man die Situation in Bankorganisationen umschreiben. In Abschn. 3.2.1 habe ich abgeleitet, dass die Verschwendungsquote in Retailbanken bei bis zu 80 % liegen muss. Dieser Wert würde im Bankmanagement wahrscheinlich kollektives Kopfschütteln auslösen, auch aus dem Grund, den Rother und Shook sehr trefflich beschrieben haben: Offenbar funktionieren die einzelnen Prozessschritte aus Sicht der Verantwortlichen rationell und effizient. Und wenn die Teile funktionieren, dann funktioniert auch das Ganze, so die irreführende Schlussfolgerung. Zudem sind viele Bankmanager davon überzeugt, dass ihre Organisationen zu wesentlichen Teilen bereits prozessorientiert aufgestellt sind, weil beispielsweise Tools für das Prozessmanagement eingesetzt werden. Will man der massiven

Verschwendung zu Leibe rücken, kommt man nicht daran vorbei, mit dem Paradigma der funktionsorientierten Organisation zu brechen und Mitarbeiter dahin zu entwickeln, die Prozesse aus einer ganzheitlichen, durchgängigen Sicht zu betrachten. Dieser Punkt wird in den späteren Kapiteln noch sehr intensiv betrachtet werden. Eine prozessorientierte Organisation ist eine Grundvoraussetzung für alle nachfolgenden Schritte und auch die Voraussetzung dafür, Mitarbeiter so zu steuern, dass Verschwendung systematisch abgebaut werden kann.

5. Einen Ordnungsrahmen entwickeln
Alle aufgeführten strategischen und operativen Maßnahmen müssen in einen kontinuierlichen Verbesserungskreislauf eingebettet werden. Toyota vergleicht diesen Verbesserungskreislauf mit einem Motor, der alle Aktivitäten in Bewegung hält. Ob der kontinuierliche Verbesserungskreislauf über acht Phasen verfügt wie bei Toyota oder über vier oder sechs Phasen wie in anderen Managementkonzepten, ist zunächst nachrangig. Allerdings muss das Management darauf achten, dass der kontinuierliche Verbesserungsprozess im Hinblick auf die eigenen Herausforderungen sinnvoll strukturiert ist, das heißt, dass die Ergebnisse jeder Phase jeweils einen sinnvollen Meilenstein bilden und dass nicht zu viele Aktivitäten in eine Phase gepackt werden.

6. Herausragende Mitarbeiter entwickeln
Viele Male habe ich bereits auf den wichtigsten Erfolgsfaktor von Toyota hingewiesen. Auf der einen Seite ist die Produktivität von Toyota unerreicht und auf der anderen Seite ist die TWI-Methodenlehre, auf der Wissensvermittlung und Mitarbeiterentwicklung bei Toyota beruhen, alles andere als einzigartig oder gar mystisch. Die deutsche Industrie setzt bereits seit den 1950er-Jahren die wesentlichen Elemente der TWI-Methodenlehre erfolgreich in Form der REFA-Programme ein. Auch die Grundmuster der Qualitätsmanagementstrategien von Shewhart und Deming sind schon lange bekannt und werden auch genutzt. Wenn Sie im Netz beispielsweise nach dem Stichwort *Vier-Stufen-Unterweisung* (Kern des TWI-Systems) suchen, werden Ihnen unzählige Treffer angezeigt. Jeder Ausbilder in der deutschen Industrie bereitet mit dieser Methode seine Mitarbeiter auf die speziellen Erfordernisse in der Produktion vor. Der Punkt, der den Unterschied macht, ist, dass die Intensität der Wissensvermittlung bei Toyota um ein Vielfaches größer ist als in anderen Unternehmen. Ein Toyota-Mitarbeiter wird erst dann in der Produktion eingesetzt, wenn er alle fachlichen Aspekte unter allen Bedingungen, die in der Produktion auftreten können, insbesondere bei sehr niedrigen Taktzeiten, unter Wahrung fest definierter Qualitätsstandards einwandfrei in fließenden Bewegungen beherrscht.

Für andere Unternehmen ist es durchaus in Ordnung, einen Mitarbeiter bereits in der Produktion einzusetzen, wenn er beispielsweise gelernt hat, wie man ordnungsgemäß eine Windschutzscheibe montiert. Dieser neue Mitarbeiter wird nicht in der Lage sein, unter sehr niedrigen Taktzeiten zu arbeiten, weil er diese Situation noch nie geübt hat. Er wird in dieser wie auch in anderen Situationen überfordert sein und macht zwangsläufig Fehler. Diese Fehler schlagen sich sofort in schlechterer Qualität nieder. Nun wird der betreffende Arbeiter versuchen, mit der Situation besser zurechtzukommen, indem er vom Erlernten abweicht und verschiedene andere Ansätze ausprobiert. Noch schwieriger wird es für ihn, wenn er bereits mit Fehlern und Abweichungen konfrontiert wird, die in den Prozessen zuvor entstanden sind. Die Resultate sind einerseits weitere Fehler und andererseits Prozessvarianten. Diese Prozessvarianten produzieren womöglich an anderer Stelle im Prozess weitere Probleme und Fehler und wiederum weitere Prozessvarianten. Toyota bezeichnet eine Situation, in der Mitarbeiter mit ungeklärten Details allein gelassen werden, als brandgefährlich. Der Prozess darf nur in der Art und Weise ausgeführt werden, wie er im Training erlernt worden ist.

Der Ausbildungsumfang ist bei Toyota nicht nur um ein Vielfaches größer als bei seinen Mitbewerbern, sondern auch um ein Vielfaches teurer. Andere Hersteller scheuen sich vor derart hohen Kosten. Doch auch, wenn es sich kurzfristig lohnen mag, Mitarbeiter möglichst schnell in der Produktion einzusetzen – langfristig auf keinen Fall.

Literatur

Arashi-Team (o. J.): MUDA-Die 7 Verschwendungsarten; http://www.arashi-innovation.com/de/die-7-verschwendungsarten-teil-1/. Letzter Zugriff: 03.07.2011.

HABERKORN, J. (2007): Porsche Consulting GmbH, 1. ProcessLab-Konfrerenz vom 14.06.2007, Frankfurt am Main, Präsentation: Die Vision von verschwendungsfreien Prozessen – Ansätze aus der Automobilindustrie.

Item Industrietechnik GmbH (o. J.). Wertstromanalyse; http://glossar.item24.com/de/start/view/glossary/ll/delen/item/wertstromanalyse/. Letzter Zugriff: 23.05.2016

LIKER, J. K., MEIER, D. P. (2008a): Praxisbuch – Der Toyota Weg. München: FinanzBuch Verlag, 2008.

LIKER, J. K., MEIER, D. P. (2008b): Praxisbuch – Der Toyota Weg. © FinanzBuch Verlag, ein Imprint der Münchner Verlagsgruppe GmbH, München. http://www.finanzbuchverlag.de, All rights reserved. Mit freundlicher Genehmigung des Verlages.

LIKER, J. K., MEIER, D. P. (2008c): Toyota Talent. München: FinanzBuch Verlag, 2008.

LIKER, J. K., MEIER, D. P. (2008d): Toyota Talent. © 2008 FinanzBuch Verlag, ein Imprint der Münchner Verlagsgruppe GmbH, München. http://www.finanzbuchverlag.de, All rights reserved. Mit freundlicher Genehmigung des Verlages.

o. V. (2013): 7 Arten der Verschwendung – Muda – 7 Verschwendungsarten – 7 Mudas; http://www.sixsigmablackbelt.de/7-arten-der-verschwendung-muda/; http://www.lean-production-expert.de/lean-production/7-verschwendungsarten.html. Letzter Zugriff: 12.05.2015.

PERROW, C. (1967): A Framework for the Comparative Analysis of Organizations. American Sociological Review 1967.

PORTER, M., TAKEUCHI, H., SAKAKIBARA, M. (1996): Harvard Business Review, Ausgabe 6, 1996

REFA (o. J.): Leistungspartner in Qualifizierung und Consulting; www.refa.de. Letzter Zugriff: 12.06.2010

ROTHER, M. und SHOOK, J. (2015): Sehen lernen. Mit Wertstromdesign die Wertschöpfung erhöhen und Verschwendung beseitigen. Mühlheim an der Ruhr: Lean Management Institut, Okt. 2015.

Schaal, S. (2015). Das Effizienzproblem von VW wird größer; http://www.wiwo.de/unternehmen/auto/belegschaft-waechst-staerker-als-der-umsatz-das-effizienzproblem-von-vw-wird-groesser/11177960.html, 02.01.2015; Letzter Zugriff: 05.01.2015.

Taiichi Ohno et al. (o. J.). http://www.tqu-group.com/downloads/LeanSigmaSynergien.pdf. Letzter Zugriff: 03.05.2012.

Toyota Material Handling (o. J.). Das Toyota Produktionssystem; http://www.pdf.toyota-forklifts-info.de/Broschuere_TPS.pdf, S. 7. Letzter Zugriff: 19.02.2016.

TQM Services GmbH (o. J.): 5W-Methode (5x Warum); http://www.tqm-services.de/leistungen/methoden-und-tools-1/5-x-warum. Letzter Zugriff: 14.11.2015.

TWI Institut Deutschland (o. J.): TWI Training within Industry; http://www.twi-institut.com/uploads/pdfs/brochuretwi-d.pdf. Letzter Zugriff: 30.04.2014.

Ung, A. (2015): Training Within Industry (TWI) – The Foundation of Standardized Work & Continuous Improvement; http://flevy.com/blog/training-within-industry-twi-the-foundation-of-standardized-work-continuous-improvement, 09.01.2015. Letzter Zugriff: 29.06.2015.

Ungern-Sternberg, R. (2015). Mit 10 Regeln zum perfekten Wertstromdesign; http://disziplean.de/wertstromdesign-klaus-erlach-rezension/; 23.02.2015. Letzter Zugriff: 04.03.2016.

Wichert, O. (o. J.): Andon-Beschreibung; http://www.lean-production-expert.de/lean-production/andon.html. Letzter Zugriff: 28.03.2013

Die Retail Bank AG

4

4.1 Einleitung

Als fiktives Beispiel für den Aufbau operativer Exzellenz habe ich mir die *Retail Bank AG* ausgedacht. Die Ausgangssituation und Problemstellung der Retail Bank AG spiegelt meines Erachtens zu weiten Teilen die Realität vieler Kreditinstitute wider. Die Luft zum Atmen wird für viele Banken in Anbetracht des harten, teils ruinösen Wettbewerbs, steigender Kosten und überbordender regulatorischer Anforderungen immer dünner. Andererseits existiert in deutschen Banken immer noch enorme Verschwendung: lange und unstete Durchlaufzeiten, viele Prozessvarianten, hohe Schwankungsbreiten in der Qualität, wenig effektiver Personaleinsatz und schlecht abgestimmte Schnittstellen. Die Aufzählung ließe sich beliebig fortsetzen. Eine kritische Ertragssituation auf der einen Seite und wenig Effizienz auf der anderen Seite – das passt nicht zusammen. Daher zieht die Retail Bank AG aus dieser Ausgangssituation die Konsequenz, der vermeidbaren Verschwendung den Kampf anzusagen und Effizienz und Qualität in den Mittelpunkt ihres Handelns zu stellen.

In diesem und den Folgekapiteln schildere ich Ihnen unter anderem die klassischen Fehler, die in der Branche bei dem Bemühen, effiziente Geschäftsprozesse zu implementieren, häufig gemacht werden (s. Infokästen *Misserfolgsfaktoren*).

4.2 Informationen zur Retail Bank AG

4.2.1 Geschäftsmodell und Struktur

Das bundesweit tätige Privatinstitut ist seit den 1970er-Jahren im deutschsprachigen Raum aktiv und positioniert sich als Spezialist für die Absatzfinanzierung von Konsumgütern. Das Institut stützt sich dabei auf die drei Geschäftsfelder Warenfinanzierung,

© Springer Fachmedien Wiesbaden GmbH 2017
K. Röhr, *Operative Exzellenz in Retailbanken*, DOI 10.1007/978-3-658-17165-0_4

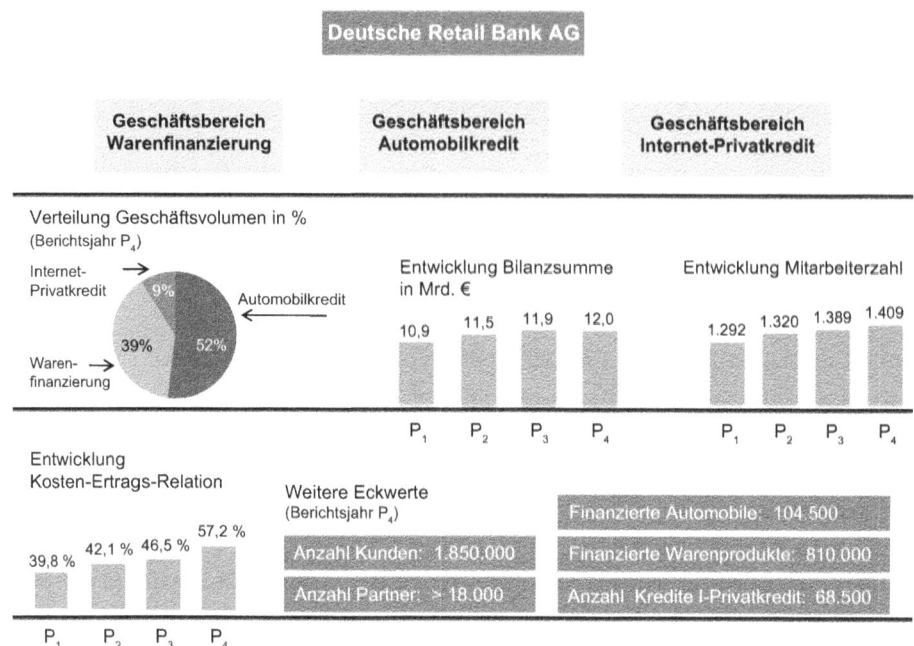

Abb. 4.1 Wesentliche Unternehmenskennzahlen der Retail Bank AG

Automobilkredit und Internet-Privatkredit. Der Geschäftsbereich Warenfinanzierung kooperiert mit Einzelhandelsorganisationen (primär Elektro- und Möbelmärkte) und unterstützt mit dem Produkt Finanzkauf den Absatz von Konsumgütern. Das Produkt Automobilkredit wird über unabhängige Automobilhändler (Gebrauchtfahrzeuge) und über mehrere Importeure (Neufahrzeuge) vertrieben. Im vergangenen Berichtsjahr finanzierte die Retail Bank AG insgesamt 104.500 Automobile. Der Privatkredit, Kernprodukt des dritten Geschäftsbereichs, wurde unter der Marke Internet-Privatkredit ausschließlich im Internet angeboten. Die Retail Bank AG zählt mit ihren Geschäftsbereichen Warenfinanzierung und Automobilkredit jeweils zu den führenden Anbietern im Markt. Das Internetgeschäft als jüngster Geschäftszweig befindet sich noch im Aufbau. Insgesamt pflegt die Bank Geschäftsbeziehungen zu über 18.000 Handelsunternehmen und Automobilhändlern. Die Bank unterhält, abgesehen von lokalen Vertriebsbüros, keine Filialen und steuert seine Aktivitäten zentral aus der Unternehmenszentrale. Aktuell beschäftigt die Retail Bank AG 1409 Mitarbeiter und betreut über 1,8 Mio. Kunden (vgl. Abb. 4.1).

4.2.2 Marktsituation und wirtschaftliche Lage

Das Geschäftsmodell, sich ausschließlich auf die Finanzierung von Konsumgütern und Automobilen zu spezialisieren, hat der Retail Bank AG über Jahrzehnte Erfolg und hohe Renditen beschert. Die Renditen lagen in den vergangenen Jahren deutlich höher als das Retailgeschäft klassischer Filialbanken. Allerdings zeichneten sich in den letzten drei Geschäftsjahren im Automobilgeschäft Probleme ab. Trotz grundsätzlich stabiler Nachfrage am Markt gelang es dem Institut immer weniger, auskömmliche Gewinne zu erwirtschaften. Ein Grund dafür war, dass sich immer mehr Marktteilnehmer im Automobilkreditmarkt engagierten. Eine Marktanalyse hatte zum Ergebnis, dass es Mitbewerbern gelang, schneller und umfassender Produkte zu platzieren, deren Merkmale genau den Bedürfnissen von Autohändlern, Importeuren und Endkunden entsprachen.

Noch gelingt es der Bank, seine Partner und somit seine Geschäftsbasis zu halten. Allerdings hat diese Schwäche zur Folge, dass die Profitabilität des Geschäftsbereichs in den letzten Jahren kontinuierlich gesunken ist. Diese Entwicklung war für die Retail Bank AG besonders kritisch, weil man zu über 50 % von diesem Absatzmarkt abhängig war. Die Schwäche dieses Geschäftsbereichs hatte signifikante Auswirkungen auf das Gesamtergebnis der Bank.

Neben den identifizierten strategischen Defiziten waren die hohen Verwaltungskosten ein weiteres Problemfeld. Die durch den Bankenverband zur Verfügung gestellten Vergleichszahlen belegten, dass die allgemeinen Verwaltungskosten deutlich über denen der Mitbewerber lagen. Die Entwicklung der Kosten-Ertrags-Relation der vergangenen Jahre macht diesen negativen Trend deutlich. Die beiden Hauptmitbewerber erzielten eine Kosten-Ertrags-Relation von 36 % bzw. 39 %. Es ist offensichtlich, dass die Retail Bank AG in Bezug auf diese wichtige Kenngröße den direkten Konkurrenten um rund 20 % hinterherhinkte. Trotz mehrerer Kostensenkungsprogramme und hoher Investitionen in effizientere Abläufe gelang es der Bank nicht, ihre Kostenstrukturen auf ein marktübliches Niveau einzustellen. Nach wie vor bestimmten bürokratische Strukturen und komplizierte Prozesse das Gesamtbild der Marktfolgeorganisation. Im Geschäftsbereich Warenfinanzierung war die wirtschaftliche Lage zwar weniger prekär als im Automobilgeschäft, allerdings spürte man als Marktführer immer mehr den Druck der Konkurrenz und das Bedürfnis der Händler nach flexibleren Produkten und höheren Provisionen. Offensichtlich war es nur eine Frage der Zeit, bis auch hier die Margen und Marktanteile unter Druck gerieten, zumal sich auch in diesem Bereich das generelle Problem der zu hohen Verwaltungskosten auswirkte. Der Internet-Privatkredit als jüngster und kleinster Geschäftsbereich war noch viel stärker als die anderen Produkte der Bank mit einem harten Preiswettbewerb konfrontiert. Ohne ein optimales Preis-Leistungs-Verhältnis war es kaum möglich, sich unter den Top-Anbietern im Internet-Kreditmarkt zu etablieren. Der Geschäftsbereich war daher von Beginn an defizitär.

4.3   Vergangenheitsbewältigung

4.3.1   Ursachenanalyse

Der Aufsichtsrat beauftragte einen Strategie-Coach, die Ursachen der aktuellen Situation zu analysieren und den Vorstand dabei zu unterstützen, eine zukunftsfähige Strategie für die Retail Bank AG zu entwickeln.

Ein erstes wichtiges Fazit des Strategie-Coachs war, dass selbst kleine Verbesserungen in den Marktprozessen und im Produktportfolio oft sehr lange brauchten, bis sie zur Marktreife gelangten; umfangreiche Neuerungen konnten oft gar nicht umgesetzt werden. Den Grund fand der Coach in etablierten Denk- und Verhaltensmustern des Managements und der Mitarbeiter. Der langjährige Erfolg hatte die Bank insgesamt träge und schwerfällig gemacht. Im Laufe der Jahre wurden immer mehr bürokratische Regelungen und Prozeduren aufgebaut, ohne dass deren Sinn und Wirkung kontinuierlich hinterfragt wurden. So war dem Management die Fähigkeit weitgehend verloren gegangen, in Bewegung zu bleiben und sich auf neue Bedürfnisse des Markts einzustellen. Auch fiel dem Coach auf, wie blind das Unternehmen für neue Chancen zu sein schien. Die Führungskräfte der Retail Bank AG waren sehr kritisch gegen Initiativen eingestellt, die sich außerhalb der etablierten Grenzen und Normen bewegten. Das gesamte Budget floss in die vorhandenen Strukturen und Produkte, auch wenn dadurch nur marginale Verbesserungen erzielt wurden. Für Zukunftsprojekte blieb kein Geld. Die Führungskräfte begründeten das zurückhaltende Verhalten damit, dass die Belastbarkeit neuer Ansätze zu wenig belegbar und Risiken somit nicht vorhersehbar seien. Die Kernkompetenzen, also die bestehenden Produkte, müssten kontinuierlich gestärkt werden, so die Aussage vieler Manager. Auffällig war auch, dass das mittlere Management kaum in Entscheidungsprozesse eingebunden war. Die relevanten Informationen zu Entscheidungsfindungen standen nur der Unternehmensspitze zur Verfügung, die alle wichtigen und auch weniger wichtigen Entscheidungen traf. Insgesamt konnte man die Retail Bank AG als ein sehr hierarchisch organisiertes Institut klassifizieren.

Alle diese Eindrücke spiegelten sich auch in den Interviews der Vorstände durch den Strategie-Coach wider. Der Vorstand war all die Jahre gewohnt gewesen, in einem sehr freundlichen Markt zu agieren. Der verstärkte Wettbewerb, insbesondere die aggressiven Strategien der Finanzinstitute der Automobilhersteller, hatten aber in den letzten vier Jahren erhebliche Turbulenzen ausgelöst, die die vorhandenen Marktregeln durcheinanderwirbelten. Der Vorstand versuchte dieser Entwicklung im Wesentlichen dadurch entgegenzuwirken, dass man sich stärker operativ engagierte, um so das eigene Geschäftsmodell besser verteidigen zu können. Alle Impulse, die gesetzt wurden, zum Beispiel durch rigide Sparprogramme, blieben ohne nachhaltigen Erfolg. Innerhalb des Vorstands und im Dialog mit dem Aufsichtsrat wurden diese dramatischen Entwicklungen jedoch kleingeredet und als temporäre Schwäche abgetan. Hinsichtlich des Geschäftsmodells und der Strukturen sah man keinen substanziellen Veränderungsbedarf.

Das waren die wesentlichen Ergebnisse der Analyse des Strategie-Coachs. Meine persönliche Erfahrung hat gezeigt, dass derartige Tendenzen häufig zu beobachten sind. Viele Manager in der Branche beklagen immer wieder, dass das Geschäftsmodell des Retail Bankings nur über sehr wenige Stellschrauben verfüge. In der Regel reduzieren sich diese Stellschrauben auf eine weitere Anheizung des ohnehin schon ruinösen Preiswettbewerbs. Häufig fehlt einfach der Mut, aber auch das nötige Wissen, um einen grundlegenden und umfassenden Wandel zu vollziehen. So konzentrieren sich viele Entscheider auf eine Wiederbelebung ihres alten Geschäftsmodells, statt ihre Bank wirklich fit für die Zukunft zu machen. Es gilt aber, für die Zukunft zu arbeiten, nicht die Vergangenheit zu verteidigen.

> Die Klage über die Schärfe des Wettbewerbs ist in Wirklichkeit meist nur die Klage über den Mangel an Einfällen (Walter Rathenau; Rathenau o. J.).

Wenn man fair ist, muss man das Management ein Stück weit in Schutz nehmen. Nicht etwa komplett ausblenden, dass gravierende Fehler gemacht wurden, aber den *Fluch des erfolgreichen Geschäftsmodells* besser verstehen lernen. Viele erfolgreiche Firmen lassen es nicht zu, am Heiligsten ihres Unternehmens, das heißt am Geschäftsmodell, das perfekt funktioniert (hat), zu experimentieren. Querdenker sind deshalb ausdrücklich unerwünscht. Schlittert ein solches Unternehmen in eine Strategiekrise und Management wie Mitarbeiter haben nie gelernt, Veränderungen zu meistern bzw. durch systematisches Experimentieren neue wettbewerbsfähige Strategien zu entwickeln, kann sich daraus eine ernste Bedrohung entwickeln. Erfolg erfordert ständige und umfassende Wachsamkeit und die Fähigkeit, sich kontinuierlich zu erneuern. Das gilt für Geschäftsmodelle, aber auch für Verfahrensweisen und Methoden, zum Beispiel in Marktfolgeorganisationen.

Zurück zur Retail Bank AG: Neben den beschriebenen Defiziten aus strategischer Sicht stellte sich auch dringlicher Handlungsbedarf in den Verwaltungsstrukturen ein. Egal, welche Vergleichszahlen herangezogen wurden, die Kosten waren zu hoch, der Personaleinsatz zu intensiv und die Qualität lag in weiten Teilen unter der der Vergleichswerte.

Dabei hatte die Retail Bank AG erst im vorletzten Jahr eine breit angelegte Reorganisation im Marktfolgebereich durchgeführt mit dem Ziel, Qualität und Effizienz deutlich zu verbessern sowie die Kosten signifikant zu reduzieren. Die operativen Leistungsträger der Organisation wurden intensiv theoretisch und praktisch in der Optimierungsmethode Six Sigma ausgebildet. Bereits in den ersten Untersuchungen konnten durch die Methode Optimierungspotenziale identifiziert und anschließend auch zu großen Teilen umgesetzt werden. Allerdings verliefen die Verbesserungen bereits nach kurzer Zeit im Sande. Was war da schiefgelaufen?

▶ **Misserfolgsfaktor: fehlende Umsetzungskompetenz** Ich möchte die Wirkung der Six-Sigma-Methodik nicht in Misskredit bringen. Diese Methode ist insbesondere in der Fertigungsindustrie weit verbreitet und birgt ein großes Potenzial. Auch in Banken konnten Projekte erfolgreich umgesetzt werden. Zu nennen sind hier beispielsweise die bessere Verfügbarkeit von IT-Anwendungen und Geldausgabeautomaten.

Bei der Anwendung von Six Sigma auf Serviceprozesse kommen die Vorteile dieser Methode aber häufig nicht zur Wirkung. Gerne verwende ich in diesem Zusammenhang das Beispiel eines Herstellers von Espressomaschinen. Für einen Produzenten von physischen Produkten in Massenproduktion ist es der Normalfall, dass seine Geräte eine Zeit lang, sagen wir für zwei oder drei Jahre, unverändert produziert werden. Die Produktion kann sich voll und ganz darauf konzentrieren, Fehler systematisch zu minimieren und die Qualität kontinuierlich zu steigern. Serviceprozesse haben in aller Regel aber die Eigenschaft, dass sie häufigen Veränderungen unterliegen, ganz anders als der Herstellungsprozess einer Espressomaschine. Ich persönlich kenne keinen unternehmenskritischen Serviceprozess, der über Jahre unverändert geblieben wäre. Stellen Sie sich vor, die Espressomaschinenproduktion wäre ständig mit kurzfristigen Veränderungen an ihren Produkten konfrontiert. Six Sigma wäre mit höchster Wahrscheinlichkeit nicht in der Lage, die gleichen guten Resultate zu erzielen. Ergo stellt sich die Frage, ob eine Methodik, die Perfektion zum Ziel hat, gleichermaßen für sich ständig verändernde Serviceprozesse geeignet ist.

Dieser Aspekt ist aber nicht der Hauptgrund, warum sich bei der Retail Bank AG die erwarteten Ergebnisse der Reorganisation in der Marktfolge nicht einstellten. Der Hauptgrund für die schlechten Ergebnisse der Six-Sigma-Methode im konkreten Fall waren die ungenügenden Anstrengungen zur dauerhaften Implementierung der Optimierungsergebnisse. Die Retail Bank AG schenkte dem Veränderungsprozess zwar am Anfang große Aufmerksamkeit, in der Folgezeit ließ diese Aufmerksamkeit aber stark nach, Prozessvarianten schlichen sich ein, die Fehlerproduktion nahm zu und die Prozesskosten stiegen. Bei Toyota dagegen ist es der Normalfall, dass in regelmäßigen Abständen sehr genau überprüft wird, ob Mitarbeiter ihre Tätigkeiten exakt nach den definierten Standards verrichten. Nur durch diese periodischen Kontrollen können stabile Standards verankert werden.

Bei Six-Sigma-Projekten in Banken beobachte ich immer wieder, dass Führungskräfte damit überfordert sind, ihre Prozesse stabil zu halten oder gar kontinuierlich zu verbessern. Sie sind deswegen überfordert, weil sie zu wenig unterstützt werden. Wie kann von Führungskräften ein stabiler Betrieb gefordert werden, wenn im Unternehmen kein mit der TWI-Methodenlehre von Toyota vergleichbares Konzept etabliert wurde? Wie kann von Führungskräften eine kontinuierliche Prozessverbesserung verlangt werden, wenn sie nicht durch professionelle Prozessanalysten unterstützt werden? Wie können Mitarbeitern Höchstleistungen abgefordert werden, wenn ihre Führungskräfte nicht als Coaches und Lehrer geschult wurden? Wie können von Führungskräften Innovationen erwartet werden, wenn das kreative Potenzial der Mitarbeiter nicht systematisch gefördert wurde? Ohne all diese Unterstützung wären auch die Führungskräfte bei Toyota hoffnungslos überfordert. Das alles erklärt, warum Six-Sigma-Anwender in Banken häufig von einem Strohfeuereffekt berichten. Dauerhafte Produktivitätssteigerungen, insbesondere in Serviceprozessen, können meist nicht realisiert werden.

Eine weitere entscheidende Ursache für das Scheitern industrieller Methoden besteht darin, dass die typische Organisationsform der Banken nicht auf operative Exzellenz ausgerichtet ist. Daher ist es nicht verwunderlich, wenn viele Anstrengungen scheitern. Eine Lehre hieraus für Banken muss es daher sein, eine neue, auf Prozesse und Qualität ausgerichtete Organisationsform zu etablieren. Wie diese gestaltet werden kann, wird in den Folgekapiteln erörtert.

Als wären diese Punkte nicht schon Anstrengung genug, stellen sich in vielen Banken, in denen Six Sigma, aber auch andere industrielle Methoden eingeführt wurden, enorme Akzeptanzprobleme bei Mitarbeitern ein. Das Management unterschätzt oft, dass industrielle Methoden nicht selbstverständlich mit den Unternehmenskulturen in Banken kompatibel sind. Da muss es einen nicht verwundern, wenn Mitarbeiter sehr skeptisch und ablehnend reagieren. In diesem Zusammenhang beobachte ich häufig, dass sich Verantwortliche in erster Linie darum bemühen, ein Commitment des Top-Managements für die favorisierte Methode der bevorstehenden Reorganisation zu erwirken. Ja, das ist auch wichtig. Viel wichtiger ist es aber, einen geschlossenen Rückhalt bei den operativen Leistungserbringern in den Geschäftsbereichen zu erreichen. Die Mitarbeiter müssen für die Sache gewonnen werden.

Die Retail Bank AG hatte versäumt, im Zusammenhang mit der Realisierung der Optimierungspotenziale Zielvereinbarungen mit den betreffenden Führungskräften zu treffen. Es ist meines Erachtens zwingend geboten, alle Führungskräfte, die bei einem End-to-End-Prozess zusammenwirken, mittels Zielvereinbarungen zu steuern. Dieses Thema werde ich später noch ausführlicher erläutern. Im konkreten Fall spielte es allerdings kaum eine Rolle, dass dies versäumt wurde, weil die Führungskräfte mangels fehlender Randbedingungen ohnehin keine Chance gehabt hätten, ihre Zielvereinbarungen zu erfüllen. Auf eine Zielvereinbarung kann man sich nur dann konzentrieren, wenn die Randbedingungen das auch zulassen.

In einigen Einzelfällen konnte ich am Markt beobachten, dass in Six-Sigma-Projekten die Methode an sich und deren statistische Verfahren in den Mittelpunkt gestellt wurden. Es gab regelrechte Wettkämpfe zwischen verschiedenen Abteilungen, wer die Methode am besten nach der reinen Lehre auslegte. Ergebnis war eine unübersichtliche Flut von Kennzahlen, Indikatoren und hoch komplexen Analysereports, die weit über das Ziel hinausschossen.

Es bringt letztendlich keinen weiter, wenn die Leistungserbringer an der Basis überfordert sind. Nur ein mitarbeiterzentrierter Ansatz ist ein erfolgreicher Ansatz! Die Instrumente der industriellen Methoden müssen gut beherrschbar und überall verfügbar sein und kompromisslos im Dienst der Sache stehen.

Lessons learned

- Das Management muss den Mitarbeitern plausibel und nachvollziehbar erklären können, warum die Anwendung industrieller Methoden notwendig ist, und muss den Weg der Einarbeitung und der kontinuierlichen Fortführung mit viel Aufmerksamkeit begleiten.
- Die Instrumente der Optimierungsmethode müssen überall in der Bank in gleicher Form verfügbar sein und jeder relevante Mitarbeiter muss den Umgang mit ihnen ganz selbstverständlich beherrschen und zum alltäglichen Bestandteil seiner Arbeit machen.
- Es gilt sorgfältig abzuwägen, ob eine Optimierungsmethode auf das jeweilige Geschäft der Bank sinnvoll angewandt werden kann.
- Bei Anwendung industrieller Optimierungsmethoden gilt es, stets den ganzen Weg des Optimierungsprozesses im Auge zu behalten und zu begleiten.
- Führungskräfte müssen durch fest institutionalisierte Einrichtungen unterstützt werden.
- Es ist geboten, dort Zielvereinbarungen zu vereinbaren, wo mehrere Führungskräfte gemeinsam auf einen Gesamtprozess einwirken. Die Zielvereinbarung jedes Einzelnen muss sich an der Performance und Entwicklung des Gesamtprozesses orientieren.

Sozialwissenschaftler können heute eindeutig belegen, dass die Identifikation mit dem Unternehmen, die Bereitschaft zu hoher Leistung und die Bereitschaft, einen notwendigen Wandel zu vollziehen, ganz wesentlich davon abhängt, ob Unternehmenswerte von Mitarbeitern tatsächlich gelebt werden. Es gibt kaum Top-Manager, die diese Tatsache bestreiten. Aber nur die wenigsten Unternehmenslenker fördern tatsächlich den Aufbau und die Pflege von Unternehmenswerten in einem Maß, das notwendig wäre, damit sich Unternehmenswerte auch tatsächlich zu einem echten Erfolgsfaktor entwickeln können.

In vielen deutschen Banken gibt es zwar tolle Leitbilder für das gemeinsame Wirken. Doch hinter den Kulissen läuft längst nicht alles so glatt, wie es die Wertefibeln suggerieren. Zwar wird Kooperation großgeschrieben, doch viele Manager, vor allem aus der mittleren Führungsebene, sind skeptisch, was die Fähigkeiten ihres Unternehmens betrifft, definierte Ziele zu erreichen, aus Fehlern zu lernen oder offen für Neues zu sein.

Nicht anders verhielt es sich bei der Retail Bank AG. Selbstverständlich gab es definierte Unternehmenswerte, aber im täglichen Handeln spielten sie für die Belegschaft (die meisten Führungskräfte eingeschlossen) keine besondere Rolle. Hochglanzbroschüren und Lippenbekenntnisse verhelfen Unternehmenswerten eben nicht zum Leben. Der

Strategie-Coach erkannte schnell, dass das Handeln in der Retail Bank AG vornehmlich von Richtlinien und Vorschriften, Planung und Kontrolle bestimmt wurde.

Warum sind nicht gelebte Unternehmenswerte ein eklatanter Misserfolgsfaktor?

▶   **Misserfolgsfaktor: nicht gelebte Unternehmenswerte** Ich möchte selbstverständlich nicht mit Richtlinien, Vorschriften und Kontrolle brechen. Das ist in Anbetracht einer so stark regulierten Branche wie der Bankenwirtschaft auch schlicht unmöglich. Aber Richtlinien, Vorschriften und Kontrolle können und dürfen niemals eine Werteordnung ersetzen. Werden Werte nicht gelebt und dominieren Vorschriften, so provoziert die Bank bei den Mitarbeitern zwangsläufig einen Dienst nach Vorschrift und vernichtet damit jenen Raum, der für Erneuerungen notwendig ist. Ganz zu schweigen davon, dass Dienst nach Vorschrift eine Fülle von weiteren nicht erwünschten Verhaltensweisen nach sich zieht.

Die Wertekultur einer Bank ist kein Selbstzweck, sondern dem Ziel untergeordnet, innere Stärke für Wachstum und Wettbewerbsfähigkeit zu schaffen. In einem breit angelegten, umfassenden Prozess, der alle Mitarbeiter erreichen soll, muss festgestellt werden, für was die Bank im Kern steht und was sie starkmacht (vgl. Kopmann o. J.).

Bereits an einigen Stellen dieses Buches habe ich darauf hingewiesen, dass operative Exzellenz ohne eine funktionierende Wertekultur nicht funktioniert. Aber warum ist das so? Muss man unbedingt diesen großen Bogen schlagen, um effiziente Strukturen zu schaffen? Wäre nicht vieles einfacher, wenn man sich auf die Optimierung der Prozesse und die Verbesserung der Qualität konzentrieren könnte? Genau an dieser Stelle beginnt der Denkfehler vieler, sicher gut gemeinter Reorganisationen. Man muss die Menschen im Unternehmen vorbereiten und qualifizieren. Die Menschen müssen diesen großen Schritt mit Motivation und Überzeugung mitgehen. Echte operative Exzellenz bedarf anderer Organisationsstrukturen als jener, die in Banken heute normalerweise etabliert sind. Auch die Art und Weise, wie Arbeit verrichtet wird, muss sich grundlegend ändern; denken Sie hier an das Toyota-Kapitel, insbesondere an die TWI-Methodenlehre. Darüber hinaus müssen Mitarbeiter lernen, zielgerichteter zu kommunizieren und sich intensiv mit neuen Methoden zur Lösung von Problemen auseinanderzusetzen. Insbesondere für Führungskräfte bedeutet der Wandel enorme Veränderungen. Bei allen Interessengruppen der Bank, vom Management über die Mitarbeitervertretung bis zu den Leistungserbringern an der Basis, muss Einigkeit über die neuen Organisationsstrukturen und die neue Form der Verrichtung von Arbeit bestehen. Die Basis hierfür muss die Wertekultur der Bank sein. In diesem Zusammenhang zitiere ich noch mal eine entscheidende Stelle aus dem Toyota-Kapitel (vgl. Osono et al. 2008):

Herausragende Mitarbeiter sind das Ergebnis einer Unternehmenskultur, die systematisch die Fähigkeiten der Mitarbeiter fördert und perfektioniert. Das Toyota-Produktionssystem und die TWI-Methodenlehre gehen Hand in Hand mit Toyotas Unternehmenskultur (Osono et al. 2008).

Verlieren Sie nie aus dem Blick, dass Fachwissen, Methoden und Verfahren leicht nachgeahmt werden können. Einen echten Wettbewerbsvorteil erzielen Sie nur dann, wenn Ihre Mitarbeiter befähigt wurden, Veränderungen schnell und umfassend zu akzeptieren und dies auf operativer Ebene umzusetzen. Unternehmen, die nur nachahmen, werden massive Probleme damit haben, ihre Mitarbeiter dazu zu bewegen, Veränderungen wirklich zu akzeptieren. Die Unternehmenskultur macht den Unterschied.

Somit ist die Schaffung und die kontinuierliche Weiterentwicklung von Unternehmenswerten immer der erste Schritt, bevor Reorganisationen oder tief greifende Veränderungen in Angriff genommen werden können. Auch in dieser Hinsicht ist Toyota ein Vorbild. Würde Toyota die Weiterentwicklung und Verbreitung seiner Werte einstellen, bräche das Imperium zusammen. Keine operative Exzellenz, keine herausragenden Mitarbeiter, keine herausragende Qualität und keine herausragenden Ideen mehr – das wäre die Konsequenz. Toyota hat schon vor 60 Jahren erkannt, dass Werte, Vision, Strategie und operative Exzellenz einander zwingend bedingen.

Lessons learned

- Bevor Strategie und operative Exzellenz definiert und umgesetzt werden, muss eine akzeptierte und funktionierende Wertekultur etabliert werden. Wesentliche Elemente dieser Kultur sind eine werteorientierte Führungskultur und professionelle Kommunikationsstrukturen.
- Machen Sie sich bewusst, was die Werteordnung in Ihrer Bank bei Mitarbeitern genau bewirken soll.

Fazit

Aufsichtsrat und Vorstand der Retail Bank AG gelangten nach Prüfung der Analyseergebnisse und nach intensiver, teils kontroverser Aussprache zu der Überzeugung, dass der bisherige strategische Weg und die bisherigen Anstrengungen nicht geeignet waren, die Retail Bank AG zur alten Ertragsstärke zurückzuführen. Mehr noch, es bestand schließlich Einigkeit darüber, dass sich das Unternehmen im Kern verändern müsste. *Im Kern verändern* bedeutete im konkreten Fall, einen grundlegenden Wandel zu vollziehen, der jeden Winkel des Unternehmens erreichen sollte.

Sicherlich ist ein so komplexer Veränderungsprozess, der die Bereiche Unternehmenswerte, Vision, Strategie und operative Exzellenz von Grund auf neu ausrichten soll, ein risikobehaftetes Unterfangen, denn Unternehmen sind nicht unbeschränkt belastbar. Man muss in jedem Einzelfall genau abwägen, was man einer Organisation und deren Mitarbeitern zumuten kann. Spürt die Bank Handlungsdruck zur Verbesserung von Qualität und Effizienz, muss sorgfältig geprüft werden, welche Veränderungen genau in den Bereichen Vision, Strategie und Wertekultur notwendig sind und mit welcher Geschwindigkeit sie umgesetzt werden können.

Literatur

Kopmann, M. (o. J.): Beratung für interne Kommunikation; http://www.internal-relations.com/. Letzter Zugriff: 18.05.2010.

OSONO, E., SHIMIZU, N., TAKEUCHI, H. (2008): Extreme Toyota – Radical Contradictions That Drive Success at the World's Best Manufacturer. Hoboken, New Jersey: John Wiley & Sons, Inc. 2008

Rathenau, W. (o. J.): Zitate von Walther Rathenau; http://www.bk-luebeck.eu/zitate-rathenau.html. Letzter Zugriff: 28.06.2011.

Zukunft hat, wer Zukunft macht

5

5.1 Managementagenda

Als nächster Schritt wurde die weitere Vorgehensweise für die Bewältigung des Veränderungsprozesses festgelegt. Die wesentlichen Meilensteine waren die Definition einer allgemeingültigen Werteordnung, die Erneuerung der Unternehmensstrategie und danach die Schaffung operativer Exzellenz in der Retail Bank AG.

In dieser kritischen Phase darf das Management gerade in Anbetracht der enormen Vielfalt an Aktivitäten keinesfalls die wirklich wichtigen Punkte aus den Augen verlieren. Statt sich um das Klein-Klein zu kümmern, muss sich das Management mit einer entscheidenden Frage auseinandersetzen: Wie lassen sich die Ideen den Führungskräften, den Mitarbeitern und allen anderen Betroffenen erfolgreich verkaufen? Wird diese Frage nicht zielführend beantwortet, werden die anstehenden Veränderungen in der Bank mit höchster Wahrscheinlichkeit kläglich scheitern, egal, wie genial die Ideen und Maßnahmen sind. John P. Kotter und Lorne A. Whitehead (vgl. Kotter und Whitehead 2010) haben sich intensiv mit Veränderungsprozessen in Unternehmen auseinandergesetzt. Eine wesentliche Erkenntnis von Kotter und Whitehead ist, dass die meisten Menschen nicht besonders gut darin sind, andere für ihre Ideen zu gewinnen.

Zu Beginn des Veränderungsprozesses werden hoch intellektuelle Leistungen vollbracht, sei es die Formulierung einer neuen Strategie oder die komplexe Analyse von Daten. In einem kleinen Kreise Gleichgesinnter, häufig mit Unterstützung von Managementberatern, werden die Pläne für Veränderungen entwickelt. Und was passiert dann? *Die Ideen und Pläne werden vorgestellt und zerschellen an der Mauer aus Gegnern und Bedenkenträgern,* so Kotter und Whitehead (vgl. Kotter und Whitehead 2010, S. 9). Sie haben bei ihren Untersuchungen in Unternehmen festgestellt, dass die Abwehrstrategien von Mitarbeitern so trickreich sein können, dass selbst beste Ideen nicht die notwendige Unterstützung bekommen. Die Veränderungen enden dann in einer Sackgasse. Das Problem liegt nicht darin, dass es Mitarbeitern in Unternehmen grundsätzlich an der Einsicht

© Springer Fachmedien Wiesbaden GmbH 2017
K. Röhr, *Operative Exzellenz in Retailbanken*, DOI 10.1007/978-3-658-17165-0_5

in die Notwendigkeit von Veränderungen fehlt. Bei den meisten Mitarbeitern in Banken
ist mittlerweile angekommen, dass die Bereitschaft zu kontinuierlicher Erneuerung für
die Sicherung des Unternehmens und damit auch die Sicherung der Arbeitsplätze unerlässlich ist.

> Wenn es nämlich auf Dauer nicht gelingt, in der eigenen Mannschaft einen ausreichenden
> Spirit zu erzeugen, kann es auch nicht gelingen, operative Exzellenz nachhaltig zu gestalten.
>   Operative Exzellenz heißt also immer auch, dass bei der flexiblen Standardisierung von
> Arbeitsprozessen nicht nur die Unternehmens-, sondern auch die Mitarbeiterinteressen zu
> berücksichtigen sind (Springer 2014, S. 23).

Aber wo liegt das Problem? Kern des Problems ist das unmöglich zu durchschauende
Geflecht der Beziehungen, des Besitzdenkens, der Eitelkeiten und der Ängste von Menschen als sozialer Gruppe in Unternehmen. Jeder erfahrene Manager weiß, wie heikel es
ist, bestehende Machtzentren und Sozialstrukturen zu zerschlagen und Mitarbeiter mit
grundlegenden Veränderungen zu konfrontieren. Unsicherheit, Verlustängste und Wut
sind häufig das Ergebnis. Es ist schier unmöglich, immer die wahren Gründe für Wider-
stände zu erkennen.

Selbstverständlich gibt es hier kein Patentrezept. Aber in der Praxis sind auffällig häufig die Vorgehensweisen von Managern erfolgreich, die sich an den Empfehlungen von
John P. Kotter und Lorne A. Whitehead orientieren. So simpel es auch klingen mag:

> Anführer des Wandels müssen ihre Vision so kommunizieren und verbreiten, dass sie andere
> Menschen dazu bewegen, ihre Strategie zu unterstützen (Kotter und Whitehead 2010,
> S. 16 f.).

So weit, so gut. Aber worin unterscheiden sich erfolgreiche und nicht erfolgreiche Ideenverkäufer voneinander? Erfolgreiche Manager versuchen niemals, Kritiker im Unternehmen abzustrafen. Ganz im Gegenteil. Erfolgreiche Manager haben die Fähigkeit, Kritiker
und Widersacher in den Veränderungsprozess einzubinden. Auch wenn es simpel klingt:
Man muss Menschen gebetsmühlenartig durch Logik und Fakten überzeugen.

> Vertrauen zu Fuß, Panik zu Pferde.

Das Management darf sich auch in turbulenten Aussprachen nicht dazu hinreißen lassen,
einen harten Ton anzuschlagen und auf Attacken schroff zu reagieren. Ganz im Gegenteil, der erfolgreiche Manager reagiert immer besonnen und respektvoll, auch in hekti-
schen Situationen. Eine ganz entscheidende, Erfolg versprechende Eigenschaft besteht
darin, immer klare und deutliche Botschaften zu kommunizieren. Dieses Vorgehen, das
zeigt sich in der Praxis immer wieder, ist stärker als hartnäckige Widerstandsstrategien
von Kritikern (vgl. Kotter und Whitehead 2010, S. 108–172). Das Management muss im
Prozess der Meinungsbildung nicht nur die lautstarken Widersacher im Auge behalten,
sondern auch die breite Masse der stillen Unentschlossenen. Diese stille Masse verfolgt
aufmerksam der Argumentation der Führung und beobachtet ganz genau, wie mit Kritikern des Veränderungsprozesses umgegangen wird. Hat die Mehrheit das Gefühl, dass

Bedenkenträger unfair behandelt werden, kann die Stimmung im Unternehmen abrupt kippen. Dann hat das Management in aller Regel keine zweite Chance, seine Strategien erfolgreich umzusetzen.

> Kleine Veränderungen, kleine Widerstände. Große Veränderungen, große Widerstände. (Hammer 2003).

Ein wichtiges Element in der Argumentationskette der Führung muss es sein, die Dringlichkeit des Wandels überzeugend zu erklären. Es gilt hervorzuheben, welche Chancen sich für das Unternehmen und für die Mitarbeiter ergeben werden. Die Methode, eine Drohkulisse aufzubauen und beispielsweise die Sicherheit der Arbeitsplätze infrage zu stellen, sollte tunlichst vermieden werden. Wird auf diese Art Druck ausgeübt, schürt das Ängste und Unsicherheit und kann nicht zu einem Aufbruch führen, den alle mit Überzeugung mittragen. Druck im Sinne von zielgerichtetem Handlungsdruck ist dagegen zwingend geboten. Jeder Beteiligte muss wissen, was von ihm erwartet wird und wie seine Rolle im neuen System aussehen soll.

Im Grunde genommen schließen sich die betrieblichen Interessen und die Interessen der Mitarbeiter keineswegs aus, ganz im Gegenteil. Mitarbeiter haben ein starkes Interesse an sicheren Arbeitsplätzen und gesichertem Einkommen. In reifen und gesättigten Märkten wie im Retail Banking kann sich ein Geschäftsmodell nur dauerhaft durchsetzen, können Arbeitsplätze nur dauerhaft abgesichert bleiben, wenn schlanke und gut durchdachte Prozesse implementiert sind und den Märkten kontinuierlich angepasst werden. Im Zuge des betrieblichen Veränderungsprozesses bietet das Management der Retail Bank AG eine Fülle neuer Entwicklungsperspektiven für die Mitarbeiter an. Alle gewinnen durch die Tatsache, dass im Zentrum der neuen Ausrichtung der Bank die Entwicklung herausragender Mitarbeiter steht. Davon profitiert die Belegschaft durch vielfältige Initiativen und neue berufliche Entwicklungsmöglichkeiten. Die Bank vermittelt ihren Angestellten modernste Methoden und Verfahren und befähigt sie dadurch, ihre Ziele besser zu erreichen.

Viele Mitarbeiter kritisieren an standardisierten Prozessen, dass diese ihre Freiheitsgrade massiv einschränken. Sicher, an diesem Argument ist etwas Wahres. Das Gewähren von individuellen Freiheitsgraden als Selbstzweck wäre aber eine verhängnisvolle Abkehr von standardisierten Prozessen. Denkt man jedoch einen Schritt weiter, kann der Begriff Freiheitsgrad auch weiterführend interpretiert werden. Wenn das Gewähren von Freiheitsgraden bedeutet, gute Ideen zu fördern und zu verwirklichen, wird es der neuen Organisation selbstverständlich nützen. Allerdings ist eine Idee nur dann wirklich gut, wenn der gesamte Prozess davon profitiert. Daran müssen sich neue Ideen messen lassen. Gute Ideen lassen sich zudem immer dann gut umsetzen, wenn ein leistungsfähiger Baukasten an Methoden, Verfahren und vernetztem Wissen zur Verfügung steht. Von einem solchen Baukasten profitieren insbesondere kreative und ideenreiche Mitarbeiter.

Das sind alles starke Argumente, aber trotzdem ist es immer wieder eine Kunst, dies Mitarbeitern überzeugend zu verkaufen.

Die Argumentation des Managements darf sich nicht im Klein-Klein verzetteln. Es gilt, im Dialog mit den Beschäftigten immer den roten Faden in der Hand zu behalten und die Hauptgründe für die bevorstehenden Veränderungen plausibel erklären zu können. Dabei ist es ratsam, sich eine Fülle von Beispielen und kleinen Geschichten, die die Gründe für eine Veränderung besonders deutlich vor Augen führen, zurechtzulegen und diese geschickt in den Dialog einzubringen. Mit clever eingesetztem Storytelling lässt sich viel wirksamer überzeugen als mit blumigen und pauschalen Aussagen. In der kritischen Phase der Meinungsbildung muss die Unternehmensführung immer präsent sein und jede Gelegenheit nutzen, auf Mitarbeiter einzuwirken. Es gilt, Team- und Abteilungsbesprechungen zu besuchen, Roadshows zu organisieren und Mitarbeitern dort Rede und Antwort zu stehen. Das Management darf nie aus den Augen verlieren, wie wichtig es ist, eine aufgeschlossene und authentische Grundhaltung im Dialog mit Mitarbeitern und allen anderen Interessengruppen einzunehmen. Sich darauf zu beschränken, die Fäden im Hintergrund zu spinnen, reicht nicht aus. Eine fehlende Sichtbarkeit des Managements in dieser Phase ist der beste Nährboden dafür, dass Gerüchte und schlechte Stimmung ins Kraut schießen. Professionelle Ideenverkäufer planen diesen Zeitabschnitt wie eine Wahlkampfkampagne. Nichts wird dem Zufall überlassen.

5.2   Unternehmenswerte entwickeln und vermitteln

5.2.1   Veränderungsziele festlegen

Damit Unternehmenswerte zielgerichtet entwickelt werden können, muss man sich über die Ziele der Veränderung im Klaren sein. Im Falle der Retail Bank AG wurde die Fähigkeit des Unternehmens, sich kontinuierlich erneuern zu können, als Hauptziel definiert. Darunter ist sowohl die Fähigkeit zu verstehen, schnell auf Marktveränderungen zu reagieren, als auch diejenige, in derselben Geschwindigkeit die dafür notwendigen strukturellen Maßnahmen innerhalb der Organisation umzusetzen. Der entscheidende Schlüssel, um diesen Zustand zu erreichen, ist die Etablierung einer neuen Führungskultur in der Bank. Im Folgekapitel wird dieser erfolgskritische Changeprozess detailliert beschrieben.

Neben diesem Hauptziel will das Management gezielt die Vielfalt von Meinungen in der Bank fördern und Sensibilität für Wertschöpfung und Verschwendung schaffen.

5.2.2   Mitarbeiter mobilisieren und Unternehmenswerte erarbeiten

Bei der Erarbeitung der Unternehmenswerte ist wieder die Fähigkeit des Managements gefragt, die Aufmerksamkeit der Mitarbeiter zu gewinnen. Der richtige Zeitpunkt für die Ansprache spielt eine ebenso große Rolle wie das Einräumen eines angemessenen Zeitraums für die Erarbeitung der Werte. Es gilt, klar zu kommunizieren, welchen hohen Stellenwert die Werteordnung zukünftig einnehmen soll. Denn Mitarbeiter sind in der

Regel zunächst skeptisch, ob eine Werteordnung tatsächlich ihr tagtägliches Handeln im Unternehmen beeinflussen wird. Diese Überzeugungsarbeit muss in einem gut organisierten und umfassend angelegten Prozess geleistet werden. In Workshops, in denen große Teile der Belegschaft mitwirken, werden allgemeingültige Regeln definiert, wie man miteinander umgeht und mit Kunden kommuniziert. Ein weiteres wichtiges Ergebnis muss sein, eine Übereinstimmung darüber zu erzielen, für was das Unternehmen im Kern steht, was es stark und unverwechselbar macht. Im konkreten Fall der Retail Bank AG ist es auch zwingend notwendig, die Erfahrungen der Vergangenheit zu reflektieren, um so bewusst die Regeln für die Zukunft aufzustellen.

▶ Folgende zentrale Fragen müssen im Dialog mit den Mitarbeitern diskutiert und beantwortet werden:
   Wer sind wir? – Unternehmensgeschichte, Identität, Einzigartigkeit, Auftrag
   Was wollen wir? – Werte, Ziele
   Was tun wir? – Aufgaben, Leistungen
   Für wen tun wir etwas? – Kunden, Zielgruppen
   Wie sieht unsere Arbeit aus? – Arbeitsweisen und -strukturen
   Was können wir leisten? – Qualität, Kompetenzen
   Wie gehen wir miteinander um? – Kultur, Führung, Kommunikation, Kooperation
   Mit wem arbeiten wir zusammen? – Geschäftspartner

5.2.3 Umsetzung und Entwicklung der Unternehmenswerte steuern

Leider ist es oft Realität in Unternehmen, dass nach der Definition einer neuen Werteordnung nichts mehr passiert. Keiner fordert ein neues Verhalten ein, man geht wieder zur alten Tagesordnung über. Neue Verhaltensregeln wirklich zu verinnerlichen bedeutet, einen langen Weg zu gehen und täglich daran zu arbeiten.

Damit dies gelingt, muss der Hebel an der richtigen Stelle angesetzt werden. Und dieser Hebel sind die Führungskräfte. Ihre Fähigkeit, Werte vorzuleben, und ihr Verhalten in wichtigen Schlüsselsituationen entscheiden darüber, ob ein Erneuerungsprozess tatsächlich von einer breiten Mehrheit im Unternehmen getragen wird. Auch das Top-Management muss sich in der Bewertung und Auswahl von Führungskräften verändern. Zur Bewertung eines Managers dürfen nicht mehr ausschließlich geschäftliche Ergebnisse herangezogen werden; einen hohen Stellenwert muss auch seine Fähigkeit einnehmen, die Werte des Unternehmens vorzuleben und erfolgreich zu vermitteln. Ich möchte nicht etwa propagieren, dass Banken nur noch die Pflege und Weiterentwicklung ihrer Werte betreiben sollten. Ganz im Gegenteil: Geschäftliche Ergebnisse sind und bleiben selbstverständlich der Maßstab für die Leistungsfähigkeit eines Unternehmens. Ich möchte es daher konkreter formulieren: Manager müssen zukünftig danach bewertet werden, wie sie – durch Einbringung und Vermittlung der Unternehmenswerte – ihre Ergebnisse erreicht haben. Zu Beginn des Kapitels habe ich geschrieben, dass eine Werteordnung kein Selbstzweck ist, sondern ganz klar in der Pflicht steht, den Unternehmenswert dauerhaft zu steigern. Sie dient als Instrument für die operativen Leistungsträger – hier meine ich primär das mittlere Management –, die mit der Werteordnung einen wirksamen Hebel erhalten, um höhere Leistungen und höhere Gewinne in Ihren Verantwortungsbereichen zu erzielen. Das Top-Management hat dabei die Aufgabe, den *Werteentwicklungsprozess* geschickt zu steuern und das Tempo der Veränderungen auf das Umsetzbare zu beschränken.

In diesem Kontext darf man allerdings nicht ausblenden, dass Führungskräfte in Banken, gerade im mittleren Management, heutzutage oft chronisch überlastet sind. Eine weitere tragende Säule in ihren Aufgabenbereich einzuziehen bedeutet, die Belastung noch weiter zu erhöhen. Diese zunächst logisch klingende Schlussfolgerung trifft aber nicht unbedingt zu, denn die Veränderungen dienen gerade auch der Belastungsreduktion. Erinnern Sie sich an die Methoden von Toyota: Es gilt, Komplexität zu reduzieren, hohe Standards zu implementieren, Transparenz zu schaffen und die Form der Kommunikation zu vereinfachen. Was Managern heute zu schaffen macht, ist gerade die enorme Komplexität, das Fehlen ausgereifter Standards und häufig eine ausufernde Kommunikationskultur. Auch die Fähigkeit, Lösungsansätze und Erfahrungen anderer Unternehmensbereiche zu nutzen, also bereits im Unternehmen *Erlerntes* wieder zu verwenden, ist in der Branche, anders als in der Automobilindustrie, nur sehr eingeschränkt entwickelt. Es gibt also ein enormes Potenzial, Freiräume zu schaffen und somit die Gesamtbelastung nicht zu erhöhen.

Die Bank muss sich zu Beginn des Veränderungsprozesses viele Gedanken über den neuen Typus Führungskraft machen. Merkmale wie etwa die Fähigkeiten, Mitarbeiter systematisch und kontinuierlich zu fördern, sich als Lehrer und Coach zu positionieren und seine Mitarbeiter zu befähigen, ihre geschäftlichen Ziele besser, einfacher und schneller zu erreichen, treten von nun an in den Vordergrund. Die Personalentwicklung muss sich zum Ziel setzen, die individuellen Defizite festzustellen und ein ebenso individuelles Qualifizierungsprogramm für jeden Manager zu planen und durchzuführen.

> Vergessen Sie Lob, vergessen Sie Bestrafung, vergessen Sie Geld. Um Mitarbeiter wirklich zu motivieren, müssen Sie deren Arbeit interessanter gestalten (Frederick Herzberg, Herzberg o. J.).

In regelmäßigen, standardisierten Reviews muss überprüft werden, wie sich die Fähigkeit des Führungspersonals entwickelt, die Unternehmenswerte als Hebel für eine verbesserte Leistung zu nutzen. Darüber hinaus ist zu empfehlen, einmal jährlich eine Jahresklausur mit allen Führungskräften einzuberufen. Sie dient dazu, über Fortschritte, aber auch Defizite zu diskutieren. Ein Ziel der Klausur besteht darin, dass Führungskräfte durch Austausch untereinander lernen, wie Unternehmenswerte noch erfolgreicher vermittelt werden können. Auf Mitarbeiterebene sollte ebenfalls, beispielsweise durch Online-Fragebögen, in regelmäßigen Abständen hinterfragt werden, welche Fortschritte erzielt wurden und was nach Ansicht der Mitarbeiter verbessert werden kann.

5.2.4   Kommunikation professionalisieren

Zur Etablierung einer neuen Werteordnung im Unternehmen bedarf es einer umfassenden und professionellen Kommunikation. Es reicht auf keinen Fall aus, die Kommunikationspolitik einzig auf die persönlichen Kommunikationsqualitäten der Unternehmensführung zu gründen. Die Unternehmensführung muss sich auf eine solide, professionelle und immer gegenwärtige Unternehmenskommunikation stützen können. Diese muss, und das ist ganz wichtig, in der Lage sein, alle Interessengruppen (vgl. Abb. 5.1) im Unternehmen differenziert anzusprechen, denn jede hat ihre ganz eigenen Interessen. Die Interessenlage des Aufsichtsrats ist eine andere als die der Arbeitnehmervertreter oder der Führungskräfte. Dazu bedarf es eines maßgeschneiderten Programms.

> **Zusammenfassung**
> **Die neuen Unternehmenswerte der Retail Bank AG**
> Seit über 40 Jahren sind wir die erste Adresse für die Absatzfinanzierung von Konsumgütern für das Kraftfahrzeuggewerbe und den Handel. Unsere Geschäftspartner schätzen unsere bewährten Produkte, unsere Beratung und unsere Fähigkeit, den Absatz ihrer Produkte zu sichern. Als Spezialist in diesem Markt verfügen wir über einzigartiges Wissen darüber, wie mit individuell zugeschnittenen Finanzierungslösungen strategische Expansionspläne unserer Geschäftspartner unterstützt werden können.
>   Wir haben sechs zentrale Unternehmenswerte entwickelt, die helfen sollen, unseren Führungsanspruch zu behaupten und kontinuierlich weiterzuentwickeln.
>
> **Wir haben unsere Augen am Markt**
> Uns ist bewusst, dass wir unsere Stellung im Markt nur behaupten können, wenn wir uns systematisch und gezielt darum bemühen, die Bedürfnisse unserer Geschäftspartner früh zu erkennen und schnell ausgereifte Produkte und Leistungen von höchster Qualität anbieten zu können. Wir müssen unsere Produkte und Dienstleistungen so entwickeln und gestalten, dass sie es den Händlern einfach machen, sie zu verkaufen.

Abb. 5.1 Gliederung der verschiedenen Interessengruppen im Unternehmen

Wir streben nach herausragender Leistung
Unabhängig davon, wie gut Marke, Produkte und Prozesse unser Bank bereits sind: Wir streben danach, diese kontinuierlich zu verbessern. Wir wissen, dass Stillstand Rückschritt bedeutet. Wir unterscheiden uns auch dadurch von unseren Mitbewerbern, dass wir den Willen und den Mut zu einer ständigen Erneuerung aufbringen.

Unsere Führungskräfte stehen in besonderer Verantwortung
Unsere Führungskräfte sehen ihre Hauptaufgabe darin, Mitarbeiter zu herausragenden Experten auf ihren Arbeitsgebieten zu entwickeln. Unsere Führungskräfte sind dem Leitbild verpflichtet und sind sich ihrer besonderen Vorbildfunktion bewusst. Wir betonen die Eigenverantwortlichkeit jedes Mitarbeiters. Führung erfolgt bei uns mittels Gespräch, Zielvereinbarung und Erfolgskontrolle.

Anerkennung unserer Mitarbeiter
Wir erkennen und belohnen den Beitrag unserer Mitarbeiter zum Erfolg der Retail Bank AG.

Sensibilität für Verschwendung und Wertschöpfung
Wir verwenden viel Aufmerksamkeit darauf, wie wir unsere Arbeit verrichten. Schlecht wirtschaften bedeutet weniger Gewinn und damit auch einen Verlust von Wettbewerbsfähigkeit und Sicherheit. Verschwendung zu erkennen und zu eliminieren sowie Wertschöpfung gezielt zu fördern, ist Gegenstand unserer täglichen Arbeit.

Kommunikation
Wir sprechen offen und ehrlich miteinander. Wir gehen mit Informationen innerhalb unseres Unternehmen freizügig und verantwortungsbewusst um.
Wir leben in einer komplexen Kommunikationsgesellschaft. Gerade deswegen versuchen wir, unsere Kommunikation einfach und zielgerichtet zu gestalten, damit wir unseren Blick auf das Wesentliche nicht verlieren. Unser Kommunikationsstil ist zielgerichtet, verbindlich und konzentriert sich auf das Wesentliche.

Wir sind erfolgreich, weil uns diese gemeinsamen Werte verbinden und wir danach handeln. Alle Mitarbeiter und Führungskräfte bringen unsere Unternehmenswerte gemeinsam zum Leben.

Im Zusammenhang mit der Definition von Unternehmenswerten werde ich auffällig häufig darauf angesprochen, dass man keine großen Unterschiede zwischen den Werteordnungen verschiedenster Unternehmen erkennt. Irgendwie klingen die Werteordnungen der meisten Unternehmen gleich, so das Argument. Ja, Dreh- und Angelpunkt sind immer Stellungnahmen zu Kunden und deren Zufriedenheit, zum Geschäftsmodell, dazu, wie man miteinander umgeht und welche Ansprüche man an sich selbst stellen soll. Ferner wird die Führungskultur beschrieben, manchmal auch ein Bekenntnis, unabhängig bleiben zu wollen. Meine Antwort hierauf: Das Geschriebene allein bewirkt keine Wunder – entscheidend ist, was man daraus macht! Womit wir wieder bei der Verantwortung der Führungskräfte und deren Fähigkeit wären, Werte im Unternehmen erfolgreich umzusetzen. Die individuelle und einzigartige Ausprägung einer Werteordnung muss in den jeweiligen, detaillierten Umsetzungsprogrammen erfolgen.

Man muss sich in diesem Zusammenhang immer wieder bewusst machen – und seine Mitarbeiter entsprechend sensibilisieren –, dass hoch entwickelte Unternehmenswerte nur mit wirtschaftlichem Erfolg gelebt werden können. Geschäftsmodelle, die sich nicht tragen, gehen unter. Ich denke, das kann man jedem Mitarbeiter plausibel vermitteln, sofern diese Tatsache nicht als Drohung oder Vorwurf formuliert wird.

Im Zusammenhang mit der Umsetzung von Strategien und der Implementierung eines kontinuierlichen Erneuerungsprozesses ist ein Artikel über die BBBank eG, Karlsruhe, im Bankmagazin erschienen. Die Autorin Marion Kopmann schildert darin den Umsetzungsprozess einer neuen Strategie, wobei sie erfolgskritische Faktoren wie die Fähigkeit zur kontinuierlichen Erneuerung und die Ausweitung der Unternehmenswerte in den Mittelpunkt stellt. Deutlich wird dabei auch, wie wichtig eine durchgängige und konsistente Kommunikation in einem strategischen Veränderungsprozess ist. Ich erlaube mir, diesen Artikel von Frau Kopmann zu zitieren:

Beispiel: Wenn der Weg zum Ziel wird (Kopmann 2008)

Wenn die Ergebnisse schlecht ausfallen, müssen umfassende Veränderungen vorgenommen werden. Aber was, wenn die Zahlen stimmen und alle zufrieden sind? Die BBBank eG hat sich aus einer Position der Stärke auf den Weg der Erneuerung begeben.

Was macht Unternehmen in Zeiten der Globalisierung, immer kürzeren Lebenszyklen und gesättigter Märkte erfolgreicher als andere? Neue Studien belegen, dass nicht typische Parameter wie Produktangebot oder Vertrieb ausschlaggebend sind, sondern eine interne Fähigkeit: die permanente und kontinuierliche Selbsterneuerung. Dahinter steht die grundsätzliche Bereitschaft und Fähigkeit einer Organisation, die eigene Leistung und Struktur infrage zu stellen und gegebenenfalls zu erneuern. Doch leichter gesagt als getan, heißt es doch, lieb gewonnene Abläufe immer wieder zu verabschieden und das Morgen nur bedingt aus dem Heute ableiten zu können. Dies fällt zunächst einmal schwer – allen Menschen. Bankmitarbeitern, die auf die Beherrschung von Risiken und auf die Vorhersehbarkeit von Prozessen getrimmt sind, besonders.

Interne und externe Faktoren hinterfragen:

Der Vorstand der BBBank hatte entschieden, das offensichtlich erfolgreiche Geschäftsmodell auf den Prüfstand zu stellen und vor dem Hintergrund guter Erträge und einer soliden Bilanz einen weitreichenden Veränderungsprozess in Richtung Zukunft und Wachstum anzustoßen. Warum? Als genossenschaftlich organisiertes Institut steht die Nutzenstiftung für die Mitglieder im Sinne von marktgängigen Produkten zu wettbewerbsfähigen Konditionen im Fokus. Dies bedeutet aber bei sinkenden Margen und tendenziell steigenden Kosten, dass die heute gute Ertragssituation in absehbarer Zeit aufgezehrt ist, wenn besagte interne und externe Faktoren nicht fortlaufend hinterfragt und entwickelt werden.

Dem Vorstandsvorsitzenden der BBBank und seinen Vorstandskollegen war dabei klar, dass viele Change-Prozesse beim Übergang in die Organisation bzw. der Umsetzung in den Regelvollzug scheitern, wenn die Führungskräfte und Mitarbeiter die Veränderungsnotwendigkeit nicht verinnerlicht haben. Die große Herausforderung hieß folglich, wie stellen wir die Umsetzung des Wachstumsprogramms sicher und halten mögliche Opportunitätskosten so gering wie möglich, erinnert sich der Vorstandsvorsitzende an die Anfänge des Projekts. Denn nur, wenn die Vision einer Erneuerung von möglichst allen Beteiligten getragen würde, würde sich der Wandel auch bankenweit umsetzen lassen. Man war sich schnell einig, dass nur ein langfristig orchestrierter Prozess infrage kam.

Der erste Schritt war somit das verbindliche Commitment des Vorstands auf das gemeinsame Ziel, mittels geeigneter Maßnahmen die Wettbewerbsfähigkeit der Bank zu erhalten und weiter auszubauen. Der Weg lautete, in einem Zeitraum von vier Jahren ein Wachstum im Geschäftsvolumen von 40 % zu erreichen und zugleich das Ergebnis der Bank um 20 % zu erhöhen. Um dahin zu kommen, definierte der Vorstand zwei elementare Handlungsfelder: eine komplette Strukturanalyse und -optimierung und eine durchgängige, offensive Kommunikation.

Für Letzteres wurde mithilfe einer Agentur für Interne Kommunikation eine Dachmarke gestaltet, die ab sofort alle Botschaften und Maßnahmen der Wachstumsinitiative bündeln sollte. Das Motto 40-20-10 Zukunft gewinnt! und eine Sympathiefigur für den Aufbruch wurde entwickelt. Nachfolgend wurden die Gremien der Bank informiert und kritische Einwände bewusst aufgenommen. So war dem Betriebsrat der Veränderungsbedarf zwar grundsätzlich bewusst, dennoch standen die Sensoren teilweise zunächst auf Alarm. Gute Argumente und das Angebot, als Sparringspartner des Steuerungsteams in die Analyse- und Planungsphase aktiv mit einbezogen zu werden, überzeugten jedoch.

Dieses Steuerungsteam sollte jetzt die Rolle eines Motors übernehmen: Unter dem Sponsorship und in enger Abstimmung mit dem Vorstand erhielt es das Mandat, alle erforderlichen Prozessschritte verantwortlich zu steuern, die Teilergebnisse miteinander abzugleichen und schließlich umzusetzen.

Mitarbeiter durchgängig informieren:

Bereits der erste Vorstandsbrief im neuen Projektbranding ging in Allianz mit dem Betriebsrat an alle Mitarbeiter. Er informierte über das Ziel der Initiative und die zu erwartenden Veränderungen und appellierte an jeden, das Projekt aktiv und nachhaltig zu unterstützen. Zusammen mit einer externen Unternehmensberatung wurde die BBBank in der ersten Phase des Projektes einer umfassenden Due Diligence unterzogen, um eine Analyse und Bewertung ihrer aktuellen Stärken und Schwächen zu erhalten.

Das Ergebnis war eine große Datenfülle, die es dem Vorstand erlaubte, für die BBBank verschiedene strategische Erfolgspositionen (SEP) zu definieren. Zusätzlich wurden zehn Kernthemen, die entscheidend für den zukünftigen Erfolg der BBBank sein sollten, definiert. Aus kommunikativer Sicht war dies eine kritische Phase, so der Vorstandsvorsitzende, da die Mitarbeiter die Tragweite spürten, es aber noch kaum Ergebnisse zum Zeigen gab. Mit regelmäßigen Newslettern über den Prozess und einem speziellen Intranet-Forum konnte diese Lücke gefüllt werden.

Wir wollen uns bewusst wieder dem Anspruch stellen, die Bank für Beamte und den öffentlichen Dienst zu sein (Vorstand BBBank).

Die Analysephase zeigte zudem, dass eine Weiterentwicklung des Leitbilds erforderlich war: eine neue Vision, die die quantitativen Ziele des Mottos 40-20-10 Zukunft gewinnt! emotional untermauerte. Dafür wurden 16 Werte, die ein stabiles, gemeinsames Verständnis der BBBank für den künftigen Weg definieren, herausgearbeitet und an die Mitarbeiter kommuniziert.

Basierend auf den zehn Kernthemen galt es, zehn Teilprojektgruppen, zum Teil funktionenübergreifend, einzurichten und zu steuern. In einer großen, eintägigen Mitarbeiterveranstaltung wurden die Mitglieder, die Aufgabe bzw. das Ziel und diese Kernthemen vorgestellt.

Die elementare Aufgabe der Teilprojektgruppen lag in der Erarbeitung von Maßnahmen zur Optimierung des Vertriebs. Dazu gehörten unter anderem die Überprüfung der internen Prozesse und der Verbindungsstellen zwischen Markt und Marktfolge sowie der Ausbau der Marktbearbeitung nach Kundensegmenten und die Erweiterung des Leistungsangebots, zugeschnitten auf die individuellen Lebensphasen der Kunden.

Ein weiteres, essenzielles Ergebnis der SEP-Definition bestand in der Erweiterung der Positionierung auf die Zielgruppe Öffentlicher Dienst. Wir halten an unserer Positionierung des preiswerten Qualitätsanbieters von Finanzdienstleistungen für alle privaten Bankkunden fest, so der Vorstandsvorsitzende. Wir wollen uns ganz bewusst wieder dem Anspruch stellen, die Bank für Beamte und den Öffentlichen Dienst zu sein. In einer zunehmend globalisierten Welt wollen wir unseren Kunden damit auch ein Stück Heimat zurückgeben.

Mit individueller Ansprache, einer eigenen Rubrik im Internet, neuen Filialen in Ballungsräumen des Öffentlichen Dienstes und speziellen Produkten und Werbemaßnahmen für diese Klientel wird das Ziel verfolgt. Die Ergebnisse belegen den Erfolg: Über 12.000 neue Mitglieder und Kunden konnten gewonnen werden – dies ist der größte Zuwachs seit über acht Jahren. Es zeigt: Wer sich auf den Weg macht, kann die Zukunft gewinnen.

5.3 Strategische Entscheidungen treffen

5.3.1 Einleitung

Entsprechend den Erkenntnissen des Strategieexperten Michael Porter musste sich die Retail Bank AG einer großen Herausforderung stellen: der *Definition einer einzigartigen, wertvollen Positionierung auf Basis eines Systems an Aktivitäten, das schwer zu kopieren ist* (Porter 2008, S. 54). Denn nur, was vom Wettbewerb nicht leicht kopiert werden kann, was einzigartig macht, ermöglicht eine Differenzierung im Markt. Wenn Sie auf den Anfang von Kap. 4 zurückblicken, wird deutlich, dass die Bank den Anschluss an die Mitbewerber verloren hatte – insbesondere im standardisierten Mengengeschäft. Die Bank bot letztendlich nichts, was ein anderer Marktteilnehmer nicht auch liefern konnte. Die erste strategische Entscheidung, die getroffen wurde, war, sich von dem Geschäftsbereich *Internet-Privatkredit* zu trennen. Denn die damals beschlossene Strategie, sich im Internetmarkt als Preisführer zu positionieren, um dauerhaft unter den Top-3-Anbietern zu sein, konnte nicht umgesetzt werden. Die schlechten Marktbedingungen dieses Geschäfts ließen es nicht zu, dauerhaft erfolgreich zu sein und ähnliche Margen zu erzielen wie in den anderen Geschäftsbereichen.

5.3.2 Basisgeschäft absichern

Existenziell wichtig war es für die Bank, das Standardmengengeschäft wieder zu stabilisieren. Anders als in der Vergangenheit involvierte das Management diesmal repräsentativ ausgewählte Partner, um deren Bedürfnisse bei der neuen strategischen Ausrichtung besser berücksichtigen zu können. Das Ergebnis der vielen Gespräche war, dass die Händler mehr Flexibilität bei der Gestaltung der Finanzierungsverträge einforderten, um somit die Chancen auf einen Kaufabschluss erhöhen zu können. Hier hatte es aus Sicht der Händler in der Vergangenheit Defizite gegeben, beispielsweise konnten zeitlich befristete Werbekampagnen oder Sonderaktionen nur sehr umständlich bzw. nur eingeschränkt umgesetzt werden.

Ein weiteres wichtiges Ergebnis in Zusammenarbeit mit den Händlern bestand darin, dass das Kartengeschäft ausgebaut wurde. Zahlreiche neue Kartenfunktionen, inklusive eines neuartigen Bonussystems, erlaubten es nun den Partnern, Endkunden langfristiger und enger an das Unternehmen zu binden.

Unter dem Projektnamen *Wir liefern Ideen* setzte die Bank einen neuen Meilenstein bei der Unterstützung seiner Händler. Eine neu gegründete Beratungseinheit, bestehend aus Finanzierungsexperten und Konsumforschern, begann das Management der Händler bei der effektiveren Umsetzung der Strategien zu unterstützen. Ziel dieser Beratungseinheit war die Entwicklung zielgerichteter und individuell abgestimmter Finanzierungskonzepte, die beispielsweise geeignet sind, den Absatz hochpreisiger und margenträchtiger Artikel signifikant zu erhöhen oder Wachstumsstrategien gezielter zu unterstützen.

Unabhängig von diesen Maßnahmen befand der Vorstand nach kritischer Selbsteinschätzung, dass es der Bank über all die Jahre nicht gelungen war, zu seinen größten und wichtigsten Händlern eine Geschäftsbeziehung herzustellen, die auf Vertrauen basierte. Es mangelte keineswegs an formellen Kontakten, beispielsweise über den Vertrieb oder den Händlersupport. Aber man war nicht in der Lage, auf wichtige strategische Entscheidungen der Händler in Finanzierungsfragen Einfluss zu nehmen. Der Vorstand war davon überzeugt, dass sich diese Situation selbst durch ein stark verbessertes Portfolio nicht grundsätzlich ändern würde. Er entschied, regelmäßig über diese Situation zu beraten und nach Lösungsansätzen zu suchen.

5.3.3   Neue Märkte erschließen

Die Händlerstruktur der Retail Bank AG war im Prinzip seit Gründung des Kreditinstituts unverändert. Sie setzte sich im Wesentlichen aus den Segmenten Kfz-Gebrauchtwagenhandel sowie Möbel- und Elektromärkte zusammen. Diese Märkte waren weitgehend gesättigt und von einem starken Verdrängungswettbewerb gekennzeichnet. Definiertes Ziel der Retail Bank AG war es bisher gewesen, sich in diesen Märkten unter Wahrung der Profitabilitätsziele gut zu behaupten. Die neue strategische Planung sah vor, sich auf neue Märkte zu konzentrieren. Nach einem langen Prüfungsprozess entschied das Management, sich strategisch neu auf den Gesundheitsmarkt auszurichten. Das erfolgreiche und bewährte Händlerkonzept sollte auf diesen neuen Markt übertragen werden. Im Fokus der Strategie *Neue Märkte* standen Optiker, Hörgeräteakustiker, Ärzte und Kliniken. Die Retail Bank AG begann, Finanzierungslösungen für die Fälle anzubieten, die beispielsweise durch Krankenversicherungen nicht vollständig abgedeckt werden. Dieses Konzept ermöglichte der Retail Bank AG auch, ihren großen Vorteil, ihren flächendeckenden Außendienst, gut auszuspielen.

5.3.4   Rolle der operativen Exzellenz

Das neu ausgerichtete Standardmengengeschäft musste nicht nur den Anforderungen von Händlern und Endkunden genügen, sondern auch kostengünstig abgewickelt werden können. Insbesondere im preissensitiven Standardmengengeschäft musste es der Bank gelingen, die Herstell- und Verwaltungskosten dauerhaft niedrig zu halten. Würde dies nicht gelingen, würden die Erträge nicht genügend Spielraum für die angestrebte Zielmarge bieten. In diesem Fall könnten auch nur eingeschränkt Provisionen an Geschäftspartner geleistet werden. Provisionszahlungen sind jedoch insbesondere im Kfz-Markt ein außerordentlich wichtiges Steuerungsinstrument. Daher kam der operativen Exzellenz bei der Umsetzung der Strategie eine herausragende Rolle zu. Ohne wettbewerbsfähige Kosten- und Verwaltungsstrukturen können Strategien im Retail Banking nur sehr eingeschränkt im Markt durchgesetzt werden.

Das Programm *operative Exzellenz* hatte zum Ziel, die Verwaltungskosten der Retail Bank AG signifikant zu reduzieren, die Effizienz zu erhöhen und höchste Qualitätsstandards einzuführen.

▶   **Misserfolgsfaktor: strategische Schwächen** Viele Kreditinstitute in der Branche leisten sich strategische Schwächen. Ein Klassiker sind sicherlich mangelhafte Kommunikation und fehlende Steuerungsinstrumente innerhalb der Bank im Hinblick auf die Strategie. Wissenschaftler und Beratungsunternehmen können heute sehr genau nachweisen, dass, insgesamt betrachtet, bei den meisten Unternehmen und Banken Strategien versagen, weil sie nicht nachhaltig genug umgesetzt werden. Im Folgenden finden Sie klassische Hindernisse bei der Umsetzung von Strategien (vgl. Niven 2009, S. 35):

Das Visions-Hindernis:

Nur fünf Prozent der Mitarbeiter verstehen die Strategie ihres Unternehmens!

Die klügsten Köpfe des Unternehmens entwickeln eine großartige Strategie und vernachlässigen dabei, eine zielgerichtete Kommunikationsstrategie zu definieren und im Unternehmen zu verbreiten. Damit ist die Chance verpasst, dass insbesondere Führungskräfte bewusst und zielgerichtet ihren Beitrag zur Erreichung der strategischen Ziele leisten können.

Das Menschen-Hindernis:

Nur 25 % der Manager haben Incentives an die Strategie geknüpft!

Bereits diese ernüchternde Erkenntnis macht deutlich, wie sich Unternehmen selbst schier unüberwindbare Hindernisse in den Weg legen. Es muss Pflicht sein, dass sich die Zielvereinbarungen aller Führungskräfte im Unternehmen strikt an der Erreichung der strategischen Ziele ausrichten.

Das Ressourcen-Hindernis:

60 % der Organisationen knüpfen keine Budgets an die Strategie!

Ohne ausreichend dimensionierte Budgets können keine großen Leistungen erwartet werden. Wie denn auch? Elementarer Bestandteil der Strategiephase muss es daher sein, die definierten Maßnahmen mit einem ausreichenden Budget auszustatten. Das ist eine Mindestvoraussetzung, damit ein Transformationsprozess erfolgreich durchgeführt werden kann.

Das Management-Hindernis:

85 % der Vorstände diskutieren weniger als eine Stunde pro Monat die Unternehmensstrategie!

Womöglich gibt es eine Handvoll Unternehmen auf der Welt, deren Geschäftsmodelle sich seit 100 Jahren nicht verändert haben. Deutsche Retailbanken fallen definitiv nicht in diese Kategorie. Im Rahmen eines fest institutionalisierten, kontinuierlichen Verbesserungszyklus ist es einfacher – auch für das Management –, sich einerseits systematisch mit der Weiterentwicklung der Strategie zu beschäftigen und andererseits die entsprechenden Umsetzungsmaßnahmen in der Bank voranzutreiben.

Eine wettbewerbsfähige Strategie besteht nicht nur aus guten Produkten, sondern muss auch von einer konsistenten Kommunikationsstrategie und Steuerungsstrategie flankiert werden.

Leider verfügen viele Kreditinstitute über keinerlei definierte Methoden und Vorgehensweisen, die dazu dienen, strategische Ziele effektiv in der Organisation umzusetzen. Strategie und operative Ausführung laufen sozusagen nebeneinander her, ohne miteinander gekoppelt zu sein. Dieser erfolgskritische Punkt wird unter anderem im Folgekapitel thematisiert.

Ein anderer Aspekt strategischer Schwächen ist bei Banken zu beobachten, die ihr Heil fast ausschließlich in operativen Verbesserungsmaßnahmen suchen. Dies beschreibt die folgende Aussage von Michael Porter sehr treffend:

Unter dem Druck, Produktivität, Qualität und Tempo steigern zu müssen, haben Manager zu Instrumenten wie TQM, Benchmarking und Reengineering gegriffen. Das Ergebnis waren beeindruckende operative Verbesserungen, aber selten haben sich diese Resultate in nachhaltige Profitabilität übersetzt. Und ganz allmählich sind diese Instrumente an Stelle einer Strategie getreten. Auch wenn operative Effektivität für eine überdurchschnittliche Performance unerlässlich ist, reicht sie dennoch allein nicht aus, weil ihre Techniken leicht nachzuahmen sind. Im Gegenteil, die Quintessenz einer Strategie besteht in der Definition einer einzigartigen wertvollen Positionierung auf Basis eines Systems an Aktivitäten, das schwer zu kopieren ist (Porter 2008, S. 54).

Als Negativbeispiel sind auch Kreditinstitute zu nennen, die die Informationstechnologie als Strategieersatz betrachten. Mit Sicherheit spielt die Informationstechnologie im Zuge der Ausführung der Strategie eine überaus wichtige Rolle. Niemals darf aber Informationstechnologie die Rolle einer Strategie einnehmen. Die Strategie treibt die Prozesse und Prozesse treiben die Informationstechnologie.

Die Banken müssen sich vermehrt der Herausforderung stellen, eine ausgewogene Balance zwischen Strategie und operativer Exzellenz herzustellen.

5.3.5 Erste organisatorische Weichenstellung

Der Gesamtvorstand beschloss, das Kerngeschäft der Bank nunmehr auf vier Kompetenzsäulen zu stellen. Mit der Gliederung des Kerngeschäfts in eine Produktbank, eine Vertriebsbank, eine Produktionsbank und eine Portfoliobank bezweckte das Management der Bank zum einen eine Professionalisierung der jeweiligen Kompetenzfelder und zum anderen die Schaffung einer Basis für die effizientere Bewältigung des Standardmengengeschäfts. Diese Gliederung des Kerngeschäfts kommt bereits der organisatorischen Ausrichtung vieler Industrieunternehmen sehr nahe (Abb. 5.2).

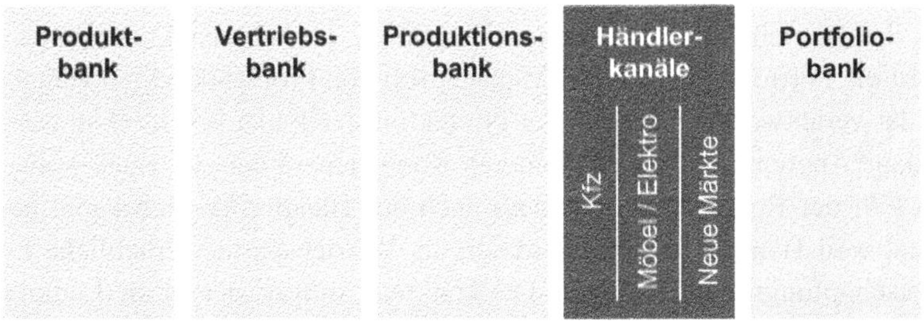

Abb. 5.2 Gliederung des neuen Kerngeschäfts der Retail Bank AG

Die Produktbank hat das primäre Ziel, standardisierte Produkte gemäß der strategischen Ausrichtung zu entwickeln. Für diesen Bereich stellte sich zunächst die große
Herausforderung, Methoden und Verfahren zu entwickeln, mit denen die horizontale
Diversifizierung der Produktpalette organisatorisch und systemtechnisch möglichst
effektiv umgesetzt werden kann. Aufgrund der neuen Produktmerkmale, die mit den
Händlern vereinbart worden waren, sah sich die Bank mit einer deutlich komplexeren
Produktstruktur als in der Vergangenheit konfrontiert. Zur Bewältigung dieser erfolgskritischen Aufgabe war es nur konsequent, dass die Bank ihr Spezialwissen zu diesem
Thema in der neuen Produktbank bündelte. Das neue Geschäftsmodell der Retail Bank
AG wäre Makulatur gewesen, wenn es nicht gelungen wäre, schnell und zuverlässig
neue Produktmerkmale zu liefern, die deren Absatz aus Sicht der Händler optimal fördern.

Die Vertriebsbank kann sich in der neuen Organisation ganz auf ihre Kernkompetenz konzentrieren, das B2B-Management, das heißt die Beziehungen zu den Händlern,
dauerhaft zu festigen und neue Händler sowie Unternehmen im neuen Gesundheitsmarkt zu akquirieren. Der Erfolg der Retail Bank AG hängt ganz entscheidend davon
ab, ob das Verkaufspersonal des Händlers in der Lage ist, eine individuell auf den Kunden zugeschnittene Finanzierung anzubieten. Attraktive Bonusprogramme, regelmäßige
Schulungen und das Erlernen der Kreditberechnungstools sollen die Händler-Verkäufer
befähigen, höhere Abschlussquoten zu erzielen. Aus diesem Grund legte die Vertriebsbank der Retail Bank AG ein nachhaltiges Schulungsprogramm für die Händler-Verkäufer auf. Eine direkte Analogie zu Toyota, denn Toyota gibt offen zu, dass der eigene
Erfolg wesentlich von der Fähigkeit der Verkäufer in den Autohäusern abhängt, Kunden
vom Kauf eines Toyota-Automobils zu überzeugen. Darauf verwendet Toyota viel Geld
und große Anstrengungen, um sich auf diese Weise den Erfolg an der Quelle der Wertschöpfungskette zu sichern.

Das Kerngeschäft der Portfoliobank ist das Management von Markt- und Kreditrisiken. Die Experten dort kümmern sich darum, dass alle Prozesse und Entscheidungen in
der Bank mit gesetzlichen und aufsichtsrechtlichen Auflagen konform sind. Die Produktionsbank ist in Bezug auf die Kreditentscheidung prozessual eng mit der Portfoliobank
verflochten, denn der Kreditantrag wird in der Portfoliobank und nicht in der Produktionsbank entschieden. Das Herzstück der Portfoliobank, zumindest gilt dies bei einer
hoch automatisierten Konsumentenkreditbank, ist die Scorecard. Entscheidende Aufgabe
ist es hier, den Betrieb und die kontinuierliche Pflege der Scorecard zu organisieren. Des
Weiteren ist die Portfoliobank für das Management von Problemkrediten verantwortlich.

Damit der Verantwortungsbereich der Produktionsbank klar beschrieben werden kann,
ist die genaue Abgrenzung von den anderen Kompetenzsäulen der Bank notwendig. Im
konkreten Fall der Retail Bank AG muss auch der Händler-Vertriebskanal berücksichtigt werden, weil Händler in ihrer Funktion als Vertriebspartner erhebliche Leistungen
in der Wertschöpfungskette erbringen. Der konkrete Auftrag, der an die Leitung der Produktionsbank gerichtet wurde, ist die effiziente und qualitätsorientierte Abwicklung der
eingehenden Kreditanträge gemäß den ermittelten strategischen Steuerungskennzahlen.

Angesichts von jährlich über 160.000 Kreditanträgen für gebrauchte Kraftfahrzeuge, über einer halben Million Kreditanträgen für Möbel und Elektroartikel sowie schätzungsweise 50.000 neuen Kreditanträgen aus dem Gesundheitsmarkt liegt auf der Hand, wie notwendig ein stabiles industrielles Konzept für die Produktionsbank ist. Ob sich die Retail Bank AG auf einer unternehmensweiten, wettbewerbsfähigen Kostenstruktur abstützen kann, hängt in weiten Teilen davon ab, ob es der Produktionsbank gelingt, die Herstellungskosten eines Kredits, bei fest definierter Qualität, sehr niedrig und jederzeit konkurrenzfähig zu halten.

Die strategischen Steuerungskennzahlen sind das Ergebnis der ersten Phase des kontinuierlichen Verbesserungskreislaufs. Hierbei werden die wichtigsten Steuerungsgrößen für die Produktionsbank definiert. Die detaillierte Erläuterung folgt in den Folgekapiteln.

Dem Management war durchaus bewusst, dass die Kosten für die Koordinierung einer gebündelten Marktfolge-Funktionseinheit (Warenfinanzierung, Kfz-Geschäft und Gesundheitsmarkt) geringer sind als die für die Koordinierung mehrerer unabhängiger Einheiten. Das Management der Bank verband mit der Neuausrichtung daher die Erwartung, dass die bislang – mehr oder weniger – unabhängig voneinander arbeitenden Marktfolgeteams zukünftig als eine Einheit funktionieren würden. Die Problemstellung der Skaleneffizienz war dem Management schon länger bewusst. Allerdings war es in der Vergangenheit nicht gelungen, die verschiedenartigen Anforderungen der Märkte aufgrund ihrer Komplexität in eine funktionierende Einheit zu transformieren. Hier hatte man vor der Komplexität kapituliert und hielt als Konsequenz getrennt arbeitende Teams vor. Die Bewältigung von Komplexität ist, insgesamt betrachtet, ein wesentlicher Faktor dafür, ob die Bank wirtschaftlichen Erfolg hat oder nicht.

Diese klassische Problemstellung aus der Organisationslehre muss man aus zwei verschiedenen Warten betrachten. Einerseits muss das nötige Know-how verfügbar sein, um neue, effiziente Strukturen zu planen und zu realisieren, andererseits muss mit Nachdruck gegen die menschliche Eigenschaft angekämpft werden, davon auszugehen, dass die neuen Strukturen auf lange Zeit unverändert bleiben. Denn Märkte und aufsichtsrechtliche Bedingungen sind immer in Bewegung und demzufolge auch die internen Prozesse. Ein lebenslanges Lernen, selbstverständlich fest in den Unternehmensstrukturen institutionalisiert, ist daher zwingend notwendig. Die Methoden und Verfahren von Toyota sind ein Paradebeispiel dafür, wie diese Problemstellung erfolgreich und dauerhaft gelöst werden kann.

Literatur

HAMMER, M. (2003); ProcessWorld Europe, 25. – 27.06.2003, Keynote-Vortrag

HERZBERG, F. (o. J.): University of Utah: Work and the Nature of Man, zit. n. KREUTZMANN, Reiner, vgl. www.schoenherr.de/download/dateien_free/rk/rat_motivation.pdf

KOPMANN, M. (2008): Wenn der Weg zum Ziel wird, in: BANKMAGAZIN Ausgabe 1/2008; https://www.springerprofessional.de/bankmagazin-1-2008/5005664

KOTTER, John P., WHITEHEAD, Lorne A. (2010): Buy-in: Saving your idea from getting shot down. Boston, Massachusetts: Harvard Business School Publishing 2010.

Niven, P. R. (2009): Balanced Scorecard, 2. Auflage, Weinheim 2009.

PORTER, M. (2008): zit. in LIKER, J. K., MEIER, D. P.: Praxisbuch – Der Toyota Weg. München: FinanzBuch Verlag 2008, S. 54.

SPRINGER, R. (2014): Survival of the Fittest, zit. n. KÖLBACH, Dr. Ralf, 8. ProcessLab-Konferenz vom 12.06.2014, Präsentation: Operational Excellence in einer Genossenschaftsbank.

Operative Exzellenz: die ersten Schritte 6

6.1 Einleitung

Der Fokus der folgenden Kapitel liegt auf der Umsetzung operativer Exzellenz in der Produktionsbank der Retail Bank AG. Bevor ich näher auf dieses Thema eingehe, möchte ich die bisherige Leistung des Managements hervorheben. Diesem war es durch einen bislang beispiellosen Anstrengungsprozess gelungen, die große Mehrheit der Mitarbeiter und Interessengruppen in der Bank für die Notwendigkeit des bevorstehenden Wandels zu gewinnen. Vielen Betroffenen war noch nicht im Detail klar, was sich im täglichen Miteinander und im Ablauf der Arbeit verändern würde. Entscheidend war aber, dass sich die Meinung durchgesetzt hatte, ein grundlegender Wandel sei als Chance zu verstehen. Die neue Offenheit des Managements und die ungeschminkte Schilderung der Lage der Bank wurden durchweg honoriert.

Ich kann jedem Entscheider nur nahelegen, sich intensiv darüber Gedanken zu machen, wie man seine Ideen und Pläne am besten durchsetzt. Verstehen Sie die in den Vorkapiteln geschilderten Vorschläge als Anregung. Letztendlich muss genau die Situation geschaffen werden, die das Management der Retail Bank AG an diesem Punkt erreicht hat. Scheitert man an dieser ersten hohen Hürde, das heißt, stehen Betroffene dem Wandel mehrheitlich skeptisch gegenüber, werden alle Folgeaktivitäten zu Makulatur.

Dem Management der Bank war trotz dieser großartigen Leistung klar, dass die positive Stimmung leicht wieder kippen könnte, wenn die Folgeaktivitäten nicht konsequent und inhaltlich schlüssig voranschreiten würden. Man muss sich vor Augen führen, dass die Entscheidung, industrielle Methoden in der Retail Bank AG einzuführen, einer Revolution glich. Revolution deswegen, weil sich die Art und Weise der Leistungserstellung im Vergleich zur Vergangenheit komplett veränderte.

Das Kreditinstitut hatte sich ganz bewusst dafür entschieden, ausgewählte Methoden und Verfahren des Toyota-Systems einzuführen. Mit dieser Entscheidung bezweckte das

© Springer Fachmedien Wiesbaden GmbH 2017   119
K. Röhr, *Operative Exzellenz in Retailbanken*, DOI 10.1007/978-3-658-17165-0_6

Management, die Strukturen der Produktionsbank in puncto Effizienz, Kosten und Qualität optimal auszurichten. Aber nicht nur das Optimum dieser drei Kriterien sollte erreicht werden, sondern auch die Fähigkeit, strategische Veränderungen zeitnah und in höchster Qualität umzusetzen. Darüber hinaus war es Zielstellung, die besten Benchmarks in der Branche zu liefern. Die Entscheider waren sich durchaus bewusst, dass ein radikaler Umbau des Produktionsbereichs auch mit einem nicht unerheblichen Risiko verbunden sein würde. Andererseits lag auf der Hand, dass die bisherigen Strukturen nicht in der Lage waren, den notwendigen Beitrag zur Erreichung der strategischen Ziele zu leisten. Ganz konkret musste es gelingen, die Herstellungskosten für Kredite radikal zu senken und dabei die Qualität auf hohem Niveau zu stabilisieren. Nur durch eine signifikante Senkung der Herstellungskosten konnte es gelingen, einerseits Spielräume für Zukunftsinvestitionen zu schaffen und andererseits die angestrebten Gewinnziele zu erreichen. Mit dieser Entscheidung wollte man sich zudem von den konventionellen Methoden und Verfahren der Mitbewerber differenzieren. Es war erklärtes Ziel des Managements, den Mitbewerbern durch bessere und wirksamere Methoden bei der Bewältigung des Kerngeschäfts am Markt zu begegnen.

6.1.1 Voraussetzungen schaffen

Nach all den Vorbereitungen und Diskussionen war es nun so weit, die ersten operativen Schritte in Angriff zu nehmen. Der Vorstand Produktion, als Hauptverantwortlicher für die Reorganisation des Produktionsbereichs, war sich der kritischen Situation bewusst. Einerseits musste er der hohen Erwartungshaltung von Mitarbeitern und Führungskräften durch schnelle Ergebnisse gerecht werden, zum anderen musste er aber auch sicherstellen, dass nicht etwa durch überhastete und unüberlegte Aktionen der Erfolg des Vorhabens gleich am Anfang zunichtegemacht wurde. Da es in der gesamten Bank keinerlei Erfahrung im Umgang mit industriellen Methoden gab, entschied der Vorstand Produktion, erfahrene Prozessspezialisten aus dem Industriesektor zur Unterstützung zu engagieren. Dem Management war es sehr wichtig, dass der Erfolg der Reorganisation als ein Erfolg der beteiligten Mitarbeiter zu verstehen war. Unter dieser Voraussetzung kann man den Einsatz externer Spezialisten durchaus kritisch betrachten, zumal dann, wenn Mitarbeiter im Verlauf des Veränderungsprozesses immer mehr in eine Statistenrolle gedrängt werden. Würde sich in der Praxis tatsächlich eine solche negative Entwicklung vollziehen, wäre das wichtigste Ziel, nämlich, herausragende Mitarbeiter zu entwickeln, unmöglich zu erreichen. Andererseits stand für den Vorstand Produktion aber fest, dass allen Internen in Anbetracht der großen Herausforderungen mit höchster Wahrscheinlichkeit ihre eigenen Erfahrungen aus der Vergangenheit im Weg stehen würden. Daher entschied er, Externe zu involvieren, aber ausdrücklich nur in der Rolle des Ratgebers an der Seite der Mitarbeiter. Alle bankfachlichen und rechtlichen Aspekte konnten durch die eigenen Mitarbeiter abgedeckt werden. Als Resultat dieser Überlegungen benannte der

Vorstand ein Managementteam, das aus Führungskräften, ausgewählten Mitarbeitern und externen Spezialisten bestand.

Wie sollten die ersten operativen Schritte angegangen werden? Was musste erreicht werden? Dem Vorstand Produktion war klar, dass schnell harte und zweifelsfreie Fakten geschaffen werden mussten. Der Vorstand machte sich zu diesem Zweck die Ratschläge der bereits erwähnten Experten Kotter und Whitehead zu eigen. Erklärtes Ziel des Vorstands war es in diesem Zusammenhang, in einem Initialprojekt einen Kernprozess zu analysieren, um konsistente und von Anfang bis Ende durchgängige Fakten sowie handfeste Ergebnisse zu ermitteln, die jeder kritisch geführten Diskussion standhalten würden. Das gelingt nur, wenn die Ergebnisse der Analyse anschaulich gestaltet sind, sodass jeder Betroffene in der Lage ist, Ursache und Wirkung potenzieller Problemstellungen zu verstehen. Transparente Strukturen, Kennzahlen und die konkrete Identifikation von Verschwendung im Prozess sollten den Mitarbeitern den dringenden Handlungsbedarf deutlich vor Augen führen. Zudem bot sich diese Phase dazu an, die ersten Praxiserfahrungen im Umgang mit den neuen Methoden von Toyota zu sammeln.

Der Vorstand Produktion und sein Team entschieden, das Initialprojekt unter dem Titel *Eröffnungsbilanz Prozesse* durchzuführen.

Neben den aufgeführten Zielen war eine detaillierte und transparente Analyse der Ist-Prozesse aus einem anderen wichtigen Grund zwingend geboten. Ohne eine objektive und repräsentative Datenbasis, die das betriebliche Ist zum *Zeitpunkt null* in allen relevanten Perspektiven abbildet, lassen sich spätere Produktivitätsverbesserungen nur sehr eingeschränkt nachweisen.

▶ **Misserfolgsfaktor: fehlendes Prozesscontrolling** Das klassische Finanzcontrolling ist in der Bank fest institutionalisiert. Das Management der Finanzen gehört schließlich zur Kernkompetenz einer Bank. Die faktenbasierte Steuerung von Geschäftsprozessen, das sogenannte Prozesscontrolling, verfügt aber offensichtlich nicht über diesen hohen Stellenwert.

Häufig sind es ganz profane Gründe, aus denen Banken bei Veränderungsprozessen die Leistungsmerkmale der betreffenden Prozesse nicht oder nur unzureichend messen. An erster Stelle nennen Betroffene den Zeitdruck, denn es müssen schnelle Umsetzungsergebnisse geliefert werden. Manchmal stellt man in der Praxis auch fest, dass das Management bewusst auf konkrete Messgrößen in Projekten verzichtet, um die Mitarbeiter keinem zu hohen Leistungsdruck auszusetzen. In diesen Fällen wird zwar immer von Erfolgen und Produktivitätssteigerungen gesprochen, allerdings sind diese Fortschritte lediglich gefühlt und nicht objektiv gemessen. Ich denke, ich muss nicht darauf hinweisen, dass Indikatoren, vorausgesetzt, sie werden richtig eingesetzt, genau auf die Stellen im Prozess zeigen, an denen es Probleme gibt. Fehlen konkrete Indikatoren, verpassen Organisationen die Chance, ihre Kernprozesse nachhaltig zu optimieren.

In anderen Fällen ist zu beobachten, dass trotz eines Systems von definierten Steuerungs- und Messgrößen die Umsetzung in der Praxis nicht funktioniert. Warum? Die Messung von Prozessindikatoren muss immer von einer neutralen Instanz durchgeführt werden. Nicht selten wird die Prozessleistung aber von denjenigen ermittelt, die auch für den betreffenden Prozess verantwortlich sind. Dieser Zielkonflikt kann zur Folge haben, dass Ergebnisse nicht objektiv erhoben werden, beispielsweise indem Prozessinstanzen in nicht repräsentativen Zeiten erfasst werden und damit die reale Sicht auf die Leistungsfähigkeit des Prozesses verfälschen. Als Negativbeispiel möchte ich auch das Phänomen des Kennzahlenchaos nennen. In solchen Fällen definiert und kommuniziert jedermann nach freiem Ermessen Kennzahlen. Objektivität? Transparenz? Vergleichbarkeit? Fehlanzeige!

In der Praxis zeigt sich, dass ein effektives Prozesscontrolling auch komplexe Zusammenhänge bewältigen muss. Hier sind beispielsweise Aktivitäten zu nennen, die im selben Umfeld parallel durchgeführt werden. Eine Maßnahme konzentriert sich beispielsweise auf die Verbesserung der Produktivität, eine andere hat die Senkung der Sachkosten im Blick und im Zuge einer weiteren Maßnahme wird ein neuer Qualifikationsmix für Mitarbeiter eingeführt. Alle diese Maßnahmen haben Einfluss auf die Herstellungskosten der entsprechenden Dienstleistungsprodukte. Werden die relevanten Leistungsmerkmale nicht regelmäßig gemessen und somit der Fortschritt nicht regelmäßig festgehalten, ist es im Nachhinein nicht mehr möglich nachzuvollziehen, welche der Maßnahmen welchen tatsächlichen Beitrag an der gesamten Verbesserung erbracht hat. Ohne das regelmäßige Messen von Leistungsmerkmalen ist keine objektive Feststellung der realen Erfolgsfaktoren möglich.

Selbst wenn sich Projekte nicht überlagern, ist ein zielgerichtetes Prozesscontrolling zwingend notwendig. Eine leistungsfähige Organisation muss immer in der Lage sein zu belegen, welche Maßnahmen welchen Beitrag zur Verbesserung der Produktivität erbracht haben. Wie genau hat sich die Reduktion der Schnittstellen auf die Steigerung der Produktivität in den Dimensionen Zeit, Qualität und Kosten ausgewirkt? Welche Auswirkung genau hatte etwa die Verlängerung der Produktionszeit um eine Stunde pro Tag auf die Herstellungskosten des betreffenden Produkts? Oder welche konkret quantifizierbaren Vorteile hat es gebracht, dass die Prozessschritte x und y nicht mehr durch die eigene Organisation, sondern durch externe Dienstleister ausgeführt wurden?

Ein transparentes und objektiv organisiertes Prozesscontrolling erfüllt aber nicht nur den Zweck der Steuerung von Veränderungsmaßnahmen. Es kann später auch zu Lessons-learned-Zwecken für Kollegen dienen, die vergleichbare Aufgaben zu bewältigen haben.

Sofern effiziente Geschäftsprozesse für das Geschäftsmodell einer Bank wirklich erfolgskritisch sind, ist es unumgänglich, dass sich das Management

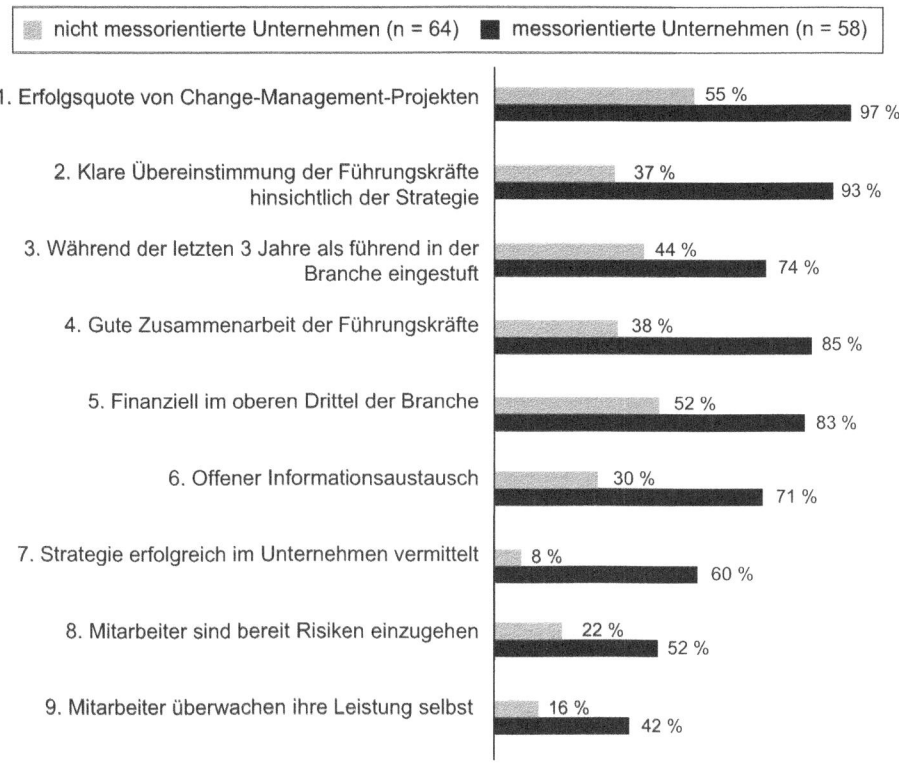

Abb. 6.1 Merkmale im Vergleich zwischen messorientierten und nicht messorientierten Unternehmen. (Quelle: Schiemann und Lingle 2005)

auf zuverlässige und konsistente Ergebnisse und Fakten eines Prozesscontrollings verlassen kann.

Es ist existenziell wichtig, dass operative Anforderungen, die sich aus dem Geschäftsmodell ergeben, sich in den Steuerungsinstrumenten und -strukturen widerspiegeln.

Unternehmen, in denen Transparenz durch Erhebung von Kennzahlen fest verankert ist, verfügen über vielerlei entscheidende Vorteile (s. Abb. 6.1).

6.1.1.1 Auswahlprozess

Das erste offizielle Zusammentreffen des Managementteams hatte zum Ziel, eine Entscheidung darüber zu treffen, welcher Kernprozess im Rahmen des Initialprojekts *Eröffnungsbilanz Prozesse* ausgewählt werden sollte. Zur Disposition standen der Prozess *Kfz-Finanzierung* und der Prozess *Finanzkauf Möbel/Elektro*. Das Geschäft im Gesundheitsmarkt befand sich noch im Aufbau und konnte daher für eine Pilotierung nicht herangezogen werden. Die Entscheidung fiel einstimmig auf den Kfz-Finanzierungsprozess, weil man dort den größten Handlungsdruck spürte und auch die größten Ineffizienzen vermutete.

Eine wichtige Entscheidung, die getroffen werden musste, war, auf welchen Teil des Prozesses sich die Untersuchung beziehen sollte. Zu berücksichtigen war dabei, dass die Retail Bank AG eng mit ihren Händlern zusammenarbeitet und die Bank daher nur Teile der Wertschöpfungskette abdeckt. Nach intensiver Diskussion zwischen dem Managementteam und den Fachabteilungen entschied man, sich auf den Teilprozess *Eingang Kreditantrag* bis *Kreditentscheidung* zu konzentrieren. Auch war man sich einig darüber, die Prozesse in der Bestandsverwaltung im Rahmen des Projekts *Eröffnungsbilanz Prozesse* zunächst nicht zu untersuchen.

6.1.1.2 Unterschiede zwischen Fertigungs- und Dienstleistungsindustrie

Der Folgeschritt, die Definition geeigneter Indikatoren zur Feststellung der realen betrieblichen Ist-Situation des Kfz-Finanzierungsprozesses, musste gut überlegt sein, weil auf Basis dieser Kennzahlen das zukünftige Prozesscontrolling aufgebaut werden sollte. Die erste große Herausforderung für die externen Prozessberater bestand darin, dem Managementteam einen Vorschlag zu unterbreiten, welche repräsentativen und objektiven Indikatoren zur Bestimmung der Leistungsfähigkeit des Prozesses herangezogen werden sollten. Dieser erste Schritt war auch deshalb eine Herausforderung, weil das Dienstleistungsgeschäft nicht vollständig mit dem Geschäft der Fertigungsindustrie verglichen werden kann. Daher kann das bewährte Toyota-Produktionssystem nicht in seiner reinen Form angewandt werden, sondern muss auf das Dienstleistungsgeschäft der Bank angepasst werden.

Welche Unterschiede zwischen der Dienstleistungs- und der Fertigungsindustrie sind dabei relevant? Der wesentliche Unterschied besteht darin, dass in der Dienstleistungsindustrie die Produktion nur zum Zeitpunkt der Nachfrage möglich ist. Es können keine fertigen Kredite oder Teile von Krediten auf Lager gelegt werden. Es bedarf eines fein abgestimmten Systems, damit jederzeit die personellen Kapazitäten in exakter Menge und in exakt richtiger Qualifikation genau zum Zeitpunkt der Nachfrage auch tatsächlich verfügbar sind. Das ist das große Kunststück, das vollbracht werden muss. Häufig wird beim Vergleich zwischen den beiden Industrien auch die Thematik der Fertigungstiefe bemüht. Dann sind selbst hoch entwickelte Banken meist verzweifelt, weil sie der Fertigungstiefe der Automobilindustrie um Längen hinterherhinken. Grundsätzlich ist Banken anzuraten, die Kernprozesse im Kreditprocessing im Haus zu behalten und nicht an externe Anbieter auszulagern. Die Fertigungsindustrie mit ihren physischen Gütern hat es da viel einfacher. Sie kann sich Teile oder ganze Komponentengruppen von verschiedenen Zulieferern bequem just in time direkt ans Band liefern lassen. Wie soll das auf das Kerngeschäft einer Bank übertragbar sein? Wie sollen in die Kernprozesse des Kreditprocessings just in time externe Services eingebunden werden? Das ist ein Vergleich zwischen Äpfeln und Birnen. Anders verhält es sich bei Banken, die sehr eng mit Vertriebspartnern zusammenarbeiten, eben wie die Retail Bank AG. In solchen Fällen besteht Potenzial, Tätigkeiten von der Bank auf den Vertriebspartner auszulagern, sofern sich für beide Parteien dadurch Vorteile ergeben und ausgeschlossen ist, dass sich zusätzliche Risiken und Qualitätsdefizite einstellen. Hiervon ausgenommen sind nachgelagerte und wenig erfolgskritische Services wie zum Beispiel Scan-, Postverteil- und Archivierungsservices, die durch externe Dienstleister besser und preiswerter erledigt werden können.

Auch unterscheiden sich die Arten von Verschwendung zwischen der Fertigungs- und der Dienstleistungsindustrie. Toyota unterscheidet, wie bereits erwähnt, zwischen sieben verschiedenen Quellen von Verschwendung:

- Überproduktion
- Bestände
- Transport
- Liege- und Wartezeiten
- Verschwendung im Prozess
- Bewegungsabläufe
- Nacharbeit und Fehler

Die Verschwendungsquellen Überproduktion, Transport und Bewegungsabläufe treten nur in Industrien auf, die physische Güter herstellen. Eine Überproduktion im klassischen Sinn kann in einer Dienstleistungsindustrie nicht stattfinden, weil nur zum Zeitpunkt der Nachfrage produziert werden kann. Ebenso spielen die Verschwendungskategorien Transport und Bewegungsabläufe keine bzw. nur eine untergeordnete Rolle. Die Transportzeit einer papierhaften Kreditakte beispielsweise kann normalerweise toleriert werden. Kritisch ist aber in aller Regel die Wartezeit, in der eine Kreditakte, egal ob papierhaft oder elektronisch, in der Ablage verbleibt. Somit reduzieren sich die relevanten Arten der Verschwendung in der Bank auf vier nennenswerte Größen:

- Personelle Ressourcen (als Pendant zu den physischen Beständen in der Fertigungsindustrie)
- Liege- und Wartezeiten
- Verschwendung im Prozess
- Nacharbeit und Fehler

Der Wertstromexperte in der Toyota-Produktion macht sich ein erstes Bild des betreffenden Prozesses, indem er flussaufwärts alle Arbeitsstationen bis zum Anfang der Wertschöpfungskette durchläuft. Er erkennt beispielsweise schnell Quellen für Verschwendung in Form von Zwischenlagern und zu üppiger Teilebevorratung an den jeweiligen Arbeitsstationen. Anders ist es im Kreditbearbeitungsprozess. Verschwendung fällt hier nicht sofort ins Auge, weil keine Lager und keine Teilebevorratung existieren.

Es gibt aber auch Gemeinsamkeiten, und zwar deutlich mehr als Ausschlüsse. Die Prozessberater begannen zunächst, gemeinsam mit den Projektmitarbeitern sogenannte *Kriterien* zu definieren. Hierunter versteht man übergeordnete Kategorien, nach denen der Prozess bewertet und gesteuert wird. Innerhalb der jeweiligen Kriterien müssen dann konkrete Steuerungskennzahlen definiert werden. Ziel und Zweck dieses Vorgehens ist, dass die Kriterien und deren untergeordnete Steuerungskennzahlen ein realistisches, klar zu erkennendes Abbild der Leistungsfähigkeit des Prozesses in allen seinen wichtigen Dimensionen hervorbringen.

Für Toyota ist beispielsweise der *Prozessfluss* das wichtigste Kriterium bei der Prozessanalyse. Dort wurden Kennzahlen definiert, die zeigen, an welchen Stellen der Prozess nicht fließt. Dieses Kriterium kann uneingeschränkt auf das Vorhaben der Retail Bank AG übertragen werden. Das Kriterium *Prozessvarianten* stellt die reine Bearbeitungszeit in den Fokus. Es greift, wenn der Prozess zwar im Fluss ist, sich aber Abweichungen vom Standard einstellen, die Verschwendung im Prozess bedeuten: beispielsweise Fehler, Rückschleifen, nicht geregelte Sonderfälle, unklare Datenlage und Nacharbeiten. Diese beiden Kriterien und deren Kennzahlen sind mit den Methoden des Toyota-Produktionssystems relativ schnell und leicht einzuführen. Die Kriterien *Prozessfluss* und *Prozessvarianten* sind sehr eng miteinander verflochten.

Wenn es in der Bank keine physischen Produkte und somit auch keine Verschwendung in Form von Materiallagern gibt, reduziert sich dann Verschwendung im Wesentlichen auf die Kriterien Prozessfluss und Prozessvarianten? Nein! Eine wesentliche Quelle für Verschwendung stellt die wenig effektive Personaldisposition in Banken dar. Unter dem Kriterium *Ressourceneinsatz* werden Steuerungskennzahlen definiert, die Aufschluss darüber geben, ob zu jeder Zeit ausreichend Personal zur Bearbeitung der anfallenden Arbeitslast zur Verfügung steht. Ein zielgenauer Personaleinsatz muss aber nicht nur in quantitativer Hinsicht organisiert werden, es muss auch sichergestellt sein, dass sich die Anforderungen der Tätigkeiten genau mit den Qualifikationen der Mitarbeiter decken. Viele Banken sind zu Recht stolz darauf, über exzellent ausgebildete Mitarbeiter zu verfügen. Wenn jedoch hoch qualifizierte Mitarbeiter wenig anspruchsvolle Tätigkeiten verrichten, ist das eine Verschwendung von Ressourcen. Verschwendung sogar in doppelter Hinsicht, weil einerseits hoch qualifizierte Mitarbeiter händeringend an anderen Stellen in der Bank benötigt werden und andererseits die Arbeitsleistung in Anbetracht der hohen Qualifikation und der niedrigen Anforderungen schlicht zu teuer ist.

▶   Im Grunde genommen ist ein System, das den Personaleinsatz einer Bank in den Dimensionen Menge, Zeit und Qualifikation zielgenau steuert, das Pendant zum Kanban-System bei Toyota. Kanban steuert die Produktion so, dass nur Material für Fahrzeuge im Umlauf ist, für die auch ein Kundenauftrag vorliegt. Bei Toyota steht eine optimierte Teilebevorratung im Fokus, in einer Bank ist es der optimierte Einsatz personeller Ressourcen.

Ein erfahrener Kostencontroller würde wohl noch weitere Kennzahlen erwarten, um die Kostenstrukturen in der Bank analysieren zu können. Gerade dann, wenn sich ein Unternehmen strikt prozessorientiert aufstellt, ist das Instrument der Prozesskostenrechnung besonders sinnvoll. Damit ließe sich perfekte Kostentransparenz in der Produktionsbank

herstellen. Unabdingbare Voraussetzung dafür ist aber, dass die Prozesse stabil funktionieren und Prozessvarianten weitgehend ausgeschlossen sind. In der Situation, in der
sich die Retail Bank AG befand, das heißt ganz am Anfang des Veränderungsprozesses,
traf das jedoch nicht zu. Damit die Veränderungen in der Bank zügig eingeleitet werden
konnten, war im konkreten Fall zu empfehlen, die relevanten Kosten auf Basis einer Voll-
oder Teilkostenrechnung zu ermitteln.

In diesem Zusammenhang möchte ich auf die Bücher von Prof. Dr. Péter Horváth
(vgl. Horváth et al. 2015) hinweisen und Ihnen empfehlen, sich perspektivisch mit der
Themenstellung Prozesskostenrechnung zu beschäftigen. Es wäre jedoch ein Fehler,
gleich zu Beginn den Veränderungsprozess mit der Einführung einer Prozesskostenrechnung zu überfrachten. Die Komplexität dieses Steuerungsinstruments würde dem Toyota-Grundsatz der Einfachheit widersprechen. Eine Voll- oder Teilkostenrechnung stellt
eine völlig ausreichende Ergänzung zu den drei Kriterien Prozessfluss, Prozessvarianten
und Ressourceneinsatz dar. Mit ihr lassen sich fast alle Ineffizienzen in den betreffenden
Marktfolgeprozessen identifizieren.

Ein effektiver Einsatz von Ressourcen bedeutet auch, den Produktionstag optimal aus-
zugestalten. Beispielsweise ist die Einführung eines Schichtdienstes zwecks optimaler
Auslastung der Ressourcen für Banken immer noch untypisch, während solche Modelle
für andere Industrien seit Jahrzehnten völlig selbstverständlich sind. In der Ressourcenplanung schlummern enorme Optimierungspotenziale. Ich muss nicht betonen, dass im
Zusammenhang mit grundlegenden Personalfragen immer mit sehr großen Widerständen
gerechnet werden muss. Hier ist das Management gefragt, das intensive Überzeugungsarbeit im Unternehmen leisten muss.

6.1.2 Definition von Steuerungskennzahlen

Die den Steuerungskennzahlen übergeordneten Kriterien wurden bereits kurz erläutert.
Nun stand das Projektteam der Retail Bank AG vor der Herausforderung, repräsentative
und objektive Steuerungskennzahlen zu definieren. Getreu dem Toyota-Grundsatz der
Einfachheit sollten nur wenige Kennzahlen definiert werden. Auch sollten die Kennzahlen mit einfachen Mitteln schnell und sicher zu erheben sein. Masse und Komplexität
bringen nicht unbedingt mehr und bessere Erkenntnisse. Ein komplexes Kennzahlenge-
rüst versperrt allzu oft den Blick für das Wesentliche, kostet viel Geld und bindet wertvolle Ressourcen.

▶   Industrialisierung bedeutet auch, lieber 80 % zu tun, als 100 % aufzuschreiben.

Das entscheidende Kriterium für eine Kennzahl ist, dass sie in der Lage ist, direkt auf
eine Quelle für Verschwendung oder eine konkrete Mangelsituation hinzuweisen. Die
Ursachen für Verschwendung oder Mangel werden nachgelagert mit anderen Methoden
ergründet.

6.1.2.1 Kriterium Prozessfluss

Für das Kriterium Prozessfluss reduzieren sich die Steuerungskennzahlen auf drei Positionen: die Durchlaufzeit der betreffenden Prozessinstanzen, die reine Bearbeitungszeit und die Warte- und Liegezeiten. Diese Kennzahlen werden in ein Verhältnis gesetzt und zeigen das grundsätzliche Maß an Verschwendung bei diesem Prozess an. Erhoben werden die Daten mittels der bekannten Wertstrommethode.

Aufbau des Kriteriums Prozessfluss:

Steuerungskennzahl 1:   Durchlaufzeit insgesamt
Steuerungskennzahl 2:   reine Bearbeitungszeit
Steuerungskennzahl 3:   Warte- und Liegezeiten

Beispiel
Durchlaufzeit insgesamt: 4 h, 15 min; reine Bearbeitungszeit: 18 min.

Hieraus ergibt sich, dass sich der Prozess zu rund 93 % im Stillstand befindet. In nur sieben Prozent der Durchlaufzeit ist der Prozess in Bewegung.

6.1.2.2 Kriterium Prozessvarianten

Ziel des Kriteriums Prozessvarianten ist es festzustellen, wie viele Prozessinstanzen in der reinen Bearbeitungszeit nicht gemäß definiertem Standard durchgeführt wurden. Für Toyota spielt dieses Kriterium eine eher untergeordnete Rolle, weil die Tätigkeiten innerhalb der reinen Bearbeitungszeit fast perfekt, sprich variantenfrei funktionieren. Quellen für Verschwendung resultieren bei Toyota primär aus Stockungen, das heißt unplanmäßigen Wartezeiten im Prozess. Da die Retail Bank AG noch nicht über sechs Jahrzehnte Erfahrung mit der kontinuierlichen Verbesserung von Prozessen verfügt, muss die Verschwendung innerhalb der reinen Bearbeitungszeit genauso Thema sein wie das Kriterium Prozessfluss. Grundsätzlich gilt aber der Grundsatz von Toyota, Verschwendung zunächst in Form von Warte- und Liegezeiten zu eliminieren und sich erst an zweiter Stelle der Verschwendung in den Prozessen selbst zu widmen.

Die Grundlage der Erhebung bilden die Informationen der schriftlich fixierten Ordnung und der Prozessdokumentation. Im direkten Zusammenhang mit Prozessvarianten kann es sinnvoll sein zu analysieren, wer mit wem außerplanmäßig im Rahmen der Bearbeitung der Anträge kommuniziert, zum Beispiel per Telefon oder E-Mail. Ein Kommunikationsdiagramm zeigt die ungeplanten Kommunikationswege und die Anzahl der Kommunikationsschritte auf (vgl. Abb. 6.2).

Aufbau des Kriteriums Prozessvarianten:

Steuerungskennzahl: Anzahl auftretender Prozessvarianten

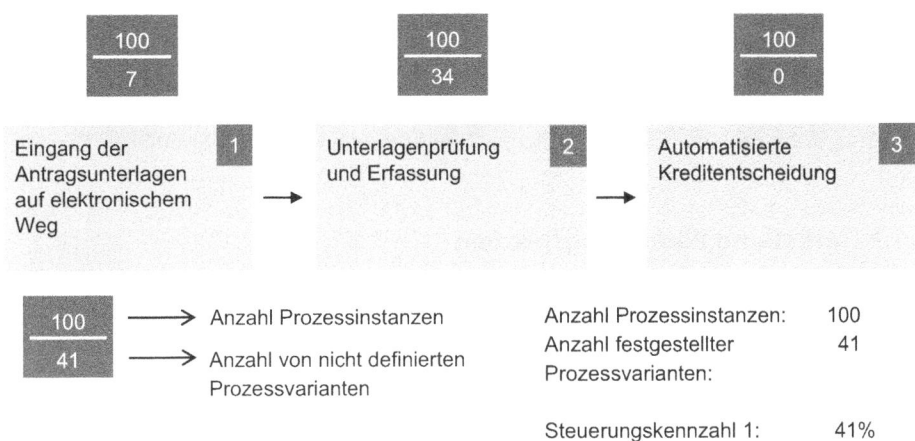

Abb. 6.2 Beispiel einer schematischen Darstellung, wo und in welcher Anzahl Prozessvarianten auftraten

6.1.2.3 Kriterium Ressourceneinsatz

Alle Arten von Verschwendung haben die negative Eigenschaft, wertvolle Personal-ressourcen zu binden. Ein wichtiges Ziel des Transformationsprozesses ist daher, Personal so effektiv wie möglich einzusetzen und Personalkosten zu reduzieren. Wie viel Verschwendung produziert die Bank aufgrund einer ungenauen Disposition ihrer Ressourcen? Oder besser formuliert: Wie können die zur Verfügung stehenden personellen Ressourcen im Hinblick auf Verfügbarkeit, Kosten, Qualifikation und Qualität zielgenau gesteuert werden? Es ist nicht schwierig, ein entsprechendes Set an Steuerungskennzahlen zu definieren. Die große Herausforderung für das Management der Retail Bank AG bestand jedoch darin, die notwendigen Optimierungsmaßnahmen umzusetzen. Es zeichnete sich beispielsweise immer konkreter ab, dass ein überwältigend großer Anteil der zu verrichtenden Aufgaben rein repetitiver Art war und daher, aus wirtschaftlicher Sicht betrachtet, ein größerer Einsatz von Mitarbeitern mit niedriger Qualifikation zwingend geboten war. Die bisherige Qualifikation vieler Prozessanwender war zu hoch für solche Tätigkeiten. Das bedeutete aber keinesfalls, dass diese hoch qualifizierten Mitarbeiter überflüssig wurden, ganz im Gegenteil: Sie wurden an anderer Stelle in der Bank dringender benötigt. Genau hier begann ein schwieriger Drahtseilakt für das Management, weil sich aus Sicht der Mitarbeiter große Veränderungen abzeichneten. Die Bewältigung dieses Veränderungsprozesses benötigte Zeit, die dazu verwendet wurde, den bereits eröffneten Dialog mit den Mitarbeitern noch intensiver zu führen. Es ist zu empfehlen, in einem solchen Prozess besonders sensibel und konsensorientiert vorzugehen und nicht alle Maßnahmen, die machbar wären, bereits im ersten Verbesserungszyklus umzusetzen.

Das Management entschied, im Rahmen der Erhebung zunächst nur die quantitative personelle Besetzung, noch ohne Berücksichtigung der Qualifikation der Prozessanwender, im Verhältnis zur Menge der eingehenden Kreditanträge festzuhalten, um Über- und Unterdeckung zu erfassen.

Aufbau des Kriteriums Ressourceneinsatz:

Steuerungskennzahl 1:   Summe Überdeckung Ressourcen/Tag ausgedrückt in Stunden
                           und wertmäßig in EUR
Steuerungskennzahl 2:   Summe Unterdeckung Ressourcen/Tag (in Stunden)

6.1.3   Erhebung Pilotierungsprozess

6.1.3.1 Festlegung der Anzahl der Prozessinstanzen und des Zeitraums
der Erhebung

Nun waren die Vorbereitungen abgeschlossen und die Erhebung der Prozessinformationen konnte beginnen. Aus Kapazitätsgründen war es ausgeschlossen, jede Prozessinstanz des betreffenden Zeitraums zu analysieren. In solchen Fällen ist zu empfehlen,
die Prozessinformationen per Stichprobenverfahren zu erheben. Fallen Ergebnisse einer
Stichprobenanalyse negativ aus, entfacht dies unter Betroffenen fast immer eine erhitzte
Diskussion darüber, ob die Ergebnisse wirklich repräsentativ und aussagefähig sind. Im
Interesse aller Beteiligten muss daher sichergestellt sein, dass die methodischen Ansätze
für die statistischen Verfahren der Stichprobe auch tatsächlich belastbar und für jeder-
mann transparent sind. Im konkreten Fall mussten Informationen von genügend Pro-
zessinstanzen über einen ausreichend dimensionierten Zeitraum erhoben werden. Nicht
anders macht es Toyota. Das Projektteam entschied, insgesamt Informationen von 120
Prozessinstanzen, verteilt auf einen Zeitraum von zehn Produktionstagen, zu erheben.
Ein repräsentativer Querschnitt bedeutete im konkreten Fall nicht nur, die Menge der
Prozessinstanzen und die Anzahl der Erhebungstage festzulegen, sondern auch, darauf
zu achten, dass die Kreditanträge von kleineren, mittleren und größeren Partnern gemäß
ihrem Anteil am Gesamtgeschäft berücksichtigt wurden. Darüber hinaus mussten auch
Zeiten mit sehr hohen und sehr niedrigen Arbeitslasten in die Erhebung einfließen.

Als Erhebungsmethode wurde, wie bei Toyota, die Wertstrommethode angewandt.
Verlassen Sie sich niemals auf irgendwelche vorhandenen Daten, die irgendwann aus
irgendeinem Grund erhoben wurden. Die Wahrscheinlichkeit, dass diese Informationen
die betriebliche Ist-Situation wirklich widerspiegeln, ist eher gering. Vermeiden Sie auch
die Methode, dass Anwender die Informationen selbst aufschreiben, oder Workshops mit
den betreffenden Fachabteilungen, in denen die relevanten Informationen aus irgendwel-
chen Listen zusammengetragen und Lücken durch Erfahrungswerte gefüllt werden. Das
Ergebnis wird nie an die Qualität und Zielgenauigkeit der Wertstrommethode heranrei-
chen.

Das beschriebene Stichprobenverfahren mag ausgesprochen altmodisch wirken,
zumal es bestimmt technische Möglichkeiten gäbe, die Arbeitslast für die Prozessanalysten bei der Erhebung der Daten zu verringern. Entscheidend ist aber, sich mit den zu
untersuchenden Prozessen auseinanderzusetzen, sie wirklich zu verstehen und Dinge zu
entdecken, die zuvor verborgen blieben. Das funktioniert nur, wenn man sich vor Ort

mit dem betreffenden Prozess beschäftigt, Mitarbeiter befragt und jeden Prozessschritt kritisch beobachtet. Dabei bildet sich ein Gesamteindruck, den technische Hilfsmittel so nicht liefern können.

Bevor die Bearbeitung des ersten Prozessschritts in der Produktionsbank erfolgte, hatte der in den Kreditantrag involvierte Händler bereits wichtige Tätigkeiten erbracht. In einem Beratungsgespräch hatte er den potenziellen Kreditnehmer über die notwendigen Anforderungen einer Kreditvergabe informiert. Auf der Grundlage wesentlicher persönlicher Informationen des Kunden war ein unverbindliches Angebot erstellt worden, das den Kunden über seinen Kreditrahmen, den effektiven Jahreszins, die Kosten einer Restschuldversicherung, die Höhe der monatlichen Raten und die Laufzeit des Kredits aufklärte. In einem Folgeschritt hatte der Händler eine systemgestützte Legitimationsprüfung anhand der Personalausweisnummer bzw. sonstiger Legitimationsdokumente durchgeführt. Ferner hatte er seinen Kunden darüber informiert, welche Anträge und Unterlagen bei der Retail Bank AG eingereicht werden mussten.

6.1.3.2 Erhebung Kriterium Prozessfluss

Ein Wertstromteam, bestehend aus einem erfahrenen Experten für Wertstromdesign und -analyse in Funktion eines Coachs und zwei Mitarbeitern der Bank, begann, die Informationen für das Kriterium *Prozessfluss* zu ermitteln (vgl. Abb. 6.3). Man geht dabei bewusst den Weg, den auch Toyota bei der Erstellung des Wertstromdesigns anwendet, das heißt, man verwendet keine IT-Tools für die Erfassung der Prozessinformationen, sondern nutzt Notizblock, Bleistift, Radiergummi und Uhr. Erst im Nachgang werden die Informationen in ein standardisiertes Format übertragen. Statt wie Toyota den Prozess flussaufwärts zu erheben, entschied sich das Wertstromteam jedoch dafür, die relevanten Prozessinformationen auf klassischem Weg, vom Anfang bis zum Ende, sprich: in Fließrichtung, zu erheben. Dass Toyota den umgekehrten Weg nutzt, hat vielerlei Gründe, die aber für die Retail Bank AG keine bedeutende Rolle spielten.

Wie der Wertstromexperte bei Toyota muss auch das Wertstromteam der Bank für jede einzelne Prozessinstanz ein kurzes Protokoll anlegen. In diesem Protokoll, das als Gedächtnisstütze dient, werden stichwortartig die Eindrücke des Teams während der Aufnahme eingetragen. Dies können beispielsweise Anzeichen für Verschwendung oder Mangelsituationen, aber auch allgemeine Stellungnahmen und Beobachtungen sein. Damit diese Protokolle im Nachgang statistisch ausgewertet werden können, ist es sinnvoll, einheitliche Begriffe und Bezeichnungen zu verwenden. Die Tätigkeiten im Zuge des Wertstromdesigns dürfen nicht mit anderen Tätigkeiten vermischt werden. Manchmal springen dem Wertstromteam Dinge regelrecht ins Auge, beispielsweise ein grober Regelverstoß oder eine offensichtliche Verschwendung, die man am liebsten an Ort und Stelle unterbinden möchte. Ein solches offensichtliches Defizit muss zwar im Protokoll erfasst werden. Auf keinen Fall aber dürfen spontane Korrekturen im Prozessfluss vorgenommen werden. Das ist die Aufgabe der nachgelagerten Prozessoptimierung.

Gegenstand des ersten Prozessschrittes waren die Unterlagenprüfung und die Erfassung der Daten des Kreditnehmers im System. Die wesentlichen Tätigkeiten dieses

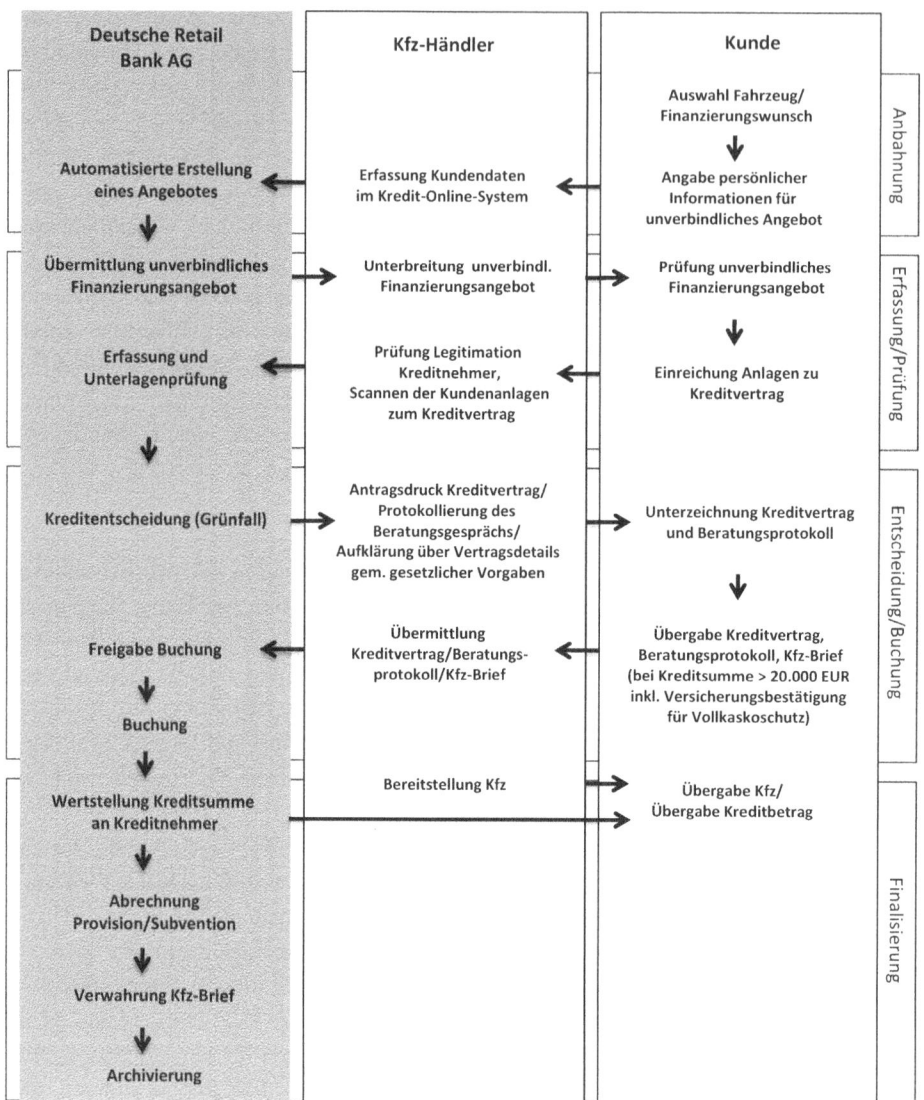

Abb. 6.3 Grobes Ablaufdiagramm zum Ist-Prozess der Kfz-Finanzierung (Anbahnung bis Archivierung des Vertrags) vor der Reorganisation

Prozessschrittes waren der Doublettencheck, die Adressprüfung, die Prüfung der Bankverbindung und der Sozialversicherungsnummer sowie eine Prüfung auf Vollständigkeit und Plausibilität. Diese Tätigkeiten wurden weitgehend systemunterstützt durchgeführt. Den Mitarbeitern standen Schlüssellisten zur Kategorisierung des Berufs und zur Einordnung des Arbeitsverhältnisses zur Verfügung.

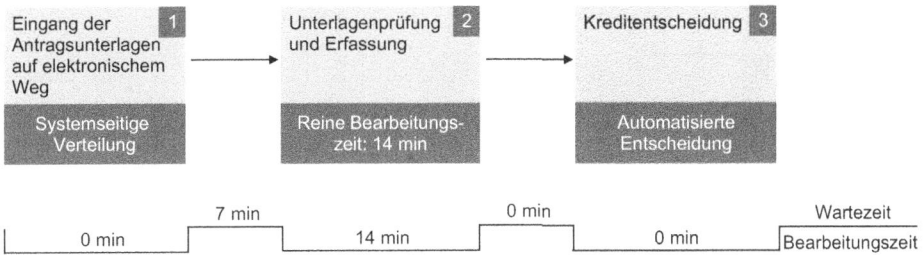

Abb. 6.4 Prozessschritte 1–3, Informationen Prozessinstanz Nr. 001

Als letzter Tätigkeitsschritt wurde die eingereichte Haushaltsrechnung und Gehaltsabrechnung des Kreditnehmers überprüft und alle Daten wurden im Kreditsystem erfasst.

Bei der Erhebung des ersten Prozessschrittes der ersten Prozessinstanz ermittelte das Wertstromteam eine Zeit von 14 min für die Unterlagenprüfung und Erfassung des betreffenden Kreditantrags (vgl. Abb. 6.4).

Insgesamt verblieb der Vorgang aber 21 min in diesem ersten Prozessschritt. Der Grund dafür war, dass das Workflowsystem den Antrag einem Mitarbeiter zuteilte, der noch mit der Bearbeitung anderer Anträge beschäftigt war, sodass eine Wartezeit von sieben Minuten entstand.

Begleitprotokoll zu Prozessinstanz Nr. 001

Datum: 21.08.
Wertstromteam: J. Müller, F. Sprüngli, H. Meier
Händler: Gebrauchtwagenzentrum Hamburg; Händler-Nr. 33482
Auffälligkeiten: Wartezeit (offensichtlich) bedingt durch ungenaues Routing der Anträge

Bei der Erhebung der Prozessinstanz Nr. 005 wurde beispielsweise eine Wartezeit von 840 min registriert. Dieser Wert kam zustande, als die Vollständigkeitsprüfung das Ergebnis hatte, dass zwingend notwendige Unterlagen nicht eingereicht worden waren. Die ermittelten 840 min waren die Wartezeit, bis über den Händler die fehlenden Unterlagen nachgereicht wurden. Zudem erhöhte sich die reine Bearbeitungszeit deutlich, weil sich der Sachbearbeiter mit dem Händler in Verbindung setzen und den Vorgang in ein Wiedervorlagesystem einstellen musste. Die reine Bearbeitungszeit summierte sich auf insgesamt 19 min (vgl. Abb. 6.5).

Begleitprotokoll zu Prozessinstanz Nr. 005

Datum: 21.08.
Wertstromteam: J. Müller, F. Sprüngli, H. Meier
Händler: A&S Automobile, Gelsenkirchen; Händler-Nr. 19434

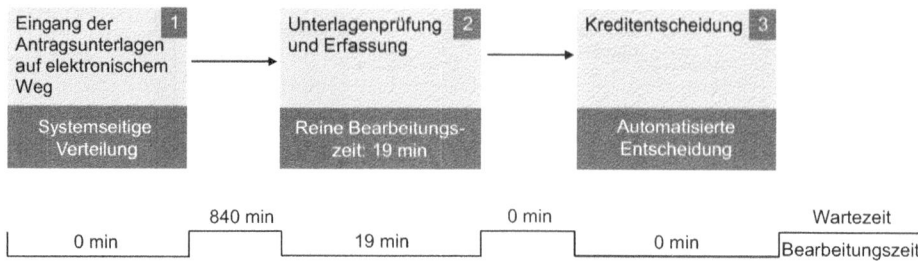

Abb. 6.5 Prozessschritte 1–3, Informationen Prozessinstanz Nr. 005

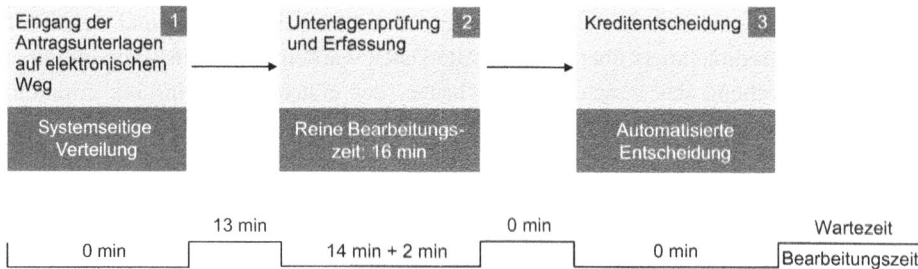

Abb. 6.6 Prozessschritte 1–3, Informationen Prozessinstanz 013

Auffälligkeiten:

- Wartezeit bedingt durch Rückschleife
- Erhöhte Bearbeitungszeit durch Kontaktaufnahme mit Händler
- Erhöhte Bearbeitungszeit durch Einstellen in Wiedervorlagesystem
- Erhöhte Bearbeitungszeit durch Verwaltung des Wiedervorlagesystems

Auffällig war unter anderem auch die Prozessinstanz Nr. 013 mit einer reinen Bearbeitungszeit von 16 min, trotz vollständiger Unterlagen (vgl. Abb. 6.6). In diesem Fall hatte
der Händler Formulare benutzt, die vom Standard abwichen. Offenbar waren für den
gleichen Zweck verschiedene Formulare im Umlauf.

Der noch unerfahrene Mitarbeiter wandte sich zwecks Rücksprache an einen Kollegen, bevor der Prozessschritt abgeschlossen wurde, sodass sich eine reine Bearbeitungszeit von 14 min aufsummierte. Weitere zwei Minuten Aufwand benötigte der Eintrag in
eine manuell geführte Statistik, daher ein Aufwand von insgesamt 16 min. Die Wartezeit
dieser Prozessinstanz betrug 13 min. Diese außergewöhnlich lange Wartezeit kam nach
erster Einschätzung des Wertstromteams dadurch zustande, dass an dem betreffenden
Erhebungstag eine hohe Last an eingehenden Kreditanträgen anfiel. Offenbar war das
Management der Produktionsbank nicht immer in der Lage, den Bedarf an Mitarbeitern
zielgenau zu disponieren.

Begleitprotokoll zu Prozessinstanz Nr. 013

Datum: 21.08.
Wertstromteam: J. Müller, F. Sprüngli, H. Meier
Händler: Autopark München Süd, Händler-Nr. 11996

Auffälligkeiten:

- Erhöhte Bearbeitungszeit durch Verwendung anderer Formulare
- Erhöhte Bearbeitungszeit durch Eintrag in manuell geführte Statistik
- Erhöhte Wartezeit durch hohe Last eingehender Anträge

Im Zuge der neuen organisatorischen Ausrichtung der Bank, das heißt nach der Gliederung in eine Produktbank, eine Vertriebsbank, eine Produktionsbank und eine Portfoliobank, obliegt die Verantwortung für die Kreditentscheidung der Portfoliobank. Obwohl dieses Buch eigentlich nur die Aktivitäten der Produktionsbank untersucht, kann die Kreditentscheidung als erfolgskritischer Prozessschritt in der Wertschöpfungskette selbstverständlich nicht außen vor bleiben.

In Prozessschritt drei erfolgt nun eine automatisierte Kreditentscheidung auf Grundlage des frei verfügbaren Einkommens des Antragstellers und des maschinell ermittelten Kundenlimits unter Berücksichtigung bestehender Engagements. Des Weiteren wird ein risikoorientierter Zinssatz ermittelt.

Grundsätzlich gilt eine stichtagsbezogene Betrachtung, das heißt, es erfolgt jeweils eine erneute Prüfung bei weiteren Anträgen bzw. bei jeder Linien- und Limiterhöhung. Der Kreditnehmer konnte sich bereits im Rahmen eines unverbindlichen Angebots seinen finanziellen Spielraum aufzeigen lassen. Das unverbindliche Angebot basiert auf wenigen wesentlichen Informationen wie zum Beispiel Angaben zur Berufsgruppe, zum Arbeitsverhältnis, zum Einkommen und zum Familienstand. Einige andere Informationen wurden vorausgesetzt.

Die hinterlegten Regeln der Scorecard lassen eine grüne, eine gelbe oder eine rote Entscheidung zu. Durch die Erstellung eines unverbindlichen Angebots bereits beim Händler (auf der Grundlage von persönlichen Informationen) sollen gelbe und rote Fälle weitgehend ausgeschlossen werden. Für den Fall, dass nach Prüfung der eingereichten Unterlagen der gewünschte Kreditrahmen nicht in voller Höhe gewährt werden kann (Gelbfall), bekommt der Händler eine systemseitige Information, welcher reduzierte Kreditrahmen dem Kreditnehmer im konkreten Fall eingeräumt werden kann. Einigen sich Kunde und Händler auf den reduzierten Kreditbetrag, passt der Kreditsachbearbeiter den Wert im Kreditsystem entsprechend an.

Begleitprotokoll zu Prozessinstanz Nr. 034

Datum: 24.08.
Wertstromteam: J. Müller, F. Sprüngli, H. Meier
Händler: GW Hartwig GmbH, Fürth

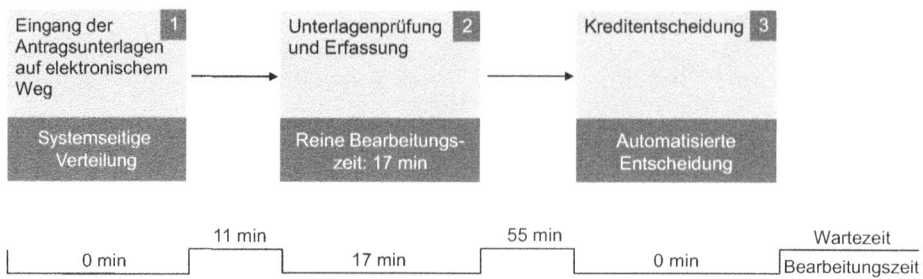

Abb. 6.7 Prozessschritte 1–3, Informationen Prozessinstanz 034

Auffälligkeiten:

- Trotz Vorabchecks des Kreditrahmens (unverbindliches Angebot) konnte nach der Unterlagenprüfung der gewünschte Kreditrahmen nicht gewährt werden. Im konkreten Fall konnten statt der gewünschten Kreditsumme von 18.000 EUR nur 10.000 EUR gewährt werden.
- Die reine Bearbeitungszeit betrug 17 min, das ist deutlich länger als bei einem reinen Grünfall (vgl. Abb. 6.7).
- Es entstand eine Wartezeit von 55 min, bis der Kunde über den Händler die reduzierte Kreditsumme bestätigte.

Im Grünfall kann der Händler über sein System vor Ort den Kreditvertrag direkt ausdrucken. Bevor der Kreditnehmer den Kreditvertrag unterzeichnet, klärt der Händler ihn über die Vertragsdetails gemäß den gesetzlichen Vorgaben auf. Nach Klärung aller Fragen unterzeichnet der Kunde den Kreditvertrag und das Beratungsprotokoll. Der Händler übermittelt den Vertrag, die Anlagen und das Beratungsprotokoll in elektronischer Form an die Bank. Parallel wird der Vertrag samt Anlagen in Papierform auf dem Postweg an die Bank gesandt.

6.1.3.3 Ergebnisse Kriterium Prozessfluss

Nach Auswertung aller 120 repräsentativen Prozessinstanzen wurden alle Zeiten addiert und bildeten somit die Steuerungskennzahlen 1 bis 3. Insgesamt wurden 3173 min (Summe Durchlaufzeit) und 1217 min (Summe reine Bearbeitungszeit) ermittelt (vgl. Abb. 6.8).

Der Wert für Warte- und Liegezeiten summierte sich auf insgesamt 1956 min und überstieg somit die reine Bearbeitungszeit deutlich. Betrachtet man die Durchschnittswerte, so betrug die durchschnittliche Durchlaufzeit pro Prozessinstanz knapp über 26 min, für die reine Bearbeitungszeit wurde ein Wert von etwas über zehn Minuten ermittelt. Durchschnittlich gab es pro Prozessinstanz eine unproduktive Warte- und Liegezeit von ca. 16 min.

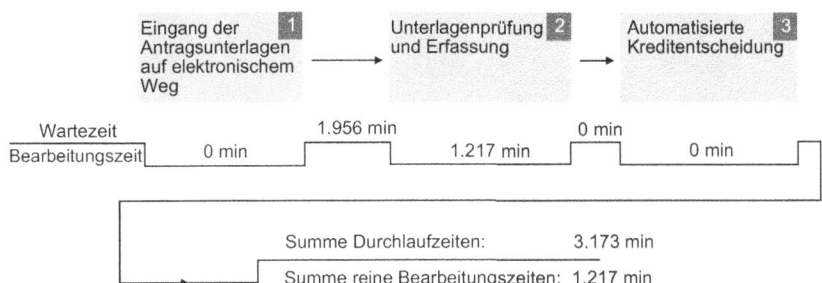

Abb. 6.8 Summe Durchlauf- und Bearbeitungszeiten, basierend auf den 120 untersuchten Prozessinstanzen

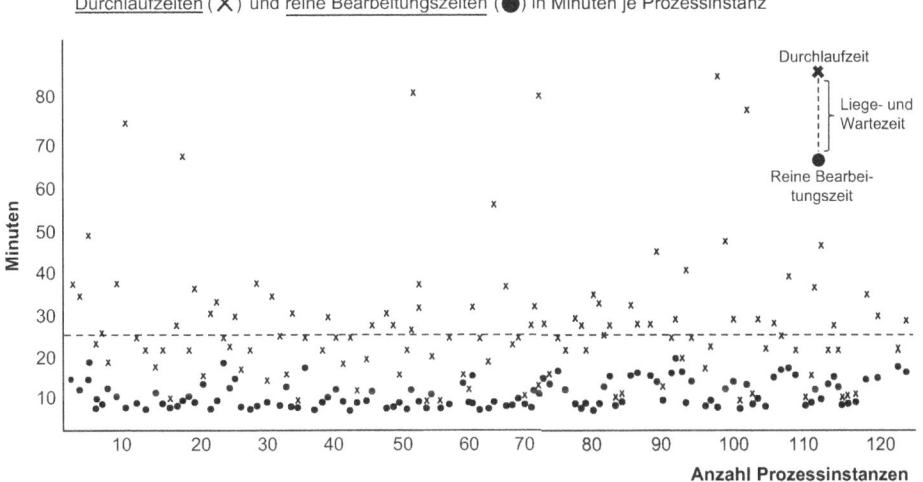

Abb. 6.9 Darstellung der Durchlaufzeiten und reinen Bearbeitungszeiten in Prozessschritt 2 – Unterlagenprüfung und -erfassung – der untersuchten repräsentativen 120 Prozessinstanzen; die gestrichelte Linie markiert den Mittelwert der Gesamtdurchlaufzeit von 26 min

Es sei an dieser Stelle daran erinnert, dass der Begriff *Verschwendung* im Rahmen der Erhebung des Kriteriums Prozessfluss nur die Liege- und Wartezeiten umfasst. Die Verschwendung in den Prozessen wird mit dieser Kennzahl nicht ausgedrückt.

In Abb. 6.9 sind die ermittelten Durchlaufzeiten und die dazugehörigen Bearbeitungszeiten für den Prozessschritt 2, *Unterlagenprüfung und Erfassung,* grafisch dargestellt. Das Diagramm bringt deutlich zum Ausdruck, wie wenig standardisiert die Kreditanträge durch die Antragsstrecke liefen. Für einen Prozess, der im Grunde genommen ausschließlich durch stark repetitive Tätigkeitsschritte geprägt war, waren diese Ergebnisse ausgesprochen negativ. Beispielsweise betrug in Prozessschritt 2 die reine Bearbeitungszeit im besten Fall sechs Minuten, im schlechtesten Fall 19 min. Noch eklatanter waren die langen Warte- und Liegezeiten, wie aus den Diagrammen deutlich zu erkennen ist. Kaum ein Vorgang konnte nahtlos, das heißt ohne Warte- und Liegezeiten, weiterbearbeitet werden.

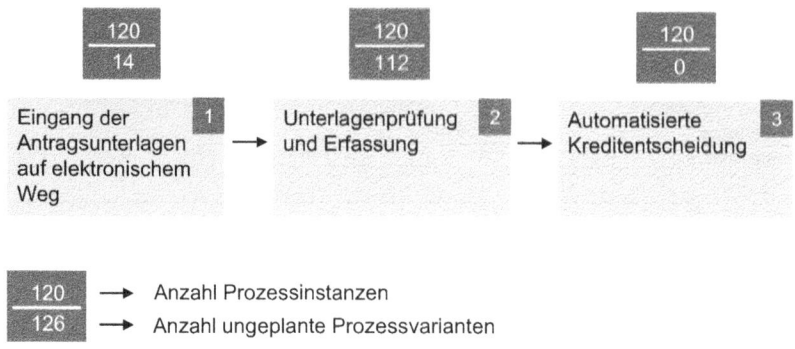

Abb. 6.10 Überblick über die Anzahl ungeplanter Prozessvarianten je Prozessschritt

Zusammenfassung

Insgesamt lassen sich aus der Erhebung folgende Steuerungskennzahlen ableiten:

Steuerungskennzahl 1: Durchlaufzeiten insgesamt:	3173 min
Steuerungskennzahl 2: reine Bearbeitungszeiten insgesamt:	1217 min
Steuerungskennzahl 3: Warte- und Liegezeiten insgesamt:	1956 min

In Summe befindet sich der Prozess zu 61,65 % im Stillstand. Zu der durchschnittlichen reinen Bearbeitungszeit von ca. zehn Minuten je Kreditantrag addieren sich demnach jeweils weitere 16 min Warte- und Liegezeiten hinzu. Dadurch ergibt sich eine durchschnittliche Durchlaufzeit je Kreditantrag von insgesamt ca. 26 min.

6.1.3.4 Ergebnisse Kriterium Prozessvarianten

Der Verschwendungsgrad in Bezug auf unproduktive Liege- und Wartezeiten wurde bereits oben ausgewiesen. Jeder Prozess- und Kommunikationsschritt, der nicht gemäß dem definierten Standard (hier die schriftlich fixierte Ordnung) ausgeführt wurde, zählt als unerwünschte Prozessvariante. Zunächst wurde nur die absolute Anzahl von Prozessvarianten je Prozessschritt ausgewiesen (vgl. Abb. 6.10).

Exakt 126-mal gab es im Rahmen der Stichprobe mit 120 Prozessinstanzen Abweichungen von der verbindlichen Prozessdokumentation (SFO). Das war im Durchschnitt etwas mehr als eine Abweichung je Prozessinstanz. Diese Abweichungen vom definierten Standard zogen nicht nur Verschwendung nach sich, sie waren auch eine Quelle für Risiken.

Zusammenfassung

Aus der Erhebung der Prozessvarianten leitete sich folgende Kennzahl ab:

Steuerungskennzahl 4:   105 %.

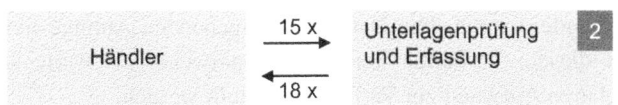

Abb. 6.11 Anzahl ungeplanter Kommunikationsschritte auf Basis der untersuchten 120 Prozessinstanzen

Das Kommunikationsdiagramm (vgl. Abb. 6.11) verstärkt den Eindruck offensichtlich ineffizienter Strukturen in Prozessschritt 2, Unterlagenprüfung und Erfassung.

In der Untersuchungsphase wurden insgesamt 33 ungeplante Kommunikationsschritte (Telefonate, E-Mails, sonstige Gespräche) zwischen Händlern und Bank registriert.

▶ **Messung von mitarbeiterbezogenen Informationen** Messungen von mitarbeiterbezogenen Informationen sind aus arbeitsrechtlicher Sicht nur sehr eingeschränkt möglich. Die Erhebung dieser Daten im Rahmen eines Prozesscontrollings dient nicht der Leistungskontrolle der Mitarbeiter, sondern dem Zweck festzustellen, ob der Prozess die gesetzten Prozessziele erreicht, bzw. Verschwendungsquellen zu identifizieren. Es werden keine Informationen erhoben, die Aufschluss darüber geben, welche Prozessinstanz durch welchen Mitarbeiter bearbeitet wurde. Das heißt, in keinem Reporting wird ein Zusammenhang zwischen Prozesskennzahlen und Mitarbeitern ausgewiesen. Es ist obligatorisch, dass die Mitarbeitervertretung an der Definition des Prozessreportings beteiligt wird, um sicherzustellen, dass alle arbeitsrechtlichen Bedingungen erfüllt werden.

Nichtsdestotrotz sind viele Mitarbeiter daran interessiert, ihre eigene Leistung zu verbessern. Es ist daher eine Überlegung wert, ob Mitarbeiter ihre persönlichen Leistungsdaten aus dem Prozesscontrolling einsehen können, nicht aber Vorgesetzte oder andere Personen im Unternehmen. Das ist sicherlich ein sehr heikles Thema, das man nicht unbedingt einseitig priorisieren sollte. Besteht aber eine vertrauensvolle Zusammenarbeit zwischen Belegschaft und Management und ist der unbefugte Zugriff auf persönliche Daten der Mitarbeiter ausgeschlossen, kann dies für ambitionierte Mitarbeiter eine interessante Option darstellen.

6.1.3.5 Ergebnisse Kriterium Ressourceneinsatz

Das Management hatte wie gesagt entschieden, im ersten Zyklusdurchlauf nur die rein quantitativen Werte für die personellen Über- und Unterdeckungen zu erheben. Insgesamt wurden acht repräsentative Produktionstage für die Erhebung ausgewählt. Ermittelt wurden einerseits die tatsächlich eingesetzten Kapazitäten (Ist), auf der anderen Seite wurden die Kapazitäten (Soll) errechnet, die für die Bearbeitung der Kreditanträge notwendig gewesen wären. Mit einem einfachen Tool konnten die Analysten die Tabelle für die Personaleinsatzplanung auslesen und somit ermitteln, welche Ist-Kapazitäten im

Tagesverlauf vorhanden waren. Die Daten der eingehenden Anträge lieferte das Work-flowsystem. Mit diesem Verfahren konnten die notwendigen Werte schnell und mit einem überschaubaren Aufwand zur Verfügung gestellt werden.

Der Berechnung der Kapazitäten liegt ein kalkulatorischer Referenzwert von 26 min Durchlaufzeit je Kreditantrag zugrunde. Dieser Wert war ein Ergebnis der Erhebung des Kriteriums Prozessfluss. Das Ergebnis zeigt, dass an dem Erhebungstag nur in der Zeit von 14.00 bis 16.00 Uhr die Soll- und Ist-Werte ungefähr übereinstimmten (vgl. Abb. 6.12). Ansonsten überwog an diesem Tag eine deutliche Personalüberdeckung von insgesamt rund 158 h (vgl. Abb. 6.13). Die Personalunterdeckung von rund 35 h bedeu-tete, dass es in dem betreffenden Zeitraum nicht gelang, den Servicelevel zu halten, das heißt, die Händler mussten sich auf längere Wartezeiten einstellen.

Die Auswertung aller acht repräsentativ ausgewählten Tage ergab, dass jeden Tag durchschnittlich eine Überdeckung von rund 152 h und eine Unterdeckung von rund 34 h anfielen (vgl. Abb. 6.14).

Dieses Ergebnis machte deutlich, wie hoch der Anteil von Verschwendung in diesem Prozess war. Das Team ermittelte anhand der hinterlegten Qualifikationsstufen und Stun-densätze der im Erhebungszeitraum eingesetzten Mitarbeiter einen durchschnittlichen Satz von 44 EUR pro Produktionsstunde (inklusive Personalnebenkosten). Auf Grund-lage der ermittelten personellen Überdeckung pro Produktionstag (Mittelwert) von 152 Produktionsstunden bedeutete das eine Verschwendung in Höhe von 6688 EUR, wohlge-merkt nur für den Teilprozess der Antragsstrecke. Hochgerechnet auf ein Jahr summierte sich der Betrag auf über 1,6 Mio. EUR.

	08:00 – 10:00 Uhr	10:00 – 12:00 Uhr	12:00 – 14:00 Uhr	14:00 – 16:00 Uhr	16:00 – 18:00 Uhr	Summe
Eingehende Kreditanträge:	230	70	310	406	561	1.577
Notwendige Bearbeitungszeit in min (Soll)	5.980	1.820	8.060	10.556	14.586	41.002
Tatsächlich zur Verfügung gestellte Kapazitäten in min (Ist)	7.400	7.400	5.980	10.700	16.920	48.400
Überdeckung (+) Unterdeckung (-)	+ 1.420	+ 5.580	- 2.080	+ 144	+ 2.334	

Abb. 6.12 Untersuchungstag 22.08.; Gegenüberstellung der tatsächlich eingesetzten personellen Kapazitäten (Ist) und der für die Bearbeitung der Anträge notwendigen Kapazitäten (Soll), geglie-dert in Schritte von zwei Stunden

Abb. 6.13 Personelle
Über- und Unterdeckungen
im Rahmen der Erhebung im
Initialprojekt Eröffnungsbilanz
Prozesse – Erhebungstag 22.08

Summe Personalüberdeckung/Tag (Verschwendung)
= 9.478 min = rd. 158 Stunden

Summe Personalunterdeckung/Tag (Mangelsituation)
= 2.080 min = rd. 35 Stunden

Abb. 6.14 Personelle Über-
und Unterdeckung im Rahmen
der Erhebung Initialprojekt
Eröffnungsbilanz Prozesse –
Mittelwert aller erhobenen
Tage

Summe Personalüberdeckung/Tag (Verschwendung)
= 9.133 min = rd. 152 Stunden

Summe Personalunterdeckung/Tag (Mangelsituation)
= 2.043 min = rd. 34 Stunden

Wie beschlossen, wollte das Management den ersten Zyklusdurchlauf dazu nutzen, diese kritische Situation mit den Mitarbeitern und der Mitarbeitervertretung zu diskutieren. Die ermittelten Werte zeigten den Handlungsdruck hin zu einer zielgerichteten Personaldisposition schonungslos auf. Sie dienten als Informationsbasis für den Dialog mit den Mitarbeitern, in dem gemeinsam an entsprechenden Betriebsvereinbarungen gearbeitet werden sollte.

Zusammenfassung

Folgende Steuerungskennzahlen für das Kriterium Ressourceneinsatz flossen in das Prozessreporting:

Steuerungskennzahl 5: Überdeckung Ressourcen/Tag: rd. 152 h
Steuerungskennzahl 6: Unterdeckung Ressourcen/Tag: rd. 34 h
Steuerungskennzahl 7: Überdeckung Ressourcen/Tag: 6688 EUR

6.2 Notwendigkeit bevorstehender Veränderungen erklären

6.2.1 Unternehmenskommunikation professionalisieren

Zu Beginn von Kap. 5 wurde die Leistung des Managements gewürdigt, weil es im Zuge der Definition der neuen Werteordnung gelang, den Mitarbeitern und allen anderen Stakeholdern die bevorstehenden Veränderungsprozesse positiv zu verkaufen. Allerdings verpufft eine positive Grundhaltung schnell, wenn nicht zügig konkrete Informationen folgen. Das Initialprojekt Eröffnungsbilanz Prozesse diente primär dem Zweck, an handfeste Informationen zu gelangen, um auf Basis einer faktenbasierten Argumentationskette hieb- und stichfest die Notwendigkeit der bevorstehenden Veränderungen erklären zu können. Es ist aber nicht nur wichtig, die Gründe für die Veränderungen aus Unternehmenssicht zu erklären; die Mitarbeiter interessiert vor allem, wie sich ihr eigener Aufgabenbereich verändern wird.

Erinnern Sie sich? Von Kotter und Whitehead lernen wir, *dass die Anführer des Wandels ihre Vision so kommunizieren und verbreiten müssen, dass sie andere Menschen dazu bewegen, ihre Strategie und ihren Umsetzungsplan zu unterstützen* (vgl. Kotter und Whitehead 2010, S. 16 f.). Dies kann nie und nimmer durch eine einzelne Maßnahme gelingen. Vielmehr muss das Management die Kommunikation zum Transformationsprozess fest im Unternehmen institutionalisieren. Hierfür stellte das Management der Retail Bank AG ein Kommunikationsteam, nachfolgend K-Team genannt, zusammen. Das K-Team entwickelte eine Kommunikationsstrategie speziell für die Bedürfnisse der Retail Bank AG. Darüber hinaus war sein Auftrag auch eine kontinuierliche Unterstützung und Beratung des Top- und mittleren Managements. Zu den wesentlichen Aufgaben der Kommunikationsexperten gehörte,

- die Kommunikationsstrategie individuell an jeder Interessengruppe im Haus auszurichten,
- Informationsveranstaltungen in den Unternehmensbereichen zu organisieren,
- eine Informationsrubrik im Intranet einzurichten,
- Stimmungsbilder aus den verschiedenen Unternehmensbereichen zu liefern (insbesondere dann, wenn die Stimmungslage abrupt kippen sollte),
- den kontinuierlichen Kommunikationsprozess zu steuern,
- ständig die Wirksamkeit der Kommunikationsstrategie zu überprüfen und gegebenenfalls anzupassen,
- regelmäßig das Management über den Fortschritt zu informieren, der aufgrund der Kommunikationsmaßnahmen bislang erzielt worden war.

Damit all dies auch tatsächlich funktionierte, musste das Management das K-Team eng in die strategische Planung und Umsetzung einbinden.

6.2.2   Mitarbeitervertretung einbinden

Ebenso viel Aufmerksamkeit wie in die Kommunikation mit den Mitarbeitern muss in die Überzeugung der Mitarbeitervertretung investiert werden. Ohne Zustimmung der Mitarbeitervertretung lässt sich ein so ambitioniertes Programm nicht umsetzen. Die Wahrscheinlichkeit, dass es dem Management gelingt, die Mitarbeitervertretung grundsätzlich für die bevorstehenden Veränderungen zu gewinnen, ist sehr hoch. Denn dafür sprechen gute und überzeugende Gründe:

- Ein leistungsfähiges und finanzstarkes Kreditinstitut bietet sicherere Arbeitsplätze.
- Eine Wachstumsstrategie schafft neue Arbeitsplätze.
- Die Schaffung von Transparenz und eine neue, offene Kommunikationskultur bieten die Chance auf einen verbesserten Dialog mit der Unternehmensführung.
- Führungskräfte sind von nun an für die zielgerichtete Entwicklung ihrer Mitarbeiter verantwortlich; die Mitarbeiterentwicklung rückt in den Mittelpunkt der neuen strategischen Ausrichtung.
- Neue Rollen in der Organisation bieten Mitarbeitern neue Chancen für ihre fachliche und persönliche Weiterentwicklung.

Gelingt es, die Mitarbeitervertretung grundsätzlich ins Boot zu holen, stolpert das ein oder andere Management allerdings gleich in die erste Falle. Grundsätzliche Zustimmung zu einem neuen Weg darf nicht mit aktiver Unterstützung verwechselt werden. Manches Management versucht, die Mitarbeitervertretung dafür einzuspannen, Mitarbeiter vom neuen Weg zu überzeugen. Der ureigenste Auftrag einer Mitarbeitervertretung ist aber, die Interessen der Belegschaft zu vertreten und nicht unternehmerische Verantwortung zu übernehmen. Die Mitarbeitervertretung muss sich um die Sorgen der Mitarbeiter kümmern, auch wenn dies in einer Konfrontation endet.

Im konkreten Fall entwickelte das K-Team eine langfristig angelegte Kommunikationsstrategie für die Zusammenarbeit mit der Mitarbeitervertretung. Zentraler Bestandteil dieser Strategie war es, dass das Management regelmäßig, transparent und nachvollziehbar die Gremien der Mitarbeitervertretung informierte. Das Management muss dabei hinterfragen und genau verstehen, was der Mitarbeitervertretung im Zuge der Unternehmenstransformation besonders am Herzen liegt. In aller Regel sind das auch Punkte, die dem Management sehr wichtig sind. Die Mitarbeitervertretung muss sehen, dass ihre Kritik ernst genommen und berücksichtigt wird. Vielleicht ist man sich nicht immer einig, wie man das Ziel erreicht. In solchen Fällen sind beide Parteien gefordert, tragfähige Kompromisse zu verhandeln. Es ist eben wichtig, die Zusammenarbeit so zu gestalten, dass es keine Verlierer gibt. Auch sollte eine Salamitaktik vermieden werden, bei der kritische Punkte nur scheibchenweise angesprochen werden. Ganz im Gegenteil: Konflikträchtige Punkte müssen im Dialog ganz nach vorne gerückt werden. Und davon gibt es eine ganze Menge, beispielsweise:

- die Erhebung sensibler, mitarbeiter- bzw. abteilungsbezogener Informationen (sofern arbeitsrechtlich zulässig),
- die Forderung nach flexibleren Arbeitszeiten,
- der vermehrte Einsatz von Mitarbeitern mit niedriger Qualifikation,
- die Versetzung von Mitarbeitern in andere Funktionen.

Das Management muss auch akzeptieren, dass es Punkte geben kann, bei denen eine Einigung mit der Mitarbeitervertretung nicht sofort möglich ist. Auch in solchen Fällen darf der Weg einer besonnenen Verhandlungsführung nicht verlassen werden. Gerade in kritischen Situationen dieser Art gelten die Thesen von Kotter und Whitehead: Es muss faktenbasiert erklärt werden, warum die umstrittenen Maßnahmen notwendig sind, damit sich das gewünschte Gesamtergebnis einstellt. Schwarz-Weiß-Malerei sollte tunlichst vermieden werden; stattdessen sollten alle Kräfte gebündelt werden, um einen Kompromiss zu erzielen.

▶ **Misserfolgsfaktor: Blabla-Kommunikation** Sicher klingt der Begriff Blabla-Kommunikation sehr umgangssprachlich. Er trifft aber das Problem mancher Unternehmenskommunikation genau auf den Punkt. Mitarbeiter merken es sehr schnell, wenn die Unternehmenskommunikation nichts Substanzielles produziert. Gerade Leistungsträger erwarten nützliche und glaubwürdige Informationen, die es ihnen ermöglichen, systematischer auf ihre Ziele hinarbeiten zu können.

Im konkreten Fall der Retail Bank AG war es früher undenkbar gewesen, entscheidungsrelevante Informationen im Unternehmen breit zu veröffentlichen. Diese Informationen waren nur einem kleinen Kreis Eingeweihter bekannt und auch nur dieser Personenkreis fällte Entscheidungen. Den Mitarbeitern und großen Teilen des mittleren Managements waren die Gründe für Entscheidungen und die Datenbasis dahinter nicht bekannt. Wenn man sich dagegen das Initialprojekt *Eröffnungsbilanz Prozesse* vor Augen führt, gab die Bank detaillierteste Prozessinformationen an die Mitarbeiter weiter, inklusive der Methoden und Verfahren, mit denen diese Daten ermittelt und interpretiert wurden. Und nicht nur das: Leistungsträger wissen nun auch konkret, welchen Beitrag sie zur Erreichung der strategischen Ziele leisten müssen, und verstehen somit besser den Gesamtzusammenhang ihrer Arbeit.

Statt aufgesetzter Gute-Laune-Kommunikation müssen genau die geschilderten Maßnahmen fest in der Bank institutionalisiert werden. Die Unternehmenskommunikation ist selbstverständlich auch für die Kommunikation der erzielten Erfolge verantwortlich. Einen wichtigen Hinweis in diesem Kontext geben die Autoren Joachim Klewes und Ansgar Zerfass:

Wer als CEO die Kommunikation neu strukturiert, sollte bedenken: Am besten gelingt der Umbau, so unsere Erfahrungen, wenn sich das Unternehmen strategisch neu ausrichtet und entsprechend thematisch positioniert. Denn die inhaltliche Neuorientierung profitiert vom Schwung veränderter organisatorischer Strukturen und Prozesse – und umgekehrt (Klewes und Zerfass 2012).

6.2.3 Einberufung einer Mitarbeiterversammlung

Das Management der Retail Bank AG berief eine Mitarbeiterversammlung ein, um die Belegschaft über den aktuellen Stand und die weitere Vorgehensweise zu informieren. Ziel war nicht nur, Informationen zu vermitteln, sondern auch, Bedenken zu zerstreuen und einen schwungvollen Aufbruch in die bevorstehende Umsetzungsphase anzustoßen.

Ich bin immer wieder überrascht, wie schlecht Manager bei entscheidenden Anspra-
chen an die Mitarbeiter vorbereitet sind. Dies liegt nicht etwa daran, dass sie ihre Zahlen, Fakten oder Kennziffern nicht im Griff hätten. Es liegt auch nicht daran, dass es den
betreffenden Managern an rhetorischen Qualitäten fehlt. Aber den Meistern guter Kommunikation gelingt es, komplexe Zusammenhänge und unübersichtliche Zahlenwerke so
darzustellen, dass bei den Mitarbeitern ein Bild entsteht, das lange in den Köpfen bleibt.
Diese wichtige Managementfähigkeit ist erlernbar.

Nach Beratungen mit dem K-Team entschied man sich, für diesen Zweck das Instrument des Storytellings zu nutzen. Es ist ein ideales Mittel, um Themen positiv zu
emotionalisieren, besser, als es nüchterne Zahlen und Statistiken je könnten. Kleine,
authentische Geschichten über das eigene Geschäft graben sich tief ins Gedächtnis ein
und halten die Aufmerksamkeit lange aufrecht. Die Storys müssen mit viel Bedacht entwickelt werden, damit sie genau zur jeweiligen Zielgruppe passen.

Der Marktvorstand entschied sich, von einem Gespräch mit einem der großen Händler
zu berichten. Der Händler hatte angegeben, dass Kunden, die aufgrund zu langen War-
tens auf die Kreditzusage das Autohaus verließen, nur in 60 % der Fälle wieder in die
Verkaufsräume zurückkehrten. In einem Monat hatte der Händler sieben solcher Fälle
gezählt. Den vermeidbaren Verlust an Umsatz bezifferte er auf über 80.000 EUR. Der
Händler war zu Recht verärgert. Das Management verstand es in seiner Ansprache an die
Mitarbeiter, den Finger genau auf die entscheidenden Schwachstellen in der Organisation zu legen: hohe Fehlerquoten, ungeregelte Prozesse, zu viele Prozessvarianten, Doppelarbeiten sowie lange Warte- und Liegezeiten. Zugleich würdigte das Management den
engagierten Einsatz der Mitarbeiter in der Produktion. Diese würden versuchen, Defizite
beispielsweise durch aufwendige Feuerwehreinsätze oder Mehrarbeit zu kompensieren,
was aber aufgrund der genannten Defizite meist nicht funktionierte. Das Management
schlussfolgerte, dass die Situation für keine Seite zufriedenstellend war: nicht für den
Händler, nicht für den Endkunden, nicht für die Mitarbeiter und nicht für die Ertragssituation und Wettbewerbsfähigkeit der Bank.

Die erste große Mitarbeiterversammlung seit der Bekanntgabe, dass sich die Retail
Bank AG strategisch und strukturell neu ausrichten werde, war der richtige Ort, um den
Mitarbeitern einen ersten Einblick in die Ergebnisse des Initialprojekts *Eröffnungsbilanz Prozesse* zu gewähren. Der Produktionsvorstand erklärte zunächst kurz die industriellen Methoden, mit denen die Leistungsfähigkeit der Prozesse gemessen wurde,
sowie das Wirkprinzip des kontinuierlichen Verbesserungsprozesses. Danach präsen-
tierte er die Ergebnisse. Die Kennzahlen spiegelten genau die niedrige Leistungsfähigkeit und schlechte Qualität der Produktion wider, von der der Marktvorstand gerade aus
der Praxis erzählt hatte. Das Managementteam hob dabei immer wieder hervor, dass es
sich hierbei um ein strukturelles Problem der Bank handele und nicht etwa um individuelle Fehler der Mitarbeiter. Die Präsentation der Ergebnisse löste eine Diskussion mit
vielen Wortmeldungen aus. Es war offensichtlich, dass die Ergebnisse zum Zustand der
Produktion den Nerv vieler Mitarbeiter trafen. Das Managementteam war außerordentlich zufrieden mit dem Verlauf der Diskussion: Man hatte den betroffenen Mitarbeitern

den Handlungsdruck und die Notwendigkeit der bevorstehenden Anstrengungen erfolgreich vermitteln können. Der Vorstand Produktion teilte mit, dass ein Raum eingerichtet würde, in dem die Ergebnisse der Vorstudie ausführlich präsentiert würden. Die in das Initialprojekt involvierten Prozessexperten beantworteten Fragen und erklärten Hintergründe. Angesichts der Tatsache, dass solche Ergebnisse in der Vergangenheit dem engsten Führungszirkel vorbehalten waren, war die Veröffentlichung dieser Prozessinformationen ein starker Beweis für die neue Politik der Offenheit und Transparenz der Unternehmensführung.

Im letzten Teil der Mitarbeiterversammlung beschrieb das Management das zukünftige Zielbild der Produktionsbank. Den Schwerpunkt legte das Managementteam dabei auf drei Themen: die neue Rolle der Führungskräfte, die Entwicklung herausragender Mitarbeiter und die Anwendung industrieller Methoden und Verfahren. Man kündigte an, dass in Abteilungsbesprechungen detaillierte Informationen nachgeliefert und in Einzelgesprächen mit allen betroffenen Mitarbeitern die jeweiligen individuellen Veränderungen besprochen würden.

Das Management hatte sich auf diese Mitarbeiterversammlung mit Unterstützung des K-Teams lange und intensiv vorbereitet. Die Argumente und Beispiele waren sorgfältig gewählt und die Rhetorik gut einstudiert. Auf kritische Fragen wurde besonnen reagiert und stets auf nachvollziehbare Fakten verwiesen.

6.2.4 Neue Organisation erklären

Selbst wenn der überwältigende Teil der Belegschaft die Veränderungen für notwendig hält, ist es nicht selbstverständlich, dass die Umsetzungsmaßnahmen auch tatsächlich mitgetragen werden. Das *große Ganze* zu akzeptieren, ist eine Sache, entscheidend für Mitarbeiter ist aber, welche Veränderungen sich jeweils im eigenen Umfeld ergeben. Diese Phase der Meinungsbildung bei den Betroffenen ist absolut erfolgskritisch.

Mitarbeiter plagen in diesen Situationen Sorgen um ihre persönliche Zukunft und Sicherheit. Ganz selten sehen Betroffene nur Vorteile. *Werde ich nun enger gesteuert? Muss ich mich für Fehler oder sonstige Defizite rechtfertigen? Wird meine Arbeitsbelastung höher? Wird meine Arbeit unselbstständiger? Muss ich einen Verlust an Freiheit befürchten? Werden meine bisherigen Leistungen nicht mehr gewürdigt?* Ohne professionelle Kommunikation scheitert spätestens hier der Weg in eine erfolgreiche Umsetzung und führt in eine Negativspirale, weil Ängste und Unsicherheiten die Oberhand gewinnen.

Die Personalabteilung und das K-Team hatten für diese Phase eine klare Vorgehensweise und viele nützliche Argumentationshilfen entwickelt und anschließend die Führungskräfte zur Vorbereitung auf die Mitarbeitergespräche intensiv geschult.

Einerseits sollen sich die Mitarbeiter durch die Schilderungen und Erklärungen des Vorgesetzten ein gutes Bild von dem machen können, was sie zukünftig erwartet. Im Kern wird dabei der TWI-Methodenlehre gefolgt, also dem bewährten Toyota-Konzept zur Entwicklung herausragender Mitarbeiter. Den Prozess zu verinnerlichen, ihn optimal auszuführen und ein Auge für Verschwendung im Prozess zu entwickeln, das sind die neuen Schwerpunkte der Arbeit. Anderseits müssen auch sensible Punkte angesprochen werden. Das betrifft insbesondere Mitarbeiter, bei denen sich starke Veränderungen abzeichnen. Hier ist das Geschick des Vorgesetzten gefragt, die Betroffenen zu motivieren und sie auf die Chancen hinzuweisen, die die Unternehmenstransformation für ihre persönliche Weiterentwicklung bereithält.

Man muss sich bewusst machen, dass die Organisationsform wesentlichen Einfluss auf die Umsetzung der strategischen Ziele hat. Ob für ein Unternehmen eine funktionsorientierte oder eine prozessorientierte Organisation sinnvoll ist, entscheidet in erster Linie die Struktur und Beschaffenheit des Kerngeschäfts. Für eine Retailbank, die ein Standardmengengeschäft bewältigen muss und sich auf eine industriell orientierte Leistungserstellung festgelegt hat, drängt sich eine Prozessorganisation regelrecht auf. Das Management darf nicht versäumen, den Mitarbeitern diese grundlegende Veränderung detailliert zu erklären. Meine Erfahrung zeigt, dass das Management sich dabei ganz besonders um die Führungskräfte kümmern muss.

Die klassische funktionsorientierte Form der Leistungserstellung war auch in der Retail Bank AG all die Jahre die dominierende Denkweise gewesen (vgl. Abb. 6.15). Der Paradigmenwechsel hin zu einer prozessorientierten Ausführung von Leistungen würde mit Sicherheit viele lieb gewonnene Abläufe und abgesteckte Terrains der Führungskräfte infrage stellen (vgl. Abb. 6.16). Es war schlicht nicht üblich, dass alle Verantwortlichen koordiniert auf den Gesamtprozess einwirkten und gemeinsam dafür Sorge trugen, dass sich das gewünschte Gesamtergebnis einstellte. In der alten Organisation war es nicht unüblich gewesen, dass der ein oder andere Manager sich ein kleines Fürstentum aufbaute und sein Tun für Dritte nur wenig transparent war. Zukünftig würden alle Manager an einem Strick ziehen, sich optimal aufeinander abstimmen, sich gemeinsam an den definierten Prozesskennzahlen orientieren und die richtigen Entscheidungen treffen.

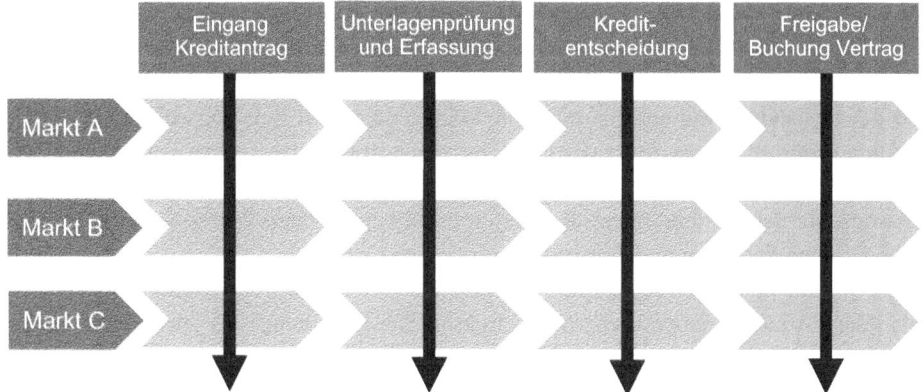

Abb. 6.15 Vereinfachte, schematische Darstellung einer funktionsorientierten Organisation

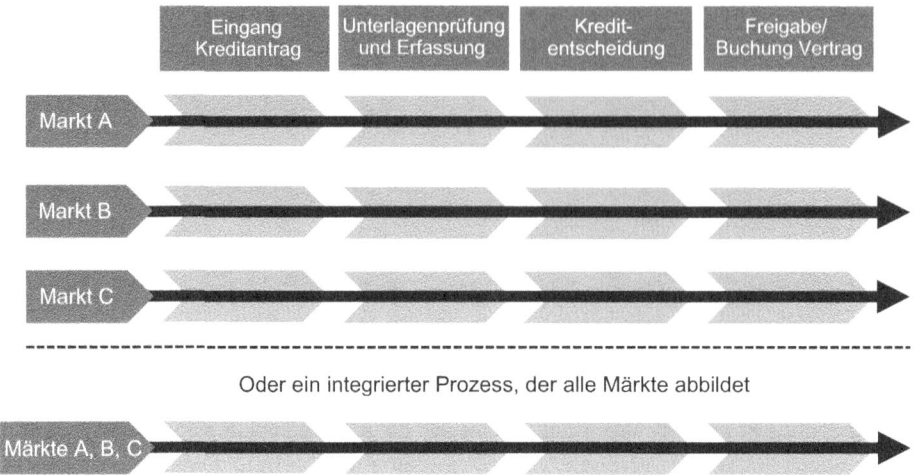

Abb. 6.16 Vereinfachte, schematische Darstellung einer prozessorientierten Organisation

Was bedeutet es nun konkret, sich prozessorientiert aufzustellen? Linien werden weitgehend durch eine Prozessorganisation ersetzt. Geschäftsprozesse bestimmen das Handeln, und die Organisationsstruktur passt sich optimal daran an. Alle Entscheidungskompetenz über einen bestimmten Kernprozess wird auf einen Prozessverantwortlichen übertragen. Er hat die Verantwortung für die Ressourcen, das Budget, die Prozessplanung und das Ergebnis. Unterstützt wird er durch Mitarbeiter, die jeweils für einen Teilprozess verantwortlich sind (Teilprozessverantwortliche). Danach folgen die Mitarbeiter an der Basis (Prozessanwender), die für die korrekte Ausführung der jeweiligen Prozessschritte verantwortlich sind. Allerdings muss die gerade beschriebene Organisationsform für eine Bank leicht modifiziert werden. Toyota denkt und handelt immer über die gesamte Prozesskette, das heißt von Anfang bis Ende, wobei der Anfang in aller Regel nicht im eigenen Haus beginnt, sondern bei Zulieferern oder gar bei Zulieferern von Zulieferern. In Banken dagegen besteht eine strikte Trennung zwischen Markt und Marktfolge, sodass ein Prozessverantwortlicher nicht für den Gesamtprozess von der Marktpolitik über die Geschäftsanbahnung, die Antragsprüfung, die Kreditentscheidung und die Bestandsverwaltung bis hin zum Management von Leistungsstörungen verantwortlich sein darf. Somit muss die Bank zwischen dem Prozessverantwortlichen Markt und dem Prozessverantwortlichen Marktfolge differenzieren. Diese Regelung bedeutet zwar eine Schnittstelle mehr, aber das soll die betreffenden Prozessverantwortlichen nicht daran hindern, eng und konstruktiv zusammenzuarbeiten.

Die wichtigsten neuen Rollen für das operative Geschäft wurden bereits genannt: zum einen der Prozessverantwortliche und (direkt an ihn berichtend) die jeweiligen Teilprozessverantwortlichen. Da beide Gruppen sehr auf das operative Geschäft fokussiert sind, werden sie sowohl methodisch als auch personell durch Spezialisten unterstützt; dieser

Bereich Prozess- und Qualifizierungsmanagement ist ebenfalls in zwei Einheiten gegliedert (vgl. Abb. 6.17). Zum einen gibt es ein Team, das sich auf die Analytik spezialisiert,
analog zu den Experten des Toyota-Produktionssystems. Im Mittelpunkt stehen hier
die Identifikation von Problemen und die Entwicklung passender Lösungen. Nur dieses
Team ist autorisiert, die Leistungsfähigkeit der Prozesse zu ermitteln (mittels Wertstrommethode), daraus Prognosen und Trends abzuleiten und diese Informationen in Form
standardisierter Berichte an die entsprechenden Stellen im Unternehmen weiterzuleiten.
Darüber hinaus wacht dieses Team auch penibel über die Leistungs- und Funktionstüch-
tigkeit des kontinuierlichen Verbesserungskreislaufs, immer auf der Suche nach Verbesserungen.

Das zweite Team unterstützt die Prozessverantwortlichen bei der Umsetzung der
entwickelten Lösungsansätze in die Praxis. Genauer: Die Job-Instruction-Trainer unterstützen und beraten die Prozess- und Teilprozessverantwortlichen dabei, einen stö-
rungsfreien und standardisierten Bearbeitungsprozess in die Praxis umzusetzen. Die
Leistungen der Trainer umfassen die Gliederung von Tätigkeiten in beherrschbare
Teilschritte nach der Toyota-Methode des Job-Breakdowns, Unterstützung bei der
Gestaltung der Schulungsunterlagen, der Erstellung von Entwicklungsplänen für Prozessanwender und die Qualifizierung von Teilprozessverantwortlichen als Arbeitsplatztrainer. Die Analysten und Trainer des Prozess- und Qualifizierungsmanagements sehen
sich ausschließlich in einer beratenden, unterstützenden Rolle. Die Verantwortung für
das Ergebnis der Qualifizierungsmaßnahmen trägt aber immer der Prozessverantwortliche. Es gibt somit unterhalb des Vorstands vier neue Rollen in der neuen, prozessorientierten Organisation der Retail Bank AG: im operativen Geschäft die Prozess- und

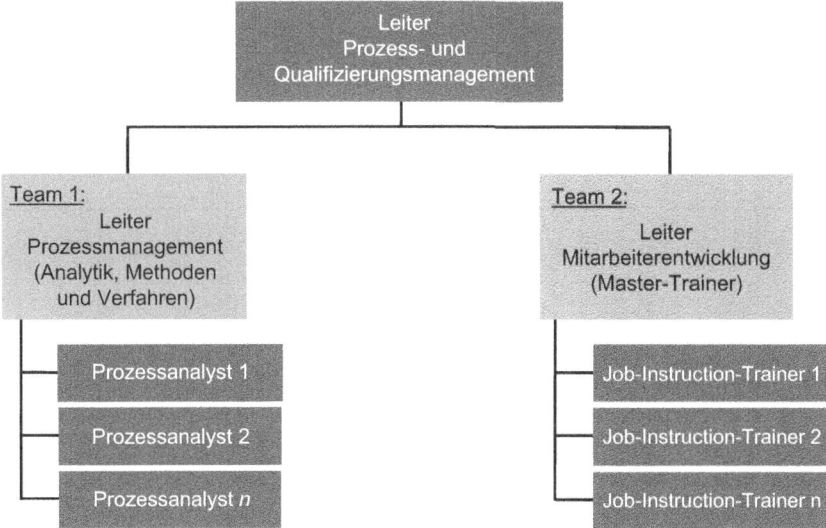

Abb. 6.17 Organisation des Prozess- und Qualifizierungsmanagements

Teilprozessverantwortlichen und innerhalb der Unterstützungseinheit des Prozess- und Qualifizierungsmanagements die Analysten und Job-Instruction-Trainer (vgl. Abb. 6.18).

▶ **Misserfolgsfaktor: Das Prozessmanagement in Banken leistet sich ekla-**
tante Schwächen Insbesondere in großen Banken trifft man oft auf ein Prozessmanagement mit einem exzellent ausgestatteten Supermarkt an Methoden, Verfahren und Software-Werkzeugen. Daneben existieren sehr ausführliche, teils akribisch genaue Prozessdokumentationen und Prozesslandkarten. Schaut man sich aber an – und zwar mit der Perspektive, mehr Effizienz zu schaffen –, was Fachabteilungen daraus wirklich annehmen, ist das meist sehr ernüchternd. Aus Sicht einer Fachabteilung ist es typisch, nur Services in Anspruch zu nehmen, die zwingend benötigt werden. Beispielsweise, um Prüfern Auskunft über Prozesse und Kontrollen geben zu können. Die Bemühungen, mit dem zur Verfügung stehenden Supermarkt des Prozessmanagements Prozesse kontinuierlich zu verbessern, um damit einen wirtschaftlichen Vorteil zu erzielen, sind in der Praxis erstaunlich gering. Beispielsweise im Vergleich zur Automobilindustrie. Von deren Bemühungen, ihre Supply Chain von Anfang bis Ende professionell zu managen, sind Banken weit entfernt.

Woran liegt das? Zunächst ist auffällig, dass es in vielen Banken üblich ist, mehrere Tools zur Prozessdokumentation einzusetzen. Dadurch ist es eigentlich schon unmöglich, Prozesse übergreifend darzustellen. Hinzu kommt,

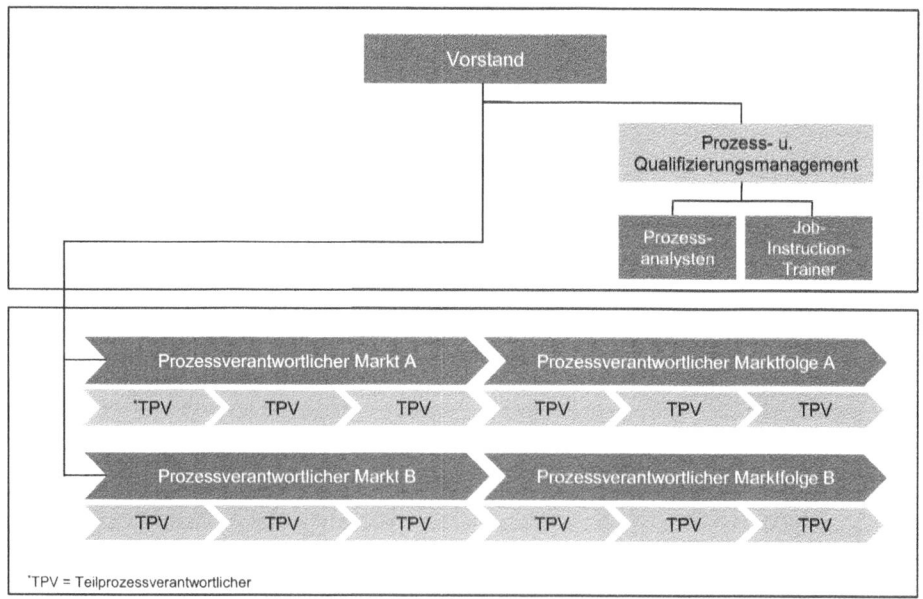

Abb. 6.18 Vereinfachte Darstellung des Organigramms mit den neuen Rollen und Verantwortlichkeiten

dass oft einheitliche Methoden und Vorgehensweisen fehlen. Nicht etwa, weil diese nicht existieren würden – ganz im Gegenteil. Gerade in Banken sind Methoden und Verfahren inhaltlich sehr weit entwickelt. Diese definierten Standards für das Prozessmanagement werden allerdings nur unzureichend angewandt. Die Akzeptanz solcher Methoden an der Basis, sprich bei den Führungskräften und Mitarbeitern in den wertschöpfenden Prozessen, ist gering. Meist werden übertriebene Methodik und viel zu komplexe Verfahren bemängelt. Das kritischste Argument der Anwender ist, dass man keinen nennenswerten Nutzen aus dem Prozessmanagement ziehen könne. Der Kommentar eines Teamleiters aus einer Marktfolgeorganisation eines größeren Kreditinstituts brachte das auf den Punkt, als er sagte, dass Geschäftsprozessmanagement, wie es in seinem Hause betrieben werde, ihn nicht erfolgreicher mache. Dabei ist der Nutzen des Geschäftsprozessmanagements unbestritten. Dort, wo es funktioniert, stellen sich gute Ergebnisse ein.

Ergo muss das Geschäftsprozessmanagement so ausgerichtet werden, dass es Informationen liefert, mit deren Hilfe Mitarbeiter an der Basis ihre Aufgaben nachweisbar zielgerichteter und erfolgreicher bewältigen können. Es ist natürlich zu kurz gesprungen, die Verantwortlichen für das Geschäftsprozessmanagement für Fehlentwicklungen verantwortlich zu machen. Vielmehr hat das Top-Management in so einem Fall seine Hausaufgaben nicht erledigt. Ich kann an dieser Stelle jedem Top-Manager nur empfehlen, sich strikt an den Erfahrungen von Toyota zu orientieren. Damit wird sich auch der Erfolg einstellen.

Es ist aber nicht genug, wenn das Top-Management nur die Einführungsphase des Prozessmanagements mit viel Aufmerksamkeit begleitet. In der Praxis lässt sich immer wieder beobachten, dass, sobald die Aufmerksamkeit des Top-Managements nachlässt, die eingeführten Strukturen des Prozessmanagements in erstaunlicher Schnelligkeit in einen instabilen Zustand zerfallen. Ein funktionierendes Prozessmanagement benötigt zwingend die durchgängig hohe Aufmerksamkeit des obersten Managements. Es ist unverzichtbar, zumindest im Standardmengengeschäft, die Optimierung von Prozessen als permanente und überlebensnotwendige Managementaufgabe zu verstehen. Diese Erkenntnis konkurriert auch nicht mit der Feststellung von Porter (vgl. Recklies 2000), dass es ein Fehler sei, den Managementfokus auf die Verbesserung der Kostenposition zu reduzieren. Es muss eben beides passen: einerseits ein konkurrenzfähiges Geschäftsmodell zu entwickeln, und andererseits, das Geschäftsmodell optimal umzusetzen.

Die vielen grundlegenden Veränderungen bringen aber auch Chancen mit sich. Diese Chancen, das heißt neue Karriereperspektiven, aktiv zu forcieren, ist eine wichtige Aufgabe des Managements und aller Führungskräfte.

Das K-Team hatte eigens hierfür eine Kampagne entwickelt, hielt regelmäßig Informationsveranstaltungen ab und stellte gut aufbereitete Informationen ins Intranet der

Bank ein. Die Kampagne stand unter dem Motto *Entdecke dein Talent – neue Karrier-eperspektiven in der Retail Bank AG*. Jedem Mitarbeiter stand nun die Chance offen, sich über ein neues Karrieremodell zu informieren und einen neuen Karrierepfad einzuschlagen. Dies war ein weiterer starker Beweis dafür, wie ernst es die Bank mit ihrem Ziel, herausragende Mitarbeiter zu entwickeln, meinte.

Noch ein weiterer Punkt gesellte sich zu den Dingen hinzu, die das Management im Zuge der Unternehmenstransformation zwingend erledigen musste. Es musste dafür Sorge tragen, dass die Teamarbeit in der Bank reibungslos funktionierte. Das ist nämlich nicht selbstverständlich. Teams sind die Kraftwerke in Unternehmen und das Management muss einen Ordnungsrahmen schaffen, der sicherstellt, dass sie ihre Leistungsfähigkeit voll entfalten können. Bedauerlicherweise setzen viele Manager einfach voraus, dass Teamarbeit immer gut läuft. Ohne einen funktionierenden Ordnungsrahmen und ohne das Wissen, welche Entscheidungen für ein funktionierendes Teamworking getroffen werden müssen, werden die Kraftwerke ihre optimale Leistungsfähigkeit nicht erzielen können. Im konkreten Fall ist das Zusammenwirken von Prozessverantwortlichen, Teilprozessverantwortlichen, Prozessanwendern, Analysten und Trainern aus arbeitsorganisatorischer Sicht ein sehr komplexer Prozess. Da kann im schlechtesten Fall viel schieflaufen.

Was müssen Sie als Entscheider beachten?

▶   **Misserfolgsfaktor: ineffektive Teamarbeit** Mit der Teamarbeit verbindet man allgemein nur positive Merkmale. Teams sind effektiv und Ergebnisse von Teams betrachtet man generell als hochwertig. Im Umkehrschluss haben es Einzelne schwerer. Deren Ergebnisse werden eher schlechter bewertet. Genauso verhält es sich bei Fehlern. Produziert ein Team Fehler, wird damit oft nachsichtig umgegangen. Bei Fehlern Einzelner geht man mit den Betroffenen schon eher hart ins Gericht. Dabei widersprechen Ergebnisse aus der Wissenschaft diesem allzu positiven Teambild. Teammitglieder fühlen sich häufig erhöhtem Stress ausgesetzt. Und von der Gruppendynamik eines Teams profitieren nicht alle Mitglieder – und auch nicht immer die Ergebnisqualität. Das wurde schon vor Jahrzehnten zum Beispiel bei Opel und Volvo nachgewiesen. Opel und Volvo waren Pioniere in der Teamarbeit und auch die Ersten, die die Nachteile dieser Form der Zusammenarbeit erkannten.

Ich möchte Ihre Aufmerksamkeit aber vor allem auf einen anderen Schwerpunkt der Teamarbeit lenken und einen Aspekt beleuchten, der Ihnen vielleicht unter dem Begriff *Ringelmann-Effekt* (vgl. de Rond 2012, S. 95) bekannt ist. Der Ringelmann-Effekt ist fester Bestandteil des Erstsemesters von Psychologiestudenten. Der französische Ingenieur Maximilian Ringelmann stellte schon vor über 100 Jahren in einer Versuchsreihe fest, dass die Leistung des Einzelnen umso schwächer wird, je größer das Team ist. Seine Probanden damals waren Männer beim Tauziehen. Ringelmann beobachtete, dass acht Männer am Tau lediglich 49 % ihrer Kraft einsetzten, drei Männer bereits 85 %

und zwei Männer sogar 93 %. Er erklärte diesen Effekt damit, dass es schwieriger sei, acht Männer als zwei Männer zu koordinieren, sodass sich eben dieses Leistungsdefizit herausbilde (vgl. De Rond 2012, S. 96).

Alan Ingham (vgl. Ingham et al. 1974, S. 371–384) beschäftigte sich in den 1970er-Jahren sehr intensiv mit diesem Effekt und stellte fest, dass die Schlussfolgerung von Ringelmann falsch sei. Der Verlust an Leistung sei nicht dem Mangel an Koordination geschuldet. Er wies nach, dass sich Mitglieder größerer Teams weniger anstrengen, weil sie sich weniger für das Gesamtergebnis verantwortlich fühlen. Das gilt für Sportler und gleichermaßen für Mitarbeiter in Unternehmen aller Branchen und Kulturen. Daher kann man von einem allgemeinen sport- bzw. arbeitspsychologischen Effekt sprechen.

Mark de Rond (vgl. de Rond 2012) setzte sich 40 Jahre später sehr intensiv mit den Ergebnissen von Alan Ingham auseinander und prägte in diesem Zusammenhang den Begriff des *sozialen Faulenzens* (vgl. de Rond 2012, S. 99 ff.). Seine Motivation war weniger, denn Ringelmann-Effekt noch intensiver zu erforschen, als vielmehr Lösungsansätze zu entwickeln, wie man dem sozialen Faulenzen in Unternehmen gezielt entgegenwirken kann.

Vielleicht wäre es ein Lösungsansatz, so zu verfahren wie im Profisport? Mittlerweile werden beispielsweise Fußballspieler nach allen Regeln der Kunst analysiert. Wie viele Ballkontakte hatte der Spieler? Wie viele gewonnene bzw. verlorene Zweikämpfe wurden registriert? Wie viel Prozent der Pässe kamen beim Mitspieler an? Selbst über die psychische Stabilität in kritischen Spielsituationen wird je Spieler ein Profil erstellt und im Training tragen die Profikicker GPS-Tracker, um kontrollieren zu können, ob Spieltaktiken effektiv umgesetzt wurden. Es gibt offenbar nichts mehr, was Sportanalysten verborgen bleibt.

Doch Spaß beiseite: Was im Profisport alltäglich geworden ist, ist in Unternehmen zum Glück so nicht vorstellbar.

Ein Lösungsansatz wäre es, Teams auf eine Stärke von vier bis fünf Mitarbeitern zu begrenzen. Das ist exakt die Anzahl, bei der Teammitglieder die besten Ergebnisse erzielen. Mark de Rond stellte aber zutreffend fest, dass zur Bewältigung vieler Aufgaben in Unternehmen eine Teamgröße von vier bis fünf Mitarbeitern schlicht zu klein ist. Also ist die Begrenzung der Teamstärke ein guter, aber kein genereller Lösungsansatz.

Wenn die Ursache für das soziale Faulenzen in großen Teams das fehlende Verantwortungsgefühl ist, muss dann nicht der Schlüssel des Problems darin zu finden sein, gezielt mehr Verantwortung auf die einzelnen Mitarbeiter zu übertragen? Folgende drei Optionen hat Mark de Rond aus dieser Überlegung abgeleitet (vgl. de Rond 2012, S. 71–145):

Option 1: Zerlegung der Tätigkeiten in beherrschbare Arbeitsschritte
Wird eine Gesamtaufgabe in kleine, beherrschbare Arbeitsschritte zerlegt, kann die Verantwortung für die Erledigung eines Arbeitsschritts auf jeweils

einen Teammitarbeiter übertragen werden. Das Verantwortungsgefühl wird auch dadurch verstärkt, dass andere Teammitglieder auf die pünktliche und korrekte Lieferung des Zwischenschritts angewiesen sind. Dadurch können sich einzelne Teammitglieder nicht hinter anderen Kollegen verstecken. Dieser Ansatz ergänzt sich ideal mit der Vier-Stufen-Unterweisung, deren Grundprinzip bekanntlich auf der Zerlegung in kleine, beherrschbare Arbeitsschritte beruht. Kritiker würden vermutlich argumentieren, dass dieser Ansatz nichts mehr mit dem Geist der Teamarbeit zu tun hat. Das ist zwar korrekt, dieser Einwand blendet aber die aufgezählten Nachteile der Teamarbeit aus.

Option 2: Die Bedeutung der Aufgabe erklären

Diesen Punkt analysiert Mark de Rond ausführlich in seinem Buch. Kernthese hier ist, Teammitgliedern etwas zu tun zu geben, das ihnen wichtiger ist als ihre Einzelinteressen. Leichter gesagt als getan. So stellt Mark de Rond fest, dass dabei die Schwierigkeit besteht, dies kontinuierlich zu gewährleisten. Die Toyota-Methoden können auch hier unterstützen, denn mit ihnen wird für Mitarbeiter transparenter, auf welche Ziele sie durch ihre Arbeit konkret hinarbeiten, und sie verstehen den Gesamtzusammenhang besser. Das Verfahren stellt wie ausführlich beschrieben einen kausalen Zusammenhang zwischen der einzelnen Tätigkeit und den Zielen des Unternehmens her. Daher schafft es ein starkes Argument für Teammitglieder, sich zu engagieren. Toyota gelingt immer wieder das Kunststück, Mitarbeiter dazu zu bewegen, die Ziele und Werte des Unternehmens über ihre eigenen Interessen zu stellen. Das ist ein außerordentlicher Beweis für die Führungsstärke des Autobauers.

Option 3: Größere Transparenz herstellen

Mit der Schaffung von Transparenz durch zuverlässige Kennzahlen führt Mark de Rond eine weitere Option auf, wie soziale Faulenzer identifiziert werden können. Kennzahlen führen direkt zu Mitarbeitern, die unter ihren Möglichkeiten bleiben. Insbesondere hier muss man allerdings sehr vorsichtig und sensibel vorgehen, um das Vertrauen der Mitarbeiter nicht zu verspielen. Und man muss aufpassen, dass man sich nicht den erwähnten Methoden des Profisports annähert. Transparenz durch Kennzahlen ist ein elementarer Bestandteil des Toyota-Produktionssystems. Die Philosophie von Toyota ist es aber nicht, Kennzahlen als Druckmittel einzusetzen, sondern Mitarbeiter mit Informationen zu versorgen, die es ihnen ermöglichen, Abläufe zu optimieren.

Glaubt man den Sozialforschern, ist jedes Unternehmen von sozialem Faulenzen betroffen. Jeder Entscheider sollte dieses Phänomen sorgsam im Auge behalten, insbesondere im Zuge eines unternehmensweiten Transformationsprozesses, weil mit diesem Wissen teure Fehler vermieden werden können.

Konkret muss das Management an einer effektiven, funktionierenden Teamstruktur arbeiten, vom Prozessverantwortlichen über die Teilprozessverantwortlichen bis hin zu den Prozessanwendern.

Es ist sehr vorteilhaft, dass die industriellen Methoden von Toyota unmittelbar eine effektive und effiziente Teamarbeit fördern und somit das soziale Faulenzen einschränken. Damit aber noch nicht genug. Organisationspsychologen beobachten bei gut funktionierenden Teams ein interessantes Phänomen. Demnach haben gut funktionierende Teams die starke Neigung, die Kommunikation zu anderen Teams einzuschränken und sich abzuschotten. Hierdurch wird die Leistungsfähigkeit weniger gut funktionierender Teams zusätzlich deutlich eingeschränkt. Das Sich-Abschotten von anderen Teams gedeiht gerade in klassischen, funktionsorientierten Silo-Organisationen besonders gut. Daher ist es in dieser Organisationsform fast aussichtslos, eine homogene und stabile Wertschöpfungskette zu implementieren. Typisches Ergebnis dieses Phänomens ist der Zerfall der Supply Chain in starke und schwache Kettenglieder. Und bekanntermaßen ist die Wertschöpfungskette immer nur so stark wie ihr schwächstes Glied. In prozessorientierten Organisationen ist dieses Phänomen des Abschottens nicht so stark ausgeprägt. Aber auch hier muss das Management gut aufpassen und die Anreizsysteme entsprechend aufeinander abstimmen. Hier ist anzuraten, Anreizsysteme und Zielvereinbarungen immer an die Ergebnisse des Gesamtprozesses zu koppeln. Darüber hinaus kann diesem Phänomen entgegengewirkt werden, wenn Mitarbeiter häufiger ihre Position innerhalb des Unternehmens wechseln.

Mit der Einführung der neuen Organisation führte die Bank auch ein neues Führungsgremium (Führungskreis) ein. Dieser Führungskreis organisiert das Zusammenwirken aller am Prozess beteiligten Führungskräfte im Hinblick auf die Erreichung der Prozessziele und die Weiterentwicklung der Organisation. Alle Beteiligten im Führungskreis müssen lernen, gemeinsam die von den Prozessanalysten und Job-Instruction-Trainern gelieferten Fakten zu bewerten, um ein gemeinsames Verständnis der Problemstellungen mit allen dazugehörigen Teilaspekten zu entwickeln. Das Management ist gefordert, die Diskussionen im Führungskreis stets sachlich und zielorientiert zu führen. Das Schlimmste, was Führungskräften im Rahmen einer Unternehmenstransformation passieren könnte, wäre, dass sie in ein Handlungsvakuum fallen, in dem nicht klar ist, wie sie ihre Mitarbeiter instruieren sollen und selber handeln müssen. Daher ist ein straff organisierter Führungskreis außerordentlich wichtig.

Führungskräfte und Mitarbeiter sind nun täglich mit dem neuen System konfrontiert. Feste Prozeduren wie Meetings, Lagebesprechungen und die gemeinsame Interpretation des Prozess- und Ressourcenreportings formen ein handlungsfähiges Team, in dem jedes Mitglied genau weiß, was zu tun ist. Führungskräfte müssen im Zuge des neuen Führungskreis lernen, Unterstützung von Analysten und Job-Instruction-Trainern anzunehmen und eine vertrauensvolle Zusammenarbeit mit den Kollegen zu pflegen. Eine wichtige Aufgabe des Vorstands besteht darin, genau zu prüfen, ob Führungskräfte diese Unterstützung für ihren Verantwortungsbereich optimal nutzen. Der für die Produktion verantwortliche Vorstand ist nun auch deutlich sichtbarer als in der alten Organisation. Durch die neue Transparenz in der Bank ist er bestens informiert und kann dadurch schnell und zielgerichtet handeln.

Der Produktionsvorstand kann aber noch mehr von Top-Managern aus dem Hause Toyota lernen. Toyota-Manager verfügen über die Fähigkeit, sich vor Ort ein genaues Bild über eine Problemstellung zu machen (Sie erinnern sich? Diese Fähigkeit wird als *Genchi Genbutsu* bezeichnet). Es ist dem Produktionsvorstand sehr anzuraten, sich diese Fähigkeit anzueignen. Durch diese neue Form des Handelns zeigt sich der Produktionsvorstand in den Augen seiner Mitarbeiter als *Macher.* Darüber hinaus muss der Produktionsvorstand immer genau beobachten, ob der Führungskreis im *richtigen Takt* funktioniert. Stellen sich die gewünschten Ergebnisse nicht ein, muss er schnell Maßnahmen initiieren (vgl. Abb. 6.19).

Mit dem neuen Führungskreis wurden auch die Regeln für das Vergütungssystem, insbesondere die Zielvereinbarungen, grundlegend neu definiert. Es ist logisch, dass das Vergütungsmodell der Führungskräfte, das heißt der Prozess- und Teilprozessverantwortlichen, sich konsequent an der Erreichung der Prozessziele ausrichten muss. In der Vergangenheit konnten die Zielvereinbarungen der Führungskräfte nicht zu einer besseren Effizienz und Qualität beitragen. Wenn ein Teilprozess eine gute Leistung liefert, der nächste Teilprozess aber, aus welchen Gründen auch immer, hoffnungslos überfordert ist, nützt der Erfolg des ersten Teilprozesses dem Unternehmen wenig. Das neue Vergütungsmodell belohnt Führungskräfte nur dann, wenn sich die Prozessziele insgesamt einstellen. Gegenstand der Zielvereinbarungen für Prozess- und Teilprozessverantwortliche sind die aus der Strategie abgeleiteten Prozessziele (s. Phase 1 des kontinuierlichen Verbesserungskreislaufs).

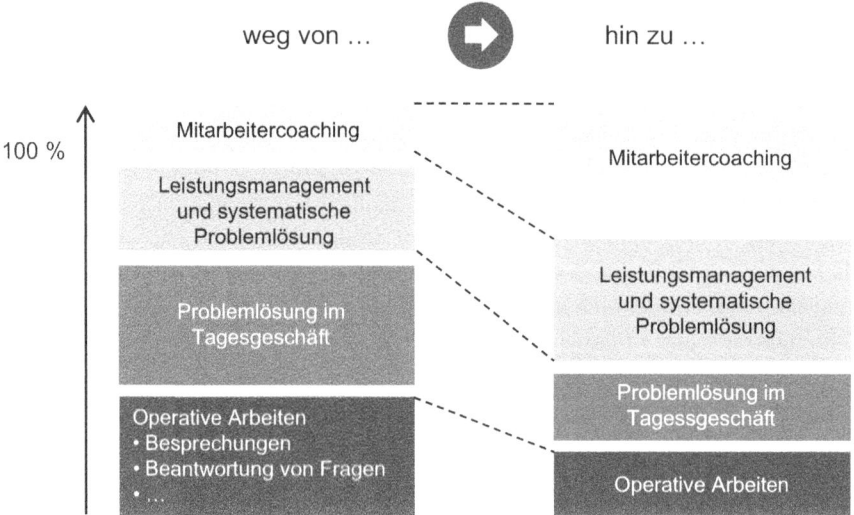

Abb. 6.19 Zeitaufteilung von Führungskräften muss sich ändern. (Quelle: Moormann 2014, S. 11)

Im Zuge der neuen Ausrichtung der Retail Bank AG musste das Management genau kommunizieren, was es von seinen Führungskräften erwartete (vgl. Abb. 6.20). Auch hier lohnt sich ein Blick in die Organisation von Toyota. Zwar drückt sich Toyota in dieser Beziehung wenig konkret aus, doch findet sich in der Literatur der ein oder andere Hinweis.

Aus Sicht von Toyota beherrscht die idealtypische Führungskraft die Fähigkeit, ihre Mitarbeiter zu mehr Produktivität und Qualität zu befähigen und zu herausragenden Spezialisten auf ihren jeweiligen Gebieten zu entwickeln. Dass Toyota hier genau richtig liegt, zeigt die Studie *The Value of Bosses* (vgl. Lazear et al. 2012). Die Wissenschaftler untersuchten unter anderem die Rolle von Führungskräften und kamen zu dem Schluss, dass nicht etwa die Fähigkeit, Mitarbeiter zu motivieren, die entscheidende Eigenschaft einer Führungskraft ist, sondern die Fähigkeit, Mitarbeiter zu mehr Produktivität zu befähigen und deren Kompetenzen auszubauen. Die Wissenschaftler hoben hervor, dass nachhaltige Produktivität und Qualität in einem Unternehmen nur erreichbar sind, wenn Führungskräften ein geeignetes System der Unterstützung zur Verfügung steht. Dieses Ergebnis deckt sich genau mit der Führungskräftepolitik von Toyota.

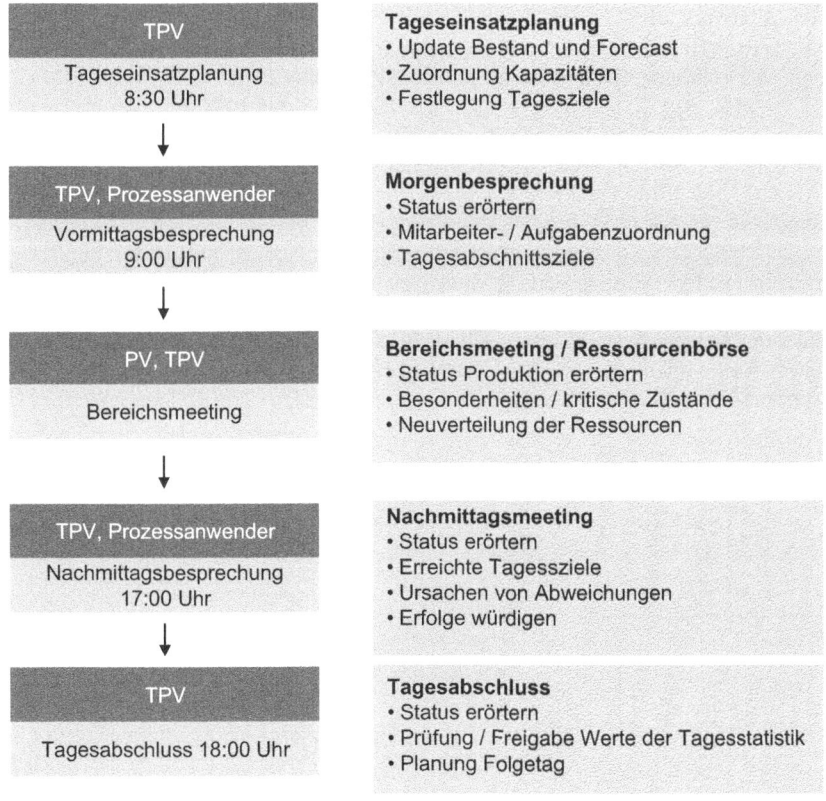

Abb. 6.20 Neuer Führungskreis, grobe Tagesablaufplanung des neuen Gremiums; PV = Prozessverantwortlicher, TPV = Teilprozessverantwortlicher

Der Vorstand der Retail Bank AG hatte inzwischen die nötigen Strukturen geschaffen, die den Führungskräften halfen, in diese neue Rolle hineinzuwachsen. Konkret waren das eindeutig formulierte Ziele, der neue Führungskreis sowie die Unterstützung durch die Spezialisten aus dem Prozess- und Qualifizierungsmanagement (Prozessanalysten und Job-Instruction-Trainer).

Literatur

DE ROND, M. (2012): There is an I in team – what elite athletes and coaches really know about high performance. Boston, Massachusetts: Harvard Business School Publishing Corporation 2012.

HORVÁTH, P.; GLEICH, R.; SEITER, M. (2015): Controlling. München: Verlag Franz Vahlen 2015

INGHAM, A. G., LEVINGER, G., GRAVES, J., PECKHAM, V. (1974): The Ringelmann Effect: Studies of Group Size and Group Performance. Boston, Journal of Experimental Social Psychology 1974.

KLEWES, J.; ZERFASS, A. (2012): Kommunikation besser organisieren. Harvard Business Manager, Ausgabe April 2012

KOTTER, J. P., WHITEHEAD, L. A. (2010): Buy-in: Saving your idea from getting shot down. Boston, Massachusetts: Harvard Business School Publishing 2010.

Lazear E. P., Shaw, K. L., Stanton, C. T. (2012). THE VALUE OF BOSSES; http://www.nber.org/papers/w18317.pdf; 08/2012. Letzter Zugriff: 10.11.2012

MOORMANN, J. (2014): 8. ProcessLab-Konfrerenz, Frankfurt School of Finance and Management vom 12.06.2014, Frankfurt am Main, Präsentation: Anforderungen an OpEx in der Zukunft.

Recklies, D. (2000). Das Konzept der generischen Strategien von Michael Porter; http://www.the-management.de/Ressources/generische-strategien.htm; 12/2000 Letzter Zugriff: 11.02.2016

SCHIEMANN, W. A.; LINGLE J. H. (2005): Strategieziele erreichen: Erfolgsfaktoren identifizieren und messbar machen, zit. n. KRAUSE, Oliver: Performance Management: eine Stakeholder-Nutzen-orientierte und Geschäftsprozess-basierte Methode. Wiesbaden: Deutscher Universitäts-Verlag/GWV Fachverlage 2005

Implementierung des ersten Verbesserungskreislaufs

7.1 Einleitung

Im Initialprojekt Eröffnungsbilanz Prozesse sammelte das Managementteam entscheidende Erkenntnisse und wichtige Erfahrungen. Voraussetzung eines langfristigen Erfolgs ist aber, dass die Aktivitäten in einem immer wiederkehrenden Verbesserungszyklus systematisch gesteuert werden. Toyota ist deshalb so erfolgreich, weil die Mitarbeiter in einem Umfeld tätig sind, in dem sie ständig mit Herausforderungen und Problemen konfrontiert werden und passende Lösungen finden müssen. Probleme werden bekanntermaßen durch das Toyota-Produktionssystem identifiziert und das TWI-Trainingsprogramm ebnet den Weg für eine erfolgreiche Umsetzung der Lösungen. Den kontinuierlichen Verbesserungszyklus kann man auch mit einem Motor vergleichen, der all diese Aktivitäten systematisch vorantreibt.

Sie erinnern sich an den Erfinder des kontinuierlichen Verbesserungsprozesses, Walter A. Shewhart? Seinen PDCA-Verbesserungszyklus (Plan-Do-Check-Act) nahm sich Toyota als Vorbild. Das Toyota-Pedant Toyota-Business-Practices-Prozess (TBP) hat sich im Laufe der Jahrzehnte zu einem kontinuierlichen, fein auf die Bedürfnisse des Autobauers abgestimmten, achtstufigen Verbesserungszyklus entwickelt.

▶ **Steuerung des kontinuierlichen Verbesserungskreislaufs** Im konkreten Fall der Retail Bank AG machte es allerdings wenig Sinn, den hoch entwickelten Toyota-Business-Practices-Prozess eins zu eins zu übernehmen. Die Bank definierte einen Verbesserungszyklus mit sechs Phasen (vgl. Abb. 7.1), die sinnvoll aufeinander aufbauten. Ob es nun sechs oder acht Phasen sind, ist nicht besonders erfolgskritisch. Von entscheidender Bedeutung ist vielmehr, wie der Verbesserungszyklus gesteuert wird. Toyota geht den Weg, dass die Ziele zur Steuerung des Kreislaufs in den Phasen eins bis drei ermittelt werden. Sie werden bei Toyota sozusagen auf der operativen Ebene der betreffenden Prozesse ermittelt. Das Management der Retail Bank AG hingegen

© Springer Fachmedien Wiesbaden GmbH 2017
K. Röhr, *Operative Exzellenz in Retailbanken*, DOI 10.1007/978-3-658-17165-0_7

Abb. 7.1 Verbesserungszyklus der Retail Bank AG

entschied, dass der kontinuierliche Verbesserungskreislauf strategisch gesteuert werden musste, das heißt, die operativen Zielvorgaben mussten sich aus
den strategischen Zielen der Bank ableiten. Toyota steuert seinen Verbesserungszyklus nicht mit strategischen Prozesszielen, sondern mit auf Prozessebene ermittelten Kennzahlen. Allerdings sind die Voraussetzungen nicht zu
vergleichen: Toyota betreibt operative Exzellenz bereits seit sechs Jahrzehnten
und befindet sich auf einem ganz anderen Niveau. Jedem anderen Unternehmen, insbesondere Unternehmen in Dienstleistungsindustrien, ist zu empfehlen, ein Verfahren anzuwenden, das sicherstellt, dass Strategie und deren
operative Ausführung eng miteinander verknüpft sind.

Speziell für diesen Zweck definierte das Managementteam ein vierstufiges
Verfahren zur Ermittlung von strategischen Prozesszielen. Dieses Verfahren
wird ausführlich im nächsten Kapitel (Phase 1, Strategische Prozessplanung)
erläutert. Dem Management war es wichtig, Ressourcen und Kapital genau da
zu investieren, wo sie für eine erfolgreiche Ausführung der Strategie am notwendigsten sind.

Meines Erachtens ist dieser Punkt der erfolgskritischste im Transformationsprozess überhaupt. Mit der konsequenten strategischen Steuerung des Verbesserungskreislaufs verfügt die Bank über ein äußerst effektives Instrument
zur Ausführung der Unternehmensstrategie. Führungskräfte profitieren ganz
besonders von einem solchen Verfahren, denn nun ist transparent nachvollziehbar, welchen konkreten Beitrag sie zur Erreichung der strategischen Ziele
leisten. Dem Management ist es zudem möglich, Führungskräften und Mitarbeitern den Gesamtzusammenhang ihrer Arbeit genau zu erklären.

Kern der ersten Phase des kontinuierlichen Verbesserungskreislaufs der Retail Bank AG war die Anwendung des vierstufigen Verfahrens zur Ermittlung von strategischen Prozesszielen. Die zweite Phase hatte zum Ziel, die Ursachen für die ermittelten Defizite mittels der Methoden des Toyota-Produktionssystems zu identifizieren. In Phase 3 stand die Gestaltung des Soll-Prozesses und die Ableitung des Job-Breakdowns im Mittelpunkt der Aktivitäten. Der erfolgskritischste Teil folgte in Phase 4. Im Rahmen des TWI-Trainingsprogramms wurden die Prozessanwender intensiv auf die Ausführung der neuen, optimierten Prozesse vorbereitet. Die Prozessanwender lernten im Training Schritt für Schritt, ein gemeinsames Verständnis für Qualität zu entwickeln, Verschwendung zu erkennen und, wenn es notwendig war, einen Eskalationsprozess anzustoßen. Außerdem trainierten sie die Fähigkeit, einen weitgehend fließenden Wertstrom ohne Stockungen zu erzeugen. Nachdem ausreichend Mitarbeiter für die neuen Herausforderungen ausgebildet waren, konnte in der Umsetzungsphase, der fünften Phase, damit begonnen werden, das Erlernte in die Praxis umzusetzen. Mit Beginn des Regelbetriebs der neuen Prozesse begann auch für die Führungskräfte, sprich die Prozess- und Teilprozessverantwortlichen, eine neue Form der Zusammenarbeit, insbesondere mit den anderen am Prozess beteiligten Personen auf Basis des neuen Führungskreises.

Mit den bekannten Methoden des Prozesscontrollings folgte in Phase 6 eine Erfolgskontrolle mit dem Ziel festzustellen, ob die definierten Prozessziele tatsächlich erreicht wurden. Das Management musste darauf achten, den Verbesserungskreislauf in einem ausgewogenen Verhältnis von Be- und Entlastung zu steuern.

7.2 Strategische Prozessplanung

7.2.1 Steuerung der strategischen Prozessplanung

Der erste Schritt jedes neuen Zyklusdurchlaufs besteht darin, die strategischen Ziele der Bank zu hinterfragen und gegebenenfalls anzupassen (vgl. Abb. 7.2). Nachdem die

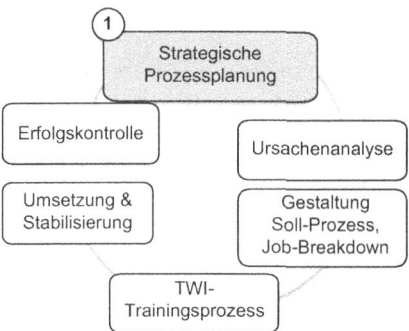

Abb. 7.2 Verbesserungszyklus der Retail Bank AG: Strategische Prozessplanung

strategischen Ziele definiert waren, musste in einem zweiten Schritt die Führung der Retail Bank AG in einer strategischen Prozessplanung, kaskadenartig von oben nach unten gestaffelt, die operativen Vorgaben für die betreffenden Bereiche des Unternehmens definieren. Hiervon waren die Markt- und Marktfolgeprozesse, aber auch die Steuerungs- und Unterstützungsprozesse der Bank betroffen.

Die Unternehmensführung ist hier gut beraten, wenn sie die betreffenden Führungskräfte in diesen strategischen Planungsprozess eng einbezieht. Die strategische Prozessplanung beginnt, wie oben erwähnt, mit der Definition der strategischen Zielstellungen und endet mit der Festschreibung der genauen Zielvorgaben für Haupt- und Teilprozesse. Wichtig ist dabei, dass die strategische Prozessplanung aus einem Guss ist und von Anfang bis Ende unter einer Leitung erfolgt. Nur so ist eine Konsistenz über alle Prozessebenen hinweg gewährleistet (vgl. Abb. 7.3).

Prozessziele können in vielfältiger Art und Weise ausgedrückt werden, beispielsweise in Form von Kostenvorgaben, Zeitvorgaben, maximalen Abweichungen, der Einhaltung von Forecasts, der Reduzierung von Variantenbildung sowie der Reduzierung von Mangel und Verschwendung. Und selbstverständlich der Erreichung von Qualitätszielen. Die Kunst besteht darin, die Bemessung der Prozessziele genau in Einklang mit den strategischen Zielen zu bringen. Das ist sicher kein leichtes Unterfangen. Ein perfektes Ergebnis wäre es, wenn die operativen Prozessziele im definierten Zeitraum vollständig erfüllt

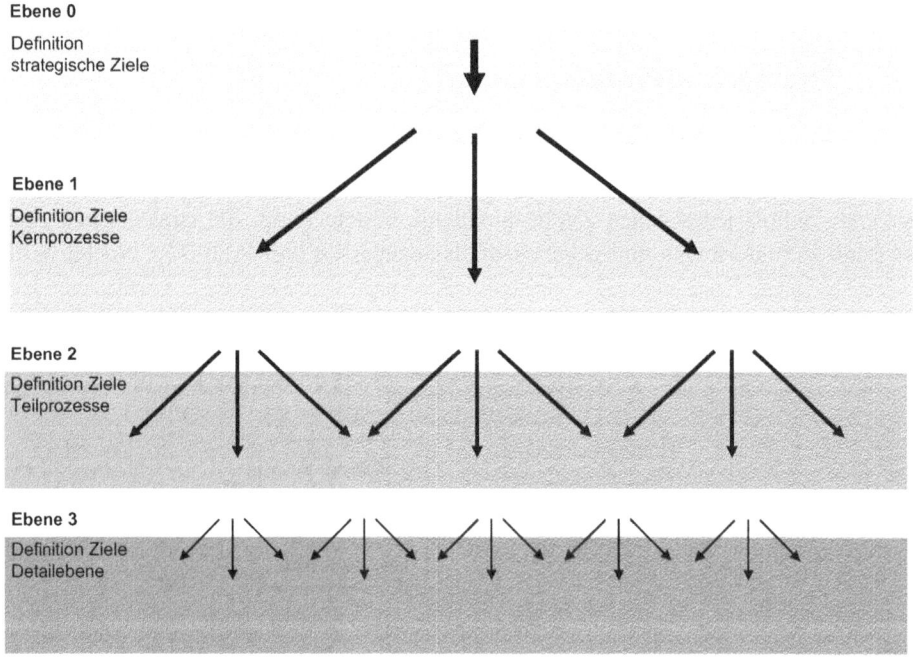

Abb. 7.3 Grobe schematische Darstellung der strategischen Prozessplanung

würden und sich somit in logischer Konsequenz auch die definierten strategischen Ziele einstellten. Damit dieser strategische Planungsprozess auch tatsächlich funktioniert, bedarf es einer Menge Fingerspitzengefühl und Spürsinn für realistische Ziele. Ferner muss das Management gut einschätzen können, wie belastbar eine Organisation in ihrer Fähigkeit ist, ambitionierte Prozessziele umzusetzen.

Das Management sollte diesen Managementprozess kontinuierlich kritisch hinterfragen. Wenn es dem Management nur eingeschränkt oder gar nicht möglich ist, aus den strategischen Zielen Prozessziele abzuleiten, wird das System eines kontinuierlichen Verbesserungsprozesses definitiv scheitern. Und somit auch die Bemühungen, operative Exzellenz in der Bank einzuführen.

Ein grundsätzlich falscher Ansatz wäre es beispielsweise, wenn das Management dem Produktionsbereich einfach die Vorgabe auferlegen würde, die Produktivität um 25 % zu steigern. Willkürlich gewählten Zielen dieser Art fehlt der konkrete Bezug zu einem strategischen Ziel.

Das Management muss in einem systematischen und transparenten Verfahren ermitteln, welche operativen Maßnahmen ergriffen werden müssen, damit die strategischen Ziele erreicht werden können. Dieses Verfahren bildet eine Kausalkette von den strategischen Zielen bis zu den jeweiligen Prozesszielen. Es ist für jedermann transparent, planungstechnisch gut durchführbar und hat die komplette Prozesskette im Blick, nicht etwa nur Teile davon.

Das Management muss darauf achten, dass dieser strategische Planungsprozess zuverlässig funktioniert. Mit jedem Zyklusdurchlauf lernt es das Management besser, die Leistungsfähigkeit der Organisation einzuschätzen und Fingerspitzengefühl für realistische Ziele und Umsetzungszeiträume zu entwickeln.

> Jedes Prozessziel benötigt immer einen konkreten und nachvollziehbaren Bezug zu einem realistischen strategischen Ziel (Prof. Dr. Dr. hc mult. August Wilhelm Scheer; Scheer 2003).

Unternehmensweite Planungsverfahren haben in der Praxis häufig die Schwäche, dass Ziele, je mehr sie sich der Basis nähern, immer unschärfer werden. Es ist auch kein einfaches Unterfangen, für jeden kleinsten Winkel der Organisation klare, in sich stimmige und umsetzungsfähige Ziele zu formulieren, die sich bis zu den strategischen Zielen zurückverfolgen lassen. Ursachen dafür gibt es viele. Es ist beispielsweise nicht selbstverständlich, dass Planungsdetails an der Basis die gleiche Aufmerksamkeit des Top-Managements genießen wie Grundsatzentscheidungen zu Anfang des Planungsprozesses. Wird die letzte Planungsmeile vom Top-Management vernachlässigt, sind Beteiligte an der Basis von der Komplexität der vorliegenden Informationen und deren Abhängigkeiten oft überfordert. Ergebnis dieser Entwicklung sind ungeregelte Details und Lücken. Im schlimmsten Fall verhindert eine ungenaue Planung dieser Art die Realisierung der definierten strategischen Ziele. Toyota investiert viel Zeit in die Ausgestaltung von Details, weil Toyota-Manager genau wissen, dass ungeregelte Details der Verschwendung Tür und Tor öffnen. Toyota bemüht sich, seine Planungsverfahren möglichst von Komplexität zu befreien, damit der Blick auf das Wesentliche nicht verbaut wird.

Wesentlich bedeutete im konkreten Fall der Retail Bank AG eine gradlinige und durchgängige Betrachtung vom strategischen Ziel bis zur Bemessung der relevanten Prozessziele in einer transparenten und wiederverwendbaren Struktur. Damit es nicht zu Informationsbrüchen im Planungsprozess kam, war *ein* Manager für die Durchführung der Planung von Anfang bis Ende verantwortlich und stellte so die Konsistenz der Ergebnisse sicher.

Die Retail Bank AG entschied, sich an den Erfahrungen von Toyota zu orientieren. Der für die Produktion zuständige Vorstand übernahm die Verantwortung für die Durchführung des strategischen Planungsprozesses im Rahmen der Reorganisation des Kfz-Finanzierungsgeschäfts. Unterstützt wurde er vom Leiter Prozess- und Qualifizierungsmanagement und den betroffenen Prozess- und Teilprozessverantwortlichen (Managementteam).

7.2.1.1 Update der strategischen Zielstellungen

Der erste operative Schritt jedes neuen Zyklusdurchlaufs ist ein Update der strategischen Zielstellungen. In den Vorkapiteln wurden wesentliche Inhalte der neuen Strategie bereits benannt. Nun folgten Qualitäts- und Kosteneinsparziele.

Strategische Zielstellungen Kfz-Geschäft

Das zentrale Ziel der Retail Bank AG war es, das Geschäft mit den Kfz-Händlern zu intensivieren und die Profitabilität sowie das Geschäftsvolumen deutlich und nachhaltig zu steigern. Hierzu wurden die beiden strategischen Programme *Wir liefern Ideen* und *Operative Exzellenz* definiert.

Der Anspruch der Bank, sich im Wettbewerb als Qualitätsführer zu positionieren, wurde im Markt nicht mehr wahrgenommen. Die beiden strategischen Programme sollten dazu dienen, dass die Retail Bank AG wieder eindeutig als Qualitätsführer wahrgenommen wurde.

Das strategische Programm *Wir liefern Ideen* hatte zum Ziel, die individuellen Geschäftsmodelle der Händler durch maßgeschneiderte Produkte und Services optimal zu unterstützen.

Unter dem Programmtitel *Operative Exzellenz* wurden alle Themen gebündelt, die notwendig waren, um hohe Qualitätsstandards und marktkonforme Kostenstrukturen zu implementieren. Die Kosten jederzeit im Griff zu haben, ist im Markt des standardisierten Mengengeschäfts ein entscheidender Erfolgsfaktor.

Folgende Ziele wurden definiert:

Im Mittelpunkt des Verbesserungszyklus 1 (Monate 1–9) stand die Standardisierung aller Prozesse, die aus Sicht der Händler erfolgskritisch waren. Die Standardisierung der relevanten Prozesse sollte dazu führen, dass die Händler eine deutliche qualitative Verbesserung der Leistungen der Retail Bank AG wahrnahmen (Qualitätsziel). Die Standardisierung sollte aber nicht nur einer Steigerung der Qualität dienen, sondern auch dem Zweck, Leistungen kostengünstiger zu erbringen. Als Ergebnis der Prozessstandardisierung erwartete man eine Kosteneinsparung von insgesamt 1,5 Mio. EUR p. a. (Kosteneinsparziel).

Hinweis: Die aufgeführten Ziele stellen nur einen Teil der strategischen Zielstellungen der Retail Bank AG dar. Rendite-, Gewinn- und Wachstumsziele sind nicht Gegenstand der Betrachtung, sondern nur die strategischen Ziele, die für die Produktionsbank bzw. für den ausgewählten beispielhaften Zielprozess *Eingang Kreditantrag bis Kreditentscheidung* eine Rolle spielen.

7.2.1.2 Aus der Strategie abgeleitete Ziele für die Produktionsbank bestimmen

Im ersten Schritt des Verfahrens ermittelte der Vorstand der Retail Bank AG in einem fein mit allen Segmenten der Bank abgestimmten Managementprozess, welchen Beitrag jeder Bereich der Organisation zur Erreichung der strategischen Ziele leisten musste.

Im Rahmen des Abstimmungsprozesses wurde entschieden, dass die Produktionsbank einen Kostensenkungsbeitrag von 1 Mio. EUR p. a. zu den insgesamt veranschlagten 1,5 Mio. EUR p. a. leisten musste (auf Datenbasis der Ausgangssituation).

Demnach musste die Produktionsbank in die Lage versetzt werden, mit deutlich geringeren Kosten zu produzieren. Der für die Produktion verantwortliche Vorstand betonte ausdrücklich, dass der Beitrag, den die Produktionsbank durch die Realisierung von Kostensenkungsmaßnahmen leistete, sehr wichtig sei. Trotz der Notwendigkeit der Reduzierung von Kosten durfte die kontinuierliche Verbesserung der Qualität aber nicht aus den Augen verloren werden. Eine qualitativ hochwertige Ausführung von Leistungen war ein außerordentlicher Erfolgsfaktor. Daher appellierte der Vorstand an die Verantwortlichen, einen Plan zur kontinuierlichen Verbesserung der Leistungsqualität zu entwickeln und umzusetzen, der mit dem Ziel der Kostenreduzierung korrespondierte. Die Leistungsqualität musste immer auch für die Händler eindeutig sichtbar sein. Konkret mussten Leistungsversprechen definiert und an die Händler kommuniziert werden. Schließlich war es die Position des Qualitätsführers, die sich das Kreditinstitut zurückerobern wollte.

Der Vorstand war davon überzeugt, dass sich diese anspruchsvollen Ziele nur dann einstellen würden, wenn es in einem ersten Schritt gelang, einen weitgehend fließenden Wertstrom ohne Stockungen zu implementieren. Dieser wichtige Schritt war Kernelement des ersten Verbesserungszyklus (Monate 1–9) und Grundlage für alle zukünftigen Produktivitätssteigerungen (vgl. Abb. 7.4).

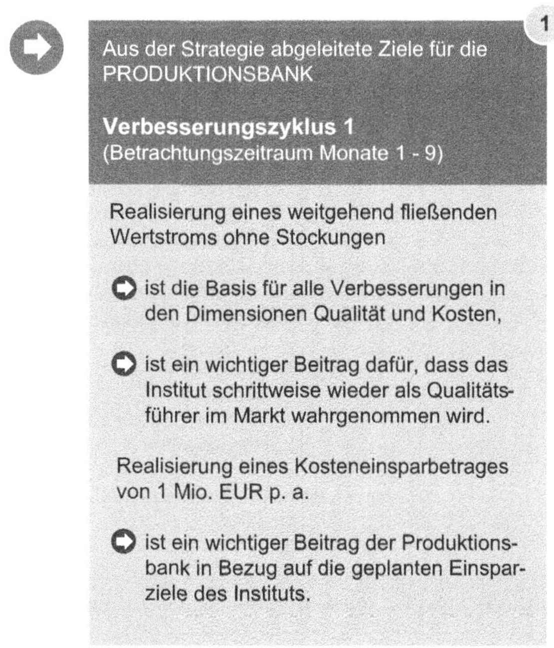

Abb. 7.4 Schritt 1
von 4: aus der Strategie
abgeleitete Ziele für
die Produktionsbank
(in Bezug auf den
Verbesserungszyklus 1)

Aus der Strategie abgeleitete Ziele für die
PRODUKTIONSBANK

Verbesserungszyklus 1
(Betrachtungszeitraum Monate 1 - 9)

Realisierung eines weitgehend fließenden
Wertstroms ohne Stockungen

▷ ist die Basis für alle Verbesserungen in
den Dimensionen Qualität und Kosten,

▷ ist ein wichtiger Beitrag dafür, dass das
Institut schrittweise wieder als Qualitätsführer im Markt wahrgenommen wird.

Realisierung eines Kosteneinsparbetrages
von 1 Mio. EUR p. a.

▷ ist ein wichtiger Beitrag der Produktionsbank in Bezug auf die geplanten Einspar-
ziele des Instituts.

Damit dieser Zustand erreicht werden konnte, musste insbesondere an den Kriterien Prozessfluss und Prozessvarianten gearbeitet werden. Ein weitgehend fließender Wertstrom, hoch standardisierte Abläufe und klare Kommunikationsregeln waren die wichtigsten Voraussetzungen dafür, dass auch die ambitionierten Ziele für den zweiten Verbesserungszyklus umgesetzt werden konnten.

7.2.1.3　Die entscheidenden Erfolgsfaktoren bestimmen

Häufig ist man geneigt, direkt aus den definierten strategischen Zielen die entsprechenden operativen Prozessziele abzuleiten. Die Erfahrungen in der Praxis zeigen allerdings, dass man zu strukturell besseren Prozesszielen gelangt, wenn man sich zuvor über die relevanten Erfolgsfaktoren Gedanken gemacht hat.

Der zweite Schritt des Verfahrens hatte in der Retail Bank AG das Ziel, die entscheidenden Erfolgsfaktoren für die Umsetzung der Ziele des ersten Verbesserungszyklus zu benennen (vgl. Abb. 7.5). Die Ergebnisse des Initialprojekts lieferten bereits konkrete Informationen, worauf das Managementteam hinarbeiten musste. Trotz dieser konkreten Hinweise war es zunächst aber nicht einfach zu entscheiden, welche Erfolgsfaktoren

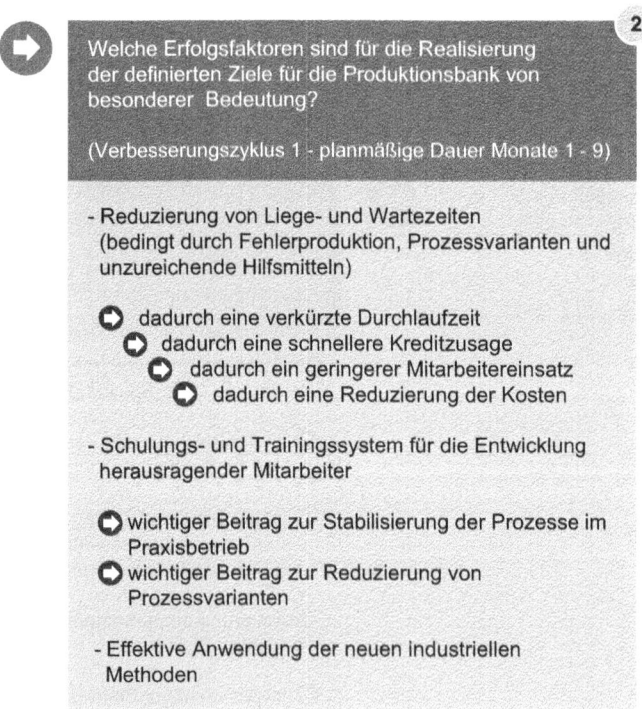

Abb. 7.5　Schritt 2 von 4: Bestimmung der Erfolgsfaktoren (in Bezug auf den Verbesserungszyklus 1)

erstrangig und welche nachrangig priorisiert werden sollten. Auch musste der in der Praxis häufig gemachte Fehler vermieden werden, zu viele Veränderungsziele in einem Verbesserungszyklus umsetzen zu wollen. Denn das zieht in der Regel gleich zwei Probleme nach sich. Einmal birgt diese Vorgehensweise das Risiko, dass die Vielzahl von Maßnahmen aufgrund ihrer Komplexität nicht oder nicht richtig umgesetzt werden kann, zum anderen besteht die Gefahr, dass der Beitrag der einzelnen Maßnahmen zur Erreichung des Gesamtziels nicht immer trennscharf gemessen werden kann. Das Managementteam schlussfolgerte aus dieser Feststellung, dass pro Zyklusdurchlauf möglichst nur gleichartige Probleme zu einem machbaren Pensum zusammengefasst werden sollten, statt zu verschiedenartige und zu komplexe Problemstellungen zu definieren.

Kontrovers wurde allerdings darüber diskutiert, ob zuerst Maßnahmen zur Kostenreduzierung oder Maßnahmen zur Qualitätsverbesserung in Angriff genommen werden sollten. Toyota geht immer strikt den Weg, zuerst Maßnahmen zu ergreifen, die dazu beitragen, dass der Prozess ohne Verzögerung fließt. Erst wenn dieser Zustand erreicht wird, können weitere Maßnahmen, zum Beispiel zur gezielten Kostenreduzierung, umgesetzt werden.

Der im Rahmen des Initialprojekts diskutierte Ansatz, vermehrt Mitarbeiter mit niedrigerer Qualifikation zu beschäftigen, um dadurch Kostenvorteile zu sichern, kann nur dann funktionieren, wenn ein stabiler und hoch standardisierter Prozess implementiert wurde. Neue Mitarbeiter mit niedriger Qualifikation mit ungeregelten und instabilen Prozessen zu konfrontieren, würde sie mit Sicherheit nicht in die Lage versetzen, Einsparpotenziale zu realisieren. Allerdings darf man diese Diskussion nicht rein schwarz-weiß betrachten. So ziehen beispielsweise qualitativ hochwertige Prozesse fast immer auch Verbesserungen der Kostenstrukturen nach sich.

Das Managementteam beschloss, zur Eliminierung von Prozessstockungen im ersten Zyklusdurchlauf alle Maßnahmen zu bündeln, deren Ursachen auf Fehler, ungeregelte Prozesse, Prozessvarianten, Doppelarbeiten und unzureichende Hilfsmittel zurückzuführen waren. Darüber hinaus (darin waren sich alle Teammitglieder einig) mussten besondere Anstrengungen unternommen werden, um im Zuge des Veränderungsprozesses die Entwicklung herausragender Mitarbeiter zu erreichen. Die Ausbildung der Mitarbeiter durch das TWI-Trainingsprogramm war daher ein wesentlicher Erfolgsfaktor für den ersten Zyklusdurchlauf. Das Managementteam knüpfte daran hohe Erwartungen. Man wollte insbesondere erreichen, dass durch das Training unerwünschte Prozessvarianten in der Produktion weitgehend ausgeschlossen wurden. Gemäß der Toyota-Theorie gibt es nur *einen* korrekten Weg der Ausführung von Tätigkeiten. Und dieser korrekte Weg der Ausführung wird im TWI-Trainingsprozess intensiv geschult.

Ebenso wichtig war es, die analytischen Methoden von Toyota zu erlernen und in der Praxis sicher anwenden zu können. Hier spielte insbesondere die Fähigkeit eine Rolle, systematisch die tatsächlichen Ursachen für die Probleme zu identifizieren und zielgerichtete Lösungen entwickeln zu können.

Alle Stockungen im Prozess, deren Ursache in einer unzureichenden Personaldisposition begründet war (Kriterium Ressourceneinsatz), sollten erst im zweiten Zyklusdurchlauf in Angriff genommen werden.

Die Planung für den ersten Zyklusdurchlauf war natürlich erst komplett, als auch eine Zyklusdauer festgelegt worden war. Die Dauer eines Zyklusdurchlaufs muss immer mit den anderen Prozessverantwortlichen abgestimmt werden, weil die einzelnen Maßnahmen zum Schluss als eine funktionierende Wertschöpfungskette betrachtet werden müssen. Diese Entwicklung wird durch den Leiter des Prozess- und Qualifizierungsmanagements gesteuert.

In Abstimmung mit den anderen Prozessverantwortlichen, den Mitarbeitern im Prozess- und Qualifizierungsmanagement und dem Vorstand wurde eine Zeitspanne von neun Monaten (Monate 1–9) für den ersten Zyklusdurchlauf festgelegt.

7.2.1.4 Die betreffenden Geschäftsprozesse bestimmen

In der dritten Stufe des Verfahrens wurde definiert, welche Prozesse in der Produktionsbank Einfluss auf die definierten Erfolgsfaktoren haben und demzufolge einen wesentlichen Beitrag zur Zielerfüllung leisten (vgl. Abb. 7.6).

In Anbetracht der definierten Erfolgsfaktoren drängte sich der Prozess *Eingang Antrag bis Kreditentscheidung* hier als wichtigster Prozess regelrecht auf. Dieser Prozess ist aus Kosten-, Qualitäts- und Ressourcensicht mit Abstand der erfolgskritischste Prozess. Daher war es gerade dieser Prozess, der im Initialprojekt eingehend untersucht wurde.

Selbstverständlich sind neben diesem Prozess noch eine ganze Reihe weiterer Prozesse berührt, die einen Einfluss auf die Erfolgsfaktoren ausüben. In Anbetracht des Umfangs und der Komplexität dieser Prozesse wird im Rahmen dieses Buchs nur die Antragsstrecke *(Eingang Kreditantrag bis Kreditentscheidung)* beispielhaft untersucht.

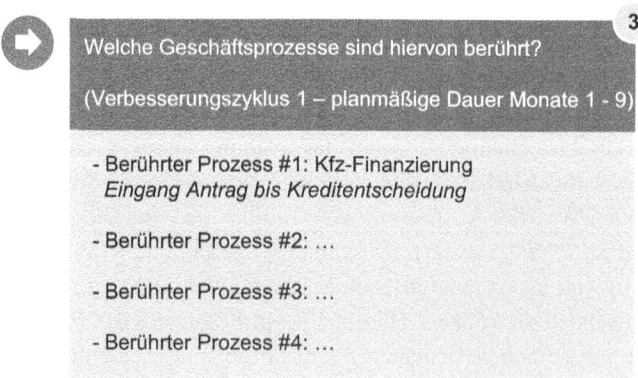

Abb. 7.6 Schritt 3 von 4: Bestimmung der relevanten Geschäftsprozesse (in Bezug auf den Verbesserungszyklus 1)

7.2.1.5   Die konkreten Prozessziele für den Zielprozess bestimmen

Der entscheidende Schritt in diesem Verfahren ist die Ableitung definierter Prozesskennzahlen. Die Struktur der Kennzahlen, unterteilt in die Kriterien Prozessfluss, Prozessvarianten und Ressourceneinsatz, wurde bereits in der Vorstudie definiert. Die eigentliche Herausforderung für das Managementteam lag darin, realistisch zu erreichende Zielwerte für den Zielprozess *Eingang Kreditantrag bis Kreditentscheidung* zu definieren, die immer einen konkreten und nachvollziehbaren Rückschluss auf die definierten Erfolgsfaktoren und letztendlich auf die definierten strategischen Ziele zuließen.

Das Managementteam verständigte sich darauf, diesen erfolgskritischen Schritt mit viel Sorgfalt zu planen und auszuführen, damit sichergestellt war, dass die betreffenden Mitarbeiter, gerade im ersten Zyklusdurchlauf, nicht überfordert wurden. Das Managementteam forcierte in der Diskussion mit den involvierten Mitarbeitern immer wieder ganz bewusst das Thema Qualität, stets aus Sicht der Händler betrachtet, damit sich Schritt für Schritt eine neue Qualitätskultur in der Organisation entwickeln konnte. Alle an diesem Entscheidungsprozess beteiligten Mitarbeiter waren sich nach längerer Diskussion einig, dass eine für den Händler sichtbare Qualitätssteigerung erzielt werden konnte, wenn die Durchlaufzeit des Prozesses auf eine maximale Dauer begrenzt würde. Dies würde ermöglichen, eine Kreditzusage innerhalb des finalen Verkaufsgesprächs beim Händler vor Ort zu gewährleisten, und wäre ein deutliches Signal an die Händler, dass den angekündigten Veränderungsmaßnahmen auch sichtbare Taten folgten.

In einem zweiten Schritt stand das Team vor der Herausforderung, eine Prozessdurchlaufzeit zu bestimmen, die einerseits ambitioniert, andererseits im definierten Zeitraum von neun Monaten auch tatsächlich umsetzbar war. Zusätzlich musste es gelingen, durch die im Prozess *Eingang Kreditantrag bis Kreditentscheidung* realisierten Produktivitätssteigerungen einen Kostensenkungsbeitrag zu liefern, der mit dem Gesamtkosteneinsparziel der Produktionsbank in Höhe von einer Million EUR angemessen korrespondierte.

Das Managementteam entschied, dass der Zielprozess *Eingang Antrag bis Kreditentscheidung* den größten Beitrag zum gesamten Kosteneinsparziel von einer Million EUR leisten musste. Man verständigte sich auf ein Kosteneinsparziel von 700.000 EUR für diesen Prozess. Die verbliebenen 300.000 EUR wurden – deren Einsparpotenzialen entsprechend – auf die übrigen Prozesse in der Produktionsbank verteilt, die Einfluss auf die definierten Erfolgsfaktoren hatten.

700.000 EUR einzusparen – durch eine Reduzierung von Sachkosten allein würde sich ein so hohes Einsparziel für den Zielprozess nicht erreichen lassen. Es musste gelingen, dieses Einsparziel durch einen optimierten Ressourceneinsatz zu realisieren. Erklärtes Ziel war es, die Ressourcenüberdeckung zu reduzieren, auch wenn durch diesen Stellhebel noch keine signifikanten Fortschritte zu erwarten waren, denn erst im zweiten Zyklusdurchlauf sollte ein bedarfsgesteuertes Produktionssystem implementiert werden. Die Prozessverantwortlichen wurden daher angewiesen, im Rahmen der Ressourcenbörse des Führungskreises gezielt auf eine optimierte Ressourcendisposition zu achten. Das Managementteam erwartete sich davon eine Reduzierung der Ressourcenüberdeckung um mindestens zehn Prozent.

Das Gremium entschied nach langen Diskussionen und entsprechenden Modellbe-rechnungen, eine Durchlaufzeit von maximal 15 min für den Zielprozess *Eingang Kre-ditantrag bis Kreditentscheidung* festzusetzen. Die Vorstudie hatte eine durchschnittliche Durchlaufzeit von rund 26 min ermittelt. Mit dem Zielwert von maximal 15 min war grundsätzlich gewährleistet, dass die Kreditentscheidung innerhalb des finalen Verkaufs-gesprächs im Hause des Händlers erfolgen konnte. Das Prozessziel einer 15-minütigen Durchlaufzeit war an sich kein Problem. Die Vorstudie hatte gezeigt, dass dieser Wert durchaus machbar war, sofern Liege- und Wartezeiten sich drastisch reduzieren ließen. Bei der Bemessung der Antwortzeit für die Kreditzusage musste aber auch berücksich-tigt werden, dass durch die Verschwendung in Form von Prozessvarianten und längeren Bearbeitungszeiten die reinen Bearbeitungszeiten teilweise sehr weit auseinanderlagen.

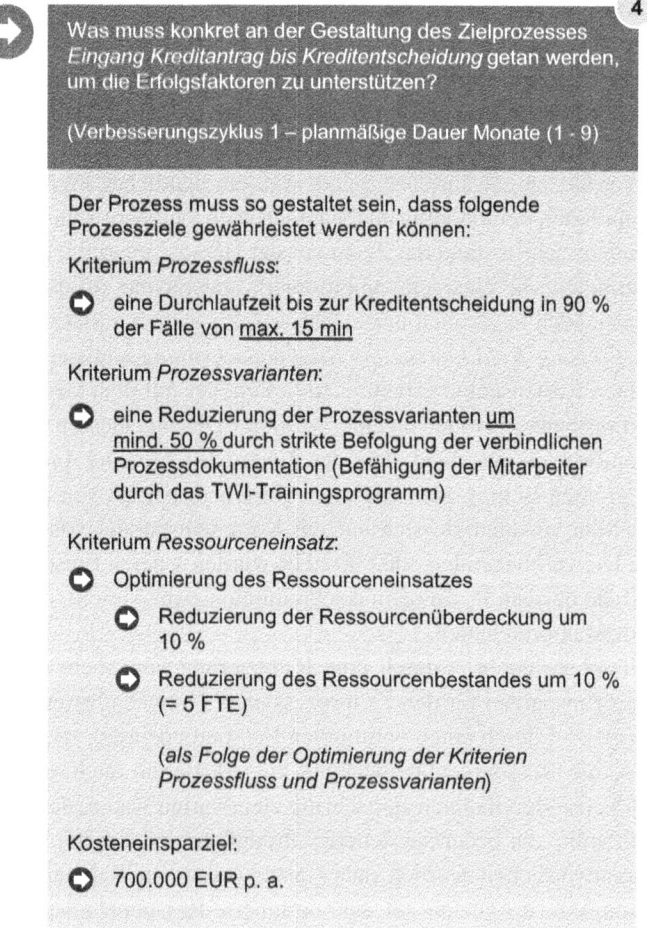

Abb. 7.7   Schritt 4 von 4: Definition Prozessziele (in Bezug auf den Verbesserungszyklus 1)

Bei einigen Anträgen wurden reine Bearbeitungszeiten von über 30 min registriert, in den besten Fällen weniger als sieben Minuten. Daher wurde die Vorgabe einer Durchlaufzeit von 15 min dahin gehend relativiert, dass diese zunächst nur zu 90 % gewährleistet werden musste. Zu einer realistischen Einschätzung gehört auch zu akzeptieren, dass Liege- und Wartezeiten sich nicht auf null reduzieren lassen. Selbst für Toyota sind vollkommen verschwendungsfreie Prozesse nach wie vor noch eine ferne Vision.

Mit diesem zentralen Prozessziel war ein für die Händler deutlich sichtbarer Qualitätsfortschritt sichergestellt. Im Zuge der Produktivitätsgewinne, so kalkulierte das Managementteam, würden für den Zielprozess *Eingang Kreditantrag bis Kreditentscheidung* zehn Prozent weniger Mitarbeiter (= fünf FTE) benötigt. Diese Mitarbeiter konnten zukünftig den Aufbau des neuen Geschäftsbereichs Gesundheitsmarkt unterstützen.

Nach der Definition der Prozessziele erfolgten mit allen Verantwortlichen, die auf den Zielprozess einwirkten, Zielvereinbarungen. Das neue System der Zielvereinbarungen, das dabei zum Einsatz kam, sollte dafür sorgen, dass sich alle Prozess- und Teilprozessverantwortlichen optimal abstimmten und immer das Gesamtziel im Auge behielten. In diesem Zusammenhang beobachtete das Managementteam ganz genau, wie die beteiligten Prozess- und Teilprozessverantwortlichen die Dienste der Prozessanalysten und Job-Instruction-Trainer annahmen. Das Managementteam erwartete von den operativ Verantwortlichen eine gute und konstruktive Zusammenarbeit mit den Spezialisten aus dem Bereich Prozess- und Qualifizierungsmanagement.

Damit war die vierte und letzte Stufe des Verfahrens zur Ermittlung der relevanten Prozessziele abgeschlossen (vgl. Abb. 7.7).

7.3   Ursachenanalyse

Zu Beginn der zweiten Phase des kontinuierlichen Verbesserungskreislaufs diskutierte das Managementteam mit den Prozessverantwortlichen, Teilprozessverantwortlichen und Prozessanalysten einerseits die zuvor ermittelten Prozess- und Kosteneinsparziele, andererseits die im Initialprojekt ermittelten Ist-Kennzahlen. Gegenstand dieser ersten Diskussion waren die Maßnahmen, die ergriffen werden mussten, damit sich die neuen Prozessziele in der Praxis einstellten. Es galt nun, die Ursachen für die unsteten Durchlauf- und Liegezeiten sowie für Prozessvarianten zu identifizieren, damit in Phase 3 alle Informationen zur Verfügung standen, um den neuen, optimierten Soll-Prozess zu definieren (vgl. Abb. 7.8). Da nach dem Initialprojekt noch keine organisatorischen Veränderungen durchgeführt worden waren, entschied das Managementteam, die Datenbasis des Initialprojekts für die Ursachenanalyse (Periode P_0) zu nutzen.

Die Analysten des Prozess- und Qualifizierungsmanagements orientierten sich bei ihren Untersuchungen an dem bewährten Toyota-Problemlösungsprozess (vgl. Abb. 7.9).

In Anlehnung an den Toyota-Problemlösungsprozess mussten die Analysten und alle anderen Beteiligten sich im ersten Schritt des Verfahrens genau die Ist-Situation vor Augen führen bzw. – wie Toyota es ausdrückt – *das Problem verdeutlichen.*

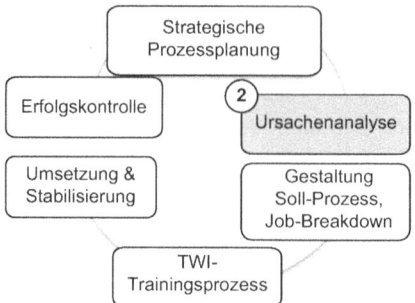

Abb. 7.8 Verbesserungszyklus der Retail Bank AG: Ursachenanalyse

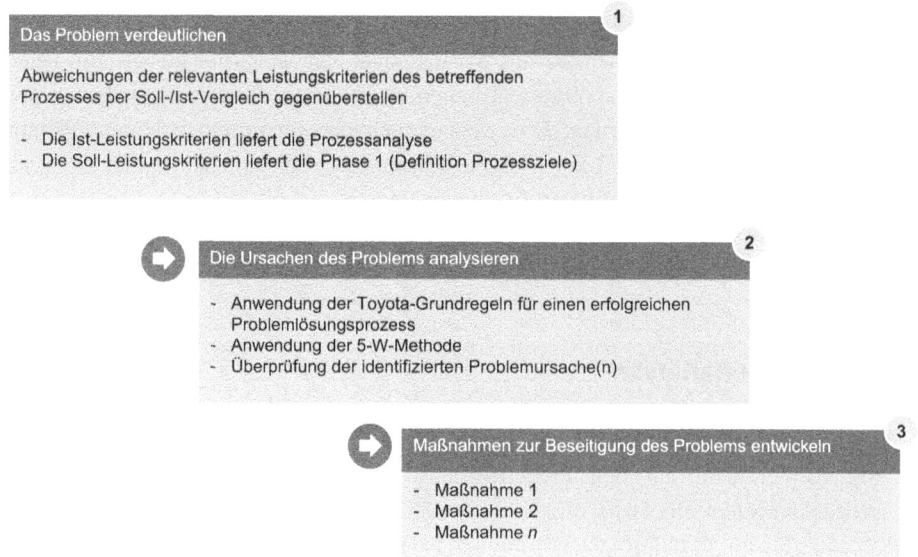

Abb. 7.9 Problemlösungsprozess

7.3.1 Das Problem verdeutlichen

Das Managementteam entschied, im ersten Verbesserungszyklus die Problemursachen für die zu langen Warte- und Liegezeiten in Angriff zu nehmen, die auf Fehler, Doppelarbeiten, ungeregelte Prozesse, Prozessvarianten und unzureichende Hilfsmittel zurückzuführen waren.

Nach der Vorgehensweise von Toyota sind die folgenden vier Schritte notwendig, um ein Problem zu verdeutlichen und genau zu definieren (Liker und Meier 2008a, S. 426 ff.):

1. Die tatsächliche aktuelle Performance mit Angaben zum bisherigen Trend

Der erste Schritt zur Verdeutlichung des Problems bestand darin, die relevanten Ist-Leistungskennziffern des betreffenden Prozesses zu betrachten (vgl. Abb. 7.10). Zu diesem Zweck wurde die bewährte Visualisierungsmethode Mieruka von Toyota angewandt. Jeder Dritte soll sich danach schnell und umfassend ein Bild von der tatsächlichen betrieblichen Situation machen können. Damit die Art und Weise, wie Informationen mittels der Mieruka-Methode erhoben und dargestellt werden, nicht verschiedenartig interpretiert werden kann, obliegt es einzig den verantwortlichen Prozessanalysten, die Regeln für die Erhebung und deren standardisierte Darstellung in Charts und Grafiken festzulegen.

Die Prozessinformationen über die aktuelle Performance stammen in aller Regel aus der Phase 6, *Erfolgskontrolle,* des kontinuierlichen Verbesserungskreislaufs. Im konkreten Fall der Retail Bank AG wurden die Daten aus dem Initialprojekt *Eröffnungsbilanz Prozesse* verwendet (vgl. Abb. 7.11).

Mit den Steuerungskennzahlen 1 und 2 wurde die gesamte Durchlaufzeit der statistisch ausgewählten Prozessinstanzen (in diesem Fall n = 120) zur reinen Bearbeitungszeit in ein Verhältnis gesetzt. Verschwendung in den Prozessen, zum Beispiel durch eine wenig effektive Verrichtung der Arbeit, wird hierdurch nicht ausgedrückt.

Die Steuerungskennzahlen machten deutlich, dass sich der Prozess zu über 60 % im Stillstand befand (Durchschnittsbetrachtung). Die erhobenen Daten zeigten sich sehr stabil, ausgenommen in Geschäftszeiten mit einer sehr hohen Last eingehender Kreditanträge. Hier zeigten Stichproben, dass sich der Prozessfluss in Spitzenzeiten gar zu 75 bis 80 % der Durchlaufzeit im Stillstand befand.

Die Prozessschritte 1 und 3 sind automatisiert, sodass nur die manuellen Tätigkeiten des Prozessschritts 2 für die Untersuchung in Betracht gezogen wurden.

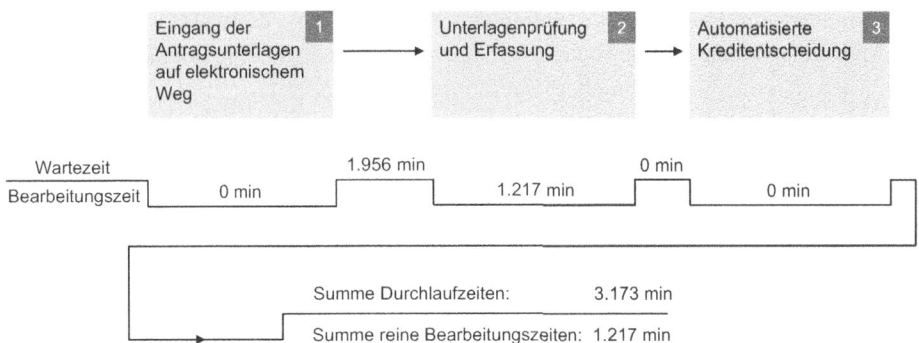

Abb. 7.10 Ist-Prozesskennziffern aus Initialprojekt Eröffnungsbilanz Prozesse

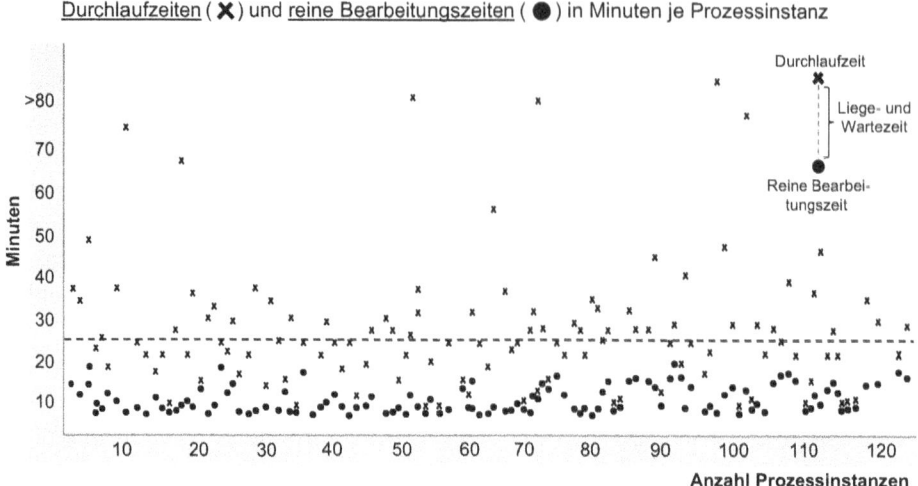

Abb. 7.11 Durchlaufzeiten und reine Bearbeitungszeiten in Prozessschritt 2, Unterlagenprüfung und Erfassung, der untersuchten repräsentativen 120 Prozessinstanzen; die gestrichelte Linie markiert den Mittelwert der Gesamtdurchlaufzeit von 26 min. (Daten aus Vorprojekt)

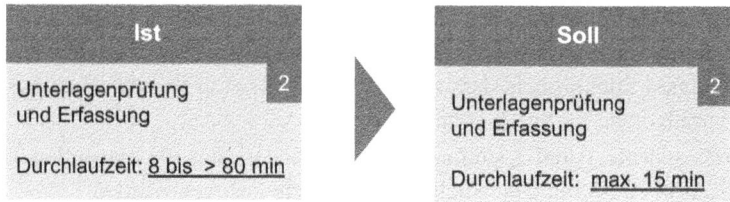

Abb. 7.12 Gegenüberstellung Ist- und Soll-Performance des Prozesses der Antragsstrecke

2. Die angestrebte Performance (definierter Standard bzw. Zielwert)
Das Managementteam definierte das Ziel, dass in 90 % der Fälle innerhalb von maximal 15 min eine Kreditentscheidung herbeigeführt werden musste.

3. Das Ausmaß und die Charakteristiken des Problems bzw. der Situation
Abb. 7.12 zeigte, wie weit die Bearbeitungszeiten und die Durchlaufzeiten auseinanderklafften, und machte somit die Verschwendung bzw. das Optimierungspotenzial deutlich sichtbar. Kaum ein Kreditantrag wurde ohne Liege- und Wartezeiten bearbeitet. Durchschnittlich stand in Prozessschritt 2 der reinen Bearbeitungszeit je Prozessinstanz von knapp über zehn Minuten eine Durchlaufzeit von etwas über 26 min gegenüber. Mit den früher etablierten organisatorischen Methoden und Verfahren war es nicht gelungen, diese enormen Liege- und Wartezeiten signifikant zu reduzieren. Entscheidend war, das Problem mit den starken zeitlichen Ausreißern in den Griff zu bekommen. Eine hohe Anzahl von Prozessinstanzen benötigte eine Durchlaufzeit von mehr als 35 min.

4. Die Ursachen des Problems analysieren
Selbst Toyota muss sich immer wieder dazu disziplinieren, die Grundregeln für einen erfolgreichen Lösungsprozess bewusst und in jeder betroffenen Situation anzuwenden. Die tägliche Routine verleitet den einen oder anderen Analysten schon mal dazu, pauschale Annahmen zu treffen, vielleicht aus Zeitgründen oder wegen der offensichtlich klaren Problemstellung. Obwohl die Ursachen für Ineffizienzen völlig unterschiedlicher Natur sein können, sind ihre sichtbaren und spürbaren Auswirkungen oft gleich. Vernachlässigt man bei der Problemanalyse diese Grundregeln, verpasst man mit hoher Wahrscheinlichkeit die Chance, die tatsächlichen Ursachen für die sichtbaren Probleme zu identifizieren. Menschen bewegen sich oft nur auf der Stufe der Problemwahrnehmung, nicht auf der Stufe des wahren Problems. Das macht es umso wichtiger, dass Mitarbeiter, die mit der Behebung von Problemen konfrontiert sind, sich an einem roten Faden orientieren können, mit dessen Hilfe sie Probleme strukturiert und zielgerichtet angehen können. Die Grundregeln sind insbesondere eine Hilfestellung bei der Anwendung der 5-W-Methode.

Im Folgenden werden die Grundregeln für einen erfolgreichen Problemlösungsprozess deshalb kurz wiederholt (vgl. Liker und Meier 2008b, S. 436):

▷ **Sieben Grundregeln für einen erfolgreichen Lösungsprozess bei Toyota**
1. Die Analyse darf nicht von vorgefassten Meinungen über die Problemursachen beeinflusst sein. Wenn man mit einer vorgefassten Idee an die Analyse herangeht, werden nützliche Aspekte außer Acht gelassen und das führt höchstwahrscheinlich zu sehr mageren Ergebnissen.
2. Befolgen Sie immer das Prinzip des Genchi Genbutsu (Sie erinnern sich? Genchi Genbutsu bedeutet, sich ein genaues Bild am Ort des Geschehens zu machen), um der Ursache auf den Grund zu gehen. Verlassen Sie sich nicht auf Dritte oder auf irgendwelche Daten. Verschaffen Sie sich an dem Ort, an dem die Problemursache auftritt, mit eigenen Augen selbst ein Bild.
3. Die Analyse wird fortgesetzt, bis sichergestellt ist, dass es sich um die wahren Ursachen bzw. Wurzeln des festgestellten Problems handelt.
4. Da es zahlreiche potenzielle Ursachen gibt, ist es notwendig, das gesamte Spektrum auf die wichtigsten Ursachen einzugrenzen. So lässt sich die Energie auf die Erzielung der bestmöglichen Ergebnisse fokussieren.
5. Während der Analyse besteht das Ziel darin, Problemursachen zu identifizieren, die von den mit der Problemlösung beauftragten Mitarbeitern beseitigt werden können. So lässt sich die Tendenz vermeiden, das Problem an andere weiterzuschieben; stattdessen wird die Beantwortung der Frage forciert: Was können wir tun?
6. Eine gründliche und vollständige Analyse wird zu Problemursachen führen, aus denen sich die konkret zu ergreifenden Korrekturmaßnahmen ganz klar ergeben. Es gibt einen beobachtbaren und offensichtlichen Pfad, der von dem Problem zur Ursache und zur Lösung führt.

7. Eine gründliche und vollständige Analyse liefert auf Fakten basierende Daten, die eine präzise Vorhersage der potenziellen Ergebnisse nach Abschluss der Problemlösung erlauben. Die Bestimmung der exakten Ergebnisse ist ein wichtiger Teil des Prozesses, da sie die Bewertung der vorhandenen Fähigkeiten und der Effektivität forciert.

7.3.2   Die Anwendung der 5-W-Methode

Sicher haben Sie noch das Wirkprinzip der 5-W-Methode aus Kap. 3 in Erinnerung. Mit gezielten Fragen führt die Methode Schritt für Schritt direkt auf die Ursache(n) des Problems. Die 5-W-Methode geht eng mit der Anwendung der Grundregeln für einen erfolgreichen Problemlösungsprozess einher. Die Erfahrung von Toyota zeigt, dass mindestens fünfmal das Problem mit *Warum?* hinterfragt werden muss, bis die wirkliche(n) Problemwurzel(n) identifiziert werden können.

Bevor die Methode allerdings im konkreten Fall angewandt werden konnte, mussten sich die Betroffenen Gedanken darüber machen, wie das Vorgehen, speziell für den ersten Zyklusdurchlauf, am besten organisiert werden konnte. Die Analysten waren sich bewusst, dass sie bei der Analyse auf ein breites Spektrum an Problemen stoßen würden. Typischerweise beschäftigt sich Toyota bei der Problemanalyse immer nur mit einer dedizierten Problemstellung. Das geschieht natürlich auch aus dem Grund, weil die Prozesse dort schon sehr weit entwickelt sind. Im Fall der Retail Bank AG war die Ausgangssituation ganz anders. Daher wurden die Analysten angewiesen, die identifizierten Problemursachen in Bezug auf ihren Verschwendungsgrad und den notwendigen Änderungsaufwand zu kategorisieren. Wie beschlossen, wurden nur Problemursachen analysiert, die nicht auf eine unzureichende Personaldisposition zurückzuführen waren. Da die Wertschöpfungskette bereits beim Händler begann, entschied das Management, auch die Prozessschritte dort in die Analyse einzubeziehen. Möglicherweise wurden Fehler auf diesem Weg in die Organisation hineingetragen. Im Hinblick auf die Dauer der Analyse verständigte sich das Managementteam auf 20 Kalendertage. Eines der wichtigsten Lernziele für die Analysten – insbesondere im ersten Zyklusdurchlauf – lag darin, eine Sensibilität für die Spuren zu entwickeln, die Verschwendung hinterließ. Fast alle Arten von Verschwendung hinterlassen Spuren in Form von zu langen oder unsteten Durchlaufzeiten. Diese bilden den Dreh- und Angelpunkt der Aufmerksamkeit der Analysten, weil diese Zeitverluste während jeder Prozessinstanz auftreten. Sie zeigen daher die ausgeprägte Tendenz, sich zu wiederholen.

▶ **Misserfolgsfaktor: Bewältigung von Komplexität durch technische Analysesysteme** In vielen Banken verstärkt sich der Trend, der zunehmenden Komplexität in der Organisation durch ausgefeilte, technisch hochgerüstete Analysesysteme zu begegnen. Im besten Fall kann man Schwächen und Ursachen für Verschwendung per Knopfdruck lokalisieren. Hierzu ist allerdings eine differenzierte Betrachtung notwendig. Sogenannte Business-Intelligence-Systeme haben sicherlich ihren berechtigten Platz bei der Analyse, zum Beispiel in Bereichen, die zwar komplex und durch viele Variablen geprägt sind, aber einen mehr oder weniger statischen Charakter haben. Fest hinterlegte Regeln können in diesen Bereichen mehr oder weniger immer angewandt werden. Solche Anwendungsfelder sind zum Beispiel die Analyse und das Reporting von Vertriebs- und Finanzinformationen und immer mehr auch das Risikomanagement und die Gesamtbanksteuerung. Seien Sie immer kritisch, wenn Ihnen Systeme angeboten werden, die angeblich in der Lage sind, selbst in dynamischen Organisationsbereichen das Wechselspiel von komplexen Ursache-Wirkung-Beziehungen zu analysieren. Dynamisch deswegen, weil Ursache und Wirkung hier nur außerordentlich schwer zu identifizieren sind. Hierzu zählen zum Beispiel auch Serviceprozesse. Letztendlich können Quellen für Verschwendung in Serviceprozessen nur entdeckt werden, wenn entsprechende Regeln bzw. bekannte Verhaltensmuster bereits hinterlegt wurden. Verschwendung in Serviceprozessen lässt sich nur selten durch ein schematisiertes Reporting lokalisieren. Dafür sind die Quellen für Verschwendung in Serviceprozessen viel zu breit gestreut. Es bleibt daher niemandem erspart, Verschwendung in Serviceprozessen vor Ort persönlich auf den Grund zu gehen und sie genau zu lokalisieren. Entsprechende Analysesysteme können zwar große Mengen an Kennzahlen liefern und verarbeiten, die Analysten bei der Ursachenanalyse unterstützen können, aber spätestens hier muss man sich wieder fragen, ob Komplexität (betrieblicher Art) durch noch mehr Komplexität (technischer Art) wirklich sinnvoll bewältigt werden kann. Das Vorantreiben der Komplexitätsspirale wird nicht automatisch zu besseren Analyseergebnissen in erfolgskritischen Serviceprozessen führen. Eine außerordentliche Schwachstelle gängiger Business-Intelligence-Systeme ist zudem, dass zwar die Ergebnisse (fast immer nur vergangenheitsbezogene Informationen) von Geschäftsprozessen ist das Reporting einfließen, nicht aber wichtige Informationen darüber, wie Geschäftsprozesse zukünftig besser gesteuert werden können. Es fehlt schlicht ein ganzheitliches Bild über die Leistungsfähigkeit, das Potenzial und die Charakteristik der betreffenden Prozesse.

Die sinnvollste Lösung kann nur sein, dass Banken mehr in die Entwicklung ihrer Mitarbeiter investieren als in hochgerüstete Technik. Mike Rother und John Shook (vgl. Rother und Shook 2015) haben in ihrem Werk *Sehen lernen* exzellent erklärt, wie man systematisch und gezielt Ursachen für Verschwendung in den wertschöpfenden Prozessen identifiziert. Machen Sie sich diese Erfahrungen von Toyota zu eigen. Ich bin fest davon überzeugt, dass herausragend entwickelte Mitarbeiter der richtige Weg sind. Seien Sie daher immer skeptisch, wenn in Ihrem Haus der Ruf nach komplexen Analysesystemen laut wird.

Der erste untersuchte Antrag, der den Analysten wegen seiner Liegezeit aufgefallen war, fiel in die Kategorie *unvollständige Unterlagen*. Unvollständig eingereichte Unterlagen bedeuteten fast immer eine außerordentlich hohe Bearbeitungszeit und demzufolge auch lange Liegezeiten in der Zwischenablage, weil eine Kontaktaufnahme mit dem Händler bzw. dem Antragsteller zwecks Klärung notwendig war. Es folgte die 5-W-Analyse mit dem Ziel, die Problemwurzel zu identifizieren:

Der betreffende Antrag konnte nicht im Rahmen der regulären Durchlaufzeit bearbeitet werden.

> *Warum?*
> > ▸ Das Marktfolgeteam vergab Produktionschancen.
> > *Warum?*
> > > ▸ Die Antragsunterlagen waren nicht vollständig.
> > > *Warum?*

Die Analysten befragten die Mitarbeiter im Marktfolgeteam nach möglichen Gründen für die Lieferung der unvollständigen Antragsunterlagen. Die Mitarbeiter zeigten sich verärgert darüber, dass das Nachhaken beim Händler viel Zeit kostete und häufig Antragsteller und Händler wegen der Verzögerung sehr unzufrieden waren. Nicht selten kam aufgrund dieser Verzögerungen kein Vertrag zustande. Bezüglich des konkreten Falls vermuteten die Mitarbeiter, dass der betreffende Autoverkäufer möglicherweise mit der Kreditberatung überfordert gewesen sei. Auffallend häufig, so berichteten die Mitarbeiter, waren Anträge dann unvollständig, wenn umfangreichere Unterlagen für die Kreditentscheidung notwendig waren, beispielsweise Aufenthaltsgenehmigungen und Arbeitsbescheinigungen.

> > ▸ Die Autoverkäufer beim Händler waren unzureichend geschult.
> > *Warum?*

Die Analysten befragten den für den Händler zuständigen Vertriebsmitarbeiter nach der möglichen Ursache. Dieser verwies auf das umfangreiche Training mit anschließender Zertifizierung, das jeder Autoverkäufer abschließen musste, bevor er Kunden in Finanzierungsfragen beraten durfte. Die Zertifizierung musste auch in regelmäßigen Abständen erneuert werden. Der Vertriebsmitarbeiter schloss daher ein strukturelles Problem in der Beratungsqualität grundsätzlich aus. Nicht ausschließen konnte man natürlich, dass ein nicht autorisierter Autoverkäufer, beispielsweise ein neuer Mitarbeiter ohne Training und Zertifizierung, sich unter der Kennung eines Kollegen im System anmeldete.

> > ▸ Es melden sich nicht autorisierte Händlermitarbeiter im System an.
> > *Warum?*

War möglicherweise ein Compliance-Verstoß Ursache für die unzureichende Beratung und die Einreichung unvollständiger Antragsunterlagen? Nach einem Gespräch mit dem Händler konnte dieser Punkt explizit ausgeschlossen werden. Was war aber dann die Problemursache? Eine tiefer gehende Analyse gemeinsam mit dem Händler sollte Klarheit bringen.

> ▶ Die Antragsunterlagen sind nicht vollständig.
>
> *Warum?*

Man entschied sich, den Fall zusammen mit dem betreffenden Autoverkäufer zu rekonstruieren. Der Autoverkäufer orientierte sich strikt an dem Leitfaden, der von der Bank als Tool zur Verfügung gestellt wurde. An der entscheidenden Stelle, in der Rubrik *Identifikation Dokumententyp,* waren in Bezug auf den Status und der Nationalität des Antragstellers missverständliche Angaben hinterlegt. Daher akzeptierte der Autoverkäufer irrtümlich ein nicht korrektes Dokument des Antragstellers.

> ▶ Die Informationen, Regeln und Vorschriften des toolgesteuerten Händler-Leitfadens waren in einigen Kundensituationen nicht in der Lage, die für die Kreditentscheidung korrekten Dokumententypen zu identifizieren.
>
> *Warum?*

Das Händlertool wurde von Mitarbeitern der Bank kontinuierlich gepflegt. Offenbar hatten sich durch die zunehmende Fülle an Varianten und möglicherweise auch durch Zeitdruck Fehler eingeschlichen, die im konkreten Fall den Autoverkäufer veranlasst hatten, irrtümlich ein falsches Dokument zu akzeptieren.

Die weitere Recherche ergab, dass das Händlertool von Mitarbeitern verschiedener Einheiten der Bank gepflegt wurde. Mitarbeiter der Vertriebsorganisation kümmerten sich zum Beispiel um Aktualisierungen zu Provisionen und Abrechnungen. Alle bonitätsrelevanten Inhalte wurden von den Mitarbeitern der Portfoliobank in das Tool eingestellt. Auch die Mitarbeiter der Produktionsbank hatten Zugriff auf das System, um zum Beispiel den Händlern Hinweise für eine effizientere Abwicklung zu geben. Allerdings vermissten die Analysten eine übergreifende Qualitätssicherung der eingestellten Inhalte. Die Qualitätssicherung erfolgte immer nur innerhalb der jeweiligen Fachbereiche. Dadurch waren Risiken in Form von widersprüchlichen Anweisungen im Tool entstanden.

> ▶ Die Qualität der eingestellten Inhalte und Updates wurde nicht von einer zentralen Stelle gesichert.

Genau dieses Fehlen einer zentralen Qualitätssicherung war im vorliegenden Fall die Problemwurzel der zu langen Durchlaufzeit der untersuchten Prozessinstanz. Konkret hatten Mitarbeiter des Produktionsteams Informationen in das Tool eingestellt, die den Händlern als Erläuterung zur Dokumententypidentifikation dienen sollten. Es stellte sich heraus, dass diese Erläuterungen zu pauschal verfasst waren und nicht alle Fälle abdeckten.

Überprüfen auf Richtigkeit und Plausibilität

Die 5-W-Methode funktioniert allerdings nur dann, wenn eine durchgängige Kausalkette von der Problemdefinition bis zur Problemwurzel aufgebaut werden kann. Man kann die aufgebaute Kausalkette auf Richtigkeit und Plausibilität prüfen, indem man sie wieder rückwärts anwendet, sprich von der Problemwurzel zurück zur Problemdefinition. Die Überprüfung sieht wie folgt aus:

Es fehlt eine zentrale Qualitätssicherung der eingestellten Inhalte (Problemwurzel),

> ▸ *demzufolge* sind die eingestellten Inhalte und Updates nicht zentral qualitätsgesichert,

>> ▸ *demzufolge* sind die im Händler-Tool hinterlegten Regeln und Vorschriften in einigen Kundensituationen/Konstellationen nicht in der Lage, die korrekten Dokumententypen für eine Kreditentscheidung zu identifizieren,

>>> ▸ *demzufolge* sind die Antragsunterlagen (je nach Konstellation) nicht immer vollständig,

>>>> ▸ *demzufolge* vergab das Marktfolgeteam Produktionschancen,

>>>>> ▸ *demzufolge* konnte der betreffende Antrag nicht im Rahmen der regulären Durchlaufzeit bearbeitet werden (Problemdefinition).

An dieser Stelle ist selbstverständlich die kritische Frage angebracht, ob diese Fehlerquelle nicht auch mit den etablierten Methoden zur Problemidentifikation gefunden worden wäre. Das Grundprinzip, sich immer vor Ort ein genaues Bild der Situation zu machen, war in der alten Organisation nicht angewandt worden. Erst die Analyse vor Ort beim Händler und die genaue Rekonstruktion des Falles brachte die Erkenntnis, dass ein direkter Fehler des Autoverkäufers im vorliegenden Fall ausgeschlossen werden konnte. Die Mitarbeiter im Marktfolgeteam lagen mit ihrem spontanen Feedback zur möglichen Ursache des Problems nicht richtig.

In einigen Fällen war es tatsächlich so, dass die Gründe für unvollständige Unterlagen beim Autoverkäufer zu suchen waren. Von Toyota haben wir aber gelernt, dass die Auswirkungen eines Problems sich möglicherweise immer im gleichen Gewand zeigen, hier in Form von unvollständigen Unterlagen, das wahre Problem aber jedes Mal eine andere Ursache sein kann. Es ist ein klassisches Verhaltensmuster, das in allen Organisationen der Welt zu beobachten ist, dass man allzu schnell bereit ist, auf Erfahrungswerte zurückzugreifen, statt systematisch zu analysieren. Gerade dann, wenn die sichtbaren Auswirkungen gleich erscheinen.

Ein weiteres Feld zeitlich kritischer Ausreißer identifizierten die Analysten in den Anträgen, bei denen sich Abweichungen zwischen den Informationen der Erstauskunft (unverbindliches Angebot) und den Informationen in den tatsächlich eingereichten Unterlagen fanden. Dies betraf ca. sieben Prozent der Fälle. In fast allen diesen Fällen fiel die Bonität des Antragstellers schlechter aus als auf Basis der unverbindlichen Erstauskunft ermittelt und den Kunden kommuniziert worden war. Hieraus folgte meist, dass das gewünschte Kreditvolumen nicht in voller Höhe gewährt werden konnte. Die 5-W-Methode ergab, dass für dieses Phänomen über 20 verschiedenartige Ursachen verantwortlich waren. Den Mitarbeitern in der Bank lagen nun zum ersten Mal detaillierte Gründe für Schwächen der unverbindlichen Erstauskunft vor. Damit bot sich die Chance, durch gezielte Maßnahmen diese ungewollten, sehr teuren Ursachen zu reduzieren.

So wichtig diese Erkenntnisse für die Prozessstandardisierung auch sein mögen, viel wichtiger war aber die Erhöhung der Händlerzufriedenheit. In aller Regel hatten sich die Kunden nach der unverbindlichen Erstauskunft bereits auf ein Wunschauto festgelegt. Klappte die Finanzierung dann doch nicht wie geplant, stand der Händler vor der großen Herausforderung, den Kunden zu halten und ihm ein anderes Auto zu verkaufen. Das waren Situationen, die das Verhältnis zwischen Bank und Händler belasteten, zumindest dann, wenn diese Fehler hätten vermieden werden können.

Außerordentlich wertvolle Beiträge lieferte die 5-W-Analyse im Feld der kleinen und sehr kleinen Händler. Immerhin kam jeder vierte Antrag von einem kleinen Händler. Die grundsätzliche Problemstellung war hier, dass der Antragsprozess mit deutlich mehr Fehlern und Mehrarbeit behaftet war als bei mittleren und größeren Händlern. Aufgrund der geringen Betriebsgrößen waren in der Vergangenheit vereinfachte Verfahren eingerichtet worden, die sich stellenweise von den Prozessen bei mittleren und größeren Händlern unterschieden. Die 5-W-Analyse ermittelte eine Fülle von Ursachen, die sowohl beim Händler als auch in der Organisation der Bank lagen.

Nicht jede Problemstellung ist für die 5-W-Methode sinnvoll

Es gibt Probleme, deren Ursachen sehr im Verborgenen liegen, und es gibt Probleme, für deren Ursachen keine akribische Analyse notwendig ist. Die Kunst ist es hier vielmehr, etablierte Prozesse kritisch nach ihrem Sinn zu hinterfragen und gegebenenfalls Veränderungen zu provozieren.

Den Analysten fiel bei der Suche nach Prozessvarianten auf, dass bei Anträgen, deren Kreditvolumen 20.000 EUR überstieg oder bei denen die Erstzulassung des zu finanzierenden Kraftfahrzeugs weniger als ein Jahr zurücklag, signifikant längere Durchlauf- und Wartezeiten anfielen. Zur Absicherung der Kredite nahm die Retail Bank AG in solchen Fällen die Kfz-Briefe der Fahrzeuge als Sicherheit ins Haus. Insgesamt betraf dies etwa ein Drittel aller Anträge. Selbstverständlich machte es keinen Sinn, für ein acht Jahre altes Kraftfahrzeug mit einer Laufleistung von 100.000 km und einem Wert von 4000 EUR den Kfz-Brief einzubehalten. Für die Retail Bank AG war es aber wichtig, hochwertige und sehr junge Kraftfahrzeuge nötigenfalls kapitalisieren zu können, wenn Schuldner nicht mehr in der Lage waren, ihre Kapitaldienste zu leisten. Dieses Verfahren stellten die Analysten zur Disposition.

Es soll an dieser Stelle nicht etwa der Eindruck entstehen, dass Maßnahmen zur Prozessstandardisierung höher priorisiert werden müssten als die Sicherheit vor Kreditausfällen. Allerdings sollten gerade Retailbanken mögliche Erleichterungen bei der Überprüfung von Sicherheiten oder sogar die Möglichkeit eines Verzichts darauf sorgfältig prüfen und ein vereinfachtes Verfahren nutzen, sofern der Schuldner seine Kapitaldienste einwandfrei geleistet hat. Damit die durch einen Kfz-Brief gesicherten Verträge erstellt werden konnten, waren viele Angaben notwendig. Der Antragsteller musste nachweisen, dass das Auto vollkaskoversichert wurde. Danach musste die Bank die Versicherung anschreiben und ihr die Abtretung anzeigen, damit im Schadensfall das Geld auch tatsächlich an die Bank überwiesen werden konnte. Problematisch war auch, dass als Sicherungswert nur ungefähr die Hälfte des Beleihungswerts veranschlagt werden durfte, weil die hohen Verwertungskosten und der Wertverlust des Autos realistischen abgebildet werden mussten. Anders stellt sich der Fall bei den Banken der Automobilhersteller dar. Die herstellergebundenen Banken haben natürlich bei der Verwertung Vorteile, weil die betreffenden Automobile über die Händlerorganisationen schnell und zu besseren Bedingungen wieder vermarktet werden können.

Die Einbehaltung des Kfz-Briefs als Sicherheit bedeutete einen sehr hohen Aufwand, hohe Kosten und bot durch den Wertverlust des Autos dennoch nur eine eingeschränkte Sicherheit. Die Analysten schlugen dem Management vor, dass zukünftig nur noch die Bonität des Antragstellers als Sicherheit dienen und auf die Einbehaltung von Kfz-Briefen verzichtet werden sollte. Dieses Verfahren würde auch aus Händlersicht eine qualitative Verbesserung darstellen, weil sich der bürokratische Aufwand reduzierte und der Antragsteller weniger Bedingungen erfüllen musste.

Einen weiteren wichtigen Beitrag zur Prozessstandardisierung lieferten die Anwender des Prozesses. Sie kritisierten das teilweise widersprüchliche und komplexe Regelwerk des internen Anweisungswesens. Die verschiedenen Checklisten wurden beispielsweise von verschiedenen Autoren gepflegt, sodass ihr inhaltlicher Aufbau und ihre Qualität nicht einheitlich waren. Als besonders störend empfanden die Anwender, dass oft veraltete Anweisungen in den Checklisten fortgeführt wurden, sodass diese immer umfangreicher und unübersichtlicher wurden. In der Praxis mussten sich die Prozessanwender häufig untereinander fragen, wie mit den betreffenden Fällen umzugehen war. Regelmäßige Schulungen zur korrekten Nutzung des Anweisungswesens gab es nicht. Die Anwender mussten sich mit Neuerungen selbst auseinandersetzen. Insbesondere neue Mitarbeiter taten sich im Umgang mit dem Anweisungswesen schwer. Ihre Einarbeitung dauerte lange und die Fehlerquote war entsprechend hoch. Erfahrene Prozessanwender mussten unerfahrene Mitarbeiter unterstützen, sodass ihre Produktivität nicht voll zur Entfaltung kam. Das unzulängliche Anweisungswesen schlug sich somit in längeren und unsteten Bearbeitungs- und Durchlaufzeiten nieder. Ähnlich verhielt es sich mit den elektronischen Tools für die Antragsbearbeitung. Die immer komplexer werdende Benutzerführung und die mangelnde Benutzerfreundlichkeit der Tools wurden von den Anwendern kritisiert. Die Auswirkungen waren die gleichen wie bei der Nutzung der Checklisten und Anweisungen.

Ein weiterer Fall, der nicht mittels 5-W-Methode analysiert, sondern eher kritisch nach seinem Sinn hinterfragt werden musste, waren Wartezeiten, die entstanden, obwohl zur betreffenden Zeit genügend Bearbeitungskapazitäten im Team verfügbar waren. Durch Nachfrage bei den Mitarbeitern und dem zuständigen Manager wurde deutlich, dass diese Wartezeiten zustande kamen, weil man auf das Prinzip fester Ansprechpartner für die Händler setzte. Dadurch sollte die Geschäftsbeziehung gefestigt und die Händlerzufriedenheit erhöht werden. Wenn man die häufigen Reklamationsfälle der Vergangenheit betrachtete, war dieses Prinzip auch durchaus nachvollziehbar. Das Management wollte schlicht vermeiden, dass durch wechselnde Ansprechpartner noch weiterer Unmut bei den Händlern entstand. Dem Management war selbstverständlich bewusst, dass dieses Betreuungskonzept zulasten der Produktivität ging. Verschwendung in Kauf zu nehmen – hier in Form von erhöhtem Personaleinsatz –, um Servicelevel zu gewährleisten, ist ein typisches Phänomen in Serviceindustrien. Dieses Betreuungskonzept musste vor dem Hintergrund neuer, hoch standardisierter Prozesse natürlich überdacht werden. Letztendlich fällt der Grund für ein solches Betreuungskonzept durch hohe Standardisierung weg. Der Verzicht darauf bedeutete einen starken Produktivitätsschub.

Ein anderer Fall betraf manuell geführte Statistiken am Arbeitsplatz. Dies war schon den Analysten in der Vorstudie aufgefallen. Der Aufwand hierfür war nicht zu unterschätzen. Es wurden nicht nur einfache Strichlisten geführt, sondern auch komplexere Erhebungen durchgeführt und individuelle Reports erstellt, die in Summe viel Arbeitszeit kosteten. Unterm Strich trugen die Erkenntnisse aus den manuell geführten Statistiken jedoch nur wenig zu einer Verbesserung bei, weil die jeweiligen Manager nur ihren Teil in der Prozesskette betrachteten. Die Maßnahmen, die aus den Erhebungen folgten, wurden nicht mit den anderen Teilen der Wertschöpfungskette abgestimmt und trugen somit kaum zur Verbesserung der Wertschöpfungskette insgesamt bei.

Bei der weiteren Analyse auffällig langer Durchlaufzeiten nahmen die Analysten das Thema Betrugsprävention ins Visier. Auch hier musste die 5-W-Methode nicht herangezogen werden, weil das Verfahren zur Betrugsabwehr an sich hinterfragt wurde. Die Mitarbeiter in der Antragsbearbeitung nutzten grundsätzlich die vom Risikomanagement zur Verfügung gestellten Verfahren und Hilfsmittel zur Betrugsabwehr. Insbesondere erfahrene und hoch qualifizierte Mitarbeiter in der Antragsbearbeitung identifizierten darüber hinaus weitere potenzielle Betrugsfälle. Die Klärung dieser Verdachtsfälle verursachte längere Durchlaufzeiten. Ungefähr jeder siebte stellte sich schließlich tatsächlich als Betrugsfall heraus. Einerseits war es erfreulich, dass erfahrene Mitarbeiter über den Standard des Risikomanagements hinaus Betrugsfälle identifizieren konnten, andererseits deckte dieses Ergebnis systematische Schwächen im Risikomanagement auf. Offensichtlich bestand konkreter Bedarf, die Betrugsprävention zu optimieren. Ein hoch standardisierter Antragsprozess muss sich auf das standardisierte Verfahren zur Betrugsabwehr verlassen können. Im Gegenzug mussten sich die Mitarbeiter in der Antragsbearbeitung ausschließlich darauf konzentrieren, den Prozess effizient auszuführen und die definierten Durchlaufzeiten einzuhalten, ohne nach weiteren potenziellen Betrugsfällen zu recherchieren.

Dieses Thema wurde zwischen Mitarbeitern, Analysten und Management sehr intensiv diskutiert. Es gab das starke Bedürfnis, möglichst jeden Betrugsfall auszuschließen, und es bestanden große Zweifel, ob es sinnvoll sei, zugunsten eines hoch standardisierten Prozesses auf Schutz vor Betrug zu verzichten. Man darf jedoch nicht aus den Augen verlieren, dass enorme Anstrengungen notwendig wären, um wirklich jeden Betrugsfall auszuschließen. Wirtschaftlich wäre das nicht zu vertreten. Dieses Dilemma zwischen Prozesseffizienz einerseits und Sicherheit vor Betrug andererseits wird Ihnen sicherlich nicht unbekannt sein. Die Strategie bei der Betrugsprävention kann nicht sein, Mitarbeiter in der Produktion in die Lage zu versetzen, über den etablierten Standard hinaus Betrugsfälle zu identifizieren. Vielmehr muss es darum gehen, das Verfahren und die Methoden zur Betrugsabwehr so zu optimieren, dass jeder Mitarbeiter in der Antragsbearbeitung diese Methoden und Verfahren gleich gut anwenden kann.

Einen auffällig hohen Arbeitsaufwand produzierten die Anträge von Händlern, mit denen Sonderaktionen, zum Beispiel 0,0-Prozent- oder 0,9-Prozent-Finanzierungsangebote, vereinbart worden waren. Das Problem bestand hier darin, dass diese Sonderaktionen in den Bankanwendungen nur eingeschränkt berücksichtigt werden konnten, weil die besonderen Bedingungen sich oft sehr voneinander unterschieden: Mit den Händlern mussten entsprechende Subventions- bzw. Zuschussvereinbarungen getroffen werden, der Zeitraum der Sonderaktion und – bei Neufahrzeugen eines Importeurs – die Fahrgestellnummern der Kraftfahrzeuge mussten definiert und hinterlegt werden. Diese Prozesse produzierten einen deutlich erhöhten Aufwand bei der Antragsabwicklung.

Große Anstrengungen zu Beginn des Veränderungsprozesses
Die Analysten, Prozessverantwortlichen, Teilprozessverantwortlichen und Prozessanwender waren mit einer regelrechten Flut von Problemen konfrontiert. Das ist zu Beginn eines grundlegenden Veränderungsprozesses normal und leider auch nicht zu vermeiden. Insgesamt wurden die Ursachen von 187 Problemen untersucht. Dem Management und den Mitarbeitern wurde im Laufe der Analyse bewusst, an wie vielen Stellen es in den Abläufen hakte. Die Mitarbeiter der Retail Bank AG entwickelten bereits in dieser ersten kurzen Phase ein gutes Verständnis für die Ursache-Wirkung-Beziehungen in ihren Verantwortungsbereichen. Sie verstanden, wie wichtig es war, einen Prozess ganzheitlich zu betrachten. Diese Entwicklung war für das Management von großer Bedeutung. Einerseits zeigten die Ergebnisse deutlich, wie notwendig der beschrittene Weg der Veränderung war. Andererseits hielt das Management Wort und ließ Mitarbeiter an diesem unternehmenskritischen Transformationsprozess teilhaben. Informationen waren für jedermann zugänglich und Entscheidungen transparent und nachvollziehbar.

Alle Beteiligten machten in der Phase des ersten Verbesserungszyklus aber auch die Erfahrung, dass es in Anbetracht der vielen Verbesserungspotenziale nicht immer ganz einfach war, beschlossene Grundsätze zu befolgen. Beispielsweise hatte man vereinbart, dass immer nachvollziehbar sein musste, welche einzelne Maßnahme welchen Beitrag zum Gesamterfolg geleistet hatte. Das war wichtig, schließlich wollte man später nachvollziehen können, welches die entscheidenden Erfolgsfaktoren waren. In Anbetracht der Fülle von Verbesserungsmaßnahmen war dieser Grundsatz aber nicht immer zu erfüllen. Daher beschränkte man sich darauf, zumindest nachzuvollziehen zu können, welchen Beitrag die Lösungen gleichartiger Problemgruppen zum Gesamterfolg beitrugen. Erfahrungsgemäß reduziert sich aber die Anzahl der Probleme in den Folgeperioden deutlich.

Entscheiden, welche Maßnahmen umgesetzt werden

Als letzter Schritt in der Phase *Ursachenanalyse* wurde entschieden, welche der identifizierten Optimierungspotenziale im Rahmen des ersten Verbesserungszyklus umgesetzt werden sollten. Man darf nicht vergessen, dass für den ersten Zyklus nur ein Zeitraum von neun Monaten angesetzt war. Daher war es nicht möglich, alle Maßnahmen umzusetzen.

Die Analysten und Prozessverantwortlichen hatten sich bei der Selektion der Optimierungspotenziale auf diejenigen Maßnahmen konzentriert, die notwendig waren, um einen weitgehend fließenden Wertstrom herzustellen. Man war zwar noch weit von einem Wertstrom entfernt, der exakt von der Kundennachfrage *(Kundenpull)* gesteuert wurde, aber die Beteiligten waren überzeugt, durch konsequente Verschlankung und Vereinfachung des Prozesses die definierten Prozessziele zu erreichen (vgl. Abb. 7.13).

Nur wenn die Durchlaufzeit eines Kreditantrags eine fest kalkulierbare Größe ist, kann auch eine bedarfsgesteuerte Personaldisposition erfolgen. Die Realisierung eines von der Kundennachfrage gesteuerten Wertstroms ohne Stockungen war für den zweiten Verbesserungszyklus (Zeitraum 10 bis 18 Monate) geplant.

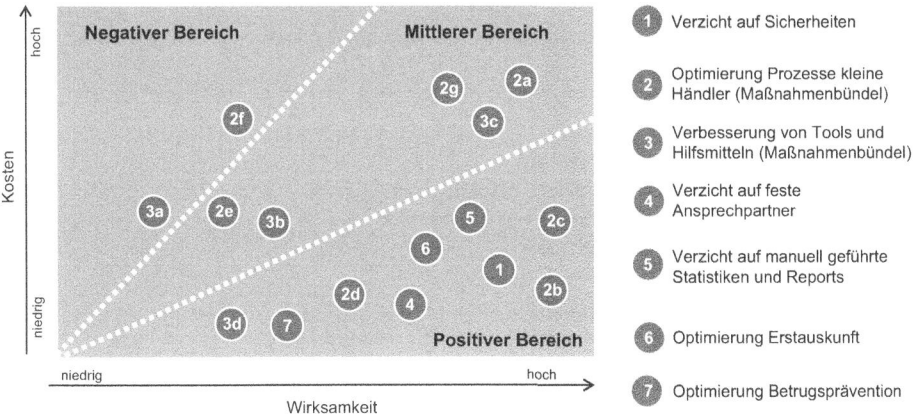

Abb. 7.13   Schematische Darstellung von identifizierten Maßnahmen in den Dimensionen Kosten und Wirksamkeit, dargestellt in einem Kosten-Wirksamkeits-Diagramm

7.4   Gestaltung Soll-Prozess und Job-Breakdown

7.4.1   Gestaltung Soll-Prozess

Durch Verzicht auf Sicherheiten, durch Wegfall von Prozessvarianten wie zum Beispiel Besonderheiten in der Abwicklung von Anträgen kleiner Händler, durch Vermeidung von administrativen Nebenarbeiten, durch eine verbesserte Verteilung der eingehenden Anträge auf die Mitarbeiter, durch eine Optimierung und Verschlankung von Regeln und Anweisungen und deren benutzerfreundliche Abbildung in Tools und Checklisten wurde in der Retail Bank AG ein schlanker, einheitlicher Prozess für alle Kfz-Finanzierungs-fälle geschaffen. Der Umfang des Anweisungswesens wurde um mehr als die Hälfte reduziert. Vor allem die neuen, vereinfachten Verfahren trugen zur Reduzierung bei. Insgesamt war der Aufbau des Anweisungswesens, das heißt der Prozessdokumentation mit verlinkten Regeln, Anweisungen und Kommentaren, jetzt durchweg logisch und strukturiert aufgebaut. Die neu eingerichtete zentrale Qualitätssicherung wachte kontinuierlich über Inhalte, Plausibilität und Benutzerfreundlichkeit (Abb. 7.14).

Diese Maßnahmen waren ein wichtiger Schritt zur Erreichung des vordringlichen Ziels, einen Prozess mit einer fast 100 % repetitiven Tätigkeitsstruktur zu entwickeln (Tätigkeitsstruktur in Bezug auf die Tätigkeiten der Prozessanwender, nicht der Prozess- und Teilprozessverantwortlichen).

Der Personenkreis derer, die an der Gestaltung des Soll-Prozesses mitwirkten, war deutlich größer geworden. Unter Leitung des Prozessverantwortlichen arbeiteten die beteiligten Teilprozessverantwortlichen (gemeinsam verantwortlich für die Umsetzung der bankfachlichen Anforderungen), die Prozessanalysten (verantwortlich für Effizienz und Performance des Sollprozesses), die Experten der Portfoliobank (zuständig für Risikomanagement, Einhaltung aller relevanten Compliance-Richtlinien, Einbringung wirksamer Mechanismen zur Betrugsabwehr) und schließlich die IT-Analysten an der

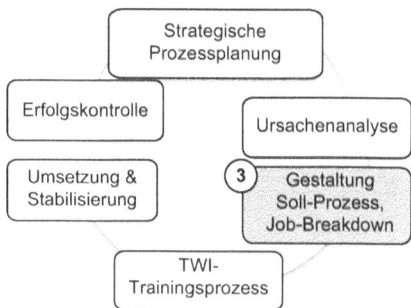

Abb. 7.14 Verbesserungszyklus der Retail Bank AG: Gestaltung Soll-Prozess, Job-Breakdown

Ausgestaltung des Soll-Prozesses. Die Aufgabe der IT-Analysten bestand darin, die optimale technische Unterstützung zur Ausführung des Soll-Prozesses bereitzustellen. Diese Rolle und die der Informationstechnologie allgemein wird in Kap. 8 näher erläutert.

Die Job-Instruction-Trainer begleiteten die Soll-Prozess-Gestaltung, um sich auf den nachgelagerten Job-Breakdown und darüber hinaus auf die Umsetzungsphase vorzubereiten. Parallel arbeiteten die Experten des Risikomanagements an der Optimierung der unverbindlichen Erstauskunft.

Viel Aufmerksamkeit und Zeit investierten die Prozess- und Teilprozessverantwortlichen in die Ausgestaltung und Strukturierung der neuen Anweisungen, Regeln und Checklisten für die Prozessanwender (vgl. Abb. 7.15). Durch klare, eindeutig formulierte Inhalte und eine benutzerfreundliche Struktur des Anweisungswesens sollte erreicht werden, dass die Bearbeitung bzw. Prüfung von Kreditanträgen durch die Prozessanwender in immer gleicher Qualität erfolgen konnte. Konkreter formuliert: Das Ergebnis, die Bearbeitungszeit und Durchlaufzeit einer Prozessinstanz, musste immer gleich

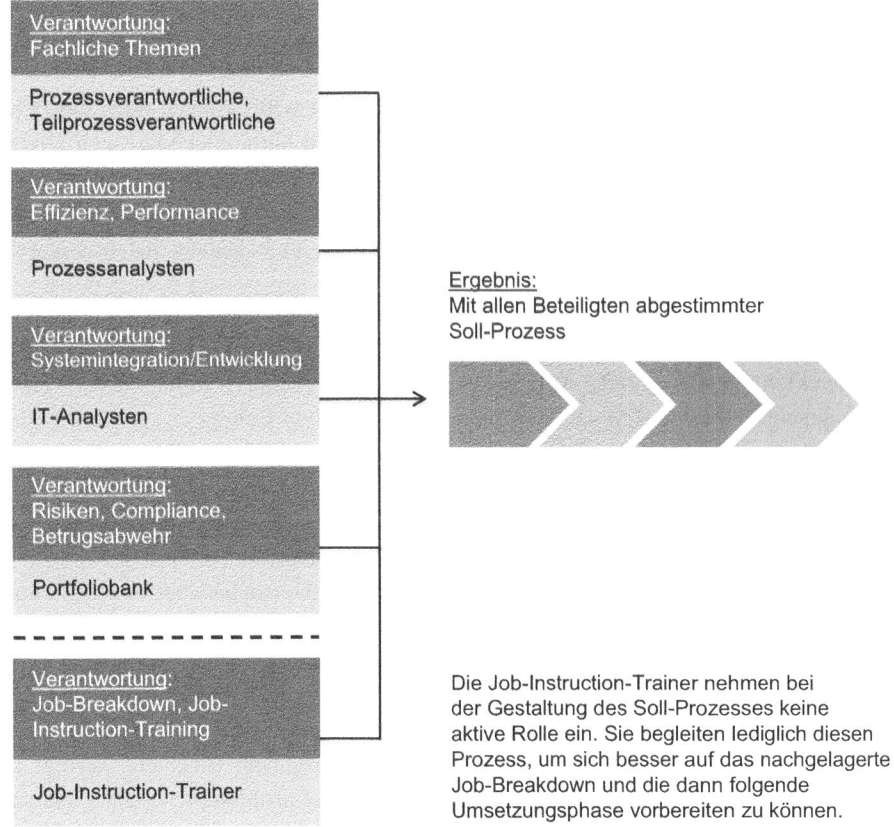

Abb. 7.15 Experten, die unter der Leitung des Prozessverantwortlichen an der Gestaltung des Soll-Prozesses beteiligt sind

sein, unabhängig davon, welcher Mitarbeiter den Vorgang bearbeitete. Hierbei wurden die Prozess- und Teilprozessverantwortlichen von der zentralen Qualitätssicherung unterstützt.

Ein vergleichbarer Qualitätsanspruch an die Bearbeitung der Kreditanträge war in der Vergangenheit nicht denkbar gewesen. Neue Mitarbeiter hatten viel Zeit gebraucht, um sich in den Prozess einzuarbeiten. Oft waren die Prozessanwender bei der Frage, wie sie ihr Geschäft bewältigen sollten, sich selbst überlassen. Dies ist eben das Resultat, wenn keine kontinuierlichen Qualifizierungsprogramme zur Verfügung stehen und Anweisungen und Regeln qualitativ unzureichend sind.

Es war für das Team, gerade im ersten Zyklusdurchlauf, nicht immer einfach abzuschätzen, ob die ausgewählten Umsetzungsmaßnahmen ausreichend waren, um die ambitionierten Prozessziele zu erfüllen. Immer wieder stellten die Verantwortlichen die ergriffenen Umsetzungsmaßnahmen den definierten Prozesszielen und Erfolgsfaktoren gegenüber. Schließlich sollte nicht weniger als eine Durchlaufzeit je Antrag von maximal 15 min in 90 % der Fälle gewährleistet werden können. In dieser Phase setzte der Vorstand Produktion den bereits erläuterten neuen Führungsstil um. Nur offen mit Informationen umzugehen, war allerdings zu wenig. In dieser erfolgskritischen Phase war es beispielsweise sehr wichtig, eine konstruktive Streitkultur zu leben. Erst wenn eine ausreichende Vielfalt von Meinungen berücksichtigt wird, können auch die richtigen Entscheidungen getroffen werden. Selbst die sonst so harmoniebedürftigen Toyota-Mitarbeiter wählen diesen Weg. In der Verantwortung der Führungskräfte liegt es, diese Diskussion sachlich zu steuern. Argumente, Prognosen und Alternativen müssen immer belegbar und nachvollziehbar sein. Vermutungen und nicht belegbare Erfahrungswerte helfen in diesem Prozess nicht weiter.

Zur Steuerung dieses Prozesses dienten den Führungskräften einerseits die definierten Erfolgsfaktoren und Prozessziele und andererseits das ganz simple Toyota-Stufenmodell zur Entwicklung herausragender Mitarbeiter. Jedes eingebrachte Argument, jeder Verbesserungsvorschlag musste sich daran messen lassen, welchen Beitrag er zur Entwicklung herausragender Mitarbeiter leistete. Konnte kein konkreter Bezug festgestellt werden, wurde der Verbesserungsvorschlag oder die Maßnahme nicht umgesetzt. Dieses einfache Modell hat immer Gültigkeit, egal, in welcher Branche Unternehmen tätig sind oder wie weit der betriebliche Verbesserungsprozess bereits fortgeschritten ist (Abb. 7.16).

Insgesamt stieg die Verantwortung der Prozessverantwortlichen bei der Gestaltung des Soll-Prozesses enorm. Anders als die Tätigkeit der Prozessanwender (hier kann man von einer fast 100 % repetitiven Tätigkeitsstruktur sprechen) ist das Aufgabenfeld der Prozessverantwortlichen kaum standardisiert. Die Suche nach Produktivitätsverbesserungen und die kontinuierliche Entwicklung der Mitarbeiter stellen die Prozessverantwortlichen im jedem Verbesserungszyklus vor neue Aufgaben. Einerseits verfügt der Prozessverantwortliche in der neuen Organisation über viel professionelle Unterstützung, zum Beispiel durch die Prozessanalysten und die Job-Instruction-Trainer. Andererseits muss der Prozessverantwortliche durch seine persönlichen Fähigkeiten in der Lage sein, die erfolgskritische Soll-Prozess-Gestaltung mit ihren vielen Beteiligten erfolgreich zu

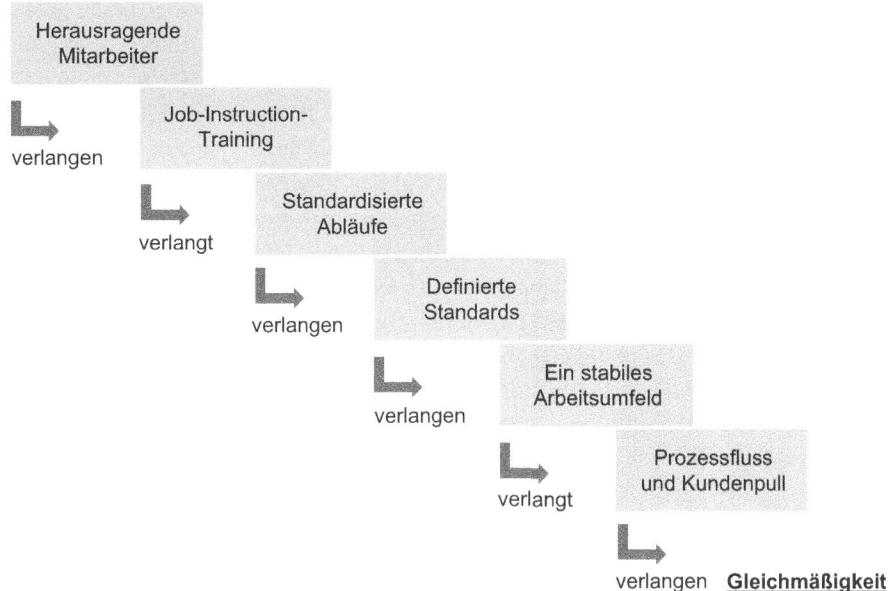

Abb. 7.16 Modell zur systematischen Mitarbeiterentwicklung auf Basis des TWI-Trainingsprogramms. (Quelle: Liker und Meier 2008c, S. 354)

steuern. Das ist nicht immer einfach, weil eine Vielzahl von Bedingungen und Auflagen erfüllt werden muss. Der Prozessverantwortliche muss den Nachweis erbringen, dass sein Kernprozess die definierten Prozessziele erfüllt und daher seinen Beitrag zur Erreichung der strategischen Ziele leistet. Das Management muss daher bei der Auswahl der Prozessverantwortlichen insbesondere auf die persönlichen Fähigkeiten achten und prüfen, ob der Kandidat in der Lage ist, einen komplexen Entwicklungsprozess mit vielen beteiligten Experten zu moderieren und zu steuern.

Das Zusammenspiel muss funktionieren
Im ersten Hauptkapitel konnten Sie nachlesen, welche enormen Anstrengungen Toyota unternimmt, um zu verstehen und zu beschreiben, welche unterschiedlichen Fertigkeiten zusammenwirken müssen, damit ein Prozess genau das gewünschte Ergebnis liefert. Toyota differenziert zwischen den Kernaufgaben, den begleitenden Aufgaben, den grundlegenden Fertigkeiten, den notwendigen Vorschriften, der Urteilskraft und dem akkumulierten Know-how. In puncto Qualität und Effizienz ist es für Toyota entscheidend, die erfolgskritischen Schlüsselpunkte im Prozess identifizieren zu können, also eine Serie von wichtigen Aktivitäten zu bestimmen, die in einer bestimmten Reihenfolge und auf eine bestimmte Art und Weise ausgeführt werden müssen. Erst wenn das Zusammenspiel all dieser Fertigkeiten definiert und verstanden wurde, kann der Prozess mittels der Vier-Stufen-Unterweisung eingeübt und feinjustiert werden.

Im Vergleich zu Toyota sind in der Retail Bank AG die Anforderungen an die notwendigen Fertigkeiten, insbesondere die der Prozessanwender in der Antragsbearbeitung, deutlich geringer. Beispielsweise sind die für Toyota so wichtigen Schlüsselpunkte für den Kreditantragsprozess kaum oder gar nicht relevant. In einem hoch standardisierten Kreditantragsprozess gibt es keinen außergewöhnlichen Punkt. Dennoch ist es wichtig, dass im Bearbeitungsprozess der Antrag exakt in der vom Standard vorgegebenen Reihenfolge abgearbeitet wird. Schlüsselpunkte sind bei Toyota oft mit besonderen handwerklichen Fertigkeiten verbunden, von deren korrekter Umsetzung die Qualität des Fahrzeugs maßgeblich abhängt. Daher dauert es oft viele Jahre, bis Toyota-Mitarbeiter als vollwertige Arbeitskräfte in der Produktion eingesetzt werden können. Handwerkliche Fähigkeiten werden natürlich in Serviceprozessen nicht benötigt. Das Zusammenspiel der verschiedenen Fertigkeiten gestaltet sich daher einfacher als bei Toyota. Insgesamt muss die Vermittlung grundlegender Fähigkeiten, Vorschriften und Risiken mit kontinuierlichem Coaching und Analytik zusammenspielen, damit die Kernaufgabe, die Bearbeitung der Kreditanträge, optimal funktionieren kann (Abb. 7.17).

Die beschlossenen Umsetzungsmaßnahmen trugen dazu bei, dass sich das Arbeitsumfeld der Mitarbeiter stabilisierte, weil Anweisungen und Regeln unmissverständlich und eindeutig formuliert waren und ein weitgehend von Varianten freier Prozess definiert worden war.

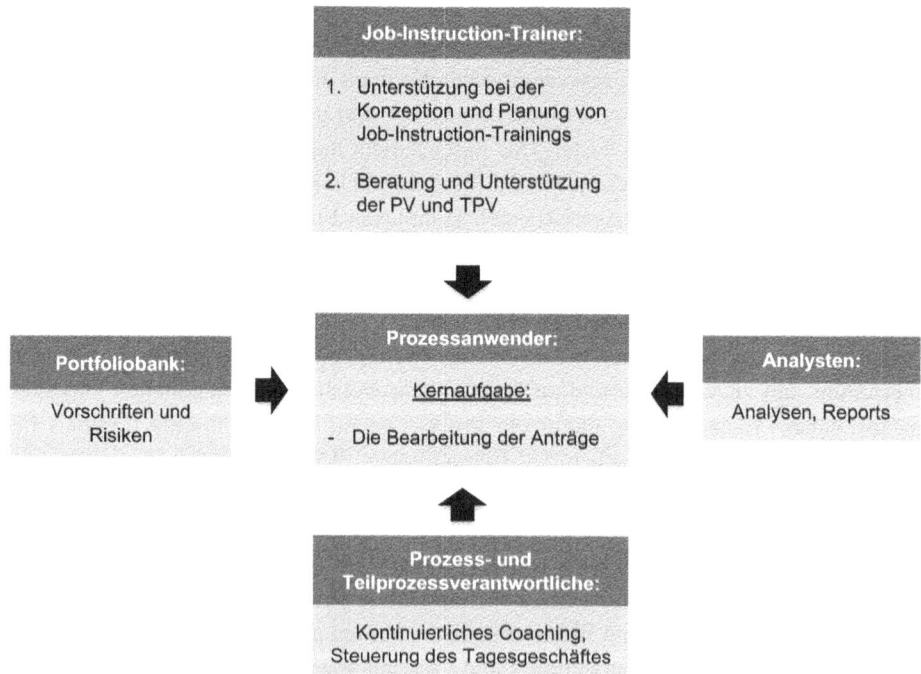

Abb. 7.17 Grobe schematische Darstellung der Fertigkeiten, die auf die Kernaufgabe einwirken

Banken investieren viel Zeit und Ressourcen in die Dokumentation ihrer Prozesse. Im nachfolgenden Infoblock möchte ich von den Eindrücken und Erfahrungen berichten, die ich in den vergangenen Jahren zu den Themen BPM-Tools und Prozessdokumentation in Banken sammeln konnte. Insbesondere das oft übereifrige Dokumentieren von Prozessen nehme ich hier genauer unter die Lupe.

▷   **Misserfolgsfaktor: exzessive Prozessdokumentation** Mitte der Neunzigerjahre begann der Einzug von BPM-Tools in die Bankorganisationen. Viele Bankmitarbeiter lernten, wie sie ihre Arbeitsabläufe in einer standardisierten, grafisch orientierten Form nach definierten Regeln dokumentieren konnten. Diese Prozessmodelle können miteinander verknüpft werden und bilden somit die wichtigsten Prozessstrukturen in der Bank in Form von Prozesslandkarten ab. Transparenz war das Zauberwort in diesen Zeiten. Erst Transparenz schafft die Grundlage für Prozessverbesserungen. Klingt eigentlich logisch. Das war wohl auch der Grund und die Motivation dafür, dass sich so ziemlich alle Banken in den letzten 25 Jahren mit BPM-Tools eingedeckt haben.

Was so verheißungsvoll begann, hat sich inzwischen aber als eine nur sehr eingeschränkt gute Entscheidung erwiesen.

Problem 1: hoher Aufwand für die Dokumentation von Prozessen
Der Operations-Manager einer großen Bank erzählte mir, dass seine Bank in den letzten 12 Jahren zusammengerechnet mehrere Hundert Personenjahre aufgebracht habe, um Prozesse zu dokumentieren. Dabei seien gigantische Datenmengen entstanden. Die Prozessdatenbank sollte einerseits der allgemeinen Dokumentationspflicht dienen und andererseits Projekte zur Prozessoptimierung beschleunigen. Der Manager berichtete, dass sich die Projektteams immer schwer damit taten, die komplexen Daten für ihre Zwecke zu nutzen. Oft waren die dokumentierten Prozesse im konkreten Bedarfsfall nicht mehr aktuell und mussten mit viel Aufwand aktualisiert werden. Oder für das konkrete Projekt waren spezielle Zusatzinformationen nötig, die nicht vorlagen. Andere Projektmanager bemängelten, dass die Prozessdokumentation für ihre Zwecke viel zu detailliert sei. In vielen Fällen benötigte man nur übergeordnete Zusammenhänge und keine Details. Den Wald vor lauter Bäumen nicht mehr erkennen umschreibt recht gut die Erfahrung vieler Anwender im Umgang mit den großen Datenmengen. Die Verwaltung und Analyse all dieser Prozessinformationen verschlingt wertvolle Ressourcen und Kapital. Ist das sinnvoll? Toyota schiebt der Verbreitung von umfangreichen, komplexen Informationen einen Riegel vor. Toyota-Mitarbeiter lernen, mittels der Mieruka-Methode Informationen übersichtlich, einfach und zielorientiert darzustellen und zu verbreiten.

Insgesamt bemängelte der Manager, dass Aufwand und Nutzen in keinem vernünftigen Verhältnis zueinander stehen. Gerade in wirtschaftlich angespannten Zeiten ließen sich diese Aufwendungen an Kosten, Zeit und

Personal nicht mehr rechtfertigen. Über all das hinaus darf man auch nicht vergessen, dass selbst penibel dokumentierte Prozesse allein noch keinen Aufschluss darüber geben, wo es in den betrieblichen Abläufen tatsächlich klemmt. Die reale Performance eines Geschäftsprozesses lässt sich aus einer klassischen Prozessdokumentation nicht ablesen, weil Prozessmodellierungstechniken keine Notationselemente für Prozesskennzahlen bzw. KPIs berücksichtigen (vgl. Goeken 2007, S. 38).

Viele Banken sprechen zwar von Prozessmanagement, aber letztendlich werden nur massenhaft und viel zu detailliert Prozesse dokumentiert. Das Management in Prozessmanagement existiert in diesen Fällen de facto nicht. Was für eine Verschwendung! Welch große Augen würden wohl Banker der betreffenden Organisationen machen, wenn sie die Tools von Toyota kennen würden! Statt komplexer BPM-Tools nutzen die Experten des Toyota-Produktionssystems bei der Erhebung von Prozessen Bleistift, Radiergummi, Papier und Taschenrechner. Ergebnis ist das Wertstromdesign. Danach erfolgen Übertrag und Speicherung in einem ganz simplen PC-Tool. Der Experte ermittelt anschließend mit der Wertstromanalyse alle entscheidenden Indikatoren zur Prozessperformance und ergründet die Ursachen für Performancedefizite. Im Grunde genommen unterstützt die Wertstrommethode dabei, die Struktur, die Besonderheiten und den Charakter des betreffenden Prozesses wirklich ganzheitlich zu verstehen und dabei die wichtigsten Dinge immer im Auge zu behalten. Diese ganze Prozedur ist in wenigen Tagen mit einem minimalen Ressourceneinsatz abgeschlossen und zeigt dem Betrachter die betriebliche Realität in einer einfachen und ganzheitlichen Sicht. Wieder ein gutes Beispiel dafür, wie weniger Einsatz mehr bringen kann.

Problem 2: Die dokumentierten Prozesse bilden nicht die betriebliche Ist-Situation ab

Das ist ein ganz kritischer Punkt. In den Organisationen, die sehr detailliert ihre Prozesse dokumentieren und die Dokumentation mit viel Aufwand aktuell halten, entsteht fast immer eine Kluft zwischen dokumentierten Prozessen und betrieblicher Realität. Es ist ein weitverbreitetes Phänomen, dass Mitarbeiter, die für die Dokumentation ihrer Prozesse selbst verantwortlich sind, die Lage oft rosiger darstellen, als sie in Wirklichkeit ist. Probleme oder ungeregelte Aspekte fallen da schon mal unter den Tisch. Auch Prozessvarianten und Verschwendung lassen sich aus der Prozessdokumentation nicht immer erkennen. Ob diese Lücken bewusst oder unbewusst entstehen, sei dahingestellt. Dieses Problem erkennen auch immer mehr Prüfer. Viele von ihnen verlassen sich nur noch eingeschränkt auf die vorliegende Prozessdokumentation. Da kann es schon mal nötig sein, für den Prüfer sehr aufwendig (und teuer) nachzuweisen, dass die Mitarbeiter die betreffenden Prozesse und Mindeststandards wirklich beherrschen.

Der erste Grundsatz bei der Dokumentation von Prozessen muss daher sein, dass Anwender nie ihre eigenen Prozesse dokumentieren, sondern immer unabhängig arbeitende Dritte auf der Grundlage festgelegter Standards. Es ist auch keine Lösung, Prozesse in Workshops unter der Moderation von Analysten zu erheben. Viele prozessuale Probleme sind fern vom Arbeitsplatz nicht sichtbar und fallen dabei ebenfalls unter den Tisch.

Problem 3: Trotz detaillierter Prozessdokumentation beherrschen Mitarbeiter ihre Prozesse nicht

Sicher, diese These ist gewagt. Präziser formuliert: Mitarbeiter in Banken beherrschen trotz ausführlicher Prozessdokumentation ihre Prozesse nicht perfekt. Es ist nicht unüblich, dass aktualisierte Geschäftsprozesse und Anweisungen in den Unternehmensportalen veröffentlicht werden und das Management dann ganz selbstverständlich davon ausgeht, dass die neuen Prozesse von den Mitarbeitern auch exakt so ausgeführt werden. Diese Vorgehensweise wäre bei Toyota und auch bei den meisten anderen Automobilherstellern völlig undenkbar. Eingefahrene Prozesse lassen sich nicht einfach durch ein Update ablösen. Dafür ist der Mensch viel zu sehr ein Gewohnheitstier. Oft merkt das Management noch nicht einmal, dass die neuen Prozesse nicht so ausgeführt werden wie geplant. Wenn sich beispielsweise bei der Ausübung der neuen Prozesse Schwierigkeiten einstellen, umschiffen Mitarbeiter diese Schwierigkeiten dadurch, dass sie wieder auf bekannte und aus ihrer Sicht bewährte Verfahren zurückfallen.

Nein, ich möchte mit diesen Ausführungen nicht andeuten, dass das Management seine wichtigen Unternehmensprozesse prinzipiell nicht im Griff hat. Ich möchte vielmehr zum Ausdruck bringen, dass das Management mehr tun muss, damit seine Mitarbeiter befähigt werden, neue Prozesse genau nach Plan auszuführen. Stabsfunktionen, Analysten und Berater investieren viel Zeit in die Ausgestaltung und Dokumentation neuer Prozesse mittels BPM-Tools, versäumen aber oft, einen angemessenen Know-how-Transfer zu den Prozessanwendern zu organisieren.

In vielen Transformationsprojekten fiel mir auf, dass Anwender im Umgang mit neuen Anwendungen und Systemen unzureichend geschult wurden. Aus Sicht der Anwender gehen neue Anwendungen oft mit erhöhter Komplexität einher. Gängige Praxis ist, dass sich Anwender im Produktionsbetrieb gegenseitig unterstützen müssen, weil es in den Schulungen nicht gelungen ist, alle Anwender auf das gleiche Niveau zu bringen. Ein derartiger Zustand zieht neben Frustration auch immer Fehler, längere Durchlaufzeiten und die Bildung von Varianten nach sich. Generell lässt sich sagen, dass die Zeiten für Schulung und Training neuer Kernanwendungen zu knapp bemessen sind. Gerade die Ausbildung für komplexe Anwendungen muss so organisiert sein, dass Mitarbeiter erst dann im Regelbetrieb eingesetzt werden, wenn sie die neuen Anwendungen einwandfrei beherrschen.

Manchmal habe ich den Eindruck, dass eine detailliert ausgearbeitete Prozessdokumentation eine falsche Sicherheit produziert, in dem Sinn, dass mit der Erstellung und Publikation der Prozessdokumentation die wesentliche Arbeit geleistet sei. Toyota investiert ebenfalls viel Zeit in Dokumentationen für Prozesse, Regeln und Anweisungen. Aber erst dann beginnt die eigentliche Arbeit, die darin besteht, Mitarbeiter in einem professionellen Programm zu befähigen, ihre Prozesse tatsächlich zu beherrschen. Vergleichbare Bemühungen, insbesondere eine strukturell gut organisierte, kontinuierliche Qualifizierung von Mitarbeitern, vermisse ich in Banken grundsätzlich.

Diese wesentliche Erkenntnis setzte sich auch bei der Retail Bank AG durch. Das Management schuf daraufhin den Bereich Prozess- und Qualifizierungsmanagement.

Problem 4: Die Prozessdokumentation ist häufig nur eingeschränkt für die Informationstechnologie nutzbar

Viele Banken führen als Grund für ihre umfangreiche Prozessdokumentation an, die Informationstechnologie effektiver mit ihrem Geschäft in Übereinstimmung bringen zu wollen: Sind die Geschäftsabläufe präzise dokumentiert, kann die IT besser auf die Bedürfnisse des Bankgeschäfts reagieren. So weit, so gut. Was eigentlich plausibel klingt, funktioniert in der Praxis kaum. Das immer wieder diskutierte Alignment zwischen Prozessen und Informationstechnologie ist ein außerordentlich komplexes Thema. Das Grundproblem hierbei ist, dass die Informationstechnologie mit einer klassischen Prozessdokumentation der Fachabteilungen nur sehr wenig anfangen kann. Entwickler benötigen Informationen ganz anderer Art. Es gibt zwar inzwischen Methoden und spezialisierte IT-Architektur-Tools, mit denen alle relevanten Informationen in einem gemeinsamen Repository zusammengeführt werden können. Man muss sich aber im Klaren sein, dass solche Verfahren eine weitere Komplexitätsstufe nach sich ziehen.

Je komplexer ein Lösungsansatz zu werden droht, desto eher sollte man sich wieder an die Herangehensweisen von Toyota erinnern. Toyota würde ein derart komplexes Verfahren vermutlich vermeiden. Es lohnt sich, darüber nachzudenken, welche einfacheren Alternativen zu den komplexen Softwarelösungen es gibt.

Fazit: Selbstverständlich ist eine Prozessdokumentation für das bankweite Prozessmanagement, für die Bewältigung des Tagesgeschäfts und für die Dokumentationspflichten der Bank unverzichtbar. Die Bank muss aber lernen, die Prozessdokumentation zweckmäßiger einzusetzen. Zweckmäßig bedeutet in erster Linie, die Prozessdokumentation als Unterstützung speziell für die kontinuierliche Mitarbeiterqualifizierung aufzubereiten. Beherrschen die Mitarbeiter ihre Prozesse, ist es für das Tagesgeschäft in der Produktion sinnvoller, lediglich eine einfache und übersichtliche Dokumentation zu nutzen, die aus den Trainingsunterlagen des Qualifizierungsprogramms abgeleitet wird.

Sicherlich haben Sie auch in Ihrer Organisation solche oder ähnliche Erfahrungen machen können. In manchen Kreditinstituten hatten diese Erfahrungen gar die Konsequenz, dass das gesamte Thema Geschäftsprozessmanagement wegen fehlender Ergebnisse nicht weiter forciert wurde. Das ist sehr bedauerlich. Natürlich gilt es, diese oder ähnliche Fehler zu vermeiden.

7.4.2   Job-Breakdown

Wie bereits erläutert, versteht man unter Job-Breakdown die Gliederung von Tätigkeiten für Schulungszwecke. Das Job-Breakdown-Sheet bildet die zentrale Trainingsdokumentation und ist der Grundpfeiler für das Aus- und Weiterbildungsprogramm von Toyota. Sind die Arbeitsabläufe eintrainiert und laufen sicher und routiniert ab, wird in der Produktion das einfach und übersichtlich gestaltete Standardization-Worksheet eingesetzt. Die beiden Dokumentationen bedingen einander, das heißt, das Job-Breakdown-Sheet ist sozusagen das führende Dokument, von dem das Standardization-Worksheet abgeleitet wird (Abb. 7.18).

Auf Basis des fertiggestellten und freigegebenen Soll-Prozesses unterstützt der Job-Instruction-Trainer die verantwortlichen Prozess- und Teilprozessverantwortlichen mittels Job-Breakdown dabei, die einzelnen Arbeitsschritte aus arbeitsökonomischer Sicht sinnvoll zu gliedern und in einer logischen und strukturierten Form zu beschreiben. Es darf nie aus den Augen verloren werden, dass am Ende ein Arbeitsfluss ohne Störungen hergestellt sein muss. Und es muss gewährleistet sein, dass das Ergebnis, die Bearbeitungszeit und die Durchlaufzeit einer Prozessinstanz weitgehend gleich sind, unabhängig davon, welcher Mitarbeiter den Vorgang bearbeitet. Es gibt nur einen Weg der richtigen Ausführung von Tätigkeiten, und das ist der definierte Prozess. Daran darf es keinen

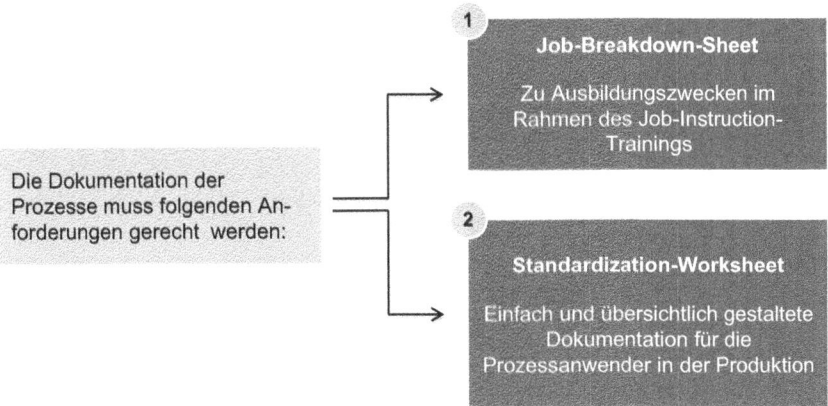

Abb. 7.18 Unterscheidung zwischen der Dokumentation für Ausbildungszwecke und den Produktionsbetrieb

Zweifel geben. Mit Unterstützung der Trainer müssen die für den Prozess oder Teil-prozess Verantwortlichen vorab jeden Arbeitsschritt im Detail durchdenken, um jeden Ansatz für potenzielle, unerwünschte Prozessvarianten ausschließen zu können.

▶ Es ist empfehlenswert, gerade zu Beginn des Veränderungsprozesses keine komplexen BPM-Tools einzusetzen, sondern mit ganz einfachen Mitteln zu beginnen. In der Praxis bzw. im Zuge der Entwicklung des kontinuierlichen

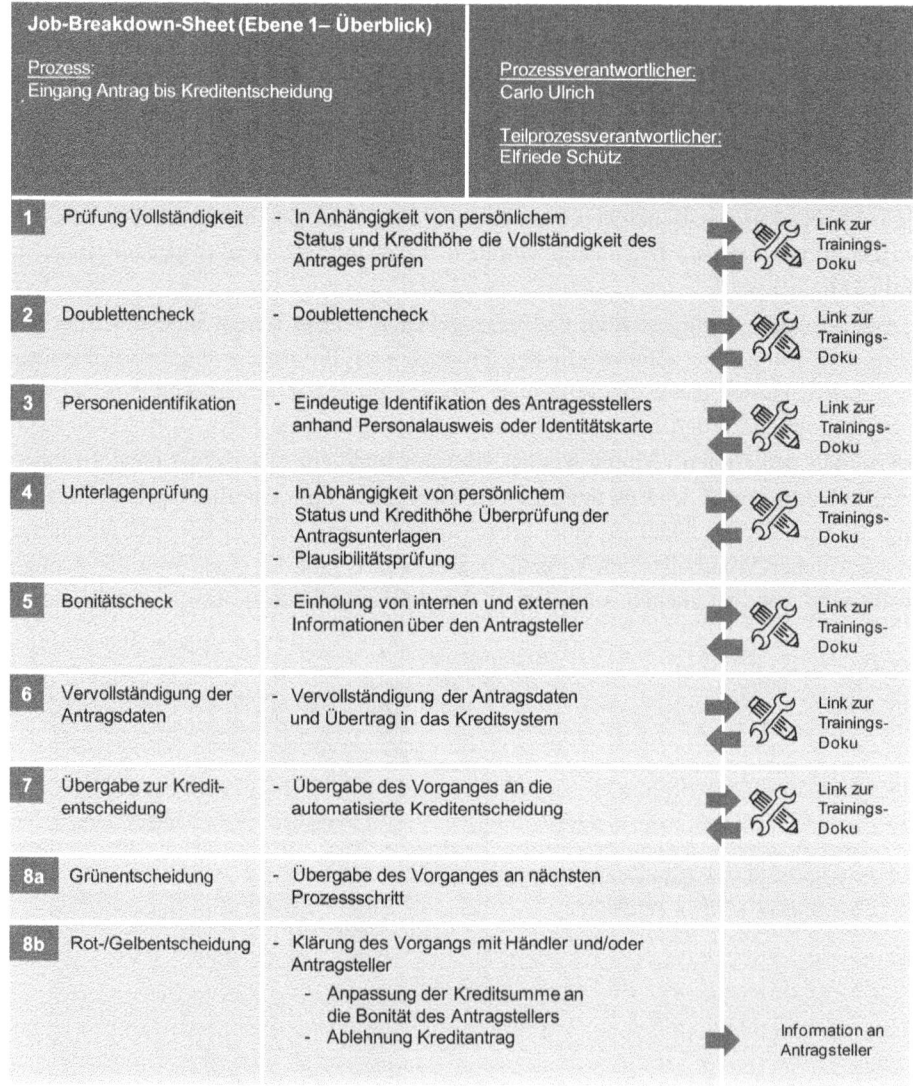

Abb. 7.19 Schematische Darstellung eines Job-Breakdown-Sheets (Ebene-1-Überblick) mit Ver-linkung auf die entsprechenden Trainings-Dokumentationen

Verbesserungskreislaufs zeigt sich am besten, in welcher Form und Ausprägung eine weiterführende Toolunterstützung wirklich sinnvoll und notwendig ist.

Anders als bei Toyota, wo in der Produktion meist handwerkliche Tätigkeiten Gegenstand des Job-Breakdowns sind, müssen in einer Bank administrative Tätigkeiten verrichtet werden. Daher steht für die Prozessanwender die Bedienung der Tools und die Handhabung der Checklisten, Regeln und Anweisungen im Vordergrund.

In der Phase der Soll-Prozess-Gestaltung wurden in der Retail Bank AG umfangreiche Maßnahmen zur Optimierung und Standardisierung des Anweisungswesens definiert und anschließend umgesetzt. Zeichnet sich später ein Defizit ab, das in der Phase der Soll-Prozess-Gestaltung noch nicht erkannt wurde, muss der Prozessverantwortliche nachbessern. Damit solche Fälle die Ausnahme bleiben, sind die Job-Instruction-Trainer bereits in der Phase der Soll-Prozess-Gestaltung als Beobachter involviert. Ihre Aufgabe ist es, im Zuge des Job-Breakdowns mit den operativ Verantwortlichen zu prüfen, ob sich die ergriffenen Maßnahmen tatsächlich nahtlos in die Praxis umsetzen lassen (vgl. Abb. 7.19).

Ergebnis des Job-Breakdowns war ein mit den Prozess- und Teilprozessverantwortlichen abgestimmtes Job-Breakdown-Sheet, das die Grundlage für die nachfolgende Phase *TWI-Trainingsprogramm/Umsetzung* bildete.

7.5 TWI-Trainingsprogramm

7.5.1 Einleitung

In Kap. 2 und 3 habe ich beschrieben, wo die TWI-Methodenlehre (Abb. 7.20) ihren Ursprung hat, wie Toyota sie für seine eigene Mitarbeiterentwicklung nutzt und welche

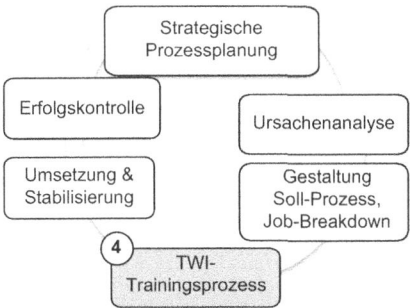

Abb. 7.20 Verbesserungszyklus der Retail Bank AG: TWI-Trainingsprogramm

Voraussetzungen für eine erfolgreiche Umsetzung dieser Methodik in die Praxis notwendig sind. Für die Retail Bank AG war es nun so weit: Phase 4 des kontinuierlichen Verbesserungskreislaufs stand bevor, die eine Art Feuertaufe ist. Tragen die Mitarbeiter die neue Form der Vermittlung von Wissen mit? Lassen sich die ambitionierten Prozessziele dadurch tatsächlich erreichen? Kommt es durch die Umstellung zu Leistungsstörungen? Das alles waren berechtigte Ängste vor Risiken, die nur durch eine gute und sorgfältige Vorbereitung minimiert werden konnten.

Anders als Toyota hatten sich die Beteiligten entschieden, den Job-Breakdown bereits in Phase 3, *Gestaltung Soll-Prozess,* durchzuführen. Sie waren der Auffassung, dass die Gestaltung des Soll-Prozesses und der Job-Breakdown sozusagen in einem Guss erfolgten sollten. Daher wurde dieser Schritt aus der Umsetzungsphase herausgenommen. Davon abgesehen war die Trainings- und Umsetzungsphase im Wesentlichen so gegliedert und organisiert, wie auch bei Toyota Wissen vermittelt wird.

Die Grundlagen des TWI-Trainingsprogramms wurden bereits ausführlich dargestellt. Daher konzentriert sich die nachfolgende Beschreibung ganz auf die Herausforderungen, die die Retail Bank AG im ersten Zyklusdurchlauf bewältigen musste.

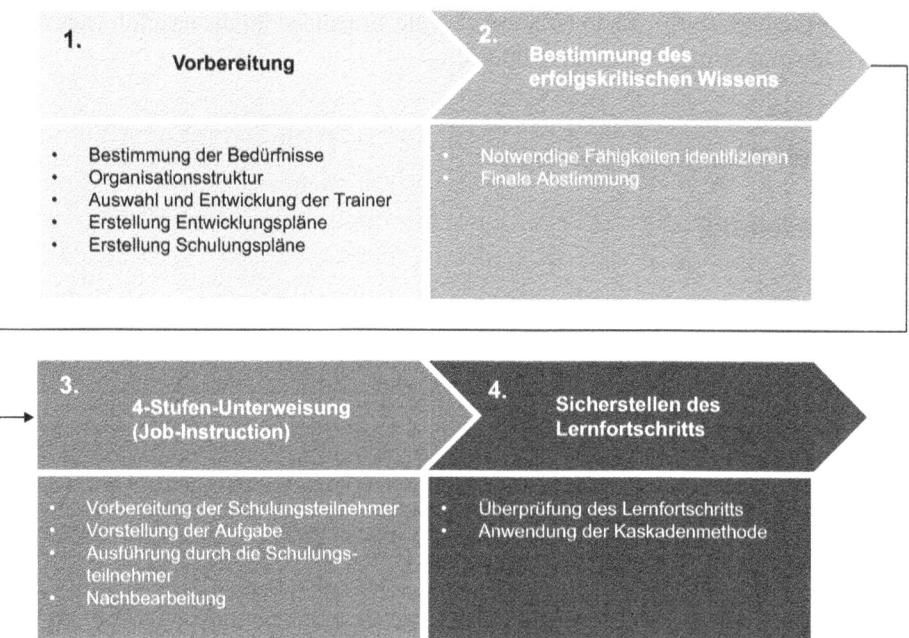

Abb. 7.21 Gering modifizierter Kreislauf des Toyota-TWI-Trainingsprogramms zum Zweck der Entwicklung von Prozessanwendern in der Retail Bank AG (vgl. Liker und Meier 2008c, S. 80)

Man muss an dieser Stelle nicht betonen, dass die Erwartung der Prozessanwender zu Beginn dieser Phase besonders hoch war. Daher war es gerade im ersten Zyklusdurchlauf wichtig, ausreichend Zeit für die Vorbereitungsphase einzuplanen, sich optimal auf den Wissenstransfer an die Prozessanwender vorzubereiten und die Rollen der Verantwortlichen klar voneinander abzugrenzen.

Ein Hinweis ist an dieser Stelle noch angebracht. Das TWI-Trainingsprogramm versteht sich selbstverständlich als ein kontinuierlicher Prozess. Aus der schematischen, sechsgliedrigen Darstellung des Verbesserungskreislaufs könnte man ableiten, dass sich die Schulungsaktivitäten ausschließlich auf die Phase 4 beschränken. Parallel laufende Prozesse lassen sich schlecht in einer einfachen schematischen Form darstellen (Abb. 7.21).

Sicher, die Hauptaktivitäten des Schulungsprogramms konzentrieren sich auf diese Phase 4, weil alle Mitarbeiter hier auf das nächste Entwicklungsniveau vorbereitet werden. Es finden aber über den ganzen Verbesserungskreislauf hinweg regelmäßig Trainings statt, weil beispielsweise neue Prozessanwender eingearbeitet werden müssen oder Prozessanwender sich weiterqualifizieren und somit ihr Kompetenzlevel verbessern.

7.5.2 Vorbereitung

7.5.2.1 Bestimmung der Bedürfnisse der Organisation

Die Bestimmung der Bedürfnisse der Organisation in diesem ersten Zyklus des Wissenstransfers beginnt schon deutlich früher als zu Beginn der Phase 4. Die Voraussetzungen für einen erfolgreichen Wissenstransfer können natürlich nicht unmittelbar vor dem ersten Mitarbeitertraining definiert und umgesetzt werden.

Schon in Phase 1, Strategische Prozessplanung, hatte man begonnen, sich auf den Wissenstransfer und insbesondere die besonderen Herausforderungen des ersten Zyklusdurchlaufs vorzubereiten. Schließlich war bereits in Phase 1 das Trainingssystem als wichtiger Beitrag zur Stabilisierung der Prozesse im Praxisbetrieb bestimmt worden.

Nachdem der neue Soll-Prozess (im Anschluss an eine gründliche Problemursachenanalyse und unter Berücksichtigung der ermittelten Erfolgsfaktoren) definiert worden war, rückten nun die Prozessziele für den Zeitraum P_1 (Monate 1–9) in den Mittelpunkt der Aufmerksamkeit. Sie mussten im Rahmen des ersten TWI-Trainings erreicht werden.

Im Kern mussten die Prozessanwender im Training befähigt werden, die neuen Prozesse, die optimierten Tools und Checklisten so anzuwenden, dass in 90 % der Fälle die Durchlaufzeit der Anträge 15 min nicht überschritten werden. An diesem Ziel mussten sich alle Verantwortlichen in Phase 4 messen lassen.

Eine wichtige Frage musste im Zuge der Vorbereitung auf die Mitarbeiterschulungen geklärt werden: In welcher Trainingsumgebung konnte das notwendige Wissen für die Prozessanwender am besten vermittelt werden? Es führte kein Weg daran vorbei, die Schulungen in einer möglichst praxisnahen Form zu organisieren (vgl. Abb. 7.22). Mit

Schulungs-verantwortung	Prozess- und Ergebnis-verant-wortung	Rollen und Aufgaben
Schirmherr/ Sponsor		• Vertreter des Top-Management, z. B. CEO • Schirmherr/Sponsor muss über herausragende kommunikative Fähigkeiten verfügen und dauerhaft in dieser Rolle zur Verfügung stehen
	Vorstand	• Verantwortlich z. B. für den gesamten Marktfolge-/Operationsbereich • Disziplinarische Führung der Prozessverantwortlichen
Master-Trainer		• Leiter des Schulungsbereichs • stellt die Konsistenz der Entwicklungsanstrengungen der Bank sicher • Verantwortlich für Ausbildung und Entwicklung der Job-Instruction-Trainer • berät und unterstützt den Vorstand in allen Fragen bezüglich der Mitarbeiterentwicklung in den relevanten Kernprozessen
	Prozess-verantwortlicher	• verantwortlich für einen Kernprozess • berichtet an den Vorstand Marktfolge/Operations • verantwortlich für Ausbildung und Entwicklung seiner Teilprozessverantwortlichen/Arbeitsplatztrainer
Job-Instruction-Trainer		• berichtet an den Master-Trainer • unterstützt die ihm zugeordneten Arbeitsplatztrainer/Teilprozessverantwortlichen bei der Vorbereitung der Job-Instruction-Trainings • verfügt über ausgezeichnetes methodisches Know-how • stellt die Konsistenz der Entwicklungsanstrengungen eines End-to-End-Prozesses sicher • vergibt Job-Instruction-Zertifikate an die Arbeitsplatztrainer • berät und unterstützt den Prozessverantwortlichen
	Teilprozessver-antwortlicher/ Arbeitsplatz-trainer	• berichtet an den Prozessverantwortlichen • verantwortlich für einen Teilprozess • hat erfolgreich ein Job-Instruction-Zertifikat erworben • verantwortlich für die Durchführung der Job-Instruction-Trainings für die Prozessanwender (in seiner Rolle als Arbeitsplatztrainer) • verantwortlich für die Entwicklung seiner Mitarbeiter (Prozessanwender)
	Prozess-anwender/ Mitarbeiter	• berichtet an den Teilprozessverantwortlichen/Arbeitsplatztrainer • Mitarbeiter in Arbeitsgruppe • erfolgreich absolviertes Job-Instruction-Training ist Voraussetzung für den Einsatz in der Produktion

Abb. 7.22 Wesentliche Aufgaben des Schulungsbereichs und der Ergebnisverantwortlichen in engem Zusammenspiel im Rahmen der Mitarbeiterentwicklung der Retail Bank AG

viel Aufwand wurde eine hohe Zahl von Testfällen (Kreditanträge) entwickelt, die das Geschäft des Kreditinstituts in allen Belangen repräsentativ abbildeten. Im Bearbeitungs-system der Bank wurden Testmandanten eingerichtet, sodass die Testfälle direkt im Pro-duktionssystem gebucht werden konnten.

Auch das in der Produktion eingesetzte Workflowsystem wurde zur Verteilung der Testfälle genutzt. Diese Maßnahmen gewährleisteten eine sehr realistische Trainingsumgebung für die Prozessanwender. Zugleich wurde ein theoretischer Trainingsabschnitt (s. Demonstrationsphase der Stufe 2 der Vier-Stufen-Unterweisung) entwickelt, der die Schulungsteilnehmer vor Durchführung der ersten praktischen Übungen mit Aufbau, Struktur und genauer Anwendung der Trainingsdokumentation, der Checklisten, Regeln und Anweisungen vertraut machen sollte.

7.5.2.2 Festlegung der Organisationsstruktur

Selbstverständlich richten sich Struktur und Größe der Schulungsorganisation nach der Größe des Kreditinstituts, der Anzahl der Kernprozesse und der Anzahl der Prozessanwender. Im beispielhaften Fall der Retail Bank AG wurde bereits in einer frühen Phase entschieden, einen Bereich Prozess- und Qualifizierungsmanagement zu schaffen. Der dort angesiedelte Bereich Mitarbeiterqualifizierung gleicht grundsätzlich (Abb. 7.23) dem Aufbau des Schulungsbereichs von Toyota. Sicher, bei Toyota sind weltweit Tausende von Job-Instruction-Trainern im Einsatz. Daher kann man den hierarchischen Aufbau von Toyota nur eingeschränkt auf Bankorganisationen übertragen. In jedem Einzelfall muss entschieden werden, wie der Schulungsbereich in der Bank aufgebaut sein muss, um seinen Zweck zu erfüllen. Immer sollte es eine verantwortliche Person für die Mitarbeiterqualifikation im Unternehmen geben. In kleinen Banken kann diese Rolle ohne Weiteres in Personalunion durch den Leiter des Prozess- und Qualifizierungsmanagements ausgeübt werden, das heißt, eine Person ist verantwortlich für die Analytik, der Entwicklung von Lösungsansätzen und die Mitarbeiterentwicklung.

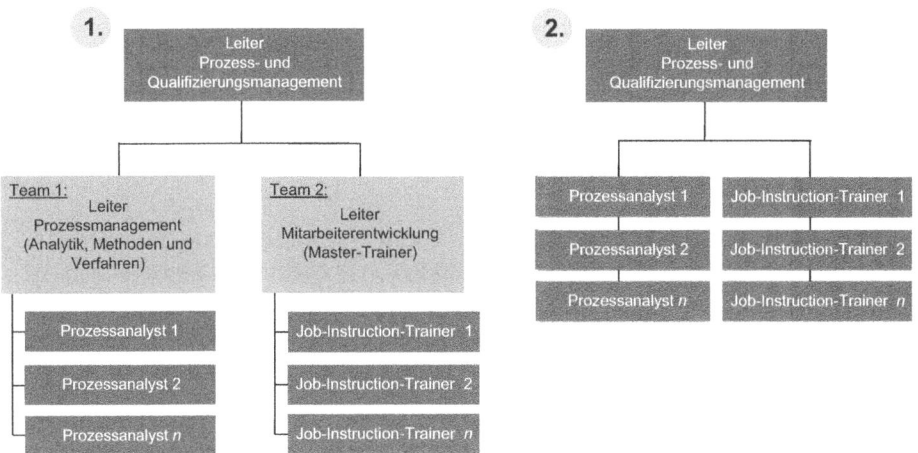

Abb. 7.23 Organisationsstruktur der Mitarbeiterqualifizierung in einer großen (1) und einer kleinen Organisation (2)

Wie bereits beschrieben, wurden in der Retail Bank AG die Verantwortlichkeiten des Schulungsbereichs genau wie bei Toyota organisiert. Der Leiter des Qualifizierungsmanagements war der *Master-Trainer.* An ihn berichteten die Job-Instruction-Trainer, die jeweils dafür zuständig waren, einen ihnen zugeordneten Prozessverantwortlichen und dessen Teilprozessverantwortliche zu unterstützen.

Die Retail Bank AG folgte auch dem Beispiel von Toyota, einen Schirmherrn für den Schulungsbereich zu benennen. Der CEO übernahm dieses Amt im Zuge des ersten Zyklusdurchlaufs. Das persönliche Engagement des CEO als Schirmherr für die Schulungsaktivitäten sollte den hohen Stellenwert der Mitarbeiterentwicklung als wichtiges strategisches Element zum Ausdruck bringen. Die Vorbildrolle des Schirmherrn sah vor, regelmäßig Mitarbeiterschulungen zu besuchen und sich in vielen Gesprächen mit Vorgesetzten und Prozessanwendern rund um das Thema Mitarbeiterqualifizierung sichtbar zu engagieren. Das K-Team, das gerade zu Beginn des Veränderungsprozesses wichtige Arbeit leistete, unterstützte den Schirmherrn mit einem speziell zugeschnittenen Kommunikationsprogramm.

▶   **Nicht das Wesentliche aus den Augen verlieren** Die Abteilungs- und Teamleiter waren schon in der alten Organisation die operativen Leistungsträger gewesen. In ihren neuen Rollen als Prozess- und Teilprozessverantwortliche kamen neue und anspruchsvolle Arbeitselemente hinzu.

Das Management der Bank musste seine Aufmerksamkeit ganz besonders auf die neue Rolle des Teilprozessverantwortlichen richten. Er ist maßgeblich für die Entwicklung und Steuerung der Prozessanwender in der Produktion verantwortlich. Es bedeutete eine erhebliche Veränderung, neben der operativen Verantwortung in der Produktion auch die Verantwortung für die Durchführung der Mitarbeiter-Trainings in der Funktion eines Arbeitsplatztrainers zu haben. Die Durchführung eines TWI-Trainingsprozesses und die hierfür notwendige Vorbereitungszeit erforderten einen hohen Zeitaufwand. Es war daher absolut erfolgskritisch, dass die Teilprozessverantwortlichen die Unterstützung der Job-Instruction-Trainer annahmen.

Ob das hohe Ziel der Entwicklung herausragender Mitarbeiter erreicht werden kann, hängt wesentlich davon ab, ob es den Teilprozessverantwortlichen in ihrer Rolle als Arbeitsplatztrainer gelingt, das Konzept der TWI-Methodenlehre erfolgreich umzusetzen. Es liegt daher in der ganz besonderen Verantwortung des Prozessverantwortlichen, geeignete Persönlichkeiten für die Rolle der Teilprozessverantwortlichen/Arbeitsplatztrainer auszuwählen und so zu schulen, dass sie erfolgreich in ihr neues Aufgabenfeld hineinwachsen.

Deutlich komplexer noch ist das neue Aufgabenfeld des Prozessverantwortlichen. Insbesondere die Personalführung erhält in einer prozessorientierten Organisation eine ganz neue Qualität. Die Entwicklung seiner Teilprozessverantwortlichen, die Abstimmung mit anderen Prozessbeteiligten und die kontinuierliche Zusammenarbeit mit den Prozessanalysten und

Job-Instruction-Trainern erfordern einen hohen Grad an Arbeitsorganisation, professioneller Kommunikation und persönlichem Engagement. Es ist eine der vorrangigsten Aufgaben des Managements, ganz bewusst daran zu arbeiten, die Leistungsträger an der Basis, sprich die Prozess- und Teilprozessverantwortlichen, bestmöglich zu unterstützen und sich nicht in methodischen Details zu verzetteln. Das bedeutet ganz konkret, dass die zu erreichenden Prozessziele, aber auch die sonstigen Zielvereinbarungen für die Betroffenen realistisch sein müssen.

Die Hierarchie in einer Prozessorganisation ist nicht immer klassisch in die Rollen Prozess- und Teilprozessverantwortliche bzw. Prozessanwender gegliedert. Diese Gliederung ist für erfolgskritische Kernprozesse mit hohen Transaktionsraten und einer hohen Anzahl von Prozessanwendern sinnvoll. Für Prozesse mit einer geringeren Anzahl von Prozessanwendern entfällt üblicherweise die Rolle des Teilprozessverantwortlichen, sodass der Prozessverantwortliche auch die Rolle des Arbeitsplatztrainers übernimmt.

7.5.2.3 Auswahl und Entwicklung der Job-Instruction-Trainer

Im besten Fall rekrutiert das Management den Grundstamm an Job-Instruction-Trainern aus dem Kreis der eigenen Mitarbeiter. Dies stellt sicher, dass dem Trainerstab die Abläufe in der Bankorganisation und das Bankgeschäft generell bekannt sind. Voraussetzung hierfür ist allerdings, dass die intern rekrutierten Job-Instruction-Trainer die persönlichen und fachlichen Voraussetzungen für diese Rolle mitbringen. Abgesehen davon kann es auch eine Bereicherung sein, branchenfremde Experten einzustellen. Das gilt nicht nur für den Trainerstab, sondern gleichermaßen für die Prozessanalysten.

▶ **Misserfolgsfaktor: unzeitgemäße Methoden bei der Personalakquisition** Mal ehrlich: Stellt Ihre Bank für den Produktionsbereich Fertigungsingenieure oder Logistikexperten ein? Vermutlich nicht. Und warum nicht? Womöglich deshalb, weil diese Leute nicht über bankfachliches Wissen verfügen? Zumindest wird dieser Grund am häufigsten angeführt. Nun, über bankfachliches Know-how verfügt eine Bank in Hülle und Fülle. Schwer ist es dagegen, in der Bank ausgewiesene Experten zu finden, die in der Lage sind, wirksame industrielle Methoden zu entwickeln, einzuführen und dauerhaft zu betreiben.

Personalabteilungen in Banken selektieren Bewerber noch immer überwiegend nach traditionellen Mustern. Es sind verpasste Chancen, wenn keine Mitarbeiter eingestellt werden, die Verschwendung in allen Formen und Facetten regelrecht sehen können und über wertvolles industrielles Implementierungswissen verfügen.

Statt kontinuierlich teure Beratungsgesellschaften zu engagieren, empfehle ich Banken, gezielt qualifiziertes branchenfremdes Personal zu akquirieren. Branchenfremde Experten tragen wertvolles Wissen in die Bank. Das trifft in besonderem Maße für die neuen Rollen der Prozessanalysten und Job-Inst-ruction-Trainer zu. Wichtig ist in diesem Zusammenhang natürlich, dass in der neuen Einheit Prozess- und Qualifizierungsmanagement darauf geachtet wird, den Mix an branchenfremden Experten und langjährigen, erfahrenen Mitar-beitern in einem ausgewogen Verhältnis zu halten.

Was spricht dagegen, darüber nachzudenken, Wertstromexperten von füh-renden Logistikunternehmen, Automobilherstellern oder Automobilzuliefe-rern einzustellen? Oder denken Sie beispielsweise an spezialisierte Trainer aus der Industrie, die über viel Know-how bei der Qualifizierung von Mitarbeitern verfügen. Sie wären eine Bereicherung für Ihre Bank! Es ist aber auch klar, dass Führungskräfte die branchenfremden Experten zunächst intensiv begleiten müssen. Ohne einen guten und durchdachten Integrationsplan würden diese Mitarbeiter mit hoher Wahrscheinlichkeit als Fremdkörper in der Organisa-tion wahrgenommen werden. Der Integrationsplan muss sicherstellen, dass die Experten den notwendigen Freiraum und Unterstützung erhalten, um ihr industrielles Know-how auf Bankprozesse adaptieren zu können.

Zu Beginn des Transformationsprozesses ist es primär die Aufgabe des Master-Trainers, dafür zu sorgen, dass die Job-Instruction-Trainer gut in ihre neue Aufgabe hineinwach-sen, und sicherzustellen, dass die definierten Schulungsmethoden sicher und souverän angewandt werden. Für die Job-Instruction-Trainer ist entscheidend, dass sie sich kon-tinuierlich weiterentwickeln, weil sie von den Prozess- und Teilprozessverantwortlichen nur anerkannt und respektiert werden, wenn sie in jedem Verbesserungszyklus entschei-dende Impulse für die Weiterentwicklung ihrer Prozessanwender liefern. Es ist selbstver-ständlich erfolgskritisch, dass die Job-Instruction-Trainer ein tiefes Vertrauensverhältnis zu den ihnen zugeordneten Prozessverantwortlichen aufbauen und sich als kompetente Ratgeber positionieren. Der Master-Trainer muss in der Lage sein, die individuellen Stärken und Schwächen seiner Job-Instruction-Trainer zu erkennen und sie durch indi-viduelle Entwicklungsprogramme gezielt zu fördern. Kernaufgabe der Job-Instruction-Trainer ist es, die Teilprozessverantwortlichen als Arbeitsplatztrainer auszubilden, sodass diese wiederum befähigt sind, ihre Prozessanwender zu schulen. Der Job-Instruction-Trainer liefert Methoden und Verfahren, unterstützt die Arbeitsplatztrainer bei der Struk-turierung und inhaltlichen Gestaltung der Schulungsunterlagen und lehrt, wie Inhalte optimal vermittelt werden können.

7.5.2.4 Erstellung von Entwicklungs- und Schulungsplänen

Die neue Ausrichtung der Bank bedeutete für die Mitarbeiter auch, sich für neue Kar-riereperspektiven in der Bank entscheiden zu können. Die Personalabteilung und das K-Team hatten dazu eine Kampagne gestartet, die sich an alle Mitarbeiter richtete. Füh-rungskräfte und Personalabteilung erarbeiteten gemeinsam mit den Mitarbeitern entspre-chende Entwicklungspläne. Eingegrenzt auf den Beispielprozess *Eingang Kreditantrag bis Kreditentscheidung* konnten sich Mitarbeiter beispielsweise für die Rollen des Prozessanwenders, des Teilprozessverantwortlichen (Arbeitsplatztrainer), des Prozessverantwortlichen, des Prozessanalysten oder des Job-Instruction-Trainers bewerben.

Sind die Entwicklungspläne für die Mitarbeiter verabschiedet, ist es die Aufgabe des Job-Instruction-Trainers, gemeinsam mit den Prozess- und Teilprozessverantwortlichen bedarfsorientierte Schulungspläne zu erstellen. Bedarfsorientiert heißt, dass sich die Schulungsinhalte strikt an den Anforderungen der definierten Prozessziele orientieren. Anders ausgedrückt: Die Beteiligten müssen die Frage beantworten, welche konkreten Fertigkeiten den Prozessanwendern vermittelt werden müssen, damit der betreffende Prozess im aktuellen Zyklusdurchlauf seine definierten Ziele erfüllt.

Die Festlegung der Schulungspläne und der damit verbundenen Schulungsziele für die Prozessanwender ist ein durchaus komplexes Unterfangen und setzt viel Erfahrung voraus. Insbesondere in dieser Situation muss sich der Job-Instruction-Trainer als kompetenter Berater einbringen. Toyota nutzt den Trainings-Timetable, um den aktuellen Status der Trainingsaktivitäten darzustellen. Der Trainings-Timetable, der eine aggregierte Ansicht der jeweiligen Schulungspläne der Prozessanwender ist, bietet einen schnellen und guten Überblick.

Hier folgte die Bank dem Beispiel von Toyota, Informationen einfach und übersichtlich mit Unterstützung des Mieruka-Prinzips zu kommunizieren. Im Timetable wurden Informationen darüber hinterlegt, auf welchem Kompetenzlevel sich die Prozessanwender aktuell befanden (0 %/25 %/50 %/75 %/100 %) und wann sie planmäßig das nächste Kompetenzlevel erreichen sollten (vgl. Abb. 7.24).

7.5.3 Bestimmung des erfolgskritischen Wissens

7.5.3.1 Notwendige Fähigkeiten kennen

Notwendige Fähigkeiten zu kennen, bedeutet im Sinne von Toyota in erster Linie, sich über die Schlüsselpunkte im Arbeitsprozess im Klaren zu sein und diese exakt zu bestimmen. Schlüsselpunkte in der Toyota-Produktion sind meist komplexe handwerkliche Fähigkeiten, deren richtige und gleichzeitig schnelle und flüssige Ausführung entscheidenden Einfluss auf die Qualität der Produkte hat. Auch wenn handwerkliche Fähigkeiten in einem Dienstleistungsprozess keine Rolle spielen, musste sich die Retail Bank AG Gedanken über das erfolgskritische Wissen der jeweiligen Prozesse machen.

Im ersten Durchlauf des Verbesserungszyklus war es erfolgskritisch, dass die Prozessanwender die neuen Checklisten und optimierten Tools korrekt, sicher und souverän anwenden konnten und dass ein kontinuierlicher Wertstrom weitgehend ohne Stockungen und Störungen erzeugt wurde. Die Job-Instruction-Trainer und die Prozessverantwortlichen hatten in dieser Phase genau die Fähigkeiten zusammengetragen und exakt dokumentiert, die die Prozessanwender in Hinblick auf das notwendige bankfachliche Grundwissen und das Wissen über die relevanten Compliance-Regeln einwandfrei beherrschen mussten.

Datum: 30.06.20xx

Job-Instruction-Trainer: F. Müller

Arbeitsplatz-Trainer: G. Himmel

Ersteller Dokument: F. Müller

	Prozessschritt 1	Prozessschritt 2	Prozessschritt 3	Prozessschritt 4	Mitarbeiter in welchen Teilprozessen voll einsetzbar
	Eingang Kreditanträge	Unterlagen- prüfung und Erfassung	Kredit- entscheidung	Freigabe/ Buchung Kreditvertrag	
	Automatisiert		Automatisiert		
1. A. Meier		75% 01.11.		--- ---	1
2. K. Kannenberg		75% 01.08.		50% 01.11.	1
3. T. Pani		50% 01.07.		75% 01.12.	1
4. A. Miranda		25% 01.08.		--- ---	0
5. J. Kopp		25% 01.10.		--- ---	0
6. K. Fritsch		75% 01.07.		75% 01.09.	2
7. T. Behringer		0% 01.11.		100% ---	1
8. F. Klett		100% ---		0% 01.09.	1
9. M. Schudok		75% 01.07.		25% 01.09.	1
10. H. Cornelius		50% 01.09.		0% 01.10.	0
11. J. Wolff		75% 01.07.		75% 01.10.	2
12. T. David		0% 01.11.		0% ---	0
13. U. Huber		100% ---		100% ---	2
14. I. Schudok		75% 01.08.		0% 01.09.	1
Voll in der Produktion einsetzbare Mitarbeiter		8		5	

Abb. 7.24 Grobe schematische Darstellung eines Trainings-Timetables

7.5.3.2 Finale Abstimmung zwischen den Prozess- und Teilprozessverantwortlichen sowie den Job-Instruction-Trainern

Es ist natürlich obligatorisch, dass sich die Job-Instruction-Trainer und die Prozess- bzw. Teilprozessverantwortlichen hinsichtlich des bevorstehenden Wissenstransfers untereinander abstimmen. In diesem Zusammenhang ist es nicht nur erfolgskritisch, dass die Inhalte, Regeln und Vorschriften sowie die Nutzung der Bearbeitungstools gemäß den definierten Erfolgsfaktoren und Prozesszielen korrekt und vollständig ausgestaltet und dokumentiert wurden, sondern ebenso, dass der Teilprozessverantwortliche in seiner Rolle als *Wissensvermittler,* sprich Arbeitsplatztrainer, in die Lage versetzt wurde, den Prozessanwendern die Schulungsinhalte optimal zu vermitteln. Mit anderen Worten: Die Vermittlung der Lerninhalte ist genauso wichtig wie die Lerninhalte als solche. Der Teilprozessverantwortliche hat hier eine ganz besondere Verantwortung. Er ist in der Phase des Wissenstransfers der Hauptakteur.

Aus diesem Grund wurden die Teilprozessverantwortlichen von den Job-Instruction-Trainern lange und intensiv ausgebildet. Bevor der eigentliche Wissenstransfer begann, beratschlagten Prozessverantwortliche, Teilprozessverantwortliche und Job-Instruction-Trainer nochmals im Detail darüber, wie das erfolgskritische Wissen, und zwar ganz konkret für die Herausforderungen des ersten Zyklusdurchlaufs, am besten vermittelt werden konnte. Sie arbeiteten die Trainingsunterlagen nochmals Schritt für Schritt durch und prüften Plausibilität und Effektivität. Dabei machten sie sich auch Gedanken über kleine Details: Konnten die entwickelten Testfälle noch optimiert werden? Wurde das *große Ganze* ausreichend deutlich? Auch das geplante Trainingspensum nahmen sie kritisch unter die Lupe: War es tatsächlich für alle machbar?

7.5.4 Wissenstransfer: Vier-Stufen-Unterweisung und Umsetzung

7.5.4.1 Stufe 1 der Unterweisung: Vorbereitung der Schulungsteilnehmer

Die Stufe 1 ist zwar nur von kurzer Dauer, für einen erfolgreichen Start in den Trainingsprozess aber sehr wichtig. Den Schulungsteilnehmern wird der Gesamtzusammenhang ihrer Aufgabe erläutert und erklärt, inwiefern die Schulungsmaßnahmen und der Einsatz der betreffenden Prozessanwender einen entscheidenden Beitrag dazu leisten. Das kann niemand besser und glaubwürdiger erklären als der Schirmherr des Schulungsbereichs. Seine Botschaft zu Beginn des Schulungsprozesses soll einerseits die notwendige Aufmerksamkeit und Motivation bei den Schulungsteilnehmern hervorrufen und andererseits erklären, warum das Erreichen der strategischen Prozessziele für das Kreditinstitut von entscheidender Bedeutung ist. Gerade zu Beginn des Veränderungsprozesses in der Bank ist es sinnvoll, dass der Schirmherr mit den Schulungsteilnehmern auch über die Merkmale von Qualität diskutiert. Für jeden Prozessanwender muss es selbstverständlich sein, dass es nur einen korrekten Weg der Ausführung von Tätigkeiten gibt. Der Prozess darf nur in der Art und Weise ausgeführt werden, wie er im Training erlernt worden ist. Ungeplante Prozessvarianten können nicht nur erhöhte Kosten oder Compliance-Verstöße nach sich ziehen, sie gefährden vor allem die Leistungsversprechen, die man Händlern gegeben hat. Wichtig ist es, den Prozessanwendern zu vermitteln, dass bei einer korrekten Ausführung der Tätigkeiten Risiken gar nicht erst entstehen. Es wird längere Zeit dauern, bis sich bei allen Mitarbeitern in ihren verschiedenen Rollen wirklich ein gemeinsames Verständnis von Qualität entwickelt hat. Die Unterweisungsphase ist für das Managementteam immer eine gute Gelegenheit, das Thema Qualität aufzugreifen und zu erörtern. Der stete Tropfen höhlt den Stein.

In der Verantwortung des Arbeitsplatztrainers liegt es, eine angenehme Arbeitsatmosphäre für die Schulung zu organisieren. Das bedeutet zum Beispiel, dass die Vertretung der Schulungsteilnehmer am Arbeitsplatz geregelt wurde, sodass sie sich voll auf die Schulung konzentrieren können. Darüber hinaus müssen angemessene Regelungen zur Dauer der jeweiligen Schulungseinheiten und zu den Intervallen, in denen die Schulungen stattfinden, gefunden werden. Im konkreten Fall, das heißt im ersten Zyklusdurchlauf bei der Retail Bank AG, durfte nicht aus den Augen verloren werden, dass nach neun Monaten die definierten Ziele umgesetzt und ein stabiler Betrieb hergestellt sein mussten. Daran mussten sich Dauer, Umfang und Intensität der Trainingseinheiten orientieren.

Es ist obligatorisch, dass sich der Arbeitsplatztrainer im Vorfeld umfassend über den aktuellen Leistungsstand seiner Teilnehmer erkundigt hat, um sicherzustellen, dass Schulungsteilnehmer nicht unter- oder überfordert werden.

▶   **Für Kritik an den Schulungsmaßnahmen gewappnet sein** Es ist nicht
    unwahrscheinlich, dass im Unternehmen Kritik an Umfang und Intensität der
    Schulungsmaßnahmen aufkommt. Schon allein deshalb, weil es in der Vergangenheit unüblich war, so viel Zeit und Anstrengungen in die Mitarbeiterentwicklung zu investieren. Führungskräfte kritisieren möglicherweise, dass es
    zu Engpässen in der Produktion kommt, weil Leistungsträger längere Zeit in
    Schulungsmaßnahmen eingebunden sind und es Probleme gibt, sie adäquat
    zu vertreten.

    In solchen Fällen müssen sofort Entscheider präsent sein und auf die
    Betreffenden überzeugend einwirken. Toyota kann ganz genau nachweisen,
    dass sich ein geringes Kompetenzniveau in der Produktion eindeutig auf die
    Qualität und Produktivität niederschlägt. Eine Verkürzung des Schulungsprozesses bringt also langfristig keinerlei Vorteile. Es ist ganz wichtig, dass die Prozessanalysten im Rahmen des Prozesscontrollings per Kennzahlen nachweisen
    können, dass die Schulungsmaßnahmen ihre Wirkung entfalten. In der ganzen
    Hektik darf auch nie vergessen werden, dass die Mitarbeiterentwicklung das
    Herz des Veränderungsprogramms ist. Ohne gezielte Mitarbeiterentwicklung
    keine herausragenden Mitarbeiter und ohne herausragende Mitarbeiter keine
    operative Exzellenz.

7.5.4.2 Stufe 2 der Unterweisung: Vorstellung der Aufgabe

Die Stufe 2 der Unterweisung kann auch als *Demonstrationsphase* bezeichnet werden. Generell gilt dabei, dass sich die Arbeitsplatztrainer strikt an den Schulungsunterlagen orientieren und die Demonstration in überschaubare Schritte gegliedert ist. Den Schulungsteilnehmern muss es immer möglich sein, die demonstrierten Schritte anhand der Schulungsunterlagen genau nachvollziehen zu können. Keinesfalls dürfen die Schulungsteilnehmer überfordert werden.

Die Stufe 2 ist in zwei Abschnitte unterteilt. Toyota gliedert diese Stufe zwar in drei Abschnitte, für die Wissensvermittlung in der Bank sind aber zwei Abschnitte zweckmäßiger. Denn bei Toyota nimmt der Aspekt der Schlüsselpunkte auf Stufe 2 breiten Raum ein, ein Aspekt, der für die Bank weniger relevant ist.

Im ersten Abschnitt demonstriert der Trainer anhand ausgewählter Testfälle (Kreditanträge), die hier noch einfach sind, den Ablauf des Prozesses. Im Mittelpunkt steht dabei, den Prozess als solchen mit seinen Neuerungen und Besonderheiten zu erklären. Die detaillierte Erklärung der jeweiligen Prozessschritte wird hier noch ausgeklammert. Es geht in erster Linie darum, dass die Schulungsteilnehmer einen Überblick über den Prozess mit seinen spezifischen Anforderungen gewinnen. Besondere Aufmerksamkeit widmet der Trainer den vom Risikomanagement definierten Risikokontrollpunkten in der Prozesskette. Es ist zwingend erforderlich, dass die Anwender diese Kontrollpunkte einwandfrei beherrschen. Ein wichtiger Bestandteil des ersten Abschnitts der Stufe 2 ist es, den Prozessanwendern genau zu erklären, wie sie später in der Produktion mit Fehlern und ungeplanten Prozessvarianten umgehen. Wie zu Eingang dieses Kapitels erläutert, müssen sie auf Fehler und ungeplante Prozessabweichungen mit einem genau festgelegten Eskalationsprozess reagieren.

Andon-Eskalation

Tritt in der Produktion bei Toyota ein Problem auf, ist jeder Arbeiter, der dieses Problem nicht in der vorgegebenen Taktzeit lösen kann, aufgefordert, das Fließband mittels der Andon-Leine anzuhalten. Diese Andon-Leine hat es auch bei Nicht-Toyota-Kennern zu einer gewissen Berühmtheit gebracht. Toyota erreicht durch dieses Mittel, dass sich die gesamte Aufmerksamkeit – von den Arbeitern über die Gruppenleiter bis hin zum Werksleiter – auf dieses ungelöste Problem richtet.

Das Anhalten des Fließbands bedeutet zunächst einmal eine ganz erhebliche Verschwendung. Für Toyota ist es aber wichtiger, die Ursache des Problems zu identifizieren und zu beseitigen, als das Fließband mit offensichtlichen Qualitätsproblemen weiterlaufen zu lassen. Beim späteren Nachbessern der Fahrzeuge wäre die wahre Problemursache schwieriger zu lokalisieren als zu dem Zeitpunkt, an dem das Problem auftrat. Außerdem kann es leicht passieren, dass Qualitätsmängel weitere Qualitätsmängel nach sich ziehen.

Toyota wäre nicht Toyota, wenn dieser Andon-Eskalationsprozess nicht nach ganz genauen Regeln abliefe. Im Wesentlichen ist es für die beteiligten Toyota-Mitarbeiter wichtig festzustellen, ob sich das Problem in die Kategorie individueller Fehler/Zufall/Einzelfall oder in die Kategorie übergreifender struktureller Fehler einordnen lässt. Keinesfalls muss ein Arbeiter Sanktionen befürchten, wenn ihm ein Fehler unterlaufen ist. Ist der Fehler aber beispielsweise darauf zurückzuführen, dass der betreffende Arbeiter nicht ausreichend auf seine Aufgabe in der Produktion vorbereitet wurde, müssen sich der Teilprozessverantwortliche und der Job-Instruction-Trainer diesem Problem stellen und zum Beispiel das Trainingsprogramm überarbeiten. Schwieriger wird es, wenn die Ursache auf ein strukturelles Problem zurückführen ist. In diesem Fall sind die Prozessverantwortlichen und die Analysten gefordert, eine Lösung zu finden, zum Beispiel mittels der bekannten Toyota-Analysemethoden.

Die Frage ist nun, wie der Andon-Eskalationsprozess sinnvoll auf die Retail Bank AG übertragen werden kann. Entscheidend ist, dass allen Schulungsteilnehmern klar wird, dass Fehler und Abweichungen vom Standard nicht akzeptiert werden dürfen. Im Rahmen des ersten Zyklusdurchlaufs ist zu empfehlen, dass die Prozessanwender Fehler und Abweichungen – auch kleine Fehler und geringe Abweichungen – direkt an den zuständigen Teilprozessverantwortlichen eskalieren. In der Regel werden dies Fehler sein, die in einem vorhergehenden Prozessschritt unterliefen. Diese Vorgehensweise wird zu Beginn mit Sicherheit zu vielen außerplanmäßigen Eskalationseinsätzen für den Teilprozessverantwortlichen und zu Stockungen im Prozessfluss führen. Das ist bei Toyota nicht anders. Der Teilprozessverantwortliche muss in seiner Rolle als Arbeitsplatztrainer lernen, Kritik sachlich, direkt und bestimmt an den Verursacher des Fehlers bzw. der Prozessabweichung zu richten. Keinesfalls darf er persönlich oder gar unbeherrscht reagieren. Der Teilprozessverantwortliche muss dem Verursacher erklären, welcher Fehler aufgetreten ist, und gemeinsam mit ihm analysieren, wie es dazu kommen konnte. Sinnvoll ist hier immer die Zuhilfenahme der Schulungsunterlagen. In diesem Eskalationsprozess ist es wichtig, dass der Teilprozessverantwortliche durch sein Handeln *Aufmerksamkeit* erzeugt. Denn so ist die Wahrscheinlichkeit groß, dass dieser Fehler dem Verursacher nicht mehr unterlaufen wird. Stellen Sie sich vor, niemand würde die Prozessanwender auf ihre Fehler hinweisen, weil man darauf vertraut, dass sie sich strikt an die dokumentierten Prozesse halten. In Kürze würde sich eine Vielzahl von Fehlern und Prozessabweichungen einschleichen. Ebenso direkt und bestimmt, wie qualifizierte Kritik an die internen Prozessanwender gerichtet wird, müssen Fehler und Abweichungen reklamiert werden, die vom Händler verursacht wurden. Je nach Situation kann es sinnvoll sein, ein Bonus-/Malussystem für Fehler und Prozessabweichungen mit dem Händler zu vereinbaren. Bei Toyota ist zu beobachten, dass sich bereits nach kurzer Zeit ein stabiler Betrieb einpendelt. Die Ergebnisse des Prozesscontrollings zeigen im Nachgang klar und transparent auf, welchen Erfolg diese Stabilisierungsmaßnahmen hatten.

Der Arbeitsplatztrainer verwendet in Stufe 2 viel Zeit darauf, den Schulungsteilnehmern Schritt für Schritt die definierte Prozedur der Andon-Eskalation zu erklären.

Nachdem er ihnen in der ersten Demonstrationsphase die Ziele und den groben Ablauf des Prozesses, die risikorelevanten Kontrollpunkte, die grundsätzliche Nutzung der Tools und das Andon-Eskalationsverfahren erläutert hat, beginnt nun mit der zweiten Phase der Stufe 2 die detaillierte Demonstration des Prozesses. Zwischen der ersten und zweiten Demonstrationsphase sollte eine angemessene Unterbrechung des Trainings eingeplant werden, damit sich das Erlernte im Gedächtnis der Prozessanwender verankern kann.

Der Trainer demonstriert nun in der zweiten Phase alle Prozessschritte und widmet sich dabei jedem Detail. Er erklärt, wie die Arbeitsschritte genau ausgeführt werden müssen, und macht immer wieder deutlich, dass es nur einen einzigen korrekten Weg der Ausführung gibt. Er wiederholt die kritischen Prozessschritte und steigert im Verlauf der Demonstrationsphase die Schwierigkeitsgrade der Testfälle. Mit gezielten Verständnisfragen bindet er die Schulungsteilnehmer immer stärker ein und fördert ihre aktive Mitarbeit.

Es ist sinnvoll, die Phasen 1 und 2 in einem zeitlichen Verhältnis von ca. 20:80 zu splitten. Auch die zweite Phase sollte nicht in einem Stück durchgeführt werden, sondern ausreichend Pausen und Unterbrechungen bieten.

Nach Abschluss der Stufe 2 (Demonstrationsphase) der Vier-Stufen-Unterweisung beherrschen die Schulungsteilnehmer den Umgang mit den Schulungsunterlagen, sind mit allen Regeln der korrekten Ausführung der Prozesse vertraut, wissen genau, wann eine Andon-Eskalation notwendig ist, können detailliert den Prozess mit allen seinen Facetten erklären und auch schwierige Testfragen richtig beantworten.

Wenn die Schulungsteilnehmer in Stufe 2 ihre Schulungsziele erfüllen, wird ihr Kompetenzlevel im Trainings-Timetable auf 25 % gesetzt. Das bedeutet, dass sie jetzt eingeschränkt, das heißt zum Zweck der Einarbeitung, in der Produktion eingesetzt werden können. Neue Prozessanwender sammeln so ihre ersten Erfahrungen in der Praxis.

7.5.4.3 Stufe 3 der Unterweisung: Ausführung durch die Schulungsteilnehmer

Das Management der Retail Bank AG hatte erhebliche Investitionen in ein Schulungssystem getätigt, das in allen wesentlichen Punkten dem Produktionssystem entsprach. Die Prozessanwender fanden so die gleiche Umgebung vor wie an ihren Arbeitsplätzen. Eine solche Investition ist ohne jeden Zweifel eine wichtige Voraussetzung für den Erfolg der Trainingsmaßnahmen. Je realistischer der Regelbetrieb im Training nachgestellt werden kann, desto erfolgreicher wird das Training verlaufen. Im Vorfeld wurde eine Fülle von Testfällen entwickelt, die nun den Arbeitsplatztrainern zur Verfügung standen.

Auch Stufe 3 war in zwei Phasen unterteilt. Mit der ersten Phase der Stufe 3 begann aus Sicht der Schulungsteilnehmer der praktische Teil des Trainings. In dieser Phase brachte der Arbeitsplatztrainer zunächst die einfacheren Testfälle ein, die von den Schulungsteilnehmern selbstständig bearbeitet wurden. Der Trainer beobachtete seine Schützlinge dabei genau und coachte sie je nach Bedarf. In der Folge bearbeiteten die Schulungsteilnehmer in diesem Praxistraining eine Vielzahl von Testfällen. Schritt für Schritt steigerte der Trainer deren Schwierigkeitsgrad und näherte das Training auf diese Weise immer mehr den Bedingungen im Regelbetrieb an. In zunehmendem Maße streute er dabei auch fehlerhafte Testfälle ein, um zu überprüfen, ob das erlernte Andon-Eskalationsverfahren richtig angewandt wurde.

War der erste große Entwicklungsschritt vollzogen, das heißt, beherrschten die Prozessanwender ihre neuen Aufgaben im Training souverän und lieferten eine einwandfreie Prozessqualität ab, konnten diese Mitarbeiter im Regelbetrieb eingesetzt werden. Ihr Kompetenzlevel wurde im Trainings-Timetable auf 50 % gesetzt.

Nachdem die Prozessanwender ihr Wissen in der Praxis eingeübt und vertieft hatten, konnte die zweite Phase der Stufe 3 in Angriff genommen werden. Der nächste Entwicklungsschritt hatte zum Ziel, einen flüssigen Arbeitsstil einzuüben und das Arbeitstempo anzuziehen, wenn die eingehende Last an Kreditanträgen es notwendig macht. Die Bewältigung einer hohen Arbeitslast bei vollständiger Wahrung der erlernten Qualitätsstandards muss explizit eingeübt werden; die Forcierung des Arbeitstempos unter einer hohen Arbeitslast ist ein wichtiger Stellhebel, die ein professioneller Prozessanwender beherrschen muss. Die definierte Durchlaufzeit von 15 min sollte auch dabei nur in Ausnahmefällen überschritten werden. War der Schulungsteilnehmer in der Lage, das Bearbeitungstempo bei Bedarf fehlerfrei anzuziehen, wurde sein Kompetenzlevel im Trainings-Timetable auf 75 % gesetzt. Das bedeutete, dass der Schulungsteilnehmer als vollwertiger Prozessanwender in der Produktion eingesetzt werden konnte.

Ein Kompetenzlevel von 100 % wird erst dann erreicht, wenn folgende Bedingungen erfüllt sind: Erstens muss sich der Prozessanwender nach Ansicht des Teilprozessverantwortlichen zu einem Leistungsträger im Team entwickelt haben. Zweitens muss er die vergangenen Prozessaudits souverän bewältigt haben und drittens hat er sich als kompetenter Ansprechpartner, zum Beispiel im Dialog mit den Prozessanalysten, einen Namen gemacht.

7.5.4.4 Stufe 4 der Unterweisung: Nachbearbeitung

In der Nachbearbeitung erhält der Schulungsteilnehmer ein qualifiziertes Feedback von seinem Arbeitsplatztrainer. In einem persönlichen Gespräch erläutert der Trainer dem Teilnehmer seine Bewertung, schildert detailliert die Stärken und Schwächen, die er während der Trainingsphase bei ihm beobachtet hat, und gibt seinem Schützling Ratschläge für den bevorstehenden Produktionsbetrieb. Nicht zwangsläufig wird jeder Schulungsteilnehmer nach jedem Training ein Kompetenzlevel höher eingestuft. Je nach Ausbildung und Berufserfahrung kann es bei dem einen Prozessanwender schneller gehen als bei dem anderen. Benötigt ein Prozessanwender individuelle Unterstützung, muss der Arbeitsplatztrainer dies in seiner Trainingsplanung berücksichtigen. Nach dem Training und den abschließenden Gesprächen mit den Prozessanwendern pflegt der Arbeitsplatztrainer den Trainings-Timetable.

Eines sei abschließend noch deutlich gesagt: Die Verantwortung für eine gelungene Schulung trägt immer der Arbeitsplatztrainer!

7.5.5 Lernfortschritt und Schulungserfolg sicherstellen

Die Sicherstellung des Lernfortschritts und des Schulungserfolgs durch ein Auditierungsverfahren findet nicht in einer separierten Phase statt, wie es das schematische Modell der Schulungsphasen vermuten lässt, sondern in regelmäßigen Abständen im Regelbetrieb der Produktionsphase. Das Toyota-Auditierungsverfahren ist ein außerordentlich wichtiger Baustein, um festzustellen, ob sich Arbeitsqualität und Kompetenz der Mitarbeiter wie geplant entwickelt haben. Daher ist eine regelmäßige und systematische Überprüfung des Schulungsfortschritts zwingend geboten. Es ist ein allgemeines arbeitspsychologisches Phänomen – unabhängig davon, ob es sich um Fertigungs- oder Dienstleistungsindustrien handelt –, dass Arbeitsprozesse unmittelbar nach ihrer Freigabe zu erodieren beginnen. Nach und nach schleichen sich kleine Prozessabweichungen ein, die es schwer machen, die angestrebten Prozessziele zu erreichen. Jede Organisation muss sich Gedanken darüber machen, wie sie sich diesem Zerfallsprozess aktiv entgegenstemmt. Systematisch durchgeführte Audits sind ein wirksames Mittel dagegen. Eine systematische Überprüfung bedeutet nicht nur, regelmäßig Audits durchzuführen, sondern auch, sich auf diejenigen Stellen im Arbeitsprozess zu konzentrieren, an denen sich kritische Abweichungen eingestellt haben. Die Information hierzu liefert die Wertstromanalyse im Rahmen des Prozesscontrollings. Daher kann das erste Audit erst stattfinden, wenn die Ergebnisse der ersten Wertstromanalyse vorliegen. Den Auditoren ist es durch diese zielgenauen Informationen möglich, geeignete Testfälle für das Audit zu entwickeln. Für die Durchführung der Audits nutzen sie die Infrastruktur des Schulungssystems.

Stufenförmig werden innerhalb der Hierarchiepyramide von unten nach oben die Fähigkeiten der jeweiligen Hierarchiestufe nach genau festgelegten Kriterien überprüft. Um beispielsweise die Fähigkeiten eines Arbeitsplatztrainers zu überprüfen, müssen sich seine Mitarbeiter einem Audit unterziehen. Man bewertet sozusagen das Ergebnis seiner Arbeit. Den Prozessanwendern werden die vorbereiteten Testfälle vorgelegt und sie werden aufgefordert, Schritt für Schritt die ausführenden Prozessschritte zu erläutern. Dabei müssen sie je nach Situation auch spezielle Fragen beantworten.

Die Fähigkeiten eines Job-Instruction-Trainers werden überprüft, indem man die Leistung der Arbeitsplatztrainer begutachtet. Zentraler Bestandteil des Audits ist immer die Durchführung eines Job-Breakdowns sowie die Organisation und Durchführung einer Schulung anhand eines Testfalls. Darüber hinaus wird die Struktur und Qualität der Schulungsunterlagen bewertet, die die Arbeitsplatztrainer für ihre letzten Schulungen erstellt haben. Auch wird ein Auge auf den Trainings-Timetable geworfen. Hier interessiert es die Auditoren, ob die Qualifizierung der Prozessanwender planmäßig verlaufen ist und ob es den Arbeitsplatztrainern gelungen ist, ihre Mitarbeiter möglichst flexibel in der Produktion einzusetzen.

In logischer Fortsetzung dieser Folge wird die Fähigkeit des Master-Trainers dadurch überprüft, dass man die Leistungsfähigkeit der Job-Instruction-Trainer testet. Insbesondere aus Sicht des Vorstands Produktion ist es wichtig, dass der Ausbildungsstand und die Fähigkeiten der Job-Instruction-Trainer ausgewogen entwickelt sind und die Mitarbeiterentwicklung gleichmäßig über alle relevanten Prozessketten in der Produktion voranschreitet. Dies müssen die Job-Instruction-Trainer in einem Audit nachweisen. Außerdem ist entscheidend, dass das Reporting der Job-Instruction-Trainer im Detail über die Realität und Zukunftsperspektive der Mitarbeiterentwicklung Auskunft gibt. Ein wichtiges Kriterium im Zuge der Überprüfung ist auch, ob die strategischen Entwicklungsziele über den Master-Trainer korrekt als operative Teilaufgaben an die Job-Instruction-Trainer weitergegeben wurden. Ferner sind die Job-Instruction-Trainer in dem Audit gefordert, exakt auf die Bedürfnisse der Arbeitsplatztrainer abgestimmte Entwicklungsprogramme zu konzipieren. Die Prozessverantwortlichen sind als Ergebnisverantwortliche eng in die Auditierungsprozesse eingebunden. Es ist ein Grundverständnis von Toyota, dass sich auch Top-Führungskräfte persönlich mit den Problemen an der Basis

Wessen Fertigkeiten werden überprüft?	Wer muss sich hierzu einem Audit unterziehen?	Wer sind die Auditoren?	Schwerpunkte des Audits
Arbeitsplatztrainer (Teilprozessverantwortlicher)	Mitarbeiter des Arbeitsplatztrainers (Prozessanwender)	Prozessverantwortlicher, ausgewählte Arbeitsplatztrainer, Job-Instruction-Trainer	• Planung und Durchführung eines Job-Breakdowns • Planung und Durchführung einer Schulung • Überprüfung der Schulungs- und Entwicklungspläne
Job-Instruction-Trainer	Arbeitsplatztrainer (Teilprozessverantwortlicher)	Prozessverantwortlicher, Prozessverantwortliche anderer Bereiche, ggf. andere Job-Instruction-Trainer	• Überprüfung der Beratungskompetenz • Analyse und Bewertung des Trainings-Timetables • Analyse und Bewertung der Trainingsunterlagen • Überprüfung der methodischen Kompetenzen
Master-Trainer	Job-Instruction-Trainer	Vorstand Marktfolge, ausgewählte Prozessverantwortliche	• Überprüfung des allgemeinen Entwicklungsstandes • Überprüfung des Reportings nach den Kriterien Struktur, Transparenz, Aussagefähigkeit • Überprüfung der Gleichmäßigkeit aller Kernprozesse • Überprüfung der Führungsqualität • Überprüfung der methodischen Kompetenzen • Überprüfung, ob strategische Entscheidungen umgesetzt wurden

Abb. 7.25 Zusammenfassung der Verantwortlichkeiten, Inhalte und Schwerpunkte des Auditierungsverfahrens

vertraut machen müssen. Nur wer selbst die Probleme an der Basis beobachtet, kann gezielte Maßnahmen verabschieden, um den Entwicklungsstand der Mitarbeiter weiter zu verbessern. Daher entschied sich auch der Vorstand Produktion der Retail Bank AG, selbst als Auditor am Auditierungsprozess mitzuwirken (vgl. Abb. 7.25).

Obligatorisch ist ein Abschlussgespräch mit jedem, dessen Fähigkeiten in einem Audit überprüft worden sind. Darin werden die im Audit identifizierten Stärken und Schwächen erörtert und gegebenenfalls Maßnahmen zur besseren Unterstützung, beispielsweise Schulungen, vereinbart.

Der letzte Schritt ist ein detaillierter Bericht, der das durchgeführte Audit aus einer Gesamtperspektive (End-to-End-Prozess) schildert. Darin werden die Entwicklungsfortschritte der betreffenden Mitarbeitergruppen, auch im Vergleich zu den vergangenen Audits, nach festgelegten Kriterien dokumentiert. Der Bericht beinhaltet zudem einen zusammenfassenden Maßnahmenplan mit zeitlichen Vorgaben und Benennung der Umsetzungsverantwortlichen.

7.6 Umsetzung und Stabilisierung

7.6.1 Vorbereitungsmaßnahmen

In dieser Phase, das heißt unmittelbar vor dem Go Live der neuen Prozesse, empfanden die Prozessanwender, aber natürlich auch die Prozess- und Teilprozessverantwortlichen, eine starke Doppelbelastung (vgl. Abb. 7.26). Einerseits mussten sich die Prozessanwender im alten Regelbetrieb noch mit den alten Prozessen auseinandersetzen, andererseits wurden sie in den parallel stattfindenden Trainings bereits auf die neuen Prozesse vorbereitet. Diese Art Doppelbetrieb war eine außerordentlich kritische Phase, die im schlimmsten Fall zu einer Überforderung der Mitarbeiter hätte führen können. Gerade im ersten Zyklusdurchlauf war der Sprung von Alt auf Neu natürlich besonders weit und anstren-

Abb. 7.26 Verbesserungszyklus der Retail Bank: Umsetzung und Stabilisierung

gend. Die einzige Möglichkeit, diese Hürde unbeschadet zu überspringen, war eine gute, gründliche Vorbereitung und ein professionell durchgeführtes Projektmanagement.

In der im Vorkapitel beschriebenen Schulungsphase wurden nicht nur die Prozessanwender in der Bank auf ihre neuen Aufgaben vorbereitet, sondern auch die Verkäufer und administrativen Mitarbeiter bei den Händlern geschult. Die Mitarbeiter dort wurden mithilfe von Händler-Schulungsunterlagen intensiv in die neuen Prozesse, Checklisten und Tools eingewiesen und erwarben anschließend ein Zertifikat, das sie berechtigte, ein Beratungsgespräch mit Kunden zu führen und alle für den Kreditantrag notwendigen administrativen Tätigkeiten auszuführen. Für die Qualifizierung der Händler war die Händlerbetreuung der Retail Bank AG verantwortlich.

Fazit

Das übergeordnete Ziel dieser Phase 5 besteht darin, eine Stabilität des gesamten zusammenhängenden Wertstroms unter Berücksichtigung der definierten Prozessziele zu erreichen.

7.6.2 Übergang in den Regelbetrieb

Eigentlich kann man sich bei dieser Phase kurzfassen, denn wenn in den vorherigen Phasen alles richtig gemacht wurde, sollte es nach dem *Umlegen des Schalters* eigentlich keine Probleme im Produktivbetrieb geben. Das ist natürlich ein Stück weit Theorie. Probleme wird es zu Beginn des Regelbetriebs in jedem neuen Zyklus geben – wenn auch große strukturelle Probleme bei guter Vorbereitung tatsächlich vermeidbar sind. Denn diese hätte man im Schulungsbetrieb spätestens in Stufe 3 der Vier-Stufen-Unterweisung erkannt. Die Probleme, die in der Anfangsphase des neuen Regelbetriebs auftreten, sind meist darauf zurückzuführen, dass nicht immer sofort ein fließender Wertstrom hergestellt werden kann, das heißt, dass die Prozessanwender noch nicht in allen Details ihren Rhythmus gefunden haben. Ursache hierfür sind in der Regel kleine Probleme, die schnell lokalisiert und abgestellt werden können.

Grundsätzlich ist zu empfehlen, den Produktionsbetrieb in zwei Phasen zu unterteilen: in eine kurze Einführungsphase und in die eigentliche Produktionsphase (Regelbetrieb). Toyota bezeichnet die Einführungsphase auch als Testphase. In dieser Einführungsphase müssen die Prozessanwender eng betreut werden und der Teilprozessverantwortliche muss sich intensiv darum kümmern, die auftretenden Kinderkrankheiten zügig zu beseitigen. Die Prozessanalysten starten mit ihren regelmäßigen Wertstromanalysen erst dann, wenn die Phase des Regelbetriebs erreicht wurde. Das Gleiche gilt auch für die Prozessaudits zur Überprüfung des spezifischen Wissens und der neuen Fähigkeiten. Diese starten ebenfalls erst zu Beginn des Regelbetriebs.

Das Tagesgeschäft im Produktivbetrieb der Retail Bank AG änderte sich für die Prozess- und Teilprozessverantwortlichen von Grund auf. Der neue Führungskreis war nun das zentrale Gremium, um die Prozesskette mit den am Prozess Beteiligten abzustimmen, die Ressourcen optimal zu nutzen und kontinuierlich die Prozesskennzahlen mit

den definierten Zielen abzugleichen. Es ist absolut erfolgskritisch, dass der Führungskreis effektiv arbeitet. Damit dies auch wirklich funktioniert, ist es die Aufgabe des
zuständigen Vorstands, diesen Führungsprozess zu steuern. An dieses Gremium berichten auch die Job-Instruction-Trainer und Prozessanalysten. Dort wird der aktuelle Stand
der Schulungsmaßnahmen erörtert und es werden Handlungsempfehlungen der Prozessanalysten diskutiert (vgl. Abb. 7.27). Der strukturelle Aufbau des Führungskreises ist
bereits aus Kap. 6 bekannt.

Im ersten Zyklusdurchlauf erfolgte die Steuerung der Ressourcen noch ohne professionelle Toolunterstützung. Eine Professionalisierung der Ressourcenplanung unter
Berücksichtigung des Einsatzes von Mitarbeitern mit geringeren Qualifikationen für rein
repetitive Tätigkeiten und die Erstellung von zielgenauen Forecasts sollten ja erst ab dem
zweiten Zyklusdurchlauf erfolgen. Daher war der Führungskreis die zentrale Plattform,
in der alle Prozess- und Teilprozessverantwortlichen versuchten, eine optimierte Personaldisposition zu organisieren.

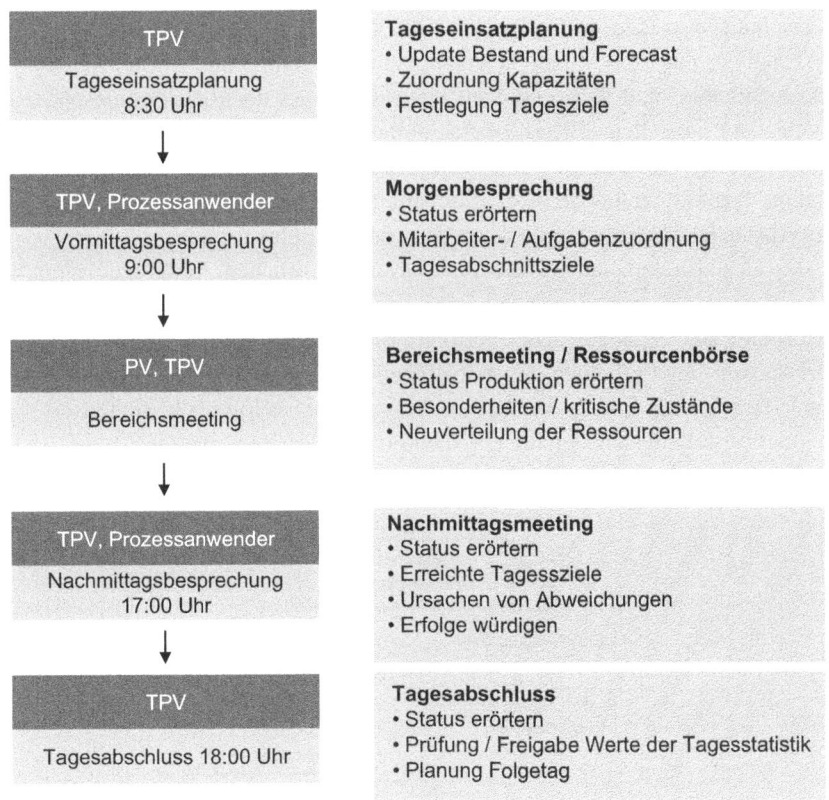

Abb. 7.27 Neuer Führungskreis, grobe Tagesablaufplanung des neuen Gremiums; PV = Prozessverantwortlicher, TPV = Teilprozessverantwortlicher

7.7   Erfolgskontrolle

7.7.1   Erfolgskontrolle Prozessziele

7.7.1.1 Einleitung

Die Prozessanalysten ermittelten mittels der bekannten Wertstrommethode die Leistungsfähigkeit des Prozesses anhand der Kriterien Prozessfluss, Prozessvarianten und Ressourceneinsatz. Ziel der Phase 6 ist es festzustellen, ob sich die gesetzten Ziele nach der intensiven Schulung und Einarbeitung der Mitarbeiter tatsächlich in der Praxis eingestellt haben (vgl. Abb. 7.28).

Falls die definierten Prozessziele sich trotz der intensiven Bemühungen nicht eingestellt haben, muss akribisch nach den Ursachen dafür gesucht werden. Wurden etwa Prozessziele definiert, die de facto nicht erreichbar waren? Sollte dies der Fall sein, muss noch einmal mit Phase 1, Strategische Prozessplanung, begonnen werden, um realistische Prozessziele zu ermitteln. Gegebenenfalls muss auch geprüft werden, ob die strategischen Zielstellungen in Art, Umfang und Qualität tatsächlich in der Praxis umsetzbar sind. Liegt die Ursache für die Abweichungen in einer nicht ausreichenden Planung und Durchführung des Job-Instruction-Trainings, muss das Mitarbeiterentwicklungsprogramm überarbeitet werden.

Je nach Situation und Notwendigkeit kann die Dauer der Regelbetriebsphase unterschiedlich lang ausfallen. Es ist nicht obligatorisch, dass unmittelbar nach jeder erfolgreich durchgeführten Kontrolle der Prozesskennzahlen sofort ein neuer Verbesserungszyklus beginnt. Vielmehr ist es durchaus möglich, dass in der Regelproduktionsphase in Abständen mehrere Erfolgskontrollen durchgeführt werden.

Für das Management und für die Prozessverantwortlichen, Teilprozessverantwortlichen und Prozessanwender der Retail Bank AG waren die Ergebnisse der Erfolgskontrolle ein spannender Moment. Jeder verfolgte die Aktivitäten in dieser Phase mit großer Aufmerksamkeit. Jetzt erhielten die Betroffenen die Bestätigung, dass sie mit ihrer Einschätzung richtig lagen und der Verbesserungszyklus erfolgreich gemeistert werden konnte, oder es stellten sich Defizite ein, die korrigiert werden mussten.

Abb. 7.28 Verbesserungszyklus der Retail Bank AG: Erfolgskontrolle

7.7.1.2 Ergebnisse Kriterium Prozessfluss

Analog zur Vorgehensweise im Initialprojekt *Eröffnungsbilanz Prozesse* definierte das Wertstromteam ausgewählte, repräsentative Tage und Tageszeiten für die Erhebung der insgesamt 120 Prozessinstanzen. Mittels der Wertstrommethode erfasste das Team die Ist-Kennzahlen dieser 120 repräsentativen Kreditanträge (vgl. Abb. 7.29).

In der ersten Erhebung (P_0) war ein Wert von insgesamt 3173 min Durchlaufzeit für die untersuchten 120 Prozessinstanzen ermittelt worden. Nun waren es nur noch 1445 min. Das war eine Reduzierung um über 54 %. Die reinen Bearbeitungszeiten konnten von insgesamt 1217 min auf 950 min verringert werden. Dies entsprach einer Verbesserung von fast 22 %. Die Warte- und Liegezeiten reduzierten sich um rund 75 % auf nun 495 min.

Insgesamt ließen sich aus der neuen Erhebung folgende Steuerungskennzahlen ableiten:

Steuerungskennzahl 1: Durchlaufzeiten insgesamt: 1445 min
Steuerungskennzahl 2: reine Bearbeitungszeiten insgesamt: 950 min
Steuerungskennzahl 3: Warte- und Liegezeiten: 495 min

Der Prozess befand sich im Durchschnitt nur noch zu 34,25 % im Stillstand. Zu der neuen durchschnittlichen reinen Bearbeitungszeit von ca. acht Minuten je Kreditantrag addierten sich demnach durchschnittlich nur noch weitere vier Minuten Warte- und Liegezeit hinzu. Dadurch ergab sich eine durchschnittliche Durchlaufzeit je Kreditantrag von ca. zwölf Minuten.

Abb. 7.30 zeigt deutlich die signifikant kürzeren Durchlaufzeiten und deren gleichmäßigen Verlauf – vor allem im Vergleich zur ersten Erhebung (vgl. Abb. 7.31). Die Schwankungsbreite zwischen Durchlauf- und Bearbeitungszeiten der bearbeiteten Anträge hatte sich also deutlich reduziert. Sehr erfreulich war, dass eine durchschnittliche Durchlaufzeit von zwölf Minuten ermittelt wurde und somit das Ziel, innerhalb von 15 min eine Kreditentscheidung herbeizuführen, noch deutlich unterschritten werden

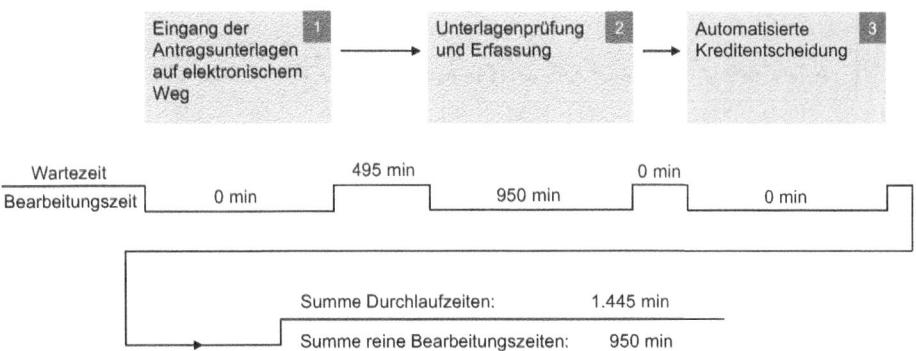

Abb. 7.29 Ist-Prozesskennziffern aus Verbesserungszyklus 1

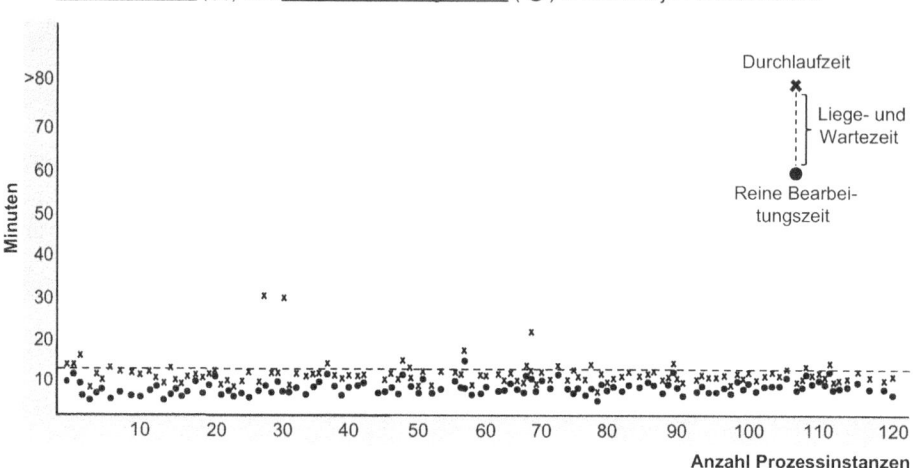

Abb. 7.30 Durchlaufzeiten und reine Bearbeitungszeiten in Prozessschritt 2, Unterlagenprüfung und Erfassung, der untersuchten repräsentativen 120 Prozessinstanzen im Rahmen der Erhebung in Verbesserungszyklus 1; die gestrichelte Linie markiert den Mittelwert der Gesamtdurchlaufzeit von 12 min

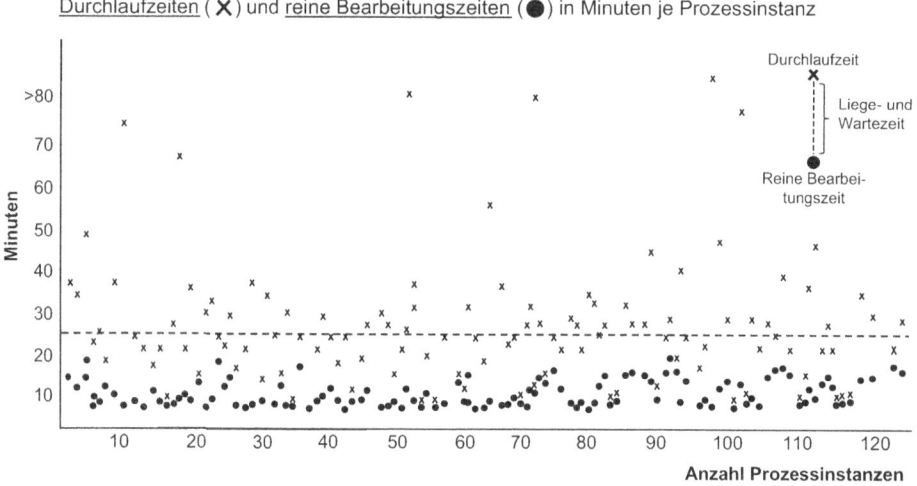

Abb. 7.31 Zum Vergleich: Hier die Darstellung der Durchlaufzeiten und reinen Bearbeitungszeiten im Rahmen der Erhebung im Initialprojekt (P$_0$); die gestrichelte Linie markiert den Mittelwert der Gesamtdurchlaufzeit von 26 min

konnte. Auch das direkt daran gekoppelte Ziel, dass die Kreditentscheidung in mindestens 90 % aller Fälle innerhalb von 15 min fallen musste, wurde erfüllt. Nur 9 der 120 Kreditanträge konnten nicht innerhalb von 15 min entschieden werden. Das entsprach einem erfolgreichen Ergebnis in knapp 93 % der Fälle. Die Prozessanalysten sammelten alle relevanten Informationen zu den neun Ausreißer-Fällen, um sie später, in Phase 2 (Ursachenanalyse) des zweiten Verbesserungszyklus, genauer zu untersuchen.

7.7.1.3 Ergebnisse Kriterium Prozessvarianten

In der Anlaufphase des Regelbetriebs (Testphase) lösten die Prozessanwender insgesamt 263-mal eine Andon-Eskalation aus. Das war ein außerordentlich erfreulicher Wert, der zeigte, dass dieses Verfahren in der Praxis gut funktionierte und dass die Prozessanwender bereits eine Sensibilität für Wertschöpfung und Verschwendung entwickelt hatten. Die Prozess- und Teilprozessverantwortlichen waren dadurch in der Lage, Prozessvarianten unmittelbar nach ihrer Entstehung direkt zu unterbinden. Die Andon-Eskalation hatte daher einen hohen Anteil am Erreichen der Zielwerte: Auch wenn sie zunächst eine Unterbrechung des Prozessflusses bedeutete, hatte sie insgesamt verhindert, dass sich Verschwendung unkontrolliert ausbreiten konnte. Die Anzahl der Prozessvarianten hatte sich von 126 (Initialprojekt *Eröffnungsbilanz Prozesse*) auf nunmehr 39 deutlich verringert. Die ungeplanten Prozessvarianten konnten somit um stattliche zwei Drittel reduziert werden. In der strategischen Prozessplanung war ein Wert von mindestens 50 % definiert worden (Abb. 7.32).

Aus der Erhebung leitete sich folgende Kennzahl für das Kriterium Prozessvarianten ab: Steuerungskennzahl 4: 32,5 %.

In Abb. 7.33 ist die Anzahl ungeplanter Kommunikationsschritte im Dialog zwischen Händler und Bank aufgeführt.

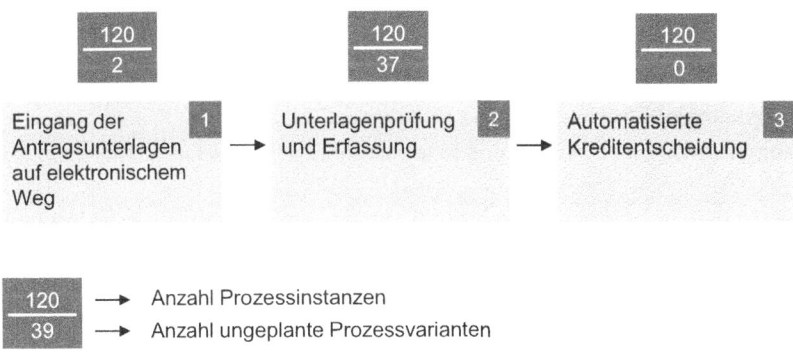

Abb. 7.32 Überblick über die Anzahl ungeplanter Prozessvarianten je Prozessschritt. (Erhebung Verbesserungszyklus 1)

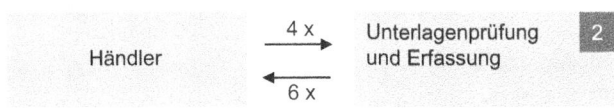

Abb. 7.33 Anzahl ungeplanter Kommunikationsschritte auf Basis der untersuchten 120 Prozessinstanzen

Lag der Wert bei der ersten Untersuchung noch bei 33 ungeplanten Kommunikationsschritten, wurden im Rahmen dieser Erhebung nur noch zehn ungeplante Kommunikationsschritte registriert. Dieser Wert belegte klar, dass die Kommunikation zwischen Händlern und Bank jetzt reibungsloser funktionierte. Die Anzahl ungeplanter Kommunikationsschritte hatte sich um zwei Drittel reduziert.

7.7.1.4 Ergebnisse Kriterium Ressourceneinsatz

Die ernüchternden Zahlen aus dem Initialprojekt hatten dem Management vor Augen geführt, wie groß der Anteil von Verschwendung in der Produktion war, weil es nicht gelang, die personellen Ressourcen genau am tatsächlichen Bedarf auszurichten. Toyota gelingt es durch ein ziehendes Produktionssystem, die Produktion exakt zu steuern und nur die Menge an Teilen herzustellen, die gerade nachgefragt wird, nicht mehr und auch nicht weniger.

Bis ein entsprechendes System zur zielgenauen Personaldisposition zur Verfügung stehen würde, bemühten sich alle Verantwortlichen im Rahmen des Führungskreises, durch intensiven Austausch von Informationen und Prognosen die Kapazitäten mit den vorhandenen Möglichkeiten so zu bemessen, dass die enormen Überdeckungen, die die Analyse des Initialprojekts offengelegt hatte, vermieden wurden. Das Gleiche galt für die Verringerung der personellen Unterdeckungen (vgl. Abb. 7.34).

Die Ressourcenbörse im Rahmen des Führungskreises war die zentrale Instanz, in der die Ressourcen gesteuert wurden. Durch die übergreifende Zusammenarbeit im Führungskreis konnten sowohl Über- und Unterdeckung abgebaut werden.

Folgende Steuerungskennzahlen für das Kriterium Ressourceneinsatz flossen in das Prozessreporting:

Steuerungskennzahl 5: Überdeckung Ressourcen/Tag: rd. 99 h
Steuerungskennzahl 6: Unterdeckung Ressourcen/Tag: rd. 23 h
Steuerungskennzahl 7: Überdeckung Ressourcen/Tag: 3861 EUR

Die Personalüberdeckung konnte von 152 h (Mittelwert aus Initialprojekt) auf 99 h (Mittelwert Verbesserungszyklus 1) reduziert werden. Das entsprach einer Verbesserung von rund 35 %. Um rund 32 % konnte die Personalunterdeckung reduziert werden. Durch einen vermehrten Einsatz von Mitarbeitern niedriger Qualifikationsstufen konnte der durchschnittliche Satz pro Produktionsstunde von 44 EUR auf 39 EUR verringert werden. Die Verschwendung für einen repräsentativen Produktionstag konnte sich so von 6688 EUR (Initialprojekt P_0) auf 3861 EUR (Verbesserungszyklus 1) reduzieren. Dies

Abb. 7.34 Personelle Über- und Unterdeckung für einen repräsentativen Produktionstag im Rahmen der Erhebung in Phase 6 im Zyklusdurchlauf 1

Summe Personalüberdeckung/Tag (Verschwendung)
= 5.945 min = rd. 99 Stunden

Summe Personalunterdeckung/Tag (Mangelsituation)
= 1.366 min = rd. 23 Stunden

entsprach einer Reduktion von rund 42 %. Hochgerechnet auf 250 Produktionstage bedeutete dies bereits eine Ersparnis von 706.750 EUR.

Am Ende der Phase 6, Erfolgskontrolle, wurden die Ergebnisse in einem A3-Report zusammengefasst und mit den Ergebnissen der Vorperiode verglichen. Ausschließlich die Prozessanalysten waren autorisiert, die Erhebung durchzuführen und die Erfolgskontrolle zu dokumentieren. Die Ergebnisse bestätigten, dass sich die gesetzten Prozessziele eingestellt hatten. Statt der angestrebten 15 min Durchlaufzeit konnte sogar ein Wert von ca. zwölf Minuten erreicht werden, und dies in 93 % der Fälle. Geplant waren 90 %. Somit war die Grundlage dafür geschaffen, dass die Händler deutliche qualitative Fortschritte sehen konnten (Abb. 7.35).

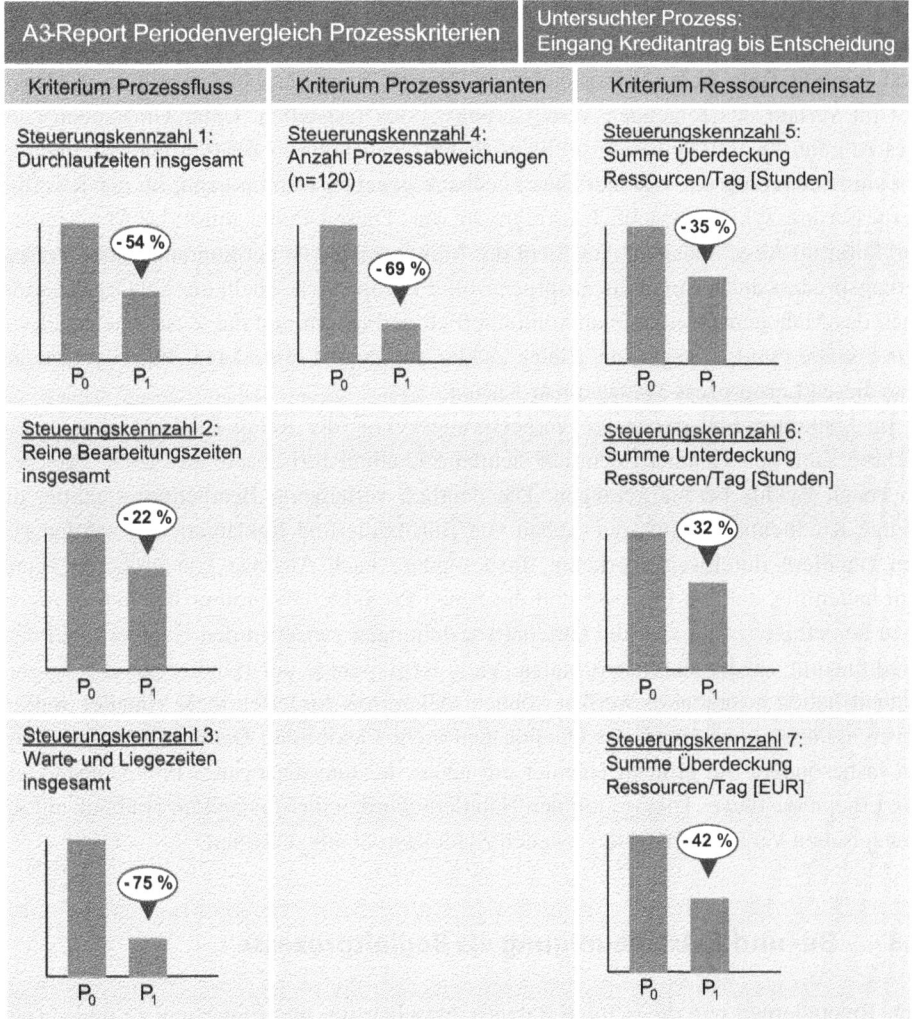

Abb. 7.35 Grobe schematisch dargestellte Zusammenfassung der Erfolgskontrolle des Verbesserungszyklus 1 in einem Mieruka-A3-Report

7.7.2   Erfolgskontrolle strategische Ziele

Wenn sich die angestrebten Prozessziele einstellen, ist das natürlich immer ein Erfolgs-
erlebnis für alle Beteiligten. Sie haben schließlich lange hart und systematisch auf die
Erreichung der Prozessziele hingearbeitet und viele Veränderungen in der Organisation
erfolgreich bewältigt. In diesem Zusammenhang muss allerdings hervorgehoben werden,
dass die Prozessziele kein Selbstzweck sind. Ein Verbesserungszyklus ist letztendlich nur
dann erfolgreich, wenn auch die definierten strategischen Ziele erreicht werden. In aller
Regel kann die Erreichung der strategischen Ziele erst mit einem gewissen Zeitverzug
gemessen werden. Dies gilt insbesondere bei Zielen, die den Markt adressieren, beispielsweise die Erhöhung des Marktanteils. Strategische Ziele, die sich nach innen richten, beispielsweise die Umsetzung eines Kostensenkungsprogramms, können hingegen
meist bereits innerhalb des Verbesserungszyklus gemessen werden. Ob alle definierten
strategischen Ziele tatsächlich erreicht worden sind, kann das Management in der Regel
erst im Verlauf des folgenden Verbesserungszyklus feststellen. Unter Umständen kann
dies zu einem Kommunikationsproblem führen, weil Führungskräften und Mitarbeitern
erst mit Zeitverzug ein verbindliches Feedback gegeben werden kann, ob der jeweilige
Verbesserungszyklus tatsächlich erfolgreich war. Diesen Punkt muss das Management
sorgfältig im Auge behalten. Aus Sicht des Managements ist der kontinuierliche Verbesserungsprozess auch immer ein anspruchsvoller Lernprozess. Nicht nur die Organisation,
auch das Management muss sich kontinuierlich verbessern und das Zusammenspiel von
Prozesszielen und strategischen Zielen Zyklus für Zyklus optimieren. Bei Toyota nennt
man diesen Lernprozess Management-Kaizen.

Im konkreten Fall des ersten Verbesserungszyklus der Retail Bank AG war es das
erklärte Ziel, den Händlern deutlich sichtbare Qualitätsfortschritte zu bieten. Dies war
im ersten Zyklus bereits gelungen: Die deutlich verbesserte Bearbeitungsqualität, die
zügige Kreditentscheidung, der Abbau von Bürokratie und Reklamationen wurden von
den Händlern durchweg anerkannt. Insbesondere nach Aussage von größeren Händlern hatten die stabilen Prozesse und die neuen Produkte (Programm *Wir liefern Ideen*)
dazu beigetragen, dass sich die Geschäftsbeziehungen zwischen den Händlern und dem
Kreditinstitut wieder stabilisiert hatten. Viele Kritikpunkte der Händler aus der Vergangenheit hatten ausgeräumt werden können. Allerdings forderten viele Händler weitere
Anstrengungen hinsichtlich der Qualität und mehr Flexibilität. Darüber hinaus verlang-
ten insbesondere die größten Händler ein neues, leistungsbezogenes Provisionsmodell.
Die Ergebnisse dieses Dialogs mit den Händlern wurden im Vorstand im Hinblick auf die
strategischen Veränderungen des zweiten Zyklusdurchlaufs diskutiert.

7.8   Be- und Entschleunigung als Begleitprozesse

Von Toyota lernen wir, die richtige Balance zwischen Be- und Entlastung zu finden (vgl.
Abb. 7.36). Es ist für jede Organisation eine enorme Herausforderung, ständig mit Problemen konfrontiert zu werden. Die Ergebnisse der Prozessanalyse decken schonungslos

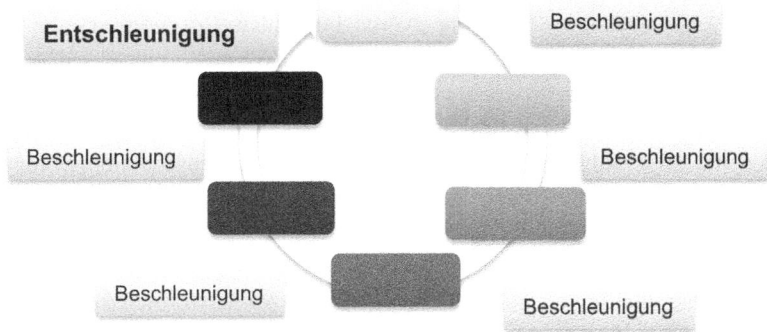

Abb. 7.36 Verbesserungszyklus der Retail Bank AG: Be- und Entschleunigung

Schwächen in den Abläufen der Bank auf, für die zielgerichtete Lösungen gefunden werden müssen. Mitarbeiter müssen in eine Atmosphäre hineinwachsen, die ihnen ermöglicht, sich mit viel Engagement diesen Problemen zu stellen und sie mit den erlernten Methoden zu lösen. Ohne die Bereitschaft, sich mit Problemen auseinanderzusetzen, wird kein kontinuierlicher Verbesserungsprozess funktionieren – und auch die Entwicklung hervorragender Mitarbeiter wird so nicht gelingen. Man muss sich bewusst sein, dass Mitarbeiter viele Rückschläge und eine hohe Arbeitsbelastung in Kauf nehmen müssen, bis die Zielergebnisse tatsächlich erreicht werden. Das gilt insbesondere für die Phase des Job-Instruction-Trainings und des Übergangs in den Regelbetrieb.

Ist die Umsetzung in die Praxis erfolgreich gelungen, muss das Unternehmen von der Beschleunigungsphase in eine Entschleunigungsphase übergehen. Genau diesen Weg geht auch Toyota. Toyota steuert mit seinen drei integrativen Kräften Werte der Toyota-Gründerfamilie, Sicherheit für die Beschäftigten und offene Kommunikation gezielt den enormen Belastungen der Beschleunigungsphase entgegen. Es fällt allerdings schwer, dies in derselben Art und Weise zu tun wie Toyota. Dazu sind die ostasiatische und die europäische bzw. deutsche Werte- und Arbeitskultur zu verschieden.

Aber auch hierzulande stehen die Themen Sicherheit für die Beschäftigten und offene Kommunikation als integrative Kräfte im Zentrum der Entschleunigungsphase. So auch bei der Retail Bank AG. Darüber hinaus war es dem Management der Bank wichtig, Erfolg und Wertschätzung in den Mittelpunkt zu rücken, um die Leistung der Mitarbeiter zu würdigen und ihnen einen Ansporn zu weiteren Höchstleistungen im nächsten Verbesserungszyklus zu geben. Erfolg ist etwas, das viele Menschen, insbesondere Führungskräfte, antreibt. Erfolg motiviert, Erfolg gibt Genugtuung, Erfolg entschädigt für Anstrengungen und Überlastung. Erfolg mit Mitarbeitern zu teilen, bedeutet aber mehr als einfach eine allgemeine Rede zu halten. Jeder Einzelne muss sich in der Würdigung des Managements wiederfinden. Daher muss dieser Kommunikationsprozess professionell organisiert sein. Es ist wichtig, jede Zielgruppe in der Bankorganisation individuell anzusprechen. Die Erwartungshaltung von Führungskräften ist eine andere als die der Prozessanwender, der Prozessanalysten und der Job-Instruction-Trainer.

Die Organisation dieses Prozesses in der Retail Bank AG übernahm wieder das K-Team. Als eine wichtige Maßnahme wurde beispielsweise definiert, alle wesentlichen Dokumentationen aus den Projekten des aktuellen Verbesserungszyklus im Intranet zu veröffentlichen, und zwar in einer Form, in der die jeweilige Ausgangssituation, die Ursachenanalyse, die ermittelten Problemursachen, die definierten Handlungsfelder, die Umsetzung und die Erfolgskontrolle per Mieruka-Verfahren anschaulich wurden. Diese Maßnahme würdigte auf der einen Seite den Erfolg der Mitarbeiter, auf der anderen sollte dieser Erfolg auch weiteren Erfolg nach sich ziehen. Mitarbeiter anderer Bereiche hatten nun die Möglichkeit, aus den veröffentlichten Dokumenten zu lernen, wie sie bevorstehende Veränderungen auch in ihren eigenen Verantwortungsbereichen erfolgreich umsetzen konnten.

Das K-Team veranlasste, dass besonders repräsentative Praxisbeispiele in Form von Videoclips dokumentiert wurden und diese den Mitarbeitern ebenfalls im Intranet zur Verfügung gestellt wurden. In den Videos berichteten die Beteiligten über den bewältigten Veränderungsprozess. Genau wie die veröffentlichten Projektdokumentationen sollten diese Videoclips den Betrachtern ermöglichen, die Situation schnell zu erfassen und Schlussfolgerungen für die eigenen Aufgabenstellungen daraus abzuleiten.

Der Führungskreis war die richtige Plattform, um die Leistungen der Führungskräfte zu würdigen. Der Vorstand Produktion betonte in seiner Ansprache an die Führungskräfte nochmals nachdrücklich, nach welchen neuen Kriterien sie nun beurteilt wurden. Das wichtigste Kriterium war ihre Fähigkeit, ihre Mitarbeiter Schritt für Schritt zu herausragenden Mitarbeitern zu entwickeln. Daher appellierte er insbesondere an die Prozessverantwortlichen, die Unterstützungsleistungen der Prozessanalysten und Job-Instruction-Trainer in einem noch höheren Umfang anzunehmen.

Die beste Gelegenheit, um den Kreis der Prozessanwender zu erreichen, sind die regelmäßig stattfindenden Job-Instruction-Trainings. Hier ist es die Aufgabe des Schirmherrn, die geleistete Arbeit der Prozessanwender zu würdigen. Schließlich ist ein vollzogener Verbesserungszyklus erst dann wirklich erfolgreich, wenn die Prozessanwender die Prozessziele auch in die Praxis umsetzen können. Es bietet sich an, besonders erfolgreiche Beispiele auszuwählen, um diese dann an die Prozessanwender zu kommunizieren. Darüber hinaus sollte der Schirmherr auch offene Ohren für Kritik haben und die Stimmung der Prozessanwender einfangen, um gegebenenfalls mit Veränderungen im folgenden Verbesserungszyklus darauf reagieren zu können.

Dem Management ist zu empfehlen, als Gegenleistung für die realisierten Produktivitätsverbesserungen mit der Mitarbeitervertretung Vereinbarungen zum Beispiel zu den Themen Kündigungsschutz, Entgelt sowie Weiterbildung und Förderprogramme zu vereinbaren. Es ist sehr wichtig, nicht nur die Interessen des Unternehmens im Blick zu haben, sondern im gleichen Maße auch die der Belegschaft. Mit den durchgeführten Maßnahmen kann das Bedürfnis vieler Mitarbeiter nach Sicherheit, offener Kommunikation und Verbesserung der Qualifikation in großen Teilen erfüllt werden.

Doch reichen diese Maßnahmen aus, um eine echte Balance zwischen Be- und Entlastung herzustellen?

▶ **Misserfolgsfaktor: fehlende Rückzugsräume** Transparenz klingt rational und vernünftig. Eine effektive Organisation mit effizienten Abläufen zu entwickeln, wäre ohne transparente Arbeitsabläufe und nachvollziehbare Entscheidungsprozesse gar nicht möglich. Wie man am Beispiel der Retail Bank AG sieht, können solche Strukturen Großes bewirken. Trotzdem beschleicht Mitarbeiter oft ein unangenehmes Gefühl, wenn sie stets sichtbar und messbar im Rampenlicht der Organisation stehen. Kein Platz für Privatsphäre, kein Platz, um Dinge auszuprobieren, die nicht direkt mit den definierten Prozesszielen zu tun haben, und immer das Gefühl einer kontinuierlichen Kontrolle.

Ethan Bernstein, Assistent Professor für Business Administration an der Harvard Business School, hat sich intensiv mit dem Problem fehlender Privatsphäre in Unternehmensorganisationen auseinandergesetzt und seine Forschungsarbeiten in der Publikation *The Transparency Paradox* (vgl. Bernstein 2012) veröffentlicht. In kaum einer Organisation, die ein schlankes Management mit transparenten Strukturen betreibt, wird ernsthaft darüber nachgedacht, welche Auswirkungen ein Entzug von Privatsphäre verursacht. Prinzipiell ist Privatsphäre in einer transparenten *Hochleistungsorganisation* sogar geächtet, weil verhindert werden muss, dass jeder Manager sein eigenes Süppchen kocht. Aber welche Nachteile kaufen sich Organisationen ein, wenn sie jegliche Privatsphäre ausschließen?

Eine erste wichtige Entdeckung Bernsteins in hoch industrialisierten Betrieben passte zunächst so gar nicht ins Bild. Er beobachtete Mitarbeiter dabei, wie sie gute Verbesserungsideen vor Vorgesetzten und Kollegen verheimlichten. Der Grund lag darin, dass die Mitarbeiter sich nicht sicher waren, ob ihre Ideen zur richtigen Zeit kamen. *Die Vorgesetzten sehen nur die Ergebnisse, die sie sehen wollen,* so die Meinung der betreffenden Mitarbeiter. Überträgt man dieses Bild auf die Retail Bank AG, so zeigt sich, dass daran durchaus etwas Wahres ist. Die Prozessverantwortlichen haben ausschließlich ihre definierten Prozessziele vor Augen. Ideen, die nicht in der strategischen Prozessplanung berücksichtigt wurden, würden im weiteren Verlauf des kontinuierlichen Verbesserungsprozesses höchstwahrscheinlich keine Aufmerksamkeit finden. Den Mitarbeitern bleibt somit nur die Möglichkeit, auf den richtigen Augenblick zu warten, um ihre Ideen zu präsentieren. Bernstein zufolge haben gerade kreative und spontane Mitarbeiter mit diesen Situationen Schwierigkeiten.

In schlanken Organisationen sind Entscheidungsprozesse zwar transparent, das bedeutet aber nicht, dass auch alle Mitarbeiter daran beteiligt sind. Auch ist es nicht selbstverständlich, dass Mitarbeiter ohne Entscheidungsbefugnis über ein geregeltes und institutionalisiertes Vorschlagsrecht verfügen. Bernstein hat beobachtet, dass Unternehmen, die Mitarbeitern ohne Entscheidungsbefugnis ein organisiertes Vorschlagsrecht einräumten, in aller Regel überdurchschnittlich innovativ und produktiv waren. Diese Unternehmen gewährten ihren Mitarbeitern Rückzugsräume und zum Beispiel die Möglich-keit, für eine befristete Zeit autonome Teams zu bilden, um Ideen zu disku-tieren, auszuprobieren und Lösungsvorschläge zu entwickeln. Solche Teams waren niemandem unterstellt und mussten keinem Manager Rechenschaft ablegen. Bernstein zufolge herrschte in diesen Gruppen zwar absolute Trans-parenz, dies wurde aber von den Teammitgliedern akzeptiert, solange sie sich nicht vom großen Ganzen beobachtet fühlten. Die Teams grenzten sich durch ihr räumliches Zusammenfinden von den anderen ab und schafften so eine Art Privatsphäre, so Bernstein.

Wenn fehlende Rückzugsräume eine Barriere für Innovationen und Ideen von Mitarbeitern darstellen, muss sich das Management passende Lösungen einfallen lassen. Mit dieser Erkenntnis setzte sich auch das Management der Retail Bank AG auseinander. Die Lösung, die gefunden wurde, sah vor, dass Freiräume, die sich in der Entschleunigungsphase ergaben, genutzt wurden, um Mitarbeitern ein Zeitbudget zur Verfügung zu stellen. Sie konnten sich innerhalb dieses Budgets autonom und unabhängig von Hierarchien, Konven-tionen und sonstigen Vorgaben in Gruppen organisieren und frei experimen-tieren. Die Bank stellte dafür Räumlichkeiten und Arbeitsmittel zur Verfügung. Ferner erhielten interessierte Mitarbeiter die Möglichkeit, Schulungen in Kre-ativtechniken, wie zum Beispiel *Design Thinking*, zu besuchen, um sich noch besser mit ihren Ideen auseinandersetzen zu können. Wurden nach Ansicht der Teams sinnvolle Ideen entwickelt, konnten die betreffenden Mitarbeiter ihre Ideen vor einem prominent besetzten Komitee präsentieren. Dieser Pro-zess wurde eng vom K-Team betreut, denn gute Beispiele sollten in der Bank Schule machen und andere Mitarbeiter motivieren, sich ebenfalls für gute Ideen zu engagieren. Sinnvolle und umsetzbare Ideen wurden dann in den folgenden Verbesserungszyklen berücksichtigt.

Zusammenfassung

Eine Balance zwischen Be- und Entlastung wird nur erreicht, wenn sich neben der Befriedigung von Sicherheits- und materiellen Bedürfnissen auch ein echtes Zufrie-denheitsgefühl bei den Mitarbeitern einstellt. Das Gewähren von Rückzugsräumen und Privatsphäre leistet einen wichtigen Beitrag dazu.

Literatur

Bernstein, E. S. (2012). The Transparency Paradox: A Role for Privacy in Organizational Learning and Operational Control; http://www.hbs.edu/faculty/Publication%20Files/Bernstein_TransparencyPa-radox_ASQ_June2012_cdaaee20-3a45-4a07-8867-9761a5d4b5e8.pdf. Hinweis des Autors Ethan S. Bernstein: Die finale Publikation der Arbeit: The Transparency Paradox: A Role for Privacy in Organizational Learning and Operational Control kann unter http://asq.sagepub.com eingesehen werden. Letzter Zugriff: 04.04.2016

GOEKEN, M. (2007): 3. Process-Colloquium, Frankfurt School of Finance and Management vom 08.03.2007, Frankfurt am Main, Präsentation: Messung und Steuerung des Wertbeitrages der IT auf Prozessebene.

LIKER, J. K., MEIER, D. P. (2008a): Praxisbuch – Der Toyota Weg. München: FinanzBuch Verlag, 2008.

LIKER, J. K., MEIER, D. P. (2008b): Praxisbuch – Der Toyota Weg. © 2008 FinanzBuch Verlag, ein Imprint der Münchner Verlagsgruppe GmbH, München. http://www.finanzbuchverlag.de, All rights reserved. Mit freundlicher Genehmigung des Verlages.

LIKER, J. K., MEIER, D. P. (2008c): Toyota Talent. © 2008 FinanzBuch Verlag, ein Imprint der Münchner Verlagsgruppe GmbH, München. http://www.finanzbuchverlag.de, All rights reserved. Mit freundlicher Genehmigung des Verlages.

ROTHER, M., SHOOK, J. (2015): Sehen lernen: Mit Wertstromdesign die Wertschöpfung erhöhen und Verschwendung beseitigen. Mühlheim an der Ruhr: Lean Management Institut, Oktober 2015

SCHEER, A.-W. (2003): ProcessWorld Europe, 25.–27.06.2003, Keynote-Vortrag.

Die Rolle der Informationstechnologie

8.1   Einleitung

Bevor ich den zweiten Verbesserungszyklus thematisiere, möchte ich die Gelegenheit nutzen, das Thema Informationstechnologie in Retailbanken näher zu untersuchen. In den Vorkapiteln wurde die Rolle der Informationstechnologie noch nicht betrachtet. Das soll natürlich nicht bedeuten, dass sie in Bankorganisationen nur eine untergeordnete Rolle spielt. Ganz und gar nicht, denn ohne Informationstechnologie funktioniert keine Bank. Allerdings muss auch klar sein: Bevor man sich dem komplexen Thema Informationstechnologie nähert, müssen zuerst grundlegende strategische Entscheidungen über die Ausrichtung der Bank getroffen worden sein. In einem so grundlegenden Reorganisationsprozess, wie ihn die Retail Bank AG angestoßen hat, ist es sehr wichtig, dass die Reihenfolge der strategischen Aktivitäten strikt eingehalten wird, das heißt, Prozesse folgen der Strategie und die Informationstechnologie folgt den Prozessen.

Leider kann man sich bei diesem Themenkomplex nicht direkt an den Erfahrungen von Toyota orientieren, weil die Informationstechnologie in den Werkshallen des Automobilherstellers längst nicht den hohen Stellenwert besitzt, den sie in der informationsintensiven Bankenindustrie einnimmt. Hinzu kommt, dass die Automobilbranche einen sehr hohen Teil ihrer Unternehmensapplikationen durch Standardsoftware abdecken kann. Dadurch lassen sich Entwicklungs- und Integrationskosten einsparen und Risiken minimieren. In Banken dagegen herrschen in den Kernprozessen immer noch hohe Anteile von Individualentwicklungen vor. Das ist in den meisten Fällen nicht etwa so gewollt, sondern der Tatsache geschuldet, dass – bedingt durch die vielen differenzierten Geschäftsmodelle der Banken – kaum durchgängige Standardanwendungen externer Anbieter eingesetzt werden können, die das ganze Geschäft abbilden. Typisch sind daher im Retail Banking zahlreiche Anwendungsinseln, die durch ebenso viele Schnittstellen miteinander verbunden sind. Diese heterogenen Anwendungslandschaften ziehen zwangsläufig einen hohen Aufwand für Pflege und Weiterentwicklung nach sich und

K. Röhr, *Operative Exzellenz in Retailbanken*, DOI 10.1007/978-3-658-17165-0_8

belasten das IT-Budget. In den folgenden Unterkapiteln werden die Themen IT-Kosten und Steuerung der IT-Budgets ebenso betrachtet wie die wichtige Frage, welchen wirklich nachweisbaren Beitrag die Informationstechnologie zum Erfolg der Bank leistet.

Ein viel diskutiertes Thema sind auch die Voraussetzungen für eine funktionierende Kommunikation zwischen den fachlich Verantwortlichen, sprich Prozessverantwortlichen, und den Mitarbeitern in der Informationstechnologie. Denn diese Kommunikation und Zusammenarbeit lässt in vielen Banken noch sehr zu wünschen übrig. Dies ist ein absolut erfolgskritischer Punkt auf der Agenda der Veränderungsmaßnahmen. In diesem Zusammenhang muss insbesondere die Rolle des CIO und seiner Organisation hinterfragt werden.

8.2   Der Beitrag der IT zum geschäftlichen Erfolg der Bank

Vermutlich haben Sie schon viele Stunden mit Kollegen darüber diskutiert, wie der Wertbeitrag, den die Informationstechnologie für den Geschäftserfolg der Bank liefert, richtig gemessen und gesteuert werden kann. Es geht schließlich um viel Geld. Die Kosten für die Informationstechnologie in Retailbanken können sich bis auf mehrere 10.000 EUR pro Mitarbeiter und Jahr aufsummieren (vgl. Hafner und Lackermann 2009).

Es lohnt daher schon, sich den Kopf zu zerbrechen, wie diese enormen Mittel zielgerichteter eingesetzt werden können. Darüber hinaus muss es eigentlich in einer transparenten, industriell ausgerichteten Organisation obligatorisch sein, dass der Beitrag, den die Informationstechnik für die Bankorganisation leistet, gemessen, zumindest jedoch klar kategorisiert werden kann. Doch fast alle Banken tun sich damit sehr schwer. In der Literatur finden sich zwar entsprechende Ansätze, die allerdings zu sehr widersprüchlichen Ergebnissen führen. Häufig sind es in der Praxis dann doch nur lokale Business Cases, bei denen der Wertbeitrag der Informationstechnik genau bestimmt werden kann.

▶ Wertbeitrag: Grad der Brauchbarkeit eines Gegenstandes oder einer Leistung, bewertet in Geld, für die Erfüllung eines Zwecks (vgl. Moormann und Fischer 2004, S. 23).

Das funktioniert auf der Kostenseite in der Regel aber nur dann eindeutig, wenn beispielsweise durch den Einsatz eines Tools Sachkosten eingespart werden können. Dieser Beitrag ist, abzüglich der Investitions- und Folgekosten, mehr oder weniger sofort ergebniswirksam und trägt direkt zum Gewinnziel der Bank bei. Sicher ist die Realisierung von Rationalisierungspotenzialen durch Informationstechnik wichtig; das allein beflügelt das Geschäftsmodell der Bank aber noch lange nicht. In diesem Zusammenhang muss man immer berücksichtigen, dass die Möglichkeit, durch den Einsatz von Informationstechnik Sachkosten einzusparen, grundsätzlich jeder Bank zur Verfügung steht. Somit kann sich die Bank dadurch nicht unbedingt Wettbewerbsvorteile gegenüber Mitbewerbern verschaffen. Der amerikanische Wirtschaftsjournalist Nicholas Carr (vgl. Carr 2003) vertritt zu dieser Fragestellung sehr radikale Thesen. Er ist der Ansicht, dass die Informationstechnologie in Unternehmen keine Rolle mehr spielt *(Informa-tion Technology doesn't matter)*. Seines Erachtens kann sie keinen Wettbewerbsvorteil mehr liefern und hat demnach ihre strategische Bedeutung verloren. Er argumentiert, dass sich die Informationstechnologie zu einem Commodity-Gut entwickelt habe. Diese Thesen haben in der IT-Industrie und in der IT-Community heftige Reaktionen ausge-löst. Die Diskussion zeigt deutlich, wie schwer man sich damit tut, den Wertbeitrag der Informationstechnik für das Unternehmen auch nur einigermaßen zu bestimmen. Das Thema Wertbeitrag der Informationstechnologie *(Business Value of IT)* wird in der ang-loamerikanischen Wissenschaft schon längere Zeit diskutiert (vgl. Goeken 2007, S. 7). Allerdings gehen die Meinungen dabei stark auseinander. Das renommierte Marktfor-schungsinstitut *Economist Intelligence Unit* (vgl. Goeken 2007, S. 15) beispielsweise identifizierte innovative Technologieanwendungen gar als wichtigste Einflussgröße für das Geschäftsmodell, und damit steht das Institut keineswegs allein da. Offenbar bilden sich zu diesem Thema zwei Gegenpole.

Was Nicholas Carr dem Management im Umgang mit Informationstechnologie emp-fiehlt (vgl. Carr 2003):

- Information Technology doesn't matter
- Focus on risks, not opportunities
- Spend less
- Follow, don't lead
- IT Management should become boring

Zwischen den Thesen von Carr und dem Umgang von Toyota mit Technologie lassen sich gewisse Gemeinsamkeiten erkennen. Toyota ist bei Investitionen in Produktions-mittel sehr risikoscheu. Es werden nur Maschinen, Werkzeuge und Geräte beschafft, die ihre Zuverlässigkeit am Markt bereits bewiesen haben. Hinsichtlich des firmeneigenen Maschinen- und Produktionsparks kann Toyota daher bestimmt nicht als Innovations- oder Technologieführer bezeichnet werden. Ingenieurorientierte Automobilexperten wundern sich bei Besichtigungen in den Toyota-Werken oft, dass viele eingesetzte Maschinen und Anlagen nicht dem modernsten Stand der Technik entsprechen. Häu-fig entzünden sich vor Ort entsprechende Diskussionen mit den Toyota-Ingenieuren (s. Abschn. 3.2.1). Die Besucher übersehen dabei aber häufig, dass die Prozesse in einem hohen Maße verschwendungs- und störungsfrei ablaufen. Es sind die intelligenten Kon-zepte von Toyota und seine intelligente Nutzung der Produktionsmittel, die optimal zusammenwirken und somit höchste Qualität und niedrige Kosten gewährleisten. Aus Sicht von Toyota sind die eingesetzten Produktionsmittel zu fast 100 % Commodity-Güter. Mit Sicherheit hat Toyota jeweils überprüft, ob der Einsatz modernerer Maschi-nen einen nachweisbaren Beitrag zu den definierten Prozess- oder Qualitätszielen leisten würde. Bezogen auf Toyota treffen die Thesen von Carr also weitgehend zu. Aber viel-leicht wäre es sinnvoll gewesen, wenn sich Carr mehr mit durchdachten und zielorien-tierten Managementkonzepten für die Informationstechnologie beschäftigt hätte, statt das IT-Management pauschal als unwichtig zu bewerten.

Diese Erkenntnis deckt sich im Wesentlichen mit der Erfahrung der Deutschen Retail Bank AG im Zuge des ersten abgeschlossenen Zyklusdurchlaufs. Die Analysten hatten in Zusammenarbeit mit den Prozessverantwortlichen das zentrale Prozessziel definiert, dass 90 % aller Kreditanträge innerhalb von 15 min entschieden sein mussten. Das Erreichen dieses Prozesszieles war entscheidend dafür, dass sich das definierte strategische Ziel für den Zeitraum des ersten Verbesserungszyklus eingestellt hatte. Zur Erinnerung: Das Managementteam beschloss in Phase 1 des kontinuierlichen Verbesserungsprozesses, alle Maßnahmen zu bündeln, um Prozessstockungen zu eliminieren, deren Ursachen auf Fehler, ungeregelte Prozesse, Prozessvarianten, Doppelarbeiten und unzureichende Hilfsmittel zurückzuführen waren. Als strategisches Ziel definierte das Managementteam, dass die Händler nach dem ersten, 9-monatigen Zyklusdurchlauf spürbare qualitative Verbesserungen im geschäftskritischen Antragsprozess wahrnehmen sollten. In diesem konkreten Fall wurden ca. 15 Umsetzungsmaßnahmen für die Informationstechnologie definiert. Diese Maßnahmen waren in Art, Umfang und Komplexität eher geringfügig, es wurden beispielsweise Bildschirmmasken angepasst, der Workflow wurde mit Unterstützung der Prozessverantwortlichen neu konfiguriert, Schnittstellen wurden programmiert und ein neues, benutzerfreundlich aufgebautes, Web-basiertes Tool für Checklisten und das Anweisungswesen angeschafft und implementiert. Insgesamt bezifferten sich die IT-seitigen Kosten auf rund 85.000 EUR. War es nun das Verdienst der Informationstechnologie, das die Prozessziele erfüllt wurden? Nein, der Schlüssel zum Erfolg waren eindeutig die vorangegangenen analytischen Verfahren nach der Methode des Toyota-Produktionssystems und die intensive Schulung der Prozessanwender durch den TWI-Trainingsprozess. Die Informationstechnologie unterstützte nur die Ausführung. Dieses Beispiel belegt, dass häufig keine spektakulären, teuren Investitionen in die Informationstechnik getätigt werden müssen, um wirksame Verbesserungen der Prozessperformance und -qualität zu erreichen. Der Wertbeitrag der Informationstechnologie hängt also im Wesentlichen vom Management des Technologieeinsatzes ab.

Im Grunde genommen ist das keine neue Erkenntnis. Auf diesem Level werden heute fast alle Diskussionen geführt, wenn es darum geht, den Technologieeinsatz effektiver zu gestalten. Trotz dieser Erkenntnis haben immer noch viele Kreditinstitute enorme Probleme damit, ein effektives Management für den Technologieeinsatz zu organisieren. Zumindest haben die Bankorganisationen Probleme, die versuchen, den Wertbeitrag der Informationstechnologie pauschal für die gesamte Bank oder einen bestimmten Geschäftsbereich steuern zu wollen. Erfolgreiche Beispiele in der Praxis zeigen dagegen klar, dass der Nutzen der Informationstechnik auf Prozessebene in vielen Fällen identifizierbar ist. Trotzdem sind Ansätze zur Messung des Wertbeitrags der Informationstechnologie auf Prozessebene kaum verbreitet. Der wichtigste Grund dafür ist, dass Banken ihre Organisationsstrukturen nicht konsequent auf ihre Prozesse ausgerichtet haben, obwohl sich nachweisen lässt, dass bei langfristiger Betrachtung der Wertbeitrag der Informationstechnik steigt, wenn neue Organisationskonzepte, wie zum Beispiel die Prozessorientierung, komplementär unterstützt werden (vgl. Goeken 2007, S. 15). Selbst für Banken, die organisatorisch alle Voraussetzungen dazu erfüllen, ist es außerordentlich schwer, den Wert bzw. Nutzen, den die Informationstechnik für das Kreditinstitut liefert, in Geld zu beziffern. Diese Banken gehen daher einen anderen Weg. Dort wird der Wertbeitrag der Informationstechnologie nicht aus Gewinn- oder Kostenkennziffern abgeleitet, sondern aus dem qualitativen Nutzen auf der Ebene der Geschäftsprozesse.

Dieser qualitative Nutzen kann in der Praxis meist nicht genau beziffert werden; er sollte durch Kategorien wie qualitativ wertvoller Nutzen, qualitativ hoher Nutzen, qualitativ mittlerer Nutzen und qualitativ geringer Nutzen bewertet werden. Im vorliegenden Fall hatte die Informationstechnik einen qualitativ geringen Nutzen für das Erreichen des Prozessziels. Später werden auch Szenarien beschrieben, bei denen der qualitative Beitrag der Informationstechnik deutlich höher liegt.

Zusätzlich sollte immer ein Bezug zwischen den investierten Kosten für die IT-Lösung und dem erreichten Prozessziel hergestellt werden. Im konkreten Fall bedeutete das, dass eine Investition von 85.000 EUR in die Informationstechnik notwendig war, damit in 90 % der Fälle die Kreditanträge innerhalb von 15 min entschieden werden konnten.

Als erstes Zwischenfazit ist festzuhalten, dass man sich grundsätzlich von dem Gedanken verabschieden muss, den Wertbeitrag, den die Informationstechnik zum Unternehmenserfolg beisteuert, seriös messen und exakt quantifizieren zu können. Was aber in vielen Fällen geleistet werden kann, ist, wie oben geschehen, eine Beziehung zwischen den definierten Prozesszielen und den für die Realisierung notwendigen IT-Kosten herzustellen sowie eine Aussage darüber zu treffen, welchen qualitativen Nutzen die Informationstechnik im jeweiligen Fall für die Realisierung eines definierten Prozessziels hatte.

> Toyota hat nie auf Technologie verzichtet, sondern immer darauf geachtet, Technologie in die richtige Perspektive zu rücken, und zwar eine, die von einem praktischen Zweck getrieben war. Dazu betrachtet Toyota stets den wertgenerierenden Prozess. Erst dann wird überlegt, an welcher Stelle neue Technologien zur Unterstützung des wertgenerierenden Prozesses nützlich sind. Das ist die Lektion, die die schlanke Philosophie mit Hinblick auf Technologie bietet (vgl. Liker und Meier 2008, S. 261).

8.3   Ein agiles Kreditinstitut benötigt eine agile Informationstechnologie

Es wird nicht funktionieren, einerseits eine sehr dynamische, sich kontinuierlich weiterentwickelnde Unternehmensorganisation zu forcieren und andererseits die etablierten Strukturen in der Informationstechnologie, technisch wie organisatorisch, beizubehalten. Die Informationstechnologie muss sich im gleichen Maß wie die Geschäftsbereiche entwickeln. Eine agile Informationstechnologie bedeutet aber nicht, sich im ersten Schritt über IT-Architekturen und andere technische Aspekte Gedanken machen zu müssen.

Diese Fragestellungen sind zweifelsohne wichtig, stehen aber nicht an erster Stelle. Eine wichtige Erkenntnis aus dem Vorkapitel war, dass der große technische Werkzeugkasten der Informationstechnologie mehr oder weniger aus Commodity-Elementen besteht. Wie Toyota es vormacht, besteht die eigentliche Herausforderung darin, organisatorisch und konzeptionell zu gewährleisten, dass die Produktionsmittel der Informationstechnologie intelligent gesteuert werden können, sodass sie optimal zusammenwirken und somit die definierten Prozessziele technisch umgesetzt werden können – termingerecht und natürlich kostenoptimiert. Das ist die wesentliche Anforderung an eine moderne Informationstechnologie.

Lassen Sie mich an dieser Stelle etwas ausholen und die Entwicklung der Informationstechnologie, insbesondere die Rolle der CIOs, in den letzten Jahren kritisch hinterfragen. Eigentlich war es in Kreditinstituten eine ausgemachte Sache, dass der CIO eine strategisch wichtige Position im Unternehmen erhalten sollte, weil die Informationstechnologie immer mehr als geschäftskritischer Faktor betrachtet wurde. Der CIO sollte als kompetenter Partner für die Geschäftsbereiche aufgebaut werden, der auf Augenhöhe mit den fachlich Verantwortlichen zusammenarbeitet und die Informationstechnologie enger mit dem Geschäft der Bank verzahnt. Ein *effektiveres und stärker zielgesteuertes Handeln* sollte erreicht werden, so lautete die Vorgabe des Top-Managements an den CIO. Nach meinem Eindruck hat die Rolle des CIO in Banken aber tendenziell eher eine Abwertung als eine Aufwertung erfahren. Denn in den vergangenen Jahren gerieten CIOs gleich an mehreren Fronten unter Druck. Vor allem wurde von den Geschäftsbereichen moniert, dass die Informationstechnologie nicht wirklich leistungsfähiger darin geworden ist, Geschäftsprozesse schneller an die Bedürfnisse des Geschäfts anzupassen. *Die IT-Abteilung kann das Tempo nicht mitgehen,* so Herbert Kindermann von der Software-Initiative Deutschland e. V. (vgl. Diercks 2011).

Eine weitere Front gegen den CIO, die so kaum vorhersehbar war, ist, dass das Top-Management über immer größere IT-Kompetenz verfügt. Das hat manchmal zur Konsequenz, dass wichtige Entscheidungen entweder am CIO vorbei getroffen werden oder der CIO bei wichtigen Themen lediglich involviert statt führend verantwortlich ist. Diese Entwicklung trifft sicherlich nicht auf alle Kreditinstitute zu, aber der Trend wird sich zukünftig eher verstärken. Zu einem weiteren Dauerthema in Bankorganisationen hat sich die *Schatten-IT* entwickelt. Die operativen Risiken, die sich aus der Schatten-IT ergeben, möchte ich hier gar nicht erörtern. Vielmehr ist es besorgniserregend, dass die Geschäftsbereiche mehr und mehr Daten, die zur Steuerung ihrer Geschäftsprozesse dienen, in ihren eigenen Systemen verwalten. Meist sind das einfache Datenbanken, lokale Business-Intelligence-Systeme, oft aber auch nur Tabellenkalkulationsprogramme, die für die offizielle Informationstechnologie nicht sichtbar sind. Eine Schatten-IT entwickelt sich immer dort, wo die Informationstechnologie nicht in der Lage ist, die Informationen zu liefern, die die Geschäftsbereiche zur Steuerung ihrer Prozesse benötigen. Kann der CIO diese Informationen tatsächlich nicht liefern, führt das unweigerlich zu einem starken Bedeutungs- und Machtverlust für ihn und seine Organisation.

Egal, wie man die Sache dreht, häufig landet der Schwarze Peter in der Hand des CIO. Der ursprüngliche Gedanke, seine Rolle aufzuwerten, ist jedoch meiner Ansicht nach richtig. Letztendlich ist keinem gedient, wenn sich die genannten Entwicklungen weiter verstärken. Offenbar dreht sich die Unzufriedenheit mit der Informationstechnologie vor allem um den Punkt, dass die Geschäftsbereiche nicht die notwendige Unterstützung erhalten, um ihre Kernprozesse effektiver zu steuern und schneller an die dynamischen Märkte anpassen zu können. Genau an diesem Punkt muss angesetzt werden.

In einer traditionellen Organisation ist die Informationstechnologie der zentrale interne Dienstleister für die Geschäftsbereiche. In einer fortschrittlichen und modernen Organisation wie der neuen Retail Bank AG haben sich das Prozessmanagement und das Qualifizierungsmanagement ebenfalls zu wichtigen Dienstleistern für die Geschäftsbereiche entwickelt. Es führt meines Erachtens kein Weg daran vorbei, dass diese drei Bereiche koordiniert zusammenwirken müssen, um die Geschäftsbereiche optimal dabei zu unterstützen, ihre ambitionierten Prozessziele zu erfüllen. Die Zeiten sind vorbei, in denen die Informationstechnologie mit ihren klassischen Rechenzentrums- und Informatikdiensten alle Anforderungen anspruchsvoller Prozessverantwortlicher abdecken konnte. Je mehr sich ein CIO auf traditionelle IT-Services konzentriert, desto mehr Probleme wird er bekommen, seine internen Kunden zufriedenzustellen.

> Immer weniger Vorstände involvieren den CIO rechtzeitig und gleichberechtigt in die wichtigen Entscheidungsprozesse der Bank. Letztendlich verbleibt dem CIO nur wieder die Rolle des Umsetzers. Eigentlich eine Rolle, die man schon längst abgeschafft haben wollte (vgl. Capgemini 2014).

Wenn man diesen Ansatz konsequent weiterdenkt, ist es sinnvoll, die drei internen Dienstleister Informationstechnologie, Prozess- und Qualifizierungsmanagement unter einer Leitung mit dem Ziel zusammenzufassen, den kontinuierlichen Transformationsprozess der Bank umfassend und zielorientiert zu steuern. Es liegt daher nahe, den Leiter eines solchen zusammengeführten Bereichs als *Chief Transformation Officer* zu bezeichnen. Es gilt, den kontinuierlichen Transformationsprozess nach Vorgabe des Top-Managements effektiver und zielgesteuerter zu bewältigen. Mit Sicherheit wird die Zusammenführung dieser Bereiche zu Widerstand von Befürwortern traditioneller IT-Organisationsformen führen. Das Top-Management muss darauf sensibel reagieren und rechtzeitig mit guten Argumenten gegensteuern.

Dieses neue organisatorische Konzept fand nach langer Diskussion auch im Vorstand der Retail Bank AG Zustimmung. Das Gremium beschloss, im Zuge des zweiten Verbesserungszyklus die drei Bereiche unter einer Führung zusammenzulegen. Es war nur konsequent, den Chief Transformation Officer auch in den Vorstand der Retail Bank AG zu berufen.

Das neue Organisationsmodell führte natürlich dazu, dass die Informationstechnologie zu einem gewissen Grad ihren eigenständigen Charakter verlor und ihre Leistungen sich mit denen des Prozess- und Qualifizierungsmanagements vermischten. Doch die klassische Informationstechnologie der Retail Bank AG war, anders als noch in den Jahren zuvor, alleine nicht mehr in der Lage gewesen, auf die sich schnell verändernden Bedingungen der Geschäftsbereiche und deren ambitionierte Prozessziele zu reagieren. Die Retail Bank AG hatte einen mutigen Schritt getan und eine kluge Allianz aus Informationstechnologie, Prozess- und Qualifizierungsmanagement beschlossen (vgl. Abb. 8.1).

▶   Das Zusammenwirken von Informationstechnologie, Prozess- und Qualifi-
        zierungsmanagement muss in ein Ergebnis münden, in dem auf Geschäfts-
        prozessebene ein möglichst großer Beitrag an qualitativ hochwertiger
        Unterstützung geliefert werden kann.

Der steigenden Komplexität und dem immer schneller werdenden Wandel kann man nur durch ein strikt koordiniertes und systematisches Vorgehen begegnen. Mit den Methoden des Toyota-Produktionssystems, der TWI-Methodenlehre, kann dies gelingen – eng koordiniert mit einer agilen Informationstechnologie.

8.4   Management des Technologieeinsatzes

Nun gilt es die Frage zu klären, wie das Management des Technologieeinsatzes sinnvoll organisiert werden kann. Es ist nur konsequent, diesen Managementprozess in den kontinuierlichen Verbesserungsprozess zu integrieren, den die Retail Bank AG aufgebaut hatte.

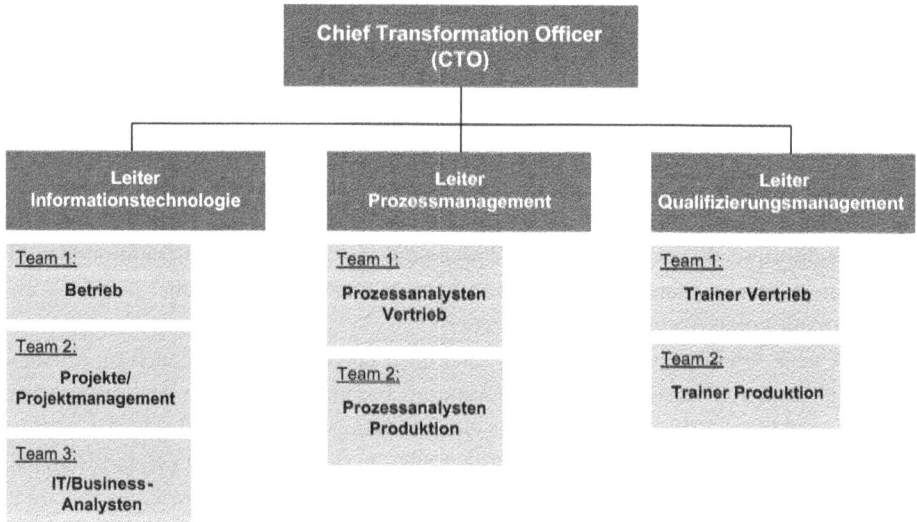

Abb. 8.1 Schematischer Aufbau (Beispiel) eines Bereichs, in dem die Informationstechnologie, das Prozess- und Qualifizierungsmanagement unter einer Leitung zusammengefasst sind

Aus strategischer Sicht ist dabei die Phase 1, Strategische Prozessplanung, die bestimmende Instanz. Die entscheidenden Orientierungspunkte der Entwicklung passender technologischer Lösungen sind immer die definierten Prozessziele. Hieran orientieren sich die Analysten aus der Informationstechnologie und dem Prozessmanagement sowie die Job-Instruction-Trainer auf der einen Seite und die Prozessverantwortlichen auf der anderen. Ganz wichtig ist es in diesem erfolgskritischen Prozess, dass alle Beteiligten bei der Ausgestaltung technologischer Lösungen auf Augenhöhe zusammenwirken – und auf Basis der gleichen Informationen, das heißt der definierten strategischen Ziele, der hiervon abgeleiteten Erfolgsfaktoren sowie der definierten Prozessziele. Was eigentlich ganz selbstverständlich sein müsste, ist es in der Praxis oft ganz und gar nicht: dass Mitarbeiter der Informationstechnologie gemeinsam mit den Geschäftsbereichen nach zielgerichteten Lösungen suchen. Es ist auch nicht selbstverständlich, dass eine fundierte und transparente Datenbasis zur Verfügung steht, auf deren Grundlage man effektiv zusammenarbeitet. Und es ist nicht selbstverständlich, dass ein funktionierender Managementprozess für den Einsatz von Technologie implementiert wurde, der sicherstellt, dass sich als Ergebnis ein qualitativ optimaler Beitrag auf Geschäftsprozessebene einstellt. Ein häufiger Managementfehler ist der Versuch, diese organisatorischen Schwächen zu kompensieren, indem man einfach die Budgets für die Informationstechnologie erhöht.

Die zweite wichtige Instanz, in der sich die IT-Analysten einbringen, ist der Führungskreis, als das Gremium, in dem das Tagesgeschäft gesteuert wird. Hier sind die IT-Analysten sozusagen *ganz nah* am Geschäft der Prozessverantwortlichen. Durch die kontinuierliche Präsenz der IT-Analysten in diesem Gremium ist gewährleistet, dass Probleme im Tagesgeschäft und Bedürfnisse der Geschäftsbereiche diskutiert und potenzielle Business Cases früh auf Machbarkeit, Abhängigkeiten und Kosten geprüft werden können. Zudem muss es für die IT-Analysten selbstverständlich sein, eine vertrauensvolle Beziehung zu den jeweiligen Prozessverantwortlichen aufzubauen.

Das sind allerdings noch nicht alle Aspekte, die bei der Gestaltung eines effektiven Managementprozesses für den Technologieeinsatz in der Retail Bank AG berücksichtigt werden mussten. Es war sehr wichtig zu identifizieren, welche Prozesse in der Bank generell erfolgskritisch waren, das heißt, die Prozesse herauszufiltern, die einen signifikanten Einfluss auf das Erreichen der Prozessziele hatten. Bei der Bemessung der IT-Budgets mussten diese erfolgskritischen Prozesse klar bevorzugt werden. Hier galt es, bei Bedarf schnell, flexibel und zielgerichtet zu handeln, um den Veränderungsbedarf im Sinne der Geschäftsbereiche umsetzen zu können. Denn daran wird die Informationstechnologie in modern aufgestellten Kreditinstituten gemessen. Der Chief Transformation Officer musste die erfolgskritischen Prozesse immer im Blick haben und dafür sorgen, dass jederzeit ausreichend Ressourcen zur Verfügung standen. Auf der anderen Seite hatten Projekte in Prozessen, die nicht oder kaum zum Erreichen der Erfolgsfaktoren und Prozessziele beitrugen, nur nachrangige Priorität. Hier mussten sich die Anwender grundsätzlich auf längere Wartezeiten und geringere Budgets einrichten. Zudem musste kritisch geprüft werden, ob bei den nachrangigen Prozessen weitere Einsparpotenziale, zum Beispiel durch Outsourcing an externe Dienstleister, realisiert werden konnten. Selbstverständlich waren davon die Aufwendungen der Informationstechnologie zur Einhaltung der Richtlinien und Vorschriften der Bankenaufsicht zum Zweck einer ordnungsgemäßen Risikoberichterstattung ausgenommen.

Zusammenfassung

Ein funktionierender Managementprozess für den Technologieeinsatz ist die Königsdisziplin der Informationstechnologie. Es ist bedauerlich, dass viele Kreditinstitute auf dem Weg dorthin scheitern. Ich beobachte nicht selten, dass man versucht, sich mit sehr komplizierten Methoden diesem Ziel anzunähen, und dabei offenbar vergisst, dass es ganz simple Dinge sind, die funktionieren müssen: Wer nicht auf Augenhöhe miteinander spricht, wird sich auch nicht verstehen. Das Gleiche gilt, wenn die Kommunikation zwischen Informationstechnologie und Prozessverantwortlichen nicht in festen Institutionen verankert ist, wie zum Beispiel im Führungskreis und im Rahmen der strategischen Prozessplanung. Diese Aspekte sollten Sie unbedingt in den Mittelpunkt Ihrer Anstrengungen stellen. Zudem ist es absolut erfolgskritisch, dass alle Beteiligten, die gemeinsam auf einen Prozess einwirken, sich an den definierten Prozesszielen und den strategischen Erfolgsfaktoren orientieren. Entscheider in der Bank müssen lernen, Ressourcen und Geldmittel effektiv auf die wirklich erfolgskritischen Prozesse zu lenken und nicht etwa nach dem Gießkannenprinzip zu verteilen. Dreh- und Angelpunkt aber ist – wie schon an vielen anderen Stellen dieses Buchs beschrieben –, dass sich das Institut konsequent prozessorientiert aufstellen muss.

▶   Ohne strikte Prozessorientierung keine agile Informationstechnologie, kein wirksamer Managementprozess für den Technologieeinsatz und auch keine operative Exzellenz!

8.5   Merkmale von qualitativ wertvollen IT-Systemen

▶   Entscheidend dafür, dass ein IT-System einen großen Nutzen auf Geschäftsprozessebene hat, ist primär der Einfluss, den das IT-System auf die Realisierung der definierten Prozessziele ausübt. Grundsätzlich lassen sich qualitativ wertvolle IT-Systeme meines Erachtens vier Kategorien zuordnen, die in den nachfolgenden Abschnitten beschrieben werden.

8.5.1   Informationstechnologie, die signifikant zur optimalen Steuerung von Geschäftsprozessen beiträgt

Jede Information und jede Kennzahl, die zu einer verbesserten Steuerung von Geschäftsprozessen beiträgt, ist nützlich. Beispielsweise sind auf dem Markt bewährte Produkte erhältlich, die in der Lage sind, wichtige Steuerungskennzahlen aus den Kernprozessen zu extrahieren. So lassen sich etwa durch das Auslesen von Zeitstempeln der Kernsysteme Durchlaufzeiten von Prozessinstanzen und viele weitere nützliche Informationen ermitteln. Diese Produkte können mit einem überschaubaren Aufwand implementiert werden und entlasten die Prozessanalysten von zeitraubender Routinearbeit. So sind Prozessanalysten immer im Bilde, ob zum Beispiel im Prozess *Eingang Kreditantrag bis Kreditentscheidung* die eingehenden Kreditanträge in 90 % der Fälle innerhalb von 15 min entschieden werden konnten. Anträge, die nicht innerhalb dieses Servicelevels bearbeitet werden konnten, können sofort identifiziert und für eine nachgelagerte Analyse herangezogen werden. Ein solches IT-System komplettiert ein engmaschiges und wirkungsvolles Prozesscontrolling.

Ihnen ist sicher aufgefallen, dass ich an verschiedenen Stellen im Buch nicht viel Gutes über technische Analysesysteme geschrieben habe. Meine Meinung darüber habe ich nicht geändert. Ja, technische Analysesysteme können einen qualitativ wertvollen Beitrag zum Prozesscontrolling leisten. Technische Analysesysteme sind aber nicht in der Lage, einen Prozess ganzheitlich mit all seinen Stärken, Schwachstellen, Entwicklungspotenzialen und seiner besonderen Charakteristik zu erfassen und zu verstehen. Das können nur Menschen! Möglicherweise erfüllen Anwender eines Teilprozesses ihre Aufgaben genau im Rahmen des definierten Servicelevels, sind aber mit ihren Tätigkeiten teilweise überfordert, also mit einem Zustand konfrontiert, den man unbedingt vermeiden will. Ein technisches System würde hier keine Hinweise liefern. Auch ist ein solches System nur sehr eingeschränkt in der Lage, von Mitarbeitern manuell ausgeführte Tätigkeiten zu analysieren, das heißt, diese Systeme können nicht beurteilen, ob Mitarbeiter ihre Aufgaben exakt nach dem definierten Standard verrichten oder nicht. Letztendlich führt kein Weg daran vorbei, dass die Prozessanalysten eine sinnvolle Kombination aus technischer Unterstützung und den bereits beschriebenen Verfahren (zum Beispiel Wertstromdesign, Wertstromanalyse und 5-W-Methode) anwenden. Ist eine sinnvolle Kombination gefunden, kann ein entsprechendes System klar der Kategorie *qualitativ wertvolle Systeme* zugeordnet werden.

Weitere Beispiele für qualitativ wertvolle IT-Systeme, die zur Steuerung von Geschäftsprozessen dienen, sind Systeme für die Personaldisposition. Solche Workforce-Management-Systeme sind heute bereits in vielen Banken im Einsatz, meist in deren Callcentern, kaum aber beispielsweise in Prozessen zur Bearbeitung von Kreditanträgen. Systeme für eine optimierte Personaldisposition sind eine ganz entscheidende Voraussetzung für industrielle Strukturen in der Bankenorganisation.

Es ist eine besondere Leistung von Toyota, exakt die richtigen Teile in der richtigen Menge und Qualität herzustellen, die just in time im nachfolgenden Prozess benötigt werden. Zwischenlager werden überflüssig und Verschwendung wird massiv reduziert. Dieser strikt von der Nachfrage gesteuerte Wertstrom muss auch in der Bank implementiert werden. In einer Bank sind es die Mitarbeiter, die in der richtigen Menge am richtigen Ort zur richtigen Zeit und mit der richtigen Qualifikation zur Verfügung stehen müssen, um die eingehenden Kreditanträge ohne Stockungen im Prozess fehlerfrei bearbeiten zu können. Diese erfolgskritische Leistung ist ohne Systemunterstützung nicht

möglich. In der Phase 6 des abgeschlossenen ersten Verbesserungszyklus, Erfolgskontrolle, wurde immer noch ein Mittelwert von 99 h an Personalüberdeckung und 23 h an
Personalunterdeckung täglich registriert, obwohl man sich sehr bemüht hatte, die Personaldisposition im Rahmen des Führungskreises optimal zu gestalten. Das größte Problem in diesem Zusammenhang bestand darin, dass die Prozessverantwortlichen nur über
unzureichende Informationen verfügten, um die eingehende Last an Anträgen zuverlässig und genau vorhersagen zu können. Tendenziell waren die Prozessverantwortlichen
dazu geneigt, mehr Personal einzuplanen, um sicherzugehen, dass die Servicelevels
erfüllt werden konnten.

Moderne Systeme zur Personaldisposition sind in der Lage, aus vergangenheitsbezo-
genen Datenreihen und entsprechenden Forecasts den Personalbedarf für einen bestimmten Prozess recht genau zu prognostizieren. Darüber hinaus unterstützt das System bei
einer optimierten Schichtplanung unter Berücksichtigung der benötigten Qualifikationen,
Urlaubsansprüche, Krankmeldungen und Überstunden von Mitarbeitern.

Das Management der Retail Bank AG beschloss, im Zuge des zweiten Verbesserungszyklus ein solches System anzuschaffen und zu implementieren. Diese Investition war
mit der Erwartungshaltung verbunden, dass die hohen Personalüber- und -unterdeckun-
gen signifikant reduziert würden und damit ein wichtiger Beitrag zur Erreichung des
ambitionierten Kosteneinsparziels geleistet werden konnte.

8.5.2 Informationstechnologie, die signifikant zur Flexibilisierung von Geschäftsprozessen beiträgt

Auch wenn der Managementprozess für den Technologieeinsatz wunderbar funktioniert, alle Beteiligten am Prozess mustergültig zusammenarbeiten und gute Planungser-
gebnisse erzielen, stellt sich nicht selten eine schier unüberwindbare Hürde in den Weg.
Nämlich die, dass die notwendigen Veränderungen in den Anwendungen und Systemen so umfangreich und komplex sind, dass an eine schnelle Umsetzung nicht zu denken ist – von den Kosten gar nicht zu reden. Schon aus diesem Grunde ist klar, dass
traditionelle Anwendungsarchitekturen in Banken ausgedient haben. Nicht immer sind
Änderungen in der Informationstechnologie mit so geringfügigen Aufwänden möglich
wie im Rahmen des ersten Verbesserungszyklus. Die größten Schwierigkeiten, flexible
Strukturen zu implementieren, haben Anwendungsarchitekturen, die nach wie vor mit
der Methode der klassischen Systemintegration arbeiten. Bei ihnen sind mehr oder weniger alle Kernanwendungen *Punkt zu Punkt* über Schnittstellen miteinander verbunden
(vgl. Abb. 8.2). Typischerweise kommen dabei auch verschiedene Schnittstellentechno-
logien zum Einsatz. Das sicherlich größte Problem bei der klassischen Systemintegration
ist, dass die Prozesslogik nicht von den Unternehmensanwendungen entkoppelt ist. Das
bedeutet, dass die Prozesslogik in jeder einzelnen Anwendung verändert werden muss.
In Summe bringt das einen hohen Aufwand für die Programmierung und Dokumentation der Schnittstellen und eine sehr zeitaufwendige Abbildung der Prozesslogik in den

Abb. 8.2 Grobe schematische
Darstellung einer klassischen
Integration von
Unternehmensanwendungen
über Punkt-zu-Punkt-
Schnittstellen

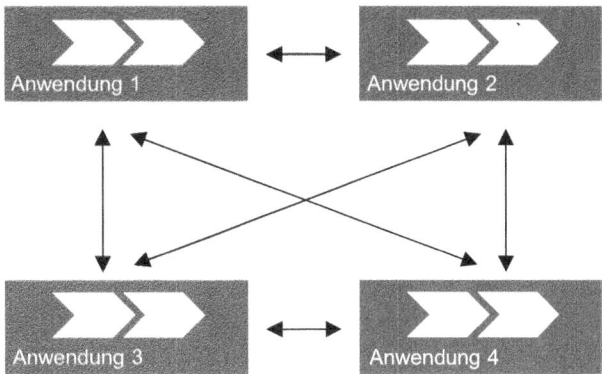

einzelnen Anwendungen mit sich. Diese klassische Methode der Applikationsintegration ist auch deswegen ein sehr ressourcenintensives Verfahren, weil viele Mitarbeiter involviert sind, denn es müssen immer die Experten der jeweiligen Anwendungen hinzugezogen werden. Darüber hinaus ist ein gut organisiertes Projektmanagement notwendig, um die vielen Teilaufgaben zu koordinieren. Die meist sehr heterogene Struktur der Anwendungen in Retailbanken verschärft dieses Problem noch. Einerseits müssen moderne Applikationen integriert werden, andererseits aber auch Programme, die noch mit Programmiertechniken und -methoden der 1970er- und 1980er-Jahre entwickelt wurden. Das ist kein einfaches Unterfangen.

Eine Weiterentwicklung der klassischen Punkt-zu-Punkt-Integration stellen sogenannte Integrationsplattformen für Unternehmensapplikationen dar. Das Problem verschiedener Schnittstellentechniken ist in diesem Modell entschärft. Die relevanten Anwendungen werden an eine unternehmensweite Schnittstellenplattform (Middleware) gekoppelt (vgl. Abb. 8.3).

Die Aufwände für die Schnittstellenanbindung sind mit dieser Technologie deutlich geringer als mit der klassischen Anwendungsintegration. Aber auch bei dieser Form der Integrationstechnik ist die Prozesslogik nicht von den Anwendungen entkoppelt. Sie muss nach wie vor sehr aufwendig und mit einem hohen Ressourceneinsatz in den einzelnen Applikationen geändert werden. Daher ist auch diese Integrationstechnologie kein geeignetes Instrument, um Anwendungen schnell, flexibel und kostengünstig an die Bedürfnisse der Märkte anpassen zu können, und kein Lösungsansatz für eine leistungsfähige Informationstechnologie.

Die neueste Generation von Technologien für die Integration von unternehmensweiten und auch externen Anwendungen bilden die Techniken *Enterprise Application Integration* (EAI), *Enterprise Service Bus* (ESB) und *Service-orientierte Architekturen* (SOA). Die modernste dieser drei Technologien ist sicherlich das Prinzip der serviceorientierten Architekturen. Technische Differenzierungsmerkmale und Details möchte ich an dieser Stelle nicht näher erläutern, sondern eine entscheidende Eigenschaft aller drei Technologien herausstellen: Mit ihnen ist es möglich, die Prozesslogik von den Anwendungen zu entkoppeln (vgl. Abb. 8.4).

Abb. 8.3 Grobe schematische
Darstellung von
Anwendungen, die über eine
einheitliche unternehmensweite
Integrationsplattform
(Middleware) miteinander
verbunden sind

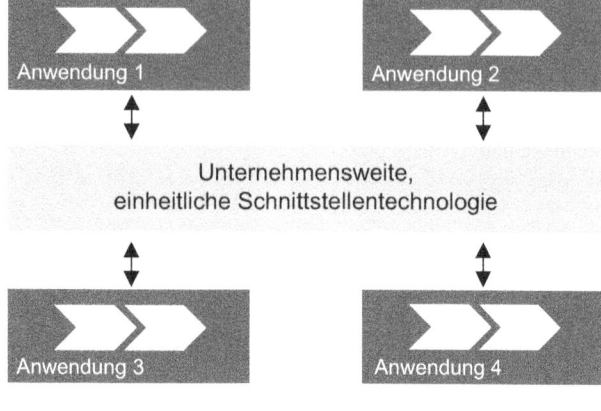

Abb. 8.4 Grobe
schematische Darstellung von
Anwendungen, die an einen
zentralen Integrations-Bus
gekoppelt sind. Die Definition
der Prozesslogik erfolgt auf der
Ebene des Integrations-Busses

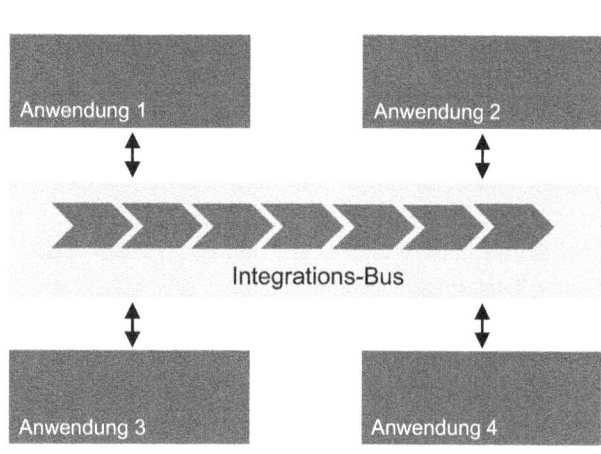

Die betreffenden Applikationen müssen einmalig an einen zentralen *Integrations-Bus* gekoppelt werden. Auf diesem verbindenden Integrations-Bus sorgen dynamische Regeln und Prozessbeschreibungen dafür, dass die Daten einer Prozessinstanz in der richtigen Abfolge an die einzelnen Funktionen übergeben und die Ergebnisse weitergeleitet werden, das heißt, die komplette Geschäftsprozesslogik eines Prozesses kann von Anfang bis Ende auf der Ebene des Integrations-Busses gesteuert werden, ohne in die einzelnen Anwendungen eingreifen zu müssen. Es ist nun nicht mehr notwendig, dass die Experten der einzelnen Applikationen Änderungen in der Prozessfolge vornehmen müssen. Sinnvolle Tools erleichtern zudem die Gestaltung von benutzerfreundlichen Front-Ends für die Prozessanwender. Mit diesen Technologien ist es auch ohne größere Anstrengungen möglich, zum Beispiel Informationen an mobile Endgeräte zu liefern. Dieses Merkmal ist außerordentlich wichtig, da die Online-Kommunikation zwischen Bank und Kunden über Smartphones und Tablet-Computer zum Zwecke der Kundenbindung immer wichtiger wird.

Welche der Technologien Enterprise Application Integration (EAI), Enterprise Service Bus (ESB) oder Service-orientierte Architekturen (SOA) vorzuziehen ist, ist vom jeweiligen Einzelfall abhängig. Entscheidungsparameter können beispielsweise sein, wie heterogen die betroffenen Anwendungsarchitekturen ausgeprägt sind oder welche Tools der jeweiligen Technologien im Bedarfsfall am besten für eine optimale prozessorientierte Steuerung geeignet sind.

▶   **Implementierung eines effektiven Anwendungsmanagements** Es ist eine hoch zu priorisierende Pflicht für das Management der Informationstechnologie, die Kosten für Weiterentwicklung und Pflege der Kernanwendungen dauerhaft in den Griff zu bekommen. Ein genauer Blick auf die Kostenseite macht deutlich, welche enormen Summen hierfür verwendet werden, gerade wenn die Anwendungslandschaft sehr heterogen strukturiert ist. Bleiben die Kosten hier dauerhaft über einem vergleichbaren Marktdurchschnitt, können sie kaum durch andere Positionen auf der Kostenseite kompensiert werden – eine schlechte Ausgangssituation im harten Wettbewerb.

   Auch wenn es durch neue Technologien möglich geworden ist, trotz heterogener Architekturen Prozesse anwendungsübergreifend und flexibel zu steuern, bleiben die hohen Kosten für den Unterhalt der Anwendungen weiterhin bestehen. Es gibt daher keinen Grund, sich auszuruhen und mit dem Erreichten zufriedenzugeben. Ein wichtiges Merkmal einer modernen IT-Organisation ist ein leistungsfähiges Anwendungsmanagement, das das Ziel verfolgt, die Anwendungsarchitektur sowohl technisch als auch in ihrer Kostenstruktur kontinuierlich zu verbessern. Die Organisation braucht Klarheit und Transparenz darüber, wie man sich von der aktuellen Anwendungslandschaft, sprich von teuren, historisch gewachsenen Strukturen, die kaum übergreifend ausgerichtet sind, zu einer Ziel-Anwendungslandschaft entwickeln kann. Selbstverständlich bestimmt im Wesentlichen das Geschäftsmodell des Kreditinstituts darüber, wie das Zielbild der Anwendungsarchitektur aussehen muss. Auf jeden Fall werden aber weniger und homogenere Anwendungen zum Einsatz kommen. Ferner ist es ratsam, immer einen guten Überblick über das Geschehen auf dem IT-Anbietermarkt zu haben. Ideal wäre es, wenn ein Anbieter von Kernbankanwendungen in der Lage wäre, ein hoch integriertes und flexibles Anwendungssystem anzubieten, das das gesamte Bankgeschäft abbilden könnte. Das ist allerdings noch Zukunftsmusik. Je nach Geschäftsmodell lassen sich erfahrungsgemäß nur ca. 10 bis 30 % der Anforderungen einer Retailbank sehr gut oder gut durch Standardanwendungen abdecken. Durch individuelle, meist sehr umfangreiche Veränderungen an den Standardsystemen können weitere 10 bis 20 % der Prozesse in diesen Anwendungen abgebildet werden. Starke Veränderungen in den Standardanwendungen können das Problem mit sich bringen, dass nicht sichergestellt ist, ob Updates und Pflege noch durch den Support des Herstellers geleistet werden. Oft ist man dann aus Kostengründen dazu geneigt, Kompromisse einzugehen und die voreingestellten Standardprozesse der Anwendungen zu übernehmen. Möglicherweise sind solche Kompromisse statt teurer Anpassungen bei nachgelagerten und nicht erfolgskritischen Prozessen die bessere Option. In wichtigen Kernprozessen Kompromisse einzugehen, ist hingegen sehr kritisch. Stellen solche Kompromisse die Flexibilität bei der Anpassung an neue geschäftliche Bedingungen infrage, ist von der Einführung einer Standardsoftware abzuraten. Grundsätzlich muss dies natürlich im Einzelfall abgewogen und entschieden werden. Aber es ist wichtig, sich von Mitbewerbern unterscheiden zu können und dabei nicht von Kompromissen ausbremsen zu lassen.

In Sparkassen und genossenschaftlichen Instituten sieht es ganz anders aus. Dort sind hoch integrierte Anwendungssysteme im Einsatz, die nahtlos alle Geschäftsvorfälle abwickeln können. Zudem wird spezialisiertes Geschäft, wie Bausparen oder Leasing, von Verbundpartnern bearbeitet. Dieses Modell funktioniert natürlich nur, weil das Geschäft von Sparkassen und VR-Banken mehr oder weniger gleichgeschaltet ist. Solange sich die Kreditinstitute gut und erfolgreich in ihrem definierten Kerngeschäft bewegen, kann man von einer rundum guten Lösung sprechen. Die Rechenzentren liefern die passenden Anwendungen und die Institute können sich voll auf den Markt konzentrieren, statt wertvolle Ressourcen für die Informationstechnologie abstellen zu müssen. Wenn einzelne Institute innerhalb dieser beiden Finanzverbünde allerdings gezwungen wären, auch andere Märkte zu bedienen, würden sich große Schwierigkeiten einstellen. Die Rechenzentralen wären wohl kaum bereit, Nischen und Einzelfälle zu bedienen. Sie sehen, eine perfekte Lösung gibt es nicht.

8.5.3 Informationstechnologie, die die Zusammenarbeit mit Geschäftspartnern und Kunden verbessert

Die Zusammenarbeit mit Händlern systematisch zu verbessern, ist für Toyota und für die Retail Bank AG gleichermaßen von besonderem Interesse, weil die Händler für beide Unternehmen die Quelle der Wertschöpfungskette darstellen. Vergleicht man aber die Art und Weise, wie die Retail Bank AG diese Aufgabe bisher angegangen ist, mit der von Toyota, stellt man grundlegende Unterschiede fest. Zwar hatte die Retail Bank AG mit ihrem strategischen Programm *Wir liefern Ideen* wichtige Bedürfnisse von Händlern aufgegriffen und innovative Finanzprodukte entwickelt. Aber das Institut vernachlässigte beispielsweise den erfolgskritischen Anbahnungsprozess zwischen Händler und Endkunden. Welche Details in diesem Prozess möglicherweise Kunden daran hinderten, einen Kreditvertrag abzuschließen, oder welche vermeidbaren Ärgernisse in der Administration des Händlers bei der Bearbeitung der Kreditunterlagen auftraten, war für das Institut kaum sichtbar. Selbstverständlich hätte man von engagierten Vertriebsmitarbeitern verlangen können, Probleme bei Händlern aufzuspüren. Aber Vertriebsmitarbeiter der Bank sind keine Prozessanalysten und verfügen nicht über entsprechendes Expertenwissen. Der Prozess war für die Retail Bank AG erst dann richtig sichtbar, wenn der Kreditantrag in der Bank einging. Dieses Phänomen ist übrigens für die Bankenwirtschaft typisch. Banken widmen von jeher der reinen Produktentwicklung mehr Aufmerksamkeit als der Aufgabe, Detailprozesse im Zusammenhang mit ihren Produkten wirklich zu verstehen und zu beherrschen. Dadurch bleiben Chancen im Verborgenen und leider ungenutzt.

Schaut man etwas genauer auf das bisherige Beziehungsgeflecht zwischen der Retail Bank AG und ihren Händlern, stellt man fest, dass diese Beziehung auf einem sehr formellen Verhältnis beruhte, das primär durch die Vertriebsorganisation und durch fest definierte Ansprechpartner gepflegt wurde. Informelle Kontakte waren eine Ausnahme. Und das gilt wohl für die gesamte Branche.

Toyota macht es anders. Das Beziehungsgeflecht zu seinen Händlern ist viel intensiver und stark von persönlichen – formellen wie auch informellen – Kontakten geprägt. Es gibt in den Händlerorganisationen nur wenige Dinge, die Toyota verborgen bleiben. Nach eigenem Bekunden motiviert es Toyota-Mitarbeiter ganz besonders zu verstehen, wie Händler befähigt werden können, ihre Kunden noch mehr zufriedenzustellen und selbstverständlich noch mehr Toyota-Automobile zu verkaufen. Intern wird Mitarbeitern hohe Anerkennung zuteil, die Verbesserungspotenziale bei Händlern entdecken und dadurch die Beziehung festigen helfen. Dafür engagieren sich keineswegs nur Mitarbeiter aus der Vertriebsorganisation, sondern Mitarbeiter aller Bereiche, auch solcher, die eigentlich keinen offensichtlichen Bezug zum Händlernetzwerk haben. Nicht selten halten diese informellen Beziehungen Jahrzehnte oder sogar das ganze Arbeitsleben lang. In diesem Beziehungsnetzwerk sind auch die Lieferanten von Toyota und sogar deren Lieferanten eingebunden. Die Nutzung moderner Medien ist dabei verpönt, das Gespräch vor Ort oder Telefonate bestimmen den Kontakt. Allerdings muss man zugestehen, dass diese besondere Art von Beziehung, die Toyota zu seinen Händlern pflegt, in unserem westlich geprägten Kulturkreis kaum übernommen werden kann.

Warum erzähle ich Ihnen das dann? Objektiv betrachtet verpasste die Retail Bank AG Chancen, Verbesserungspotenziale zu identifizieren, weil die betreffenden Prozesse außerhalb der vertrauten Umgebung lagen. Das war ein unbefriedigender Zustand. Zudem stellte das Management bereits zu Beginn des Veränderungsprozesses selbstkritisch fest, dass es dem Institut nie richtig gelungen war, eine tief greifende Vertrauensbeziehung zu seinen wichtigsten Händlern herzustellen. Dementsprechend verhielten sich die Händler in vielen Situationen wenig loyal gegenüber der Retail Bank AG, das heißt, sie empfahlen ihren Kunden bei der Finanzierung ihrer Kraftfahrzeuge oft auch andere Institute. Die Gründe dafür waren in den meisten Fällen nicht transparent.

Die Frage, die sich nun stellte, war, ob es mit Unterstützung der Informationstechnologie gelingen könnte, die Beziehung zu den Händlern zu verbessern. Diese These ist sicherlich gewagt. Wie kann Informationstechnologie konkret dabei unterstützen, eine Kundenbeziehung substanziell zu verbessern? Einen Hinweis dazu liefert ein namhaftes Schweizer Bankinstitut (vgl. Abele 2014; vgl. Credit Suisse 2015). Eine wichtige Kundengruppe des Instituts sind selbstständige Vermögensverwalter, die enorm hohe Assets ihrer Mandanten dort anlegen. Das Institut entschied sich, mittels einer Social-Media-Plattform, vergleichbar mit einer Art *B2B-Facebook,* spezielle Services für die externen Vermögensverwalter einzurichten. Einer dieser Services (Reporting) ermöglicht den Vermögensverwaltern, direkt und unbürokratisch die aufsichtsrechtlichen Verpflichtungen, die sich aus ihren Beratungsmandaten ergeben, zu erfüllen. Durch einen weiteren Service dieser Plattform können die Vermögensverwalter untereinander kommunizieren und sich geschäftlich besser vernetzen. Mit einem dritten Service haben sie direkten Zugriff auf das weltweite Expertennetzwerk der Bank. Diese Services haben dem Schweizer Institut zu einer verbesserten Beziehung zu seinen externen Vermögensverwaltern verholfen.

Im privaten Bereich sind Social-Media-Anwendungen bereits allgegenwärtig. Es ist schon beeindruckend, wie schnell und durchdringend Wissen und Meinungen sich im Kreis der Anwender verbreiten. Zwischen Unternehmen sind solche Anwendungen bisher kaum zu finden. Aber ganz offensichtlich treffen sie auch den Nerv vieler kommerzieller Anwender. Vielleicht hätte auch die Retail Bank AG durch die Nutzung speziell zugeschnittener Social-Media-Lösungen die Chance, die Händler enger an das Institut zu binden und tiefere Einblicke in die Händlerorganisationen zu bekommen, die dem Institut bislang verschlossen waren. So bekäme das Institut die Chance zu verstehen, was die Händler in ihrem Geschäft tatsächlich bewegt.

Mittlerweile ist die Verbreitung und Nutzung von Social-Media-Anwendungen so weit fortgeschritten, dass man davon ausgehen kann, dass Anwender – in diesem Fall Automobilhändler – diese neuen Kommunikationsmittel generell akzeptieren. Moderne Social-Media-Anwendungen haben das Potenzial, Kundenbeziehungen zu verbessern, vorausgesetzt, sie sind gut gemacht und es steht ein gut organisiertes Team dahinter, das die Plattform pflegt und regelmäßig mit hochwertigen redaktionellen Inhalten versorgt.

8.5.4   Informationstechnologie, die die digitale Strategie des Instituts unterstützt

Ich war entzückt, als 2012 die erste Bank den antiquierten Prozess des Post-Ident-Verfahrens durch eine clevere Onlinelösung ablöste. In rund fünf Minuten ist mit dem neuen Verfahren ein Girokonto eröffnet. Kunden sparen sich eine Menge Zeit und Nerven und der Bank bleiben hohe Prozesskosten erspart.

Schaut man genauer hin, sind die Abläufe in Retail-Instituten gespickt mit antiquierten Prozessen. Besonders deutlich wird das, wenn man sie mit FinTech-Unternehmen vergleicht. Zug um Zug erobern diese jungen Unternehmen Marktanteile, indem sie ganz gezielt um meist junge, online-affine Kunden werben. Dabei handelt es sich in vielen Fällen gar nicht um echte Banken, sondern lediglich um Dienstleister, denn über eine Banklizenz verfügen diese Unternehmen meist nicht. FinTechs nutzen Partnernetzwerke wie zum Beispiel Partnerbanken, die die Konten ihrer Kunden verwalten, und andere Dienstleister, die die Abwicklung der Geschäftsvorfälle übernehmen.

Was ist daran innovativ? Nein, es ist nicht die Fähigkeit, das Geschäft an Partner auszulagern und entsprechende Schnittstellen zu definieren. FinTechs sind innovativ, weil
sie in der Lage sind, ihren Kunden ein digitales Erlebnis, die sogenannte *Customer Expe-
rience,* zu vermitteln. Das ist der springende Punkt. Bankgeschäfte zu erledigen, muss so
einfach sein wie Musiktitel via iTunes auf das iPhone zu laden. Es geht nicht nur um ein
ansprechendes Design, sondern um die gesamte Funktionsweise eines Services: *Design
is not just what it looks like and feels like. Design is how it works* (Steve Jobs; vgl. Walker 2003). Für Banken bedeutet das ein enormes Risiko, dass FinTechs die Schnittstelle
zum Kunden in der digitalen Welt besetzen und der von ihnen angebotene Service vollkommen ersetzbar wird (vgl. Bain und Company Germany Inc. 2014). Hinzu kommt,
dass Kunden, die das digitale Angebot ihrer Bank nutzen, loyaler sind als etwa der klassische Filialkunde.

> Digitalisierung ist nicht, wie einige immer noch denken, ein Projekt für wenige, sondern die
> Realität für uns alle. Die Digitalisierung ist das Kernthema der kommenden Jahre für unsere
> Branche. Dieser Trend wird das Bankgeschäft nachhaltiger verändern als die Finanzkrise
> (Dr. Markus Pertlwieser, COO Deutsche Bank Privat- und Geschäftskunden; vgl. Leichsen-
> ring 2015a).

Den großen Retailbanken mit Filialnetzwerk ist diese Gefahr durchaus bewusst. Ein
hochrangiger Funktionär des Deutschen Sparkassen- und Giroverbandes wurde mit den
Worten zitiert, dass der typische Sparkassenkunde, der über einen Onlinezugang zu seiner Sparkasse verfügt, ca. einhundert Mal im Jahr Buchungen tätigt. Verfügt dieser Sparkassenkunde über eine entsprechende App für sein Smartphone oder Tablet, wird diese
rund zweihundert Mal im Jahr genutzt. Der Weg in die Filiale reduziert sich auf das
Abheben von Bargeld. Das Gespräch mit einem Berater in der Filiale sucht der Kunde
im Schnitt nur einmal im Jahr. Es wird spannend zu beobachten sein, ob den großen Fili-
alorganisationen der Spagat gelingen wird, ihr heiliges Filialgeschäft mit einem wettbewerbsfähigen digitalen Angebot zu kombinieren. Die Filiale ist zwar nicht tot, muss
sich aber klar vom Standardgeschäft abgrenzen, das digital besser, billiger und für die
Anwender bequemer abgewickelt werden kann.

Auch hier muss zuerst das Geschäftsmodell der Bank genau unter die Lupe genommen werden, um entscheiden zu können, welche Kundenbeziehungsprozesse sinnvoll
digitalisiert werden können. Für viele Institute wird dieser Anpassungsprozess zu sehr
schmerzhaften Einschnitten führen. Das Beratungsunternehmen Accenture geht davon
aus, dass die traditionellen Banken kurz- bis mittelfristig bis zu 35 % ihres Marktanteils
an reine Online-Player und Nicht-Banken verlieren könnten (vgl. Creative Construction
Heroes GmbH o. J.). Einer Studie der KfW Förderbank zufolge ist es sehr realistisch,
dass die Anzahl der Bankfilialen sich bis zum Jahr 2035 halbieren wird (vgl. Creative
Construction Heroes GmbH o. J.). Die ganz Großen in der Internetbranche wie Google,
Facebook, Amazon, Alibaba, Microsoft, PayPal und Vodafone haben bereits Bankli-
zenzen für Europa erworben (vgl. Bain und Company Germany Inc. 2014). Für die

alteingesessenen Institute ist deshalb höchste Eile dabei geboten, sich mit einer digitalen Strategie gegen diese neuen Mitbewerber zu positionieren. Die FinTechs greifen die Banken da an, wo es am meisten schmerzt, das heißt im Zahlungsverkehr, bei Girodiensten und bei einfachen Kreditgeschäften, also im Basisgeschäft einer Retailbank. Facebook hat in den USA bereits Erfahrungen mit ausgewählten Geldgeschäften gesammelt und plant nun auch in Europa, Geldüberweisungen zwischen Mitgliedern zu ermöglichen (vgl. Zeit Online und dpa 2014). Aber nicht nur das Geschäft mit Privatkunden wird angegriffen. PayPal beispielsweise bietet speziell für Unternehmen, die ihren Kunden PayPal als Zahlungsart anbieten, Kredite gegen Gebühren an. Die Rückzahlung erfolgt dadurch, dass von späteren Eingängen direkt ein bestimmter Prozentsatz einbehalten wird (vgl. o. V. 2014). Einen Frontalangriff auf das Geschäftsmodell klassischer Ratenkreditbanken startete PayPal durch einen weiteren Service, bei dem Händler einen Ratenkreditservice in ihre Online-Shops einbinden können (vgl. dpa 2016). Der Kreditnehmer muss in diesem Fall noch nicht einmal registrierter PayPal-Nutzer sein. Dies ist ein wunderbares Beispiel dafür, wie es dem Online-Bezahldienst immer wieder gelingt, die Quelle der Wertschöpfung in der Online-Welt zu besetzen. Offenbar können traditionelle Kreditbanken diesem Tempo nicht folgen und werden zusehends aus attraktiven Märkten verdrängt. Auch Amazon nutzt die Geschäftsbeziehung zu seinen Lieferanten dazu, ihnen Einmalkredite und Dispositionskredite anzubieten (vgl. Fuchs 2015). Der Online-Händler untergräbt damit das Geschäft von Banken mit kurzfristigen Krediten. Ferner ist davon auszugehen, dass die neuen Angebote für Zahlungsverkehrsdienstleistungen auch mit den Bonus- bzw. Loyalityprogrammen von Handelsorganisationen gekoppelt werden. Dadurch werden diese Angebote für viele Händler und Kunden attraktiver als die entsprechenden Produkte der Banken. Diese Trends zeigen, dass Banken nicht nur Geschäft verloren geht, sondern dass sie Gefahr laufen, die Hoheit über ihre Kunden zu verlieren.

Trotzdem ist es auffällig, dass die großen Internetkonzerne nicht bereits viel aktiver im Bankenmarkt vertreten sind. Bemerkenswert ist der Kommentar des Deutschen Bankenverbands zu diesem Thema:

> So zynisch es auch klingen mag: Die Margenschwäche und die Regulierungsbedingungen stellen hohe Eintrittshürden für diese Mitbewerber dar. Die desolate Gewinnsituation des Bankensektors und die Regulierungsauflagen bilden ein Schutzschild vor unliebsamen Konkurrenten (vgl. Fehr 2016).

Das ist in der Tat eine paradoxe Situation.

Die Analysten von Bain & Company fassen es zutreffend zusammen, wenn sie sagen, dass *die Digitalisierung für Banken zum kritischen Erfolgsfaktor wird* (vgl. Bain und Company Germany Inc. 2014). Die Beratungsgesellschaft fügt hinzu, dass *den meisten Finanzinstituten noch die organisatorischen Strukturen, Prozesse und Fähigkeiten für Innovationen fehlen* (vgl. Bain und Company Germany Inc. 2014).

Das Banken-Establishment ist hier übrigens in guter Gesellschaft, denn Ähnliches gilt für die Automobilindustrie. Auch die Autobauer werden von neuen Marktteilnehmern unter Druck gesetzt. Das kleine Unternehmen Tesla führt die gesamte Automobilbranche regelrecht vor und zeigt, wie elektrifizierte Mobilität wirklich funktioniert, ohne sich von der Emotionalität des Autofahrens zu entfernen. Ganz im Gegenteil, Tesla liefert seinen Kunden einzigartige Erlebnisse, die die etablierten Autobauer so nicht bieten können. Offenbar fügen sich die deutschen Autobauer, speziell die Premiumhersteller, in die Rolle des *Nachahmers,* statt sich mit echten Innovationen gegen die neuen Mitbewerber zu stellen. Besonders deutlich wird diese Rolle im Vergleich mit dem Internetgiganten Google. Google interessiert sich nach eigenem Bekunden nicht für das Bauen und Verkaufen von Automobilen. Für das Unternehmen aus dem Silicon Valley stehen zwei Aspekte im Mittelpunkt des Interesses: das Sammeln und Auswerten von Daten, die während des Autofahrens entstehen, und selbstverständlich deren kommerzielle Vermarktung. Andererseits arbeitet Google mit Hochdruck an der Vernetzung von Automobilen mit dem Internet, dem sogenannten *Connected Car,* das das Autofahren revolutionieren soll. Das Ziel ist nichts Geringeres als das unfallfreie, autonome Autofahren. Wird die Automobilwirtschaft also von wichtigen Zukunftsthemen abgeschnitten sein? Realistisch scheint, dass die Automobilindustrie und die Internetkonzerne wohl jeweils ihre Stärken miteinander kombinieren werden. Das wäre natürlich auch im Sinne der Kunden.

Diese Situation ist für entwickelte Industrien mehr oder weniger typisch, denn disruptive Innovationen kommen immer vom Rand und nie aus dem Zentrum – ob in der Bankenwirtschaft, in der Automobilindustrie, in der Musikbranche oder im Buchhandel.

Mit Blick auf den Bankenmarkt gibt es aber auch Stimmen, die längst nicht so pessimistisch sind wie die mancher zitierter Analysten und Beratungsgesellschaften, denn fast alle FinTech-Geschäftsmodelle haben ihre Schwächen. Zwar sind die angebotenen Produkte clever gemacht, aber sie decken kein breiteres Spektrum an Kundenbedürfnissen ab. Neue Formen von Kreditangeboten wie zum Beispiel das Crowdlending werden sicherlich das Interesse von jüngeren Kunden wecken. Ob sich diese Form des Kreditgeschäfts langfristig im Massengeschäft durchsetzen wird, ist aber mehr als fraglich. Betrachtet man das Crowdlending-Geschäft genauer, so stellt man fest, dass die Bonität der Kreditnehmer deutlich niedriger ist als im klassischen Kreditgeschäft. Das kann für den Kreditgeber ein erhöhtes Risiko bis hin zum kompletten Zahlungsausfall bedeuten und wird wohl zwangsläufig zu einer Zurückhaltung bei privaten Kreditgebern führen. Experten vertreten daher die Meinung, dass sich die Crowdfunding-Idee eher im sozialen (Non-Profit-)Bereich und bei der Finanzierung von Start-up-Unternehmen etablieren wird als im kommerziellen Kreditgeschäft.

Fatal wäre es, wenn Retailbanken das FinTech-Phänomen als Hype abtun würden. Sicherlich werden viele FinTechs wieder in der Versenkung verschwinden. Das soll aber nicht darüber hinwegtäuschen, dass FinTechs bei der Besetzung von Kundenschnittstellen in der Online-Welt erfolgreicher sind als Banken. Genau hier liegt die Krux. Ich führte vor einiger Zeit mit einem langjährigen Kunden am Rand eines Workshops ein Gespräch. Mein Kunde sagte etwas sehr Bemerkenswertes:

Ich bin frustriert. Das Institut unternimmt enorme Anstrengungen, um die immer komplexer werdenden regulatorischen Bedingungen zu erfüllen. Zudem müssen komplexe Infrastrukturen, wie zum Beispiel Rechenzentren, betrieben werden. Die Bank investiert hohe Summen für die Sicherheit und Betrugsabwehr. Aber der Kunde sieht das alles nicht. Im Blick der Verbraucher steht an erster Stelle das digitale Erlebnis. Dass das System, der Zahlungsverkehr und die Sicherheit hinter all dem immer funktionieren, ist aus Sicht des Verbrauchers selbstverständlich. FinTechs kaufen sich all diese Infrastrukturservices ein und konzentrieren sich letztendlich nur darauf, wie eine digitale Anwendung beschaffen sein muss, um die Aufmerksamkeit ihrer Kunden zu gewinnen. Unser Problem ist, dass wir das nicht so schaffen wie FinTechs. Im Vorstand haben die Risikoberichterstattung und Infrastrukturthemen eine höhere Priorität als die Digitalisierung.

Offenbar steht bei vielen Entscheidern im Top-Management die Digitalisierung noch nicht ganz oben auf der Agenda. Es ist zwingend geboten, alle Anstrengungen zu unternehmen, um die Hoheit über die Kundenbeziehungen nicht zu verlieren. Sind Kunden einmal verloren, wird es fast unmöglich sein, diese wieder zu gewinnen. Ich erinnere an dieser Stelle an das Zitat von Dr. Markus Pertlwieser (vgl. Leichsenring 2015a), Deutsche Bank, der richtigerweise daran erinnert, dass die Digitalisierung Realität für alle Bankinstitute geworden ist. Und diese Realität verpflichtet das Bankmanagement, dieses strategische Thema aktiver zu forcieren.

Ich werde mich nun der Frage zuwenden, über welche Fähigkeiten ein modernes Retail-Institut verfügen muss, um sich im digitalen Wettbewerb durchzusetzen. Offenbar täuscht die Überschrift dieses Subkapitels etwas, denn die Umsetzung digitaler Strategien beschränkt sich nicht nur auf die Einrichtung eines IT-Systems. Allerdings, und das muss ausdrücklich hervorgehoben werden, ist die Implementierung digitaler Services unmöglich, wenn nicht zuvor technische Grundvoraussetzungen geschaffen worden sind. Eine zwingende Grundvoraussetzung ist, dass die Prozesslogik von den Unternehmensanwendungen entkoppelt wurde. Ohne Entkopplung von Front- und Backofficesystemen können flexible digitale Services kaum wirtschaftlich vertretbar implementiert werden. Somit sind die bereits geschilderten technischen Verfahren der Enterprise Application Integration (EAI), des Enterprise Service Bus (ESB) und der Service-orientierten Architekturen (SOA) auch bei der Umsetzung der digitalen Strategie außerordentlich wichtig.

Eine weitere Grundvoraussetzung stellt die Sicherheit in der digitalen Welt dar. Mit der Sicherung von Onlineanwendungen haben Banken bereits Erfahrungen sammeln können. Nun sind Banken damit konfrontiert, in ihren Sicherheitsarchitekturen auch die mobilen Endgeräte ihrer Kunden zu berücksichtigen. Sicherheitsexperten stufen mobile Endgeräte per se als *sehr unsicher* ein. Diese Situation stellt die Banken natürlich vor große Herausforderungen, um ihre Kunden kontinuierlich vor Betrug und Missbrauch schützen zu können.

Eine wichtige Entwicklung in Banken fordert die Informationstechnologie wohl mehr als viele Themen zuvor. Es ist klar vorgezeichnet, dass sich Banken zu professionellen und strategischen Datensammlern und Datenanalytikern entwickeln. Das Geschäft der Bank profitiert stark von Informationen wie zum Beispiel dem detaillierten Nutzer- und Kaufverhalten ihrer Kunden. Diese Informationen eröffnen Banken die Chance, sich von einer tendenziell wenig loyalen und transaktionsorientierten hin zu einer festen, wertorientierten Kundenbeziehung zu entwickeln. Die Daten sichern die zukünftigen Erträge der Bank. Das hierfür notwendige Datenmanagement zu organisieren, zählt ebenfalls zu den Grundvoraussetzungen, die eine Bankorganisation in der digitalen Welt schaffen muss. Generell haben Banken viel Erfahrung im Umgang mit komplexen Datenstrukturen. Die Risikoberichterstattung setzt beispielsweise ebenfalls auf komplexen Datenbeständen auf. Die Zielrichtung beim Datenmanagement in Bezug auf Kundenprozesse ist natürlich eine ganz andere, aber aus technologischer Sicht werden Banken in der Lage sein, diese Komplexität zu bewältigen. Über den Erfolg entscheidet jedoch die Qualität der Zusammenarbeit zwischen der Vertriebs- und Marketingorganisation auf der einen und der Informationstechnologie auf der anderen Seite. Gerade hier ist ein professionelles Management des Technologieeinsatzes enorm wichtig, weil Projekte dieser Art sehr kostspielig und zeitkritisch sind.

Sind die vielfältigen Voraussetzungen der technischen Infrastruktur erfüllt, muss sich das Institut damit auseinandersetzen, einzigartige und digital gestützte Kundenerlebnisse zu schaffen. Apps und Onlineportale zu entwickeln, ist keine Kunst. Die Kunst besteht darin, für die Kunden die Grenzen zwischen digitaler und physischer Lebenswelt aufzuheben. Unternehmen, die es schaffen, eine Brücke zwischen diesen Lebenswelten zu schlagen und für Konsumenten je nach Wunsch sowohl online als auch offline erreichbar zu sein, stehen vor einem großen Potenzial (vgl. Leichsenring 2015b). Diese Szenarien technisch zu realisieren und es organisatorisch zu bewerkstelligen, die digitalen Dienste in die komplexen Vertriebs- und Servicestrukturen der Bank zu integrieren, gehört ebenfalls auf die Agenda des Top-Managements. Darüber hinaus muss das Management auch darauf achten, dass Konflikte bei Zielvereinbarungen mit den jeweiligen Vertriebsorganisationen (Filialvertrieb/Onlinevertrieb) ausgeschlossen sind. Dabei darf aber nicht der Fehler gemacht werden, womöglich über das Ziel hinauszuschießen. Muss wirklich jedes Produkt, jeder Service und jede Transaktion über jeden Kanal verfügbar sein? Es ist anzuraten, erst das Kundenverhalten im Umgang mit digitalen Diensten genau zu analysieren und dann zu entscheiden, welche Dienste und Strukturen Kunden in digitaler Form angeboten werden sollen.

Auch wenn manchmal von digitalen Innovationen etwas Mystisches auszugehen scheint: Entwicklung und Implementierung sind kein Hexenwerk. Aber es müssen Voraussetzungen erfüllt sein. Wie bereits zitiert, bemängelt Bain & Company *das Defizit vieler Finanzinstitute, nicht über die notwendigen organisatorischen Strukturen, Prozesse und Fähigkeiten für Innovationen zu verfügen* (vgl. Bain und Company Germany Inc. 2014). An dieser Baustelle müssen Banken arbeiten und die Voraussetzungen schaffen.

Genau diese Fähigkeiten erarbeitete sich die Retail Bank AG im Zuge ihres Transformationsprozesses. Das Institut verfügt nun über einen geordneten Prozess, strategische Ziele zu definieren, hieraus operative Prozessziele abzuleiten und diese eng zu steuern. Die Mitarbeiter haben gelernt, Prozesse optimal zu designen und auf schnell wechselnde und ambitionierte Ziele zu reagieren. Die oftmals wenig effektive Zusammenarbeit zwischen Fachbereichen und Informationstechnologie wurde durch ein neues, effektives

Modell der Zusammenarbeit ersetzt. Mitarbeitern werden Freiräume und Rückzugsmöglichkeiten angeboten, um an innovativen Ideen zu arbeiten. Diesen Weg muss eine Bank vorher gehen, wenn sie sich den hohen Anforderungen stellen will, die im Zuge einer Digitalisierungsstrategie bewältigt werden müssen. Verfügt ein Institut nicht über eine echte Innovationskultur, wird auch die Umsetzung einer digitalen Strategie nicht gelingen.

Heinrich Hiesinger bezieht sich in seinem nachfolgenden Zitat auf sein eigenes Unternehmen, aber das, was er sagt, trifft auch uneingeschränkt auf die Bankenwirtschaft zu:

> Es ist daher unsere Aufgabe, permanent zu prüfen, wie wir unsere Wertschöpfungsketten und Kundenbindung mithilfe digitaler Anwendungen verbessern können. Was mich mit Sorge umtreibt, ist der in Deutschland so ausgeprägte Fokus auf technologische Aspekte der Digitalisierung. Das beste Fachwissen kann heute nachgeahmt werden. Sicher bildet Technologie die Basis, die Veränderung ist jedoch viel umfassender. Sie erfordert einen Kulturwandel in Unternehmen, vor allem die Fähigkeit der flexiblen Zusammenarbeit über Organisationsgrenzen hinweg, oft über das eigene Unternehmen hinaus, die Nutzung von großen Datenmengen, ein ständiges Hinterfragen der Geschäftsmodelle, um auch künftig den Kundenzugang und die Kundenbindung zu verteidigen (Heinrich Hiesinger, Thyssen-Krupp AG, vgl. Knop 2016).

Endlich haben Retail-Institute eine echte Chance, sich durch ihre digitale Strategie signifikant von ihren Mitbewerbern zu differenzieren. Seit Jahrzehnten klagen die Institute, dass sich die Marktteilnehmer im klassischen Retail-Geschäft immer mehr angleichen und dass es fast unmöglich geworden sei, sich aus Kundensicht klar zu unterscheiden. Meist sind erbitterte Preiswettbewerbe, hohe Ausgaben für Werbung und ein Margenverfall die Konsequenz. Nutzen Sie die Möglichkeit zur Differenzierung durch eine durchdachte digitale Strategie. Bieten Sie Ihren Kunden digitale Erlebnisse und verbinden Sie Ihre Beratungsdienstleistungen sinnvoll mit Ihren digitalen Angeboten. Machen Sie es Ihren Kunden möglichst einfach, intuitiv und bequem die digitalen Angebote Ihrer Bank zu nutzen. Die Digitalisierung ist in vielerlei Hinsicht eine Chance, keine Gefahr. Wie kaum jemals zuvor leistet die Informationstechnologie mit der Einführung digitaler Produkte und Services einen entscheidenden Beitrag zur Erreichung strategischer Ziele.

Literatur

Abele, M. (2014). Erfolgreiche B2B-Communitys, ti&m special 2104; www.ti8m.ch/dam/jcr:4bef5e56-27bc-4278-b292-c43d9ef6aded/ti8m_special_2014.pdf+&cd=1&hl=de&ct=clnk&gl=de. Letzter Zugriff: 14.02.2016.

Bain & Company Germany Inc. (2014). Weltweite Bain-Studie zur Zukunft des Retail-Banking: Digitalisierung wird für Banken zum kritischen Erfolgsfaktor; http://www.bain.de/press/press-archive/digitalisierung-wird-fuer-banken-zum-kritischen-erfolgsfaktor.aspx; 17.07.2014. Letzter Zugriff: 04.09.2015.

Capgemini (2014). IT-Trends-Studie 2014; https://www.de.capgemini.com/ressourcen/it-trends-studie-2014; 28.01.2014. Letzter Zugriff: 05.012015

Carr, N. (2003): IT doesn't matter; https://hbr.org/2003/05/it-doesnt-matter. Letzter Zugriff: 23.05.2016.

Creative Construction Heroes GmbH (o. J.). Trend 2015: Banking without Banks; http://www.creativeconstruction.de/lp/trends2015/banking-without-banks/. Letzter Zugriff: 29.12.2015.

Credit Suisse (2015). eamXchange – Dienstleistung 2.0; http://www.finews.ch/service/advertorial/19737-credit-suisse-eamxchange-business-plattform-external-asset-manager; 02.11.2015. Letzter Zugriff: 14.02.2016

Diercks, J. (2011). IT verliert Kontrolle über Geschäftsprozesse; http://www.heise.de/ix/meldung/IT-verliert-Kontrolle-ueber-Geschaeftsprozesse-1244454.html; 17.05.2011, Letzter Zugriff: 29.11.2012.

dpa (2016): Online-Bezahldienst führt Ratenzahlung ein; http://www.wiwo.de/unternehmen/dienstleister/paypal-online-bezahldienst-fuehrt-ratenzahlung-ein/13671712.html; 01.06.2016. Letzter Zugriff: 01.06.2016.

Fehr, M. (2016). Fünf Thesen für die Bank der Zukunft; http://www.wiwo.de/unternehmen/banken/fintech-filiale-fortschritt-banken-muessen-wieder-geld-verdienen/12986162-2.html; 19.02.2016. Letzter Zugriff: 05.04.2016.

Fuchs, J. G. (2015). Amazon poliert Händlerservices auf: Kreditprogramm und verbesserte Gebührenstruktur für „Versand durch Amazon"; http://t3n.de/news/amazon-versandgebuehren-gebuehren-620002/; 01.07.2015. Letzter Zugriff: 17.03.2016.

GOEKEN, M. (2007): 3. ProcessLab-Colloquium, Frankfurt School of Finance and Management vom 08.03.2007, Frankfurt am Main, Präsentation: Messung und Steuerung des Wertbeitrages der IT auf Prozessebene.

Hafner, D., Lackermann, M. (2009). IT cost survey for Swiss banks 2009; 22.06. 2009; http://www.itopia.ch/downloads/pdfs/it_cost_survey_2009_v1.pdf. Letzter Zugriff: 17.04.2010.

Knop, C. (2016). Das beste Fachwissen kann heute nachgeahmt werden; http://www.faz.net/aktuell/wirtschaft/unternehmen/thyssen-krupp-chef-hiesinger-das-beste-fachwissen-kann-heute-nachgeahmt-werden-14025300.html; 21.01.2016. Letzter Zugriff: 24.01.2016

Leichsenring, H. (2015a). Deutsche Bank investiert in Digitalisierung; https://www.der-bank-blog.de/deutsche-bank-investiert-in-digitalisierung/news/15933/; 16.02.2015. Letzter Zugriff: 28.03.2015

Leichsenring; H. (2015b). Die Evolution des digitalen Konsumenten; https://www.der-bank-blog.de/die-evolution-des-digitalen-konsumenten/studien/digitalisierung/17741; 24.08.2015. Letzter Zugriff: 14.01.2016

LIKER, J., MEIER, D. (2008): Praxisbuch – Der Toyota Weg. München: FinanzBuch Verlag 2008, S. 261

MOORMANN, J., FISCHER, T. (2004): Handbuch Informationstechnologie in Banken, 2. Auflage, Wiesbaden 2004, zit. n. GOEKEN, Prof. Dr. Matthias, 3. Process-Colloquium, Frankfurt School of Finance and Management vom 08.03.2007, Frankfurt am Main, Präsentation: Messung und Steuerung des Wertbeitrages der IT auf Prozessebene, S. 5.

o. V. (2014). PayPal targets UK small businesses for cash advances; http://www.bbc.com/news/business-28438843; 23.07.2014. Letzter Zugriff: 30.12.2015

Walker, R. (2003). The Guts of a New Machine; http://www.nytimes.com/2003/11/30/magazine/the-guts-of-a-new-machine.html?pagewanted=all; 30.11.2003 Letzter Zugriff: 13.05.2015.

Zeit Online und dpa (2014). Facebook will Onlineüberweisungen ermöglichen; http://www.zeit.de/digital/internet/2014-04/facebook-lizenz-online-ueberweisung; 14.04.2014. Letzter Zugriff: 19.03.2015

Implementierung des zweiten Verbesserungskreislaufs

9

9.1 Einleitung

▷ In den folgenden Abschnitten wird der zweite Zyklusdurchlauf nicht so ausführlich wie der erste beschrieben, sondern stark zusammengefasst. So werden Redundanzen vermieden, da beispielsweise die Methoden und Verfahren des Toyota-Produktionssystems und der TWI-Trainingsprozess bereits detailliert erläutert wurden. In diesem Kapitel stehen die organisatorischen Veränderungen im zweiten Zyklusdurchlauf, das veränderte Marktumfeld der Retail Bank AG, die Aktualisierung der strategischen Zielstellungen sowie die Ableitung der neuen Prozessziele im Fokus.

Die Retail Bank AG hatte ihre Ziele erreicht und ihre Strukturen sowie die Qualifikation ihrer Mitarbeiter auf ein höheres Leistungsniveau gehoben. Die vielen Anstrengungen in Verbindung mit den neuen Methoden und Verfahren hatten sich gelohnt, die neuen Formen der Zusammenarbeit hatten gut funktioniert – das bestätigten auch die ausgezeichneten Ergebnisse. Trotzdem war es geboten, genau zu beobachten und hinzuhören, wie Mitarbeiter und Führungskräfte die erste Etappe des Transformationsprozesses empfunden hatten. Das Management darf nicht selbstverständlich davon ausgehen, dass Mitarbeiter und Führungskräfte die neuen Methoden, Verfahren und Führungsprinzipien vollständig mittragen, auch wenn die erzielten Ergebnisse positiv ausfallen. Der lange Weg zur Entwicklung herausragender Mitarbeiter ist sicherlich nicht immer klar vorgezeichnet. Es gilt, Stimmungen sensibel einzufangen, bei Bedarf gezielt zu informieren und gegebenenfalls Modifikationen am Mitarbeiterentwicklungsprogramm vorzunehmen. Daher ist es sehr ratsam, kontinuierlich an der Qualität der internen Kommunikation zu arbeiten.

© Springer Fachmedien Wiesbaden GmbH 2017
K. Röhr, *Operative Exzellenz in Retailbanken*, DOI 10.1007/978-3-658-17165-0_9

Zu Beginn eines jeden neuen Zyklus im Transformationsprozess ist es obligatorisch, die Leistungsfähigkeit der wichtigsten Instanzen kritisch zu überprüfen. Angefangen beim Führungskreis als dem Gremium, in dem die prozessübergreifende Zusammenarbeit gesteuert wird. Funktioniert das reibungslose Zusammenwirken der verschiedenen Prozessverantwortlichen? Werden die Beratungsleistungen der Prozessanalysten, der Job-Instruction-Trainer und der IT-Analysten von den Prozessverantwortlichen angenommen? Fügen sich alle Teile wie geplant zu einem Ganzen zusammen?

Es ist ebenfalls obligatorisch, kritisch zurückzublicken, ob in der Struktur, der Abfolge und den Inhalten des kontinuierlichen Verbesserungskreislaufs Schwächen und Defizite auftraten. Selbstverständlich unterliegt auch der kontinuierliche Verbesserungskreislauf einer kontinuierlichen Verbesserung. Darüber hinaus ist es besonders wichtig zu prüfen, ob die personellen Kapazitäten für Analytik und Mitarbeiterentwicklung für die Herausforderungen des neuen Verbesserungszyklus ausreichend bemessen sind. Wandel und Erneuerung erfordern neue Fähigkeiten, die wiederum in den Weiterbildungsmaßnahmen berücksichtigt werden müssen.

9.2   Bereits beschlossene Maßnahmen für den zweiten Verbesserungszyklus

Das Management der Retail Bank AG hatte schon während des ersten Zyklus organisatorische Veränderungen beschlossen, die nun zur Umsetzung anstanden. Für die wohl umfangreichsten Veränderungen in der Organisation war der neue *Chief Transformation Officer* verantwortlich. Ihm musste es gelingen, die drei Bereiche Informationstechnologie, Prozess- und Qualifizierungsmanagement unter einem Dach zusammenzuführen. Die Prozesse mussten so gestaltet werden, dass die Prozessverantwortlichen spürbar von den verbesserten, weil besser koordinierten Services profitierten. Hervorzuheben ist hier besonders das erfolgskritische Management des Technologieeinsatzes.

Außerordentlich gute Fortschritte wurden im ersten Zyklusdurchlauf bei der Optimierung der Kategorien Prozessvarianten und Prozessfluss erzielt. Diese Verbesserungen hatten natürlich auch einen positiven Einfluss auf das Kriterium Ressourceneinsatz. Im Zuge der geplanten Optimierungsmaßnahmen stand das Kriterium Ressourceneinsatz nun im Mittelpunkt. Nur durch eine gezielte Optimierung der personellen Ressourcen ist es möglich, im Kundentakt zu produzieren, sprich den Wertstrom strikt nach der Nachfrage zu steuern. Die Fähigkeit, im Kundentakt produzieren zu können, ist das wesentliche Element des Toyota-Produktionsprinzips. Es wurde daher schon im ersten Verbesserungszyklus beschlossen, ein professionelles Verfahren zur Disposition der personellen Ressourcen zu implementieren. Nur wenn es gelingt, Personal in den Dimensionen Menge, Ort und Qualifikation optimal zu steuern, kann auch tatsächlich im Kundentakt produziert werden. Dies ist eine konsequente Fortsetzung der Anstrengungen, Verschwendung zu reduzieren. Auch wenn eine professionalisierte Personaldisposition logisch und nachvollziehbar ist, wird dies möglicherweise bei den betroffenen

Mitarbeitern zu Unbehagen führen. Bislang wurde die Einsatzplanung direkt von den Prozess- und Teilprozessverantwortlichen in Abstimmung mit ihren Prozessanwendern durchgeführt. Eine zentralisierte, den gesamten Prozess umfassende Personalplanung könnte möglicherweise bei Führungskräften das Gefühl auslösen, Freiheitsgrade und Befugnisse zu verlieren. Auch Prozessanwender könnten sich daran stören, dass ihre Arbeitszeit nun mit den gleichen Methoden wie in Callcentern verplant wird. In beiden Fällen müssen sich die jeweiligen Vorgesetzten mit der Kritik ihrer Mitarbeiter auseinandersetzen und die Notwendigkeit dieser Maßnahmen erklären können. Hier sei hinzugefügt, dass von einer zentralen Personaldisposition gerade Prozessanwender profitieren, weil zum Beispiel Überstunden vermieden werden. Auch Vorgesetzte haben im Grunde genommen nur Vorteile, weil Personalunter- und -überdeckungen weitgehend vermieden werden.

9.3 Update der strategischen Phase

9.3.1 Marktbetrachtung

Generell zeigte sich im betreffenden Betrachtungszeitraum der Markt mit gebrauchten Automobilen, sowohl gemessen an den absoluten Absatzzahlen als auch an den erzielten Preisen in den jeweiligen Fahrzeugkategorien, sehr robust. Allerdings verstärkte sich der Trend der letzten Jahre, dass sich der Marktanteil der Automobilhersteller im Geschäftsfeld gebrauchter Automobile deutlich vergrößerte. Die Hersteller erweiterten ihre Wertschöpfungskette ganz gezielt durch die Vermarktung meist junger gebrauchter Automobile. Im gleichen Maße reduzierte sich der Marktanteil der stationären herstellerunabhängigen Händler, sprich der Geschäftspartner der Retail Bank AG. Diese Entwicklung blieb für das Institut natürlich nicht ohne Folgen. Die Ertragssituation vieler großer Händler geriet dadurch unter Druck, denn gerade die jungen Gebrauchtfahrzeuge liefern die höchsten Margen. Insbesondere die großen Händler versuchten das Ertragsproblem unter anderem dadurch zu kompensieren, dass sie höhere Provisionen für die Vermittlung der Kreditgeschäfte von der Retail Bank AG und anderen Partnerbanken einforderten. In Anbetracht dieser Randbedingungen war es für das Institut sehr schwierig, sein definiertes Gewinnziel zu erreichen. Vertrieb und Controlling ermittelten einen Betrag von rund einer Million Euro p. a. an zusätzlichen Provisionszahlungen, sofern den Forderungen der Händler nachgegeben werden würde.

Ein weit größeres Marktrisiko zeichnete sich für die Retail Bank AG mittelfristig ab. Start-up-Unternehmen in den USA revolutionieren derzeit den Markt mit gebrauchten Automobilen. Dort ist die Existenz der stationären Gebrauchtwagenhändler ernsthaft gefährdet. Das US-Magazin Fortune vergleicht gar das Geschäftsmodell der stationären Gebrauchtwagenhändler in den USA mit dem Schicksal der Dinosaurier (vgl. Korosec 2015; vgl. Hecking 2015). Die neuen Marktteilnehmer mit ihren digitalen Geschäftsmodellen kaufen über ein Portal zu Fixpreisen gebrauchte Automobile auf und überarbeiten

die Fahrzeuge technisch wie optisch. Das Entscheidende ist aber, dass der Vermarktungs-
ansatz völlig neu gestaltet wurde. Die Start-ups stellen die Interessen der Kunden in den
Mittelpunkt. Denn bislang mussten Kunden ein nicht unerhebliches Risiko beim Kauf
eines gebrauchten Automobils tragen. Die neuen Unternehmen bieten ihren Kunden – je
nach Anbieter – ein ein- bis vierwöchiges Rückgaberecht und die Erstattung des vollen
Kaufpreises ohne Angabe von Gründen an. Darüber hinaus werden die Automobile dem
Kunden kostenlos vor die Haustür gefahren und dort übergeben. Da der gesamte Wertschöpfungsprozess selbst organisiert wird, entfallen auch Zwischenhändler, durch die
gebrauchte Fahrzeuge häufig teurer wurden. Das kommt bei den Kunden in den USA gut
an. Aber die neuen Anbieter sind wählerisch. Es werden nur lukrative Fahrzeuge ange-
kauft, das heißt junge, unfallfreie Modelle mit einer geringen Laufleistung. Die größten
der neuen Anbieter können bereits dreistellige Millionenumsätze verbuchen und werden
auch durch finanzstarke Investoren unterstützt. Auf der anderen Seite stürzen die Marktanteile der stationären Gebrauchtwagenhändler in den USA regelrecht ab.

9.3.2 Fazit und Konsequenzen aus der Marktforschung

Es ist mit hoher Wahrscheinlichkeit damit zu rechnen, dass sich die Marktanteile der
Automobilhersteller mit ihrem Gebrauchtwagengeschäft noch weiter erhöhen werden.
Darüber hinaus muss davon ausgegangen werden, dass die ersten neuen Anbieter mit
digitalen Geschäftsmodellen in den Markt einsteigen werden. Diese Entwicklung wird
zur Folge haben, dass die freien Gebrauchtwagenhändler immer weiter in unattraktivere
Marktsegmente gedrängt werden.

Die große Abhängigkeit von stationären Gebrauchtwagenhändlern im Kfz-Geschäft
barg demnach für die Retail Bank AG hohe Risiken. Über 50 % des gesamten Kreditvolumens der Retail Bank AG entfielen auf das Kfz-Geschäft. Das Geschäft mit Neuwa-
gen (Geschäftspartner waren hier Importeure) fiel dagegen wertmäßig kaum ins Gewicht.
Auch die anderen Geschäftsbereiche des Instituts würden nicht in der Lage sein, den
Rückgang des Geschäftsvolumens und des Gewinns zu kompensieren.

Auf einen Nenner gebracht: Das Institut musste sich Schritt für Schritt unabhängiger
vom Geschäft mit den freien Händlern machen. Die zukünftigen Märkte der Retail Bank
AG lagen in der digitalen Welt. Die Bank musste mit personalisierten, flexiblen und kon-
kurrenzfähigen Angeboten genau an den Stellen im digitalen Marktplatz präsent sein, an
denen sich Kaufentscheidungen bilden und private Nachfrager mit privaten bzw. gewerb-
lichen Anbietern zusammentreffen.

Als wesentliches Fazit folgte aus der Marktbetrachtung, dass das Management eine
digitale Vertriebsstrategie definieren und ausgestalten musste, um das Wachstum des
Geschäftsbereichs langfristig zu sichern. Bittere Erfahrungen hatte die Retail Bank AG im
Internetgeschäft bereits machen müssen. Rückblickend betrachtet hatte für ihren dama-
ligen Geschäftsbereich Internet-Privatkredit eine zielgerichtete digitale Strategie gefehlt

und auch die Kostenstrukturen waren damals nicht wettbewerbsfähig genug gewesen, um preislich mit den führenden Instituten in diesem Markt mithalten zu können. Diese Situation hatte sich nun grundlegend geändert. Das Management und die Mitarbeiter hatten gelernt, wie man einen anspruchsvollen Transformationsprozess methodisch plant und umsetzt. Mit dem Erlernten war die Retail Bank AG nun in der Lage, ein digitales Vertriebsmodell zu konzipieren und alle damit zusammenhängenden organisatorischen und technologischen Voraussetzungen zu erfüllen. Auch hatte das Institut mittlerweile die Kostensituation so weit im Griff, dass man sich im Preiswettbewerb gut positioniert sah. Zudem arbeitete das Management im Rahmen des Programms *Operative Exzellenz* weiter an einer Optimierung der Kostenstrukturen. Eines muss nochmals deutlich hervorgehoben werden: Ohne wettbewerbsfähige Kostenstrukturen hätte die Retail Bank AG kaum die finanziellen Spielräume, um die hohen Investitionen in die Digitalisierung der Vertriebsorganisation sowie in die Informationstechnologie zu leisten. Mehr denn je ist es für Institute im Retail Banking lebensnotwendig, ihre Kostenseite fest im Griff zu haben.

Unabhängig davon musste eine Lösung gefunden werden, die kurzfristig gewährleistete, keine Marktanteile im etablierten Markt zu verlieren, damit die geschäftlichen Ziele in der aktuellen Betrachtungsperiode nicht gefährdet waren.

Die genaue Planung und Ausgestaltung der digitalen Vertriebsstrategie der Retail Bank AG ist nicht Gegenstand der folgenden Unterkapitel. Das Thema Digitalisierung wurde bereits allgemein in Kap. 8 erörtert. Die nachfolgenden Abschnitte fokussieren die Optimierung der Antragsstrecke analog zum ersten Verbesserungszyklus.

9.3.3 Update der strategischen Zielstellungen

In das Update der strategischen Zielstellungen flossen einerseits die Erkenntnisse aus der aktuellen Marktbetrachtung ein, andererseits die kontinuierliche Weiterentwicklung der bisherigen Programme.

Das zentrale Ziel der Retail Bank AG war es nach wie vor, sich im Markt der Gebrauchtwagenfinanzierung als einer der führenden Anbieter zu behaupten. Mit hohem Qualitätsanspruch sowie hochwertigen und flexiblen Dienstleistungen für Kunden und Geschäftspartner soll der Anspruch der Qualitätsführerschaft in diesem Zielmarkt untermauert werden. Für die zukünftige Entwicklung des Geschäftsbereichs und des gesamten Instituts war es außerordentlich wichtig, auf die Marktentwicklungen (insbesondere auf den Rückgang des Geschäfts mit den Händlern) mit unternehmerischer Entschlossenheit zu reagieren.

Folgende strategische Ziele wurden für den Betrachtungszeitraum des Verbesserungszyklus 2 (Monate 10 bis 18) definiert:

Zur Sicherstellung des im Betrachtungszeitraum geplanten Kreditvolumens und Gewinns war es unausweichlich, höhere Provisionsaufwendungen an die Händler zu leisten.

Damit sich die erhöhten Provisionszahlungen nicht auf die Gewinnsituation des Instituts auswirkten, mussten die hierfür veranschlagten Mehraufwendungen von rund einer Million EUR p. a. durch Kosteneinsparungen in der Organisation aufgefangen werden (Kosteneinsparziel 1). Die bevorstehenden Investitionen für die Planung und die Konzeption einer digitalen Vertriebsstrategie sollten sich ebenfalls nicht auf das Ergebnis niederschlagen, sondern durch weitere Effizienzgewinne in der Organisation realisiert werden. Die Investitionskosten für die Planung der Digitalisierungsstrategie für den Vertrieb wurden auf 1,5 Mio. EUR beziffert (Kosteneinsparziel 2). In Anbetracht dieser hohen Kosteneinsparziele erhielt das Programm *Operative Exzellenz* noch größere strategische Bedeutung.

Trotz der kritischen Geschäftsentwicklung mit den Händlern blieb das Management bei der Vorgabe, weiter an der Verbesserung der Qualitätsmerkmale zu arbeiten. Wie bereits im ersten Verbesserungszyklus begonnen, sollte der Hebel an den Stellen im Prozess angesetzt werden, die aus Sicht der Händler erfolgskritisch waren. Genau an diesen Stellen mussten die Händler eine deutlich sichtbare Entwicklung in der Qualität feststellen. Zentrale Maßnahme zur Erreichung dieses Ziels war die Weiterentwicklung standardisierter Prozesse mit noch kürzeren und zuverlässigeren Reaktionszeiten.

Die aufgeführten strategischen Ziele stellen nur einen Teil der strategischen Zielstellungen der Retail Bank AG dar. Rendite-, Gewinn- und Wachstumsziele sind hier nicht Gegenstand der Betrachtung, nur die strategischen Zielstellungen, die für die Produktionsbank bzw. für den ausgewählten, beispielhaften Zielprozess *Eingang Kreditantrag bis Kreditentscheidung* eine Rolle spielen.

9.3.4   Aus der Strategie abgeleitete Ziele für die Produktionsbank bestimmen

Analog zum ersten Zyklusdurchlauf wurde ermittelt, welchen Beitrag jeder Bereich des Instituts zur Erreichung der strategischen Ziele leisten musste. Die Produktionsbank übernahm einen Kostensenkungsbeitrag von 1,3 Mio. zu den insgesamt einzusparenden 2,5 Mio. EUR (Kosteneinsparziele 1 und 2).

Damit dieses anspruchsvolle Ziel erfüllt werden konnte, war es unumgänglich, weitere Effizienzgewinne zu realisieren. Ziel der Anstrengungen musste es sein, alle betreffenden Prozesse in der Produktion so miteinander zu verknüpfen, dass ein störungsfreier, kontinuierlicher Wertstrom entstand, der strikt nach der Kundennachfrage gesteuert wurde. Die *Produktion im Kundentakt* als Entwicklungsziel hatte man bereits im ersten Zyklusdurchlauf im Blick gehabt. Da die Voraussetzungen für eine Produktion exakt im Kundentakt nun erfüllt waren, erwartete das Management im Zuge des zweiten Verbesserungszyklus den nächsten großen Effizienzsprung (vgl. Abb. 9.1).

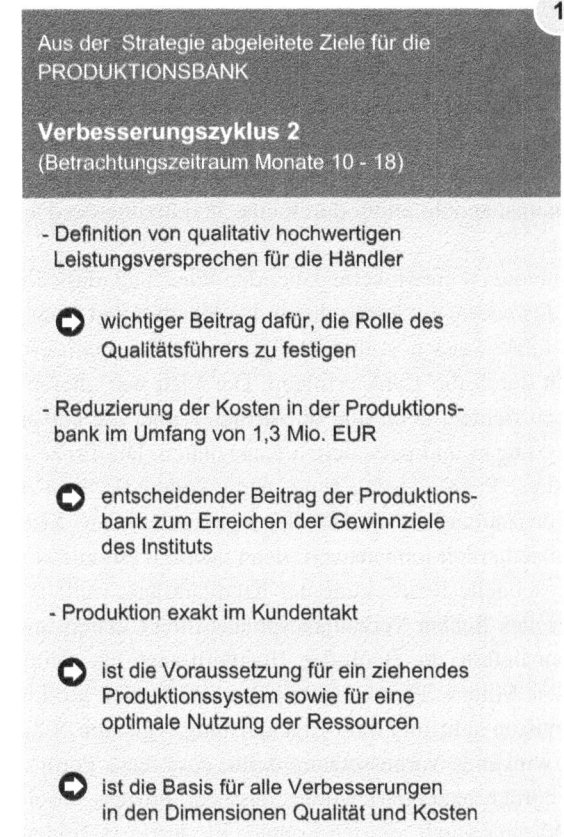

Abb. 9.1 Schritt 1 von 4: aus der Strategie abgeleitete Ziele für die Produktionsbank (in Bezug auf den Verbesserungszyklus 2)

9.3.5   Die entscheidenden Erfolgsfaktoren bestimmen

Um diesen Effizienzsprung tatsächlich zu realisieren, war es auch notwendig, die verbliebenen Prozessanwender mit hoher Qualifikation schrittweise aus der Produktion in andere Bereiche abzuziehen und durch Mitarbeiter mit geringerer Qualifikation zu ersetzen. Dies wurde möglich, wenn die Tätigkeit der Prozessanwender zu 100 % eine repetitive Struktur aufwies. Die Personalkosten würden sich auf diese Weise pro Prozessanwender im Schnitt um 20 % reduzieren. Dieser Punkt wurde im Management schon zu Beginn des Transformationsprozesses diskutiert. An eine Umsetzung war allerdings vorerst nicht zu denken, weil die Voraussetzungen, sprich hoch standardisierte Prozesse und ein professionelles System zur Wissensvermittlung, noch nicht implementiert waren. Das bereits beschlossene System zur Personaldisposition setzte ebenfalls zwingend voraus, dass die Prozesse in einem hohen Maß standardisiert waren. Das Management rechnete durch Implementierung eines solchen Verfahrens fest mit einer signifikanten Reduktion von Personalüber- und -unterdeckungen.

Im Hinblick auf Qualität lautete das Ziel, den bisherigen Servicelevel von 15 min Durchlaufzeit je Kreditantrag deutlich zu verbessern. Dieses Ziel würde sich sowohl positiv auf die Kostensituation auswirken als auch neue, verbesserte Leistungsversprechen an die Händler ermöglichen. Allerdings war dem Management klar, dass die ambitionierten Kosteneinsparziele allein durch eine Verkürzung der Durchlaufzeiten nicht zu realisieren waren.

Das Managementteam entwickelte daher den Vorschlag, dass der Teilprozess *Unterlagenprüfung und Erfassung* zukünftig durch den Händler und nicht mehr durch die Retail Bank AG durchführt werden sollte. Lediglich die automatisierte Kreditentscheidung würde dann noch durch die Bank erfolgen. Der Plan war, diesen Vorschlag nur an die großen Händler zu richten, denn nur sie verfügten über die entsprechenden organisatorischen Voraussetzungen und personellen Kapazitäten. Die Prozesskosten, die die Retail Bank AG durch diese Prozessauslagerung sparte, konnte sie dann zu Teilen in Form einer erhöhten Provisionszahlung an die Händler weitergeben. Aus Sicht der großen Händler war diese Option sicherlich lohnenswert, denn dadurch erhöhte sich ihre Flexibilität und ermöglichte eine schnelle Bearbeitung der Kreditanträge, weil sie alle Details mit ihren Kunden im Zuge des finalen Verkaufsgesprächs direkt klären und bearbeiten konnten. Mit dieser Option lieferte die Bank den Händlern auch ein weiteres wichtiges qualitatives Merkmal, das Mitbewerber so nicht boten. Zusätzlich profitierten die Händler von der erhöhten Provision aufgrund ihrer Eigenleistung (vgl. Abb. 9.2).

Es war eine zwingende Voraussetzung dafür, dass diese Form der Arbeitsteilung von den Aufsichtsbehörden akzeptiert wurde, dass der Prozess absolut unmissverständlich dokumentiert und angewandt werden konnte. Es durfte in keinem Fall Abweichungen im Ergebnis geben, das heißt, das Ergebnis der Kreditentscheidung musste immer gleich sein, unabhängig davon, ob die Antragsunterlagen von Mitarbeitern der Bank oder von Mitarbeitern der Händler geprüft und im System erfasst wurden. Individuelle Ermessensspielräume für Mitarbeiter mussten absolut ausgeschlossen sein. Damit dies tatsächlich gewährleistet werden konnte, waren insbesondere die Job-Instruction-Trainer aus dem Qualifizierungsmanagement gefordert, die ordnungsgemäße Anwendung der Prozesse in gleichbleibend hoher Qualität auch an die betreffenden Mitarbeiter der Händler zu vermitteln. Dazu war es notwendig, ein neues Verfahren zu definieren, in dem die Händler regelmäßig geschult und – ganz wichtig – deren Fähigkeiten regelmäßig überprüft werden konnten.

9.3.6 Die betreffenden Geschäftsprozesse bestimmen

In der dritten Stufe des Verfahrens wurde definiert, welche Prozesse in der Produktionsbank Einfluss auf die definierten Erfolgsfaktoren ausübten und demzufolge einen wesentlichen Beitrag zur Zielerfüllung leisteten (vgl. Abb. 9.2, 9.3).

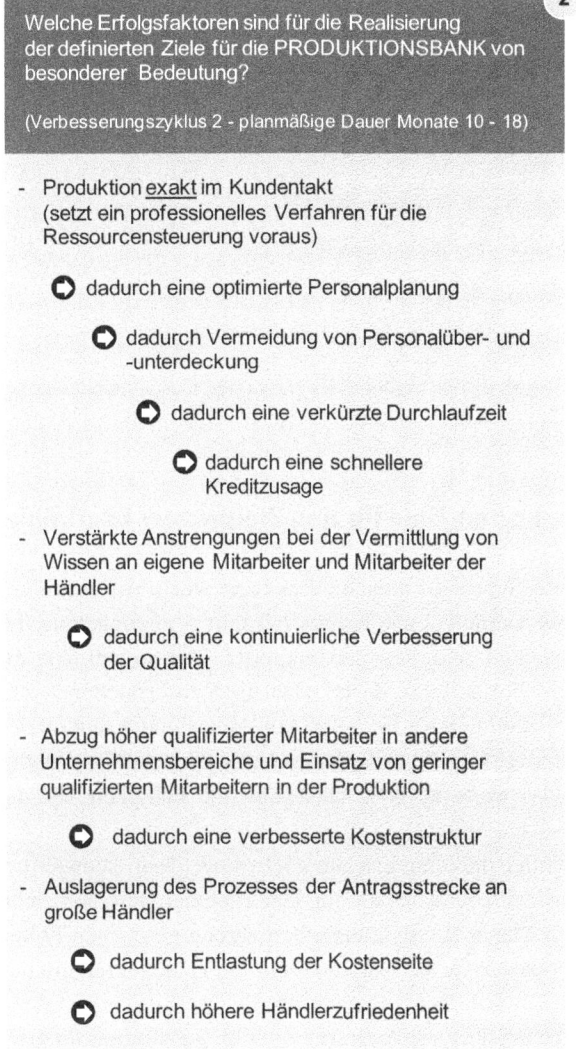

Abb. 9.2 Schritt 2 von 4: Bestimmung der Erfolgsfaktoren (in Bezug auf den Verbesserungszyklus 2)

Selbstverständlich üben neben diesem Prozess noch eine ganze Reihe weiterer Prozesse Einfluss auf die Erfolgsfaktoren aus. In Anbetracht des Umfangs und der Komplexität dieser Einflussfaktoren wird im Rahmen dieses Buchs nur die Antragsstrecke *(Eingang Kreditantrag bis Kreditentscheidung)* beispielhaft untersucht.

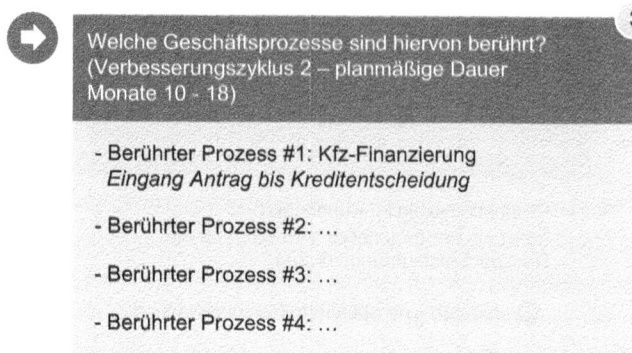

Abb. 9.3 Schritt 3 von 4: Bestimmung der relevanten Geschäftsprozesse (in Bezug auf den Verbesserungszyklus 2)

9.3.7   Die konkreten Ziele für den Zielprozess bestimmen

Der entscheidende Schritt in diesem Verfahren war die Ableitung definierter Prozesskennzahlen. Diese wurden – wie bereits bekannt – gegliedert in die Kriterien Prozessfluss, Prozessvarianten und Ressourceneinsatz. Die eigentliche Herausforderung des Managementteams bestand nun darin, realistisch zu erreichende Zielwerte für die Kfz-Antragsstrecke zu definieren, die einen konkreten und nachvollziehbaren Rückschluss auf die definierten Erfolgsfaktoren und letztendlich auf die definierten strategischen Ziele zuließen. Das war eine ganz entscheidende Fähigkeit, die das Managementteam erlernen und umsetzen musste.

Je anspruchsvoller die strategischen Ziele sind, desto schwieriger wird es selbstverständlich auch, die Prozessstruktur im Unternehmen mit den richtigen Zielwerten zu bemessen. Toyota-Manager müssen in einem streng geregelten Prozess nachweisen, dass die ermittelten Prozessziele sich nachweisbar bis zu den strategischen Zielen rückverfolgen lassen.

In diesem Prozess ist es aber genauso wichtig, Sensibilität für Qualität und Kosten bei allen Führungskräften zu entwickeln. Die Führungskräfte sind dann in der Verantwortung, ihren Mitarbeitern ein gleiches Verständnis von Qualität und Kostenbewusstsein zu vermitteln.

Das Managementteam entschied nach intensiver Prüfung, dass der Zielprozess *Eingang Antrag bis Kreditentscheidung* einen Kostensenkungsbeitrag im Umfang von 800.000 EUR p. a. leisten musste. Die verbleibenden 500.000 EUR p. a. wurden (in Entsprechung zu deren Einsparpotenzialen) auf die anderen Prozesse in der Produktionsbank verteilt, die ebenfalls Einfluss auf die definierten Erfolgsfaktoren hatten.

Große Aufmerksamkeit lenkte das Managementteam auf die Bemessung des neuen Servicelevels für die Durchlaufzeit der Kreditanträge. Die Vorgabe bestand wie gesagt

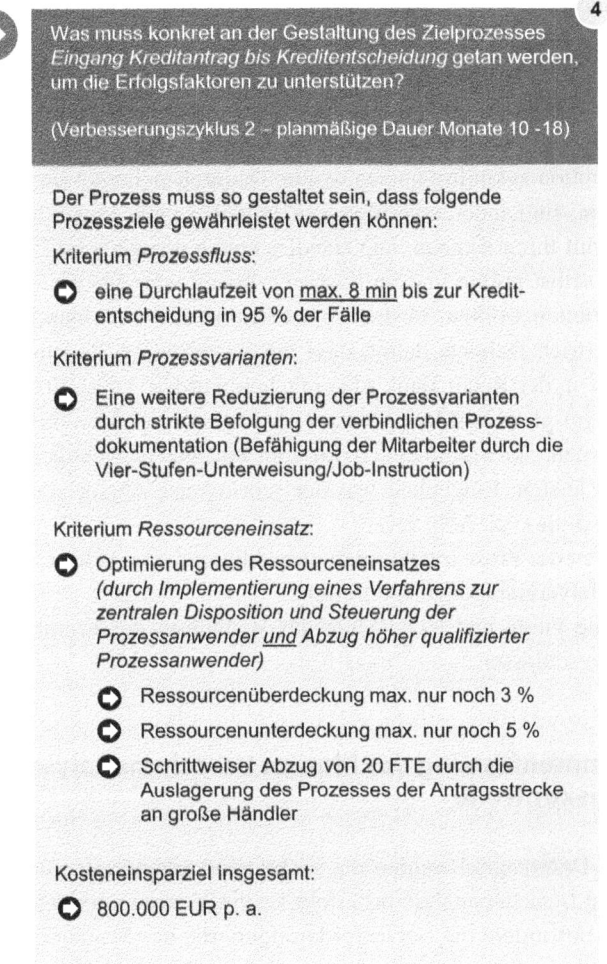

Was muss konkret an der Gestaltung des Zielprozesses *Eingang Kreditantrag bis Kreditentscheidung* getan werden, um die Erfolgsfaktoren zu unterstützen?

(Verbesserungszyklus 2 – planmäßige Dauer Monate 10 -18)

Der Prozess muss so gestaltet sein, dass folgende Prozessziele gewährleistet werden können:

Kriterium *Prozessfluss*:

- eine Durchlaufzeit von max. 8 min bis zur Kreditentscheidung in 95 % der Fälle

Kriterium *Prozessvarianten*:

- Eine weitere Reduzierung der Prozessvarianten durch strikte Befolgung der verbindlichen Prozessdokumentation (Befähigung der Mitarbeiter durch die Vier-Stufen-Unterweisung/Job-Instruction)

Kriterium *Ressourceneinsatz*:

- Optimierung des Ressourceneinsatzes *(durch Implementierung eines Verfahrens zur zentralen Disposition und Steuerung der Prozessanwender und Abzug höher qualifizierter Prozessanwender)*
  - Ressourcenüberdeckung max. nur noch 3 %
  - Ressourcenunterdeckung max. nur noch 5 %
  - Schrittweiser Abzug von 20 FTE durch die Auslagerung des Prozesses der Antragsstrecke an große Händler

Kosteneinsparziel insgesamt:
- 800.000 EUR p. a.

Abb. 9.4   Schritt 4 von 4: Definition Prozessziele (in Bezug auf den Verbesserungszyklus 2)

darin, den Zielwert des letzten Verbesserungszyklus von 15 min deutlich zu verkürzen. Da es der Anspruch der Bank war, im laufenden Zyklusdurchlauf ein ziehendes Produktionssystem einzuführen, in dem alle Prozesse so miteinander verknüpft waren, dass ein störungsfreier, kontinuierlicher Fluss entstand, durfte der neue Servicelevel für die Durchlaufzeit nur knapp über der reinen Bearbeitungszeit liegen. Nach vielen Modellrechnungen und Diskussionen wurde der ambitionierte Beschluss gefasst, den neuen Servicelevel auf maximal acht Minuten festzulegen. Ferner wurde entschieden, dass dieser Wert zu 95 % erreicht werden musste. Eine Schlüsselrolle kam dabei wieder den Prozessanalysten und Job-Instruction-Trainern zu. Die Prozessanalysten mussten gemeinsam mit den Prozessverantwortlichen den Prozess so gestalten und organisieren, dass der beschlossene Servicelevel (wie auch die anderen Prozessziele) in der Praxis erfüllt werden konnte. In der Verantwortung der Job-Instruction-Trainer lag es, die Prozessanwender zu befähigen, die Prozesse in der festgelegten Qualität und Zeit auszuführen.

Die Gespräche mit den großen Händlern über die Option, selbst die Unterlagenprüfung und Buchung vorzunehmen, hatten zum Ergebnis, dass knapp die Hälfte der großen Händler diese Option zukünftig nutzen wollte. Dadurch sicherten sie sich zum einen eine erhöhte Provision, zum anderen verfügten sie nun über mehr Flexibilität in den Verkaufsverhandlungen mit ihren Kunden. Die Händler konnten jeweils im Einzelfall wählen, ob sie die Anträge selbst prüfen und im System erfassen oder zur weiteren Bearbeitung an die Bank weiterleiten wollten. Im letzteren Fall erhielten sie einen niedrigeren Provisionssatz. Der Vertrieb rechnete damit, dass mit dieser neuen Regelung ca. 30 bis 40 % weniger Anträge in der Retail Bank AG eingehen würden. Diese Entwicklung bedeutete aber auch, dass im gleichen Maße weniger Prozessanwender benötigt wurden. Die Personalkosten würden sich signifikant reduzieren und einen wichtigen Beitrag zum Kostensenkungsziel leisten. Eingeplant war der schrittweise Abzug von 20 FTE in andere Bereiche des Instituts (vgl. Abb. 9.4).

Nach Festlegen der Prozessziele folgte der obligatorische Schritt, mit den Prozessverantwortlichen Zielvereinbarungen zu treffen.

Damit war die vierte und letzte Stufe des Verfahrens zur Ermittlung der relevanten Prozessziele abgeschlossen.

9.4   Zusammenfassung der Phasen Ursachenanalyse bis Erfolgskontrolle

▶   In diesem Unterkapitel werden die wichtigsten Erkenntnisse und Ergebnisse der Phasen Ursachenanalyse bis Erfolgskontrolle zusammengefasst. Im Fokus stehen insbesondere die Herausforderungen, die das Managementteam und die Führungskräfte während dieses zweiten Zyklusdurchlaufs bewältigen mussten. Nicht Gegenstand dieser Zusammenfassung sind die Punkte, die bereits im ersten Zyklusdurchlauf bzw. in den Kapiteln davor ausführlich erläutert wurden.

Die größten Schwierigkeiten zeichneten sich bei der Schulung der Händler ab. Die Händler sollten befähigt werden, den Teilprozess *Unterlagenprüfung und Erfassung* so anzuwenden, dass das Ergebnis der Kreditentscheidung immer gleich war, unabhängig davon, wer die Prüfung durchführte. Mehrere Hundert Prozessanwender, die über ganz Deutschland verteilt waren, mussten geschult und kontinuierlich auf dem Laufenden gehalten werden. Die wohl größte Herausforderung bestand darin, die teils sehr großen Unterschiede in Qualifikation und Erfahrung bei den Anwendern zu überbrücken. Aber die Anstrengungen lohnten sich. Der zentralen Forderung der Händler nach höheren Provisionszahlungen konnte nur Rechnung getragen werden, wenn diese im Gegenzug

Teile der Wertschöpfungskette übernahmen. Der schrittweise Abzug von Kapazitäten im Umfang von 20 FTE bedeutete eine hohe Kostenentlastung für den Prozess der Antragsstrecke. Keine andere Bank war bis dato in der Lage, Händlern eine vergleichbare Leistung anzubieten. Dadurch verschaffte sich die Retail Bank AG Vorteile im Verdrängungswettbewerb.

Um diese Situation in den Griff zu bekommen, musste das komplette Prozessdesign für die Belange der Händler so überarbeitet werden, dass keine Spielräume für Prozessvarianten entstehen konnten. Hierfür musste eine Fülle von Problemen gelöst werden. Die IT-Analysten lieferten hier einen entscheidenden Beitrag, um sicherzustellen, dass Prozessvarianten, Fehler und zu Teilen auch Missbrauch ausgeschlossen wurden. Sie entwickelten mit fachlicher Unterstützung der Prozessanalysten und der Job-Instruction-Trainer eine Online-Anwendung zur Prüfung und Erfassung der Antragsunterlagen, ein eLearning-Tool, mit dessen Hilfe sich die Anwender kontinuierlich weiterbilden mussten, sowie benutzerfreundliche und unmissverständlich aufgebaute Checklisten und Hilfsmittel. Für das speziell für die Händler angepasste Auditierungsverfahren lieferte das Qualifizierungsmanagement regelmäßig Testfälle, die alle Antragsszenarien abdeckten – von einfachen bis zu komplexen Fällen. Somit war es dem Qualifizierungsmanagement möglich, Schwachstellen und Ausbildungsbedarf zu identifizieren. Das Verfahren stellte insgesamt sicher, Prüfern gegenüber nachzuweisen, dass Händler die Prozesse und Systeme auch tatsächlich einwandfrei beherrschten.

Mit der Umsetzung dieser geschäftskritischen Aufgabe hatte der Chief Transformation Officer seine erste große Bewährungsprobe bestanden. Das koordinierte und fokussierte Zusammenwirken seiner Mitarbeiter aus der Informationstechnologie, dem Prozess- und dem Qualifizierungsmanagement war die Grundlage dafür, dass diese komplexe Aufgabe bewältigt werden konnte. Aus diesem Projekt entstanden zudem viele Ideen, wie interne Mitarbeiter mit geringerer Qualifikation noch schneller in ihre Aufgaben als Prozessanwender eingearbeitet werden konnten.

Die Einführung der zentralen Personaldisposition verlief ohne nennenswerte Probleme. Der Leiter der Personaleinsatzplanung berichtete regelmäßig an die Mitglieder des Führungskreises über die realisierten Fortschritte und erarbeitete Handlungsempfehlungen für die Führungskräfte. Eine wichtige Aufgabe des neuen Leiters war es, die Qualität des Personalforecasts auf Grundlage historischer Daten und Informationen aus Vertrieb und Marketing kontinuierlich zu verbessern. Perspektivisch beschäftigte er sich gemeinsam mit dem Qualifizierungsmanagement damit, zukünftig Mitarbeiter einzusetzen, die mehrere Prozesse beherrschen und somit flexibel in verschiedenen Prozessen einsetzbar sein würden. Toyota nennt diese Art von Mitarbeitern *Multiworker*. Damit würde die Retail Bank AG noch flexibler darin sein, insbesondere untertägig bei unvorhergesehenen Schwankungen der Antragslast Prozessanwender effektiver einzusetzen.

▶ **Alternative Personaleinsatzmodelle** Wenn Institute einer außerordentlich kritischen Kostensituation ausgesetzt sind, müssen möglicherweise alternative Personaleinsatzmodelle herangezogen werden. Eine Option ist beispielsweise die Auslagerung von Mitarbeitern in Servicegesellschaften außerhalb des Bankentarifs. Davon betroffen sind in der Regel Mitarbeiter im Service, aber ebenso können auch Teile der Marktfolgeorganisation betroffen sein. Durch eine derartige Auslagerung von Mitarbeitern können hohe Einsparungen realisiert werden. Allerdings müssen die zusätzlichen Verwaltungskosten der Servicegesellschaft gegengerechnet werden. Es muss auch damit gerechnet werden, dass die Aufsichtsbehörden die Schnittstellen zwischen Bank und Servicegesellschaft regelmäßig untersuchen, denn die Bank muss explizit nachweisen können, dass Servicegesellschaften keinen eigenen Ermessens-spielraum zum Beispiel bei Kreditentscheidungen haben. Damit dies sicherge-stellt werden kann, bedarf es eines erhöhten organisatorischen Aufwands.

Die Auslagerung von Mitarbeitern in Servicegesellschaften ist in der Ban-kenbranche nichts Ungewöhnliches mehr. Selbst öffentlich-rechtliche Institute gehen diesen Weg, um ihre Kostenseite zu entlasten. Das Management muss dabei aber immer im Blick haben, dass der Betriebsfrieden nicht dauerhaft beschädigt werden darf.

Waren die Prozessanalysten im ersten Zyklusdurchlauf noch mit einer undurchsichtigen Struktur mit vielen Prozessvarianten und Fehlern konfrontiert, so waren die Vorausset-zungen für die Identifikation von Verschwendungsquellen im zweiten Zyklusdurchlauf besser. Die Analysten konnten sich voll auf die nun recht geringe Anzahl von Abwei-chungen in den Prozessen und deren Ursachen konzentrieren und Lösungsansätze entwi-ckeln. Die Vision verschwendungsfreier Prozesse blieb natürlich unerreicht, aber Schritt für Schritt sorgten die Prozessanalysten dafür, dass sich die Organisation immer weiter auf diese Vision zubewegte.

Insgesamt erhöhte sich aber die Komplexität für die Beteiligten. Insbesondere die Qualifizierung der Händler, der Rückbau der Mitarbeiterzahl im Prozess der Antrags-strecke sowie die konzeptionellen Tätigkeiten im Rahmen der neuen digitalen Vertriebs-strategie banden viele Kapazitäten. Das Top-Management musste in dieser Situation besonders stark darauf achten, dass der Führungskreis als *Taktgeber* des kontinuierlichen Verbesserungskreislaufs einwandfrei funktionierte. Mehr denn je war es notwendig, dass die Führungskräfte in diesem Gremium in der Lage waren, die richtigen Entscheidungen zu treffen. Bei der Bewältigung anspruchsvoller Aufgaben und dem Lösen vieler Pro-bleme, oftmals in Stresssituationen, sind Spannungen und Auseinandersetzungen nicht immer zu vermeiden. Das Top-Management muss in solchen Situationen Führungsstärke beweisen und den Führungsprozess in diesem Gremium aktiv steuern.

Im Zuge des zweiten Verbesserungszyklus wurde auch die automatisierte Erhebung von Prozesskennziffern eingeführt. Die Entscheidung dafür war bereits im Zuge der Neuausrichtung der Informationstechnologie gefasst worden. Im Wesentlichen betraf das die automatisierte Erhebung von Prozessdurchlaufzeiten und reinen Bearbeitungszeiten. Die Ursachenanalyse auftretender Probleme erfolgte nach wie vor nach den bewährten Methoden von Toyota. Gegenstand der Erfolgskontrolle waren nur Kreditanträge, die von eigenen Mitarbeitern bearbeitet wurden. Die Antragsbearbeitung durch die Händler wurde durch einen separaten Qualitätssicherungsprozess gesteuert.

Die kritischste Phase beziehungsweise das Herzstück des kontinuierlichen Verbesserungskreislaufs ist die Qualifizierung der Mitarbeiter und die Umsetzung der Veränderungen in die Praxis. Erst hier ließ sich tatsächlich feststellen, ob die Ziele unter realistischen Annahmen definiert wurden. Obwohl sich die Organisation erst im zweiten Verbesserungszyklus befand, hatte sich bereits eine professionelle Routine unter Trainern, Prozessverantwortlichen und Prozessanwendern entwickelt. Die am Prozess Beteiligten setzten sich aktiv und mit Engagement mit Veränderungen auseinander, weil sie die Erfahrung gemacht hatten, dass sich durch die Umsetzung des Erlernten die gewünschten Erfolgserlebnisse einstellten.

Selbstverständlich kann man eine solche Entwicklung nicht automatisch erwarten. Voraussetzungen dafür sind realistische Ziele, ein bis ins Detail durchgeplanter Prozess, die klare Zuordnung von Verantwortung und ein umfassendes Umsetzungs- und Qualifizierungsprogramm. Kein Mitarbeiter darf mit ungeregelten Prozessen konfrontiert werden. Gift für einen solchen Entwicklungsprozess wären Einsparungen in den Schulungsanstrengungen, eine unsaubere Planungsphase, zu wenig Trainer-Kapazitäten oder zu ambitionierte Umsetzungspläne. Die Resultate wären in solchen Fällen wuchernde Prozessvarianten, unstete Durchlaufzeiten, ein erhöhter Personalbedarf, Qualitätsdefizite und frustrierte Mitarbeiter (vgl. Abb. 9.5).

Die Erfolgskontrolle ergab, dass die Durchlaufzeit des Prozesses der Antragsstrecke tatsächlich sogar unter den angestrebten Servicelevel von acht Minuten gedrückt werden

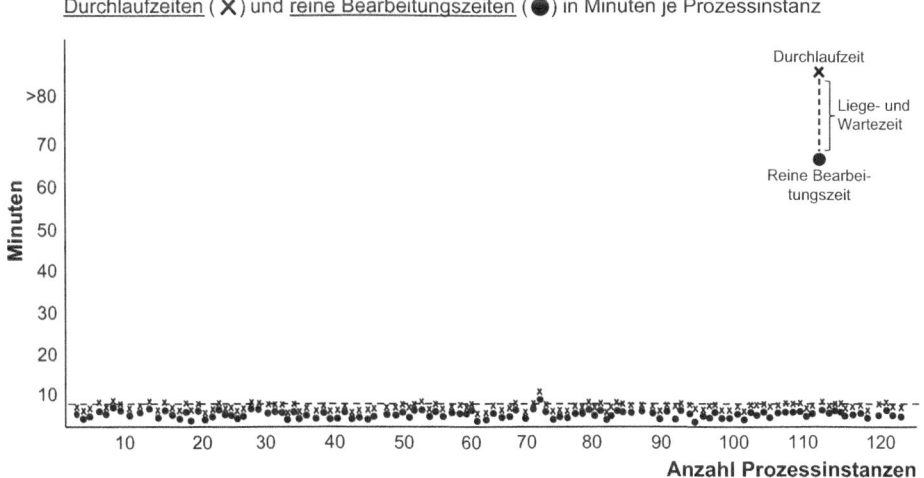

Abb. 9.5 Durchlaufzeiten und reine Bearbeitungszeiten der untersuchten repräsentativen 120 Prozessinstanzen in Prozessschritt 2, Unterlagenprüfung und Erfassung, im Rahmen der Erhebung in Verbesserungszyklus 2; die gestrichelte Linie markiert den Mittelwert der Gesamtdurchlaufzeit von 7 min, 15 s je Prozessinstanz

konnte. Die Prozessanalysten ermittelten einen Wert von etwas mehr als sieben Minuten je Prozessinstanz. Noch erfreulicher war, dass kaum noch Warte- und Liegezeiten registriert wurden. Damit war die reine Bearbeitungszeit fast mit der Durchlaufzeit identisch. Ein Blick auf das Diagramm genügte, um festzustellen, dass der Prozess (fast) ohne Störungen floss – ein außerordentlich zufriedenstellendes Ergebnis. Knapp 200 Andon-Eskalationen wurden in der Anlaufphase des Produktionsbetriebs von aufmerksamen Prozessanwendern ausgelöst, die aufkommende Prozessvarianten und Fehler bereits im Keim erstickten.

Eine signifikante Verbesserung wurde für das Kriterium Ressourceneinsatz festgestellt. Waren im letzten Zyklus pro Arbeitstag noch durchschnittlich 99 h an Personalüberdeckung und 23 h an Personalunterdeckung registriert worden, ermittelten die Prozessanalysten nun nur noch eine Personalüberdeckung von 12 h und eine Personalunterdeckung von drei Stunden (Durchschnittswerte) täglich. Diese hervorragende Leistung war dem neuen zentralen Verfahren zur Personaldisposition zuzuschreiben. Hochgerechnet auf 250 Produktionstage, konnten somit knapp weitere 22.000 Arbeitsstunden (Personalüberdeckung) eingespart werden. Auf Basis des neuen durchschnittlichen Personalkostensatzes von 36 EUR (zuvor 39 EUR) bedeutete dies eine Einsparung von rund 792.000 EUR. Zusammen mit der schrittweisen Verlegung von 20 FTE in andere Bereiche bedeutete dies eine enorme Kostenentlastung für den Prozess der Antragsstrecke.

Damit war sichergestellt, dass auch das ambitionierte Kosteneinsparziel für den Zielprozess realisiert werden konnte. Der A3-Mieruka-Report führte noch einmal deutlich vor Augen, wie stark die Verschwendung im ersten und zweiten Zyklusdurchlauf im Vergleich zu den Kennzahlen der Initialphase P_0 reduziert werden konnte. Die Retail Bank AG war ihrem Ziel, alle Prozesse im Wertstrom so miteinander zu verknüpfen, dass ein störungsfreier und kontinuierlicher Fluss entstand, sehr nahe gekommen.

Da es kaum noch Liege- und Wartezeiten gab, musste die Aufmerksamkeit im dritten Verbesserungszyklus darauf gerichtet werden, Verschwendung in den reinen Bearbeitungszeiten zu reduzieren. Die zentrale Frage in diesem Zusammenhang war, wie es gelingen könnte, die wertschöpfenden Prozesselemente so zu gestalten, dass sich die reinen Bearbeitungszeiten signifikant reduzieren ließen.

Im Zuge der Erfolgskontrolle hatten die Prozessanalysten gemeinsam mit den Job-Instruction-Trainern aufmerksam beobachtet, wie Händler mit dem Prozess der Antragsprüfung und Erfassung zurechtkamen (vgl. Abb. 9.6).

Akribisch wurde analysiert, ob die Erwartungen der Händler, aber selbstverständlich auch die Interessen der Retail Bank AG, tatsächlich erfüllt wurden. Ergebnis der Prüfung war, dass etwas mehr als die Hälfte der großen Händler dieses Angebot der Bank annahmen. Ein wichtiger Punkt für die Agenda des dritten Zyklusdurchlaufs war daher zu prüfen, ob dieses Programm, sprich die Auslagerung weiterer Prozessschritte an die Händler, ausgeweitet werden sollte. Unterm Strich bedeutete die Auslagerung von Prozessen an die Händler ein gutes Geschäft für die Retail Bank AG: Trotz erhöhter Aufwendungen für Provisionen und zusätzliche Maßnahmen zur Qualitätssicherung wurde

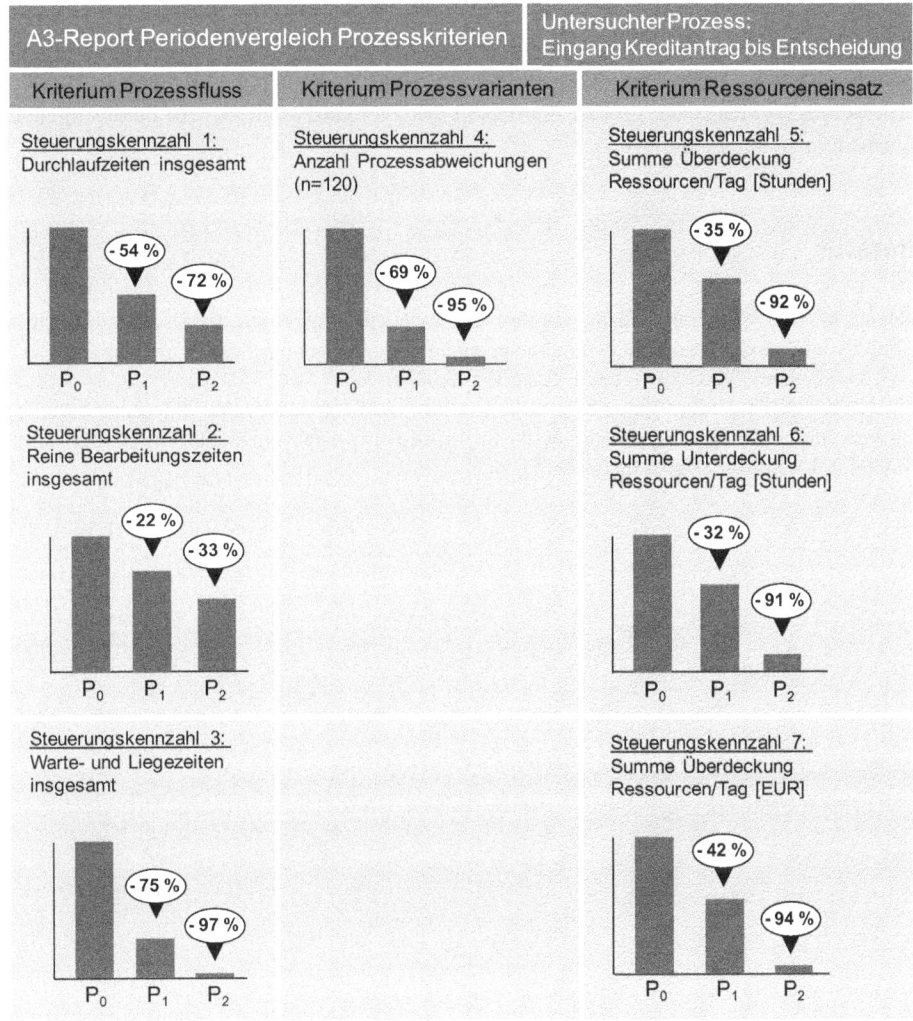

Abb. 9.6 Schematisch dargestellte Zusammenfassung der Erfolgskontrolle des Verbesserungszyklus 2 (P_2) im Vergleich zu den Steuerungskennzahlen des Verbesserungszyklus 1 (P_1) und den Daten des Initialprojekts (P_0) in einem Mieruka A3-Report

ein höherer Deckungsbeitrag je Kreditantrag erzielt, als wenn die Bank die Kreditanträge selbst prüfte und bearbeitete.

Ganz bewusst hatte das Management der Bank in der Entschleunigungsphase ausreichend Zeit eingeplant, um die erzielten Erfolge an die Mitarbeiter zu kommunizieren und selbstverständlich auch zu würdigen.

Insgesamt hatten die Mitarbeiter der Retail Bank AG gelernt, komplexe Zusammenhänge in den betrieblichen Abläufen zu verstehen, genau zu analysieren und zielgerichtete

Lösungen zu entwickeln. Die Professionalität der Mitarbeiter, sowohl in den wertschöpfenden als auch in den unterstützenden Prozessen, hatte sich im Vergleich zur alten Organisation enorm gesteigert. Führungskräfte und Mitarbeiter hatten sich nach den beiden
Verbesserungszyklen einen großen Schritt auf das Ziel zubewegt, sich zu herausragenden
Mitarbeitern zu entwickeln.

Literatur

Hecking, M. (2015); Wie ein US-Startup den Gebrauchtwagenmarkt aus der Steinzeit holen will;
    http://www.manager-magazin.de/unternehmen/autoindustrie/gebrauchtwagenrevoluzzer-vroom-
    a-1044829.html; 20.07.2015. Letzter Zugriff: 02.08.2015.
Korosec, K. (2015); Vroom raises $54 million to turn used car dealers into dinosaurs; http://for-
    tune.com/2015/07/20/vroom-raises-54-million-to-turn-used-car-dealers-into-dinosaurs/;
    20.07.2015. Letzter Zugriff 02.08.2015.

Schlussbemerkung 10

In fiktiven Beispielen, wie hier im Fall der Retail Bank AG, ist es immer einfach, ein Happy End herbeizuschreiben. In der Wirklichkeit ist das natürlich je nach Situation und Entwicklungsstand des Kreditinstituts schwieriger. Definitiv gibt es keinen Anschaltknopf, keine ultimative Methode für operative Exzellenz in Banken. Es gibt aber einen vorgezeichneten Weg, an dem sich das Bankmanagement orientieren kann.

Immer gleich ist wohl, dass die schwierigsten Aufgaben am Anfang eines Veränderungsprozesses bewältigt werden müssen. Fachwissen, Methoden und Verfahren lassen sich schnell erlernen. Das ist nicht die größte Schwierigkeit. Das Management der Bank muss sich Gedanken machen, wie es seine Pläne erfolgreich an seine Führungskräfte, seine Mitarbeiter und auch an seine Aktionäre verkauft. Denken Sie in diesem Zusammenhang an Kotters und Whiteheads Aussage darüber, *wie selbst gute Ideen an einer Mauer aus Gegnern und Bedenkenträgern zerschellen, auch wenn die Ideen noch so gut sein mögen* (vgl. Kotter und Whitehead 2010, S. 9).

Das Management muss einen plausiblen und nachvollziehbaren Weg aufzeigen, der Sicherheit, Zuversicht und Zukunftsperspektiven verspricht. Im Grunde genommen versteht die überwältigende Mehrheit der Mitarbeiter die Notwendigkeit effizienterer Strukturen und zum Beispiel auch die Notwendigkeit der Digitalisierung des Bankgeschäfts. Ohne effiziente Strukturen gibt es keine sicheren Arbeitsplätze, keine Spielräume, um Krisen zu bewältigen oder Investitionen in die Zukunft zu tätigen. Das ist unbestritten. Das Entscheidende ist, dass Mitarbeiter ihre neue Rolle in der veränderten Welt verstehen wollen. Sie wollen genau wissen, was sie persönlich erwartet und welche Entwicklungsperspektiven sie haben.

Führungskräften und Mitarbeitern muss gleich zu Beginn des Veränderungsprozesses bewusst gemacht werden, dass die neue Organisation eine höhere Leistungsbereitschaft von ihnen einfordert. Über viele Phasen des Verbesserungsprozesses hinweg werden sie intensiv mit dem Lösen von Problemen und der Bewältigung von Herausforderungen konfrontiert sein. Das Top-Management muss einerseits die Kräfte identifizieren, die die

© Springer Fachmedien Wiesbaden GmbH 2017

K. Röhr, *Operative Exzellenz in Retailbanken,* DOI 10.1007/978-3-658-17165-0_10

Mitarbeiter antreiben, und andererseits die Kräfte kennen, die ausgleichend und integrativ wirken. Dies ist ein wichtiger Erfahrungswert aus der Toyota-Kultur.

Ich teile die Meinung von Roland Springer, dass *operative Exzellenz nicht nur die Interessen des Unternehmens berücksichtigen darf, sondern in einem angemessenen Verhältnis auch die Interessen der Mitarbeiter* berücksichtigen muss (vgl. Springer 2014).

Ein langjähriger Kunde von mir hat in einer vergleichbaren Situation einen Sozial- und Zukunftpakt mit der Mitarbeitervertretung ausgehandelt. Dieser Pakt wirkte als angemessene Gegenkraft zu den hohen Belastungen, denen die Mitarbeiter im Transformationsprozess ausgesetzt waren. Machen Sie sich dieses Beispiel zu eigen und entwickeln Sie eine angemessene Balance zwischen Be- und Entlastung.

Neue Organisationsformen, die sich strikt am Wertschöpfungsprozess ausrichten, erfordern ein hohes Maß an Disziplin, ausgeprägte Kommunikationsfähigkeiten und Durchsetzungsstärke. Diese Fähigkeiten müssen Führungskräfte in der neuen Organisation mindestens mitbringen. Mehrere Dutzend Male habe ich in den Kapiteln zuvor geschrieben, dass es die wesentliche Aufgabe von Führungskräften ist, ihre Mitarbeiter zu herausragenden Experten auf ihrem Gebiet zu entwickeln. Dies ist ebenso eine elementare Voraussetzung für operative Exzellenz wie die Erkenntnis von Toyota, dass Unternehmenswerte, Vision, Strategie und operative Exzellenz einander zwingend bedingen.

Diese erste Etappe des Veränderungsprozesses muss zum Ziel haben, dass Führungskräfte und Mitarbeiter bereit sind, ständige Veränderungen – und dazu zählen auch radikale Veränderungen – engagiert mitzutragen und aktiv zu gestalten. Diese Fähigkeit macht den Unterschied und kann nicht einfach kopiert werden. Ist diese Fähigkeit im Institut nicht entwickelt, werden industrielle Methoden nicht den erwünschten Ertrag liefern.

In einem nächsten Schritt müssen insbesondere den Führungskräften Instrumente zur Verfügung gestellt werden, die sie befähigen, ihre definierten Ziele zu erreichen. Hier spielen die analytischen Methoden und Verfahren des Toyota-Produktionssystems und die TWI-Methodenlehre ihre volle Stärke aus. Diese Methoden müssen im gesamten Unternehmen in der gleichen Art und Weise zur Verfügung stehen.

Eine konsequent industrieorientierte Ausrichtung macht es notwendig, neue Steuerungsprozesse im Institut zu implementieren. Im Fall der Retail Bank AG steuert der Führungskreis als neues Gremium das komplexe Zusammenwirken von Prozessverantwortlichen, Analysten und Trainern, fokussiert auf die Kernprozesse. Als weiterer Steuerungsprozess sorgt der kontinuierliche Verbesserungskreislauf als *Motor* dafür, dass die definierten Aktivitäten systematisch in Bewegung bleiben.

Teams sind die *Kraftwerke* in Unternehmen. Es ist eine hohe Pflicht des Managements, die Rahmenbedingungen dafür zu schaffen, dass diese Kraftwerke auch tatsächlich ihre Kraft optimal entfalten können. Ohne eine Entfaltung dieser Kräfte wird operative Exzellenz nicht richtig funktionieren. Konsequenz hieraus sind zum Beispiel Phänomene wie das *soziale Faulenzen*, das Mark de Rond (vgl. de Rond 2012) eindrucksvoll beschrieben hat (s. Abschn. 6.2.4). Seine Vorschläge sollten Sie bei der Planung Ihres Transformationsprozesses ebenso berücksichtigen wie die Tatsache, dass Mitarbeiter in transparenten und leistungsorientierten Organisationen das starke Bedürfnis nach Rückzugsräumen haben.

Ethan Bernstein (vgl. Bernstein 2012) liefert hierzu sinnvolle Ansätze, die auf jeden Fall auf der Managementagenda für den Transformationsprozess stehen sollten (s. Abschn. 7.8).

Investieren Sie die Zeit und studieren Sie die Erfolgsfaktoren von Toyota genauer. Sie werden schnell erkennen, dass noch viele weitere Methoden und Verfahren auf die Bankenorganisation angewandt werden können. Seien Sie mutig und stellen Sie branchenfremde Experten aus der Fertigungsindustrie und Logistik ein, die sich mit den fachlichen Experten Ihres Instituts sinnvoll ergänzen. So entwickeln sich Bankinstitute viel schneller in die richtige Richtung. Seien Sie immer kritisch, wenn Ihnen einfache und schnelle Wege zu operativer Exzellenz versprochen werden. Profitieren Sie von der Toyota-Erfolgsstory.

Ich hoffe, ich konnte Ihnen anhand des Beispiels der Retail Bank AG und der grundlegenden Prinzipien des Toyota-Modells Anregungen und Ideen für Ihre Herausforderungen geben, und wünsche Ihnen viel Erfolg und Glück bei der Bewältigung Ihres Transformationsprozesses.

> So eine Arbeit wird eigentlich nie fertig, man muss sie für fertig erklären, wenn man nach Zeit und Umständen das Mögliche getan hat (Johann Wolfgang von Goethe).

Literatur

Bernstein, E. S. (2012). The Transparency Paradox: A Role for Privacy in Organizational Learning and Operational Control; http://www.hbs.edu/faculty/Publication%20Files/Bernstein_TransparencyParadox_ASQ_June2012_cdaaee20-3a45-4a07-8867-9761a5d4b5e8.pdf. Hinweis des Autors Ethan S. Bernstein: Die finale Publikation der Arbeit: The Transparency Paradox: A Role for Privacy in Organizational Learning and Operational Control kann unter http://asq.sagepub.com eingesehen werden. Letzter Zugriff: 04.04.2016

DE ROND, M. (2012): There is an I in team – what elite athletes and coaches really know about high performance. Boston, Massachusetts: Harvard Business School Publishing Corporation 2012.

KOTTER, J. P., WHITEHEAD, L. A. (2010): Buy-in: Saving your idea from getting shot down. Boston, Massachusetts: Harvard Business School Publishing 2010.

SPRINGER, R. (2014): Survival of the Fittest, zit. n. KÖLBACH, Dr. Ralf, 8. ProcessLab-Konferenz vom 12.06.2014, Präsentation: Operational Excellence in einer Genossenschaftsbank

The manufacturer's authorised representative in the EU is Springer
Nature Customer Service Centre GmbH, Europaplatz 3, 69115 Heidelberg,
Germany. If you have any concerns regarding our products, please
contact ProductSafety@springernature.com

Printed and bound by CPI Group (UK) Ltd, Croydon, CR0 4YY
23/04/2026
02095635-0012